특수교육 현장에서

– 말하고 · 글로 쓰고 · 실천하기 –

국립중앙도서관 출판시도서목록(CIP)

특수교육 현장에서 : 말하고 글로 쓰고 실천하기 / 하
상근 지음. -- 대전 : 오늘의문학사, 2014
p. ; cm
권말부록 수록
참고문헌 수록
ISBN 978-89-5669-597-6 93370 : ₩15000
특수 교육[特殊敎育]
교육 수필[敎育隨筆]
379.04-KDC5
371.902-DDC21 CIP2014004520

특수교육 현장에서

– 말하고 · 글로 쓰고 · 실천하기 –

하 상 근 지음

오늘의문학사

➔ 추천의 글

하상근 교장은 대구대 대학원 특수교육리더십전공에서 박사학위를 받은 나의 몇 되지 않는 박사취득 제자의 한 사람입니다. 저는 평소에 내가 지도한 박사들이 미처 내가 하지 못한 일들을 각자의 자리에서 열정적으로 성취하는 것을 지켜보면서 정년 후 내 생의 큰 낙(樂)으로 삼습니다. 하상근 박사는 1973년 초등학교 평교사로 교직에 몸담은 이래로 장학사, 교감, 교장을 거쳐 마지막에는 원로교사로 40여년의 교직을 마감하는 충남 특수교육의 산 증인입니다.

어째서 산 증인인가? 그가 남긴 (특수)교육의 족적이 유형무형으로 역사로 살아 있기 때문입니다. 살아 있는 역사는 그 역사의 주체로 살아온 자에 의해서만 살아남습니다. 내가 보기에 그는 특수교육의 성자(聖者) 반열에 드는 사람입니다. 석가는 약 2500여년 전에 죽었어도 붓다의 가르침은 인류 역사에 살아 숨 쉬고 있습니다. 소크라테스가 그랬고, 예수도 그랬습니다. 우리나라 특수교육 분야에서는 박두성 선생이 그랬고, 이영식 목사가 그랬습니다. 하상근 교장은 겸손한 사람이기에 내가 예로든 성자의 반열에 본인은 결코 들 수 없다고 부정할 게 틀림없습니다. 그 영향력과 관계없이 우리는 내면적으로 성자처럼 살 수 있는 씨앗을 내장(內藏)하고 있습니다. 내가 보기에 그 파급력이 중요한 게 아니라, 그렇게 살고자하는 마음가짐과 그 실천의지가 중요합니다.

이제 그가 행한 실천사례를 통해 '성자됨'의 생생한 모습을 함께 해독해 봅시다. 하상근 교장은 내면적(spiritual) 명령에 따라 '교육 중의 교육'을 실천하기 위해 특수교육에 뛰어든 사람입니다. 하상근 교장은 이렇게 말합니다. "교사는 마음으로 아이를 조각하는 사람이고 진정한 조각가는 돌을 탓하지 않는다. 특수교육교사가 우리 아이들을 장애가 심하여 교육할 수 없다고 탓한다면 학교에 남을 학생은 없을 것입니다." 바로 이런 교육철학을 현장에서 프락시스로 엮어낸 사람이 하상근 교장입니다. 현장에서 그는 특수학급 학생의 대변 뒤

처리를 해주면서 그를 도와주는 학생들을 고마워했고, 장학사로 일하는 동안에는 '역지사지'(易地思之)로 현장 교사들의 목소리를 경청했습니다. 그는 명창(名唱)은 아니었지만, '명청'(明聽)으로 살고자 부단히 노력했습니다. 해서 그는 말하기보다 듣기를 좋아하는 사람입니다.

이제 본문 말미에 하상근 교장이 남긴 잠언(箴言)과 같은 글귀를 인용하면서 이 글을 마감하고자 합니다.

> 모진 세월 지나가고……
> 아— 편안하다.
> 모든 것 다 내려놓으니,
> 이렇게 홀가분하고 편안한 것을……

비트겐슈타인은 "굳이 말로 설명할 수 없는 것에 대해서는 침묵할지어다."라 했습니다. 군더더기 설명이 필요 없는 지금의 하상근 교장 심정이 실려 있는 글귀입니다. 하상근 교장!! 부디 건강하세요. 그리고 큰 자유를 향유하시길.

2014년 1월
대구대학교 명예교수 **김병하(金炳夏)** 씀

→ 머리말

나는 1973년 공주교육대학을 졸업하고 초등학교 교사가 되었다. 그러던 중 충남 아산에 위치한 오목초등학교에 근무할 때 우연히 정신지체 학생들이 많은 학급을 맡고서 특수교육에 관심을 갖기 시작하였다.

나는 공부하고 책읽기를 좋아한다. 공주교육대학을 졸업하고 나서 한국방송통신대학교에서 행정학과 유아교육을 전공하였다. 그리고 대구대학교에서 특수교육을 전공하여 석 · 박사학위를 받았다. 배움의 과정에서 나를 안내하고 이끌어 준 이는 많았지만 나를 진정한 학문의 길로 안내해준 스승은 특수교육대상 학생들이었다. 이 책은 필자가 내 삶의 스승과 함께 특수교육 교사 · 교감 · 장학사 · 교장 직을 수행하면서 현장에서 실천하고, 배우고, 느낀 것을 정리하여 세상에 내놓은 첫 결과물이다.

제1부에서는 내가 특수교육에 입문한 계기와 과정 및 특수교육 전문성 신장에 대한 글을 실었고, 제2부에서는 특수교육에 관하여 말하고, 글로 쓰고, 실천한 것과 언론에 비친 내 모습을 실었다. 끝머리에 특수교육을 시작할 때 내 마음을 담은 시 한편과 함께 내 삶의 발자취를 넣었다. 부족한 점이 많지만, 40여년의 교직생활을 정리한다는 마음으로 집필하였다.

하지만 이 이야기를 쓰기로 결심하기까지 많은 고민을 하였다. 몸소 겪은 이야기를 사실대로 쓴다는 것에 용기가 나지 않았다. 그러나 특수교육은 이론도 중요하지만 이론에 근거한 실천이 더욱 중요함을 나는 그 누구보다도 잘 알고 있다. 바로 그것 때문에 내가 실천한 특수교육이 이 시대를 같이하는 많은 특수교육교원들에게 무엇인가 도움이 되었으면 하는 염원으로 부끄럽지만 이 책을 집필했다.

나는 40여 년간 교직생활을 하면서 매우 행복했다. 초반기에 초등교육을 하다가 특수교육으로 자리를 옮길 때 지인들이 많이 반대하였다. 그러나 이들의 충고를 뒤로 한 채 내 뜻대로 특수교육 쪽으로 자리를 옮겨 장애학생들과 함께 교직생활을 하였다. 충남 특수교육 발전과 장애학생들에게 어느 정도 도움을 주었는지는 모르겠지만, 분명한 것은 특수교육을 하는 동안 매우 행복했다는 사실이다. 다만, 장애학생들의 직업교육에 관한 꿈을 이루지 못하고 2014년 2월 28일에 정년퇴직하여 떠나게 되는 것이 너무나도 아쉬울 따름이다.

책을 집필하는 동안 큰 도움을 준 사람은 김용욱 선생님이다. 그는 박사과정을 동문수학한 후배 초등학교 교사이다. 김선생님을 만난 것, 함께 일할 수 있는 기회를 얻은 것 모두 내게는 행운이었다. 또한 이 책을 집필하는데도 김선생님의 격려가 큰 도움이 되었다.

집필 시작부터 마무리까지 다양한 과정에서 도움과 지도를 해준 많은 선배, 동료, 후배, 그리고 박사과정 지도를 해주신 김병하 교수님께 감사드린다. 또한 교직 생활 중 바쁘게 뛰어다니느라 가족 구성원으로서의 역할도 제대로 못하였지만, 늘 따뜻한 시선으로 응원해 주고 격려해 준 사랑하는 아내와 가족들에게도 새삼 미안함과 고마운 마음을 전한다.

내가 특수교육 교직생활을 하면서 겪은 경험, 누구라도 할 수 있는 실천을 아름답게 꾸며 책으로 만들어 준 '오늘의 문학사' 여러분께도 감사의 말씀을 드린다.

끝으로 이 책을 읽고 있는 독자들에게도 고맙다는 말씀을 드린다. 아무쪼록 이 책이 특수교육을 하는 누군가에게 특수교육을 실천하는데 조금이라도 도움이 될 수 있다면 더 바랄 게 없다.

2014년 2월

아산에서 하상근

제 1 부

특수교육 교사 되기

1. 정신지체학생들과의 만남

나는 1983년 9월 1일자로 충남 아산시 ㅇㅇ초등학교로 발령을 받았다. ㅇㅇ초등학교는 면소재지에 있는 작은 농촌학교로, 역사가 깊고 연구학교도 여러 차례 실시하여 학습지도 및 생활지도를 잘하는 전통 있는 학교였다. 내가 발령받기 몇 해 전까지만 해도 24학급 이상 되는 큰 규모였으나 학부모들의 교육열의와 도시를 선호하는 시대의 흐름에 따라 인구가 줄어서 12학급 미만으로 되었다.

당시 가정형편이 부유하거나 부모의 학력이 높은 학생들은 대부분 도시로 이사를 가버렸다. 남아있는 학생들은 가정에서 동생을 돌보거나 가사 일을 하여야 할 정도로 형편이 어려워서 공부보다는 학교에 등교하는 것만으로 만족해야할 정도였고 학부모님의 학력도 낮은 편이었다. 나는 5학년 2반 담임이 되었다. 내가 맡은 학급에 한글 미해득 학생이 5명이나 있었다. 이들은 한 자리 수 더하기 한 자리 수의 덧셈은 물론 수 개념조차도 제대로 형성되어 있지 않았다. 나는 이 학생들을 위해 다양한 학습 자료를 만들어 매일 방과 후에 한두 시간 이상 개별지도를 하였다. 그러나 쏟아 부은 열성에 비해 큰 변화는 일어나지 않았다.

매일 학생들을 보면 안타깝기도 하고 내 지도 능력이 부족하다는 생각이 들어 속도 상했다. '이들을 어떻게 하면 한글을 읽고, 쓸 수 있게 할 수 있을까?' 고민하던 차에 공주교육대학교 동문회가 있어서 참여했다. 옆자리에 앉았던 선배에게 내 고민을 이야기했더니 그는 이 학생들이 정신지체학생 같다고 하였다. 정신지체학생이 어떤 학생이냐고 물었더니 지능이 낮아서 아무리 지도를 하여도 발전이 없는 학생이라고 하였다. 그러면서 이 학생들을 잘 지도하기 위해서 방학 중에 대구대학교에서 실시하는 정신지체

학습지도에 관한 연수를 한번 받아보라고 조언하였다.

그 선배는 당시 충남 아산시에서 초등학교 교사들이 제일 근무하고 싶어 하는 온양온천초등학교에 근무하고 있었고, 그 학교에는 정신지체학생들만 배치되어 공부하는 학급도 있고 교사도 있다고 하였다. 그 선배 교사도 대구대학교에서 실시하는 정신지체 학습지도에 관한 연수를 받았다고 하였다. 나는 희망이 보이는 것 같았다. 그리고 다가오는 여름방학에 연수를 받기로 결심하였다.

2. 정신지체학생 학습지도 방법 연수에 참여

정신지체학생 학습지도에 관한 연수를 받기 위해 안내해 준 선배 교사한테 전화를 걸었다. 선배 교사는 매년 여름방학과 겨울방학에 대구대학교에서 실시한다고 하면서 직접 전화로 알아보라고 하였다. 대구대학교로 전화하여 연수 날짜와 장소를 알아내었다. 그런데 하필이면 충청남도아산시교육청에서 실시하는 과학실험연수와 날짜가 겹치고 말았다. 충청남도아산시교육청 과학실험연수 담당 장학사에게 과학실험연수를 다음에 받겠다고 하니 무슨 이유 때문인지 물었다. 이유를 말하였더니 사유서를 제출하고 학교에서 다른 사람을 추천하라는 것이다. 당시 과학실험연수는 대부분 초등학교 교사들이 기피하는 연수였다. 그러나 과학실험연수는 연수 이수 후 3년이 지나면 의무적으로 받아야만 하는 연수였다. 할 수 없이 동료직원한테 부탁을 하니 내 사정을 듣고 쾌히 승낙을 하였다. 지금도 그때 나 대신 연수를 받은 박○○ 교사가 한없이 고맙다. 어쩌면 그 때 그가 허락하지 않았더라면 아마 나는 지금 이 길을 걷고 있지 않았을지도 모른다.

특수교육 연수를 처음 받기 때문에 설레면서도 조금은 걱정이 되었다. 연수비는 10만원이었지만 연수기간 동안 기숙하는 데에는 20만원 정도가 들었다. 그때 교사 월급으로 연수비와 기숙하는 데 드는 비용이 적은 돈은 아니었다. 연수 내용은 '새 교육과정 영역별 지도 방안'이었다. 연수를 받고나니 특수교육에 관하여 더욱 혼란스럽기만 하였다. 그래서 연수가 끝나는 날 연수를 담당하신 교수님을 찾아갔다. 교수님은 내 사정을 듣고는 대구대학교 교육대학원에서 특수교육에 관련된 공부를 하면 좋겠다고 말씀하셨다. 하지만 나는 사는 곳이 충남 아산시라 교육대학원에 다닐 수가 없다고 하였더니 교육대학원은 방학 때에만 출석하여 강의를 듣는 다고 하였다. 나는 귀가 번쩍 띄었다. 어떻게 하면 입학할 수 있느냐고 물었더니 학부생들이 공부하는 특수교육 관련 교재를 12권 안내해 주면서 열심히 읽어보라고 하였다. 또한 전년도 교육대학원 모집 요강도 한부 주었다.

3. 온양천도초등학교로 전근 발령

교원 정기인사는 매년 3월에 주로 이루어진다. 나는 특수교육을 하고 싶어서 특수학급이 설치된 관내 초등학교로 전근 희망서를 냈다. 특수교육대상학생의 실태를 알고 싶었고 또한 그들과 함께 학교생활을 하고 싶었다. 1988년 3월 1일 충남 아산시에 위치한 온양천도초등학교로 발령이 났다. 발령이 난 후 충청남도아산시교육청 특수교육 담당 장학사로부터 전화가 왔다. 내가 대구대학교 교육대학원에서 특수교육을 전공하였기에 특수학급을 잘 운영할 것으로 믿고 발령을 냈다고 하였다. 온양천도초등학교에는 특수학급이 2학급 있는데 그중 한 학급을 담당하라는 것이다. 특수교육 담당 장학사도 교사 시절에 온양천도초등학교에서 특수학급을 담당하였다고 했다. 현재 특수학급을 담당하고 있는 교사는 특수교육을 전공하지 않아 특수학급 운영에 어려움이 있다는 말도 덧붙였다. 그렇지 않아도 특수학급을 담당하고 싶었는데 잘되었다는 생각이 들었다. 다음날 온양천도초등학교로 발령 인사를 하러 갔다. 교감선생님이 본교로 발령받은 것을 축하한다고 하면서 나에게 다음 연도에 특수학급을 맡으면 어떻겠느냐고 물었다. 나는 장학사한테서 전화 받은 이야기를 하였고, 또한 특수학급을 담당하고 싶어서 전근 희망서를 냈다고 하였다. 그랬더니 '할 수 없구만' 하면서 5학년에 소속된 특수학급을 담당하도록 하였다. 3학년 특수학급은 나보다 3년 선배가 담당하였다.

그 당시에는 특수학급을 담당하면 교감으로 승진하는데 부가점수를 받을 수 있어 승진에 뜻을 둔 교사는 서로 특수학급을 담당하려고 하였다. 아마도 특수학급을 담당하던 교사가 학교 근속 만기라 다른 학교로 발령이 날 것을 대비하여 학교에서는 후임 교사를 미리 정해 놓은 것 같았다. 때문에 나는 특수학급을 맡고 나서도 얼마 동안은 교감선생님과 특수학급을 맡기로 내정되어 있었던 교사와 서먹서먹하게 지냈다. 그러나 시간이 가면서 점차로 그런 어려움은 사라졌다. 이렇게 하여 나는 온양천도초등학교에서 특수교육을 시작하게 되었다.

4. 특수교육에 관한 전문성 신장

나는 공주교육대학에서 초등교육을 전공하였기 때문에 특수교육을 하는 동안에 늘 나 자신이 특수교육에 관한 기초학문 및 특수교육 방법에 부족한 점이 많다고 생각되었다. 따라서 이에 관련된 특수교육 연수와 전공서적을 구입하여 열심히 공부하였다. 그동안 접해 보지 못했던 특수교육이라는 새로운 학문을 하는 것도 재미가 있었다. 그 결과 학교 현장에서 함께 특수교육을 하였던 학부에서 특수교육을 전공한 교원들로부터 인정도 받았고, 학생들도 변화가 있어 학부모들로부터 칭찬도 자주 들었다. 이 모든 것들이 나 자신을 스스로 대견하게 생각하고 자신감을 갖게 하였다.

비옥한 땅도 갈지 않으면 세월이 지나면 잡초로 덮이는 것과 같이, 대학생활에서 장학금을 받고 수석으로 졸업한 교사도 현장에 나와 연구하고, 노력하지 않으면 학부모나 학생들한테 지탄받는 교사가 될 수 있다.

세월은 거짓말을 하지 않는다. 누구나 노력하면 훌륭한 교사가 될 수 있다. 특수교육을 잘하려면 특수교육 및 일반교육 어떤 분야를 막론하고 해박한 지식이 있어야 한다. 교육학 전문서적도 많이 읽고 고전에 대해서도 박식하여야 한다. 또한 현장에서 이루어진 선배들의 산 경험도 많이 듣고 필요한 것은 내 것으로 만들어야 한다. 이러한 여러 가지 내용이 모이고 쌓여 교육의 노하우가 만들어지는 것이다.

나는 특수교육을 하는데 도움이 될 것 같으면 교육과정 영역별 지도, 특수아동의 진단・평가, 개별화교육 계획 작성 및 활용, 교과교육, 장애학생 교수・학습 방법, 특수아동 생활지도, 진단・평가 도구의 활용 방법, 특수교육 철학, 언어치료, 부모교육, 특수교육 관련 법률, 현대 특수교육의 동향 등 어떠한 분야도 가리지 않고 공부하였다.

교사, 교감, 장학사, 교장 직을 수행하면서도 각종 연수에 참여하였고 아울러 전문성을 신장하기 위한 노력을 게을리 하지 않았다.

가. 직무연수

나는 특수교육을 시작할 때 특수교육에 관하여 모르는 것이 많아 두려움이 컸다. 반면 그것에 대한 호기심도 많았다. 이러한 두려움과 호기심을 해결하기 위하여 여름방학, 겨울방학이 되면 특수교육에 관련된 연수를 찾아서 열심히 참가하였다. 당시 특수교육 관련 직무연수는 주로 대구대학교에서 실시하였다. 나는 그때 초등교육을 하는 사람으로서 특수교육을 하기 위해서는 특수교육에 관련된 공부를 많이 해야 된다는 생각이 들었고, 또한 일반교육과 특수교육을 아우르는 교육자가 되고 싶었다. 특수교육을 시작한 지 26년이 지났지만 지금도 이 생각은 변함이 없으며, 처음 생각했던 것을 어느 정도는 이룬 것 같다.

내가 특수교육을 시작할 때는 특수교육대상자로 선정되면 당연히 특수학급이나 특수학교에 배치되어 교육을 받았다. 그러나 요즈음은 특수교육대상학생으로 선정 · 배치되더라도 학생의 장애 정도를 고려하여 완전통합, 시간제, 전일제 등 특수학급의 운영 형태를 달리하고 있다. 따라서 중증 장애를 제외한 특수교육대상학생들은 통합학급에 배치되거나 특수학급에 배치되더라도 대부분 교과는 통합학급에서 교육을 받고 있기 때문에 이제는 특수교육교사뿐만 아니라 일반교사들도 특수교육에 관련된 연수를 꼭 받아야 할 필요성이 있음을 말하고 싶다.

여름방학, 겨울방학 동안에 몇 차례 특수교육 연수를 받고 나니 특수교육에 관하여 조금은 자신감이 생겼다. 즉 '특정 개인이 부분적으로 보이는 장애에 맞춰 일반교육을 기초로 하여 대상자의 능력과 특성에 적절하게 교육하면 되겠구나!' 하는 생각이 들었다. 동시에 나는 교육의 기초가 되는 일반교육을 모르고서는 특수교육을 수행하기가 쉽지 않겠다는 생각이 들었다. 특수교육은 일반교육을 바탕으로 이루어 져야지 일반교육을 모르고 특수교육을 하면 교사와 학생 모두 힘이 들고 교육의 효과 또한 얻기 어렵다는 것을 느꼈다. 특히 특수교육에서 통합교육이 강조되고 있는 요즈음 특수교육교사는 일반교육을 반드시 알아야 함을 강조하고 싶다.

"특수교육은 '교육 중의 교육'이고 특수교육교사는 '교사 중의 교사'이다"(김병하, 2012, p.5). 교육을 담당하는 특수교육교사는 '교사 중의 교사'로서 학생 생활지도는 물론 교과교육에서도 모범을 보여야 한다. 학교교육의 본질은 일차적으로 그 교육을 담당하는 교사에 의해 구현될 수밖에 없다. "통합교육 장면에서 흔히 특수교육교사는 일반교사를 보조해 주는 보조교사와 비슷한 역할을 하는 상황이라면, 그 자체로 무늬뿐인 통합이 되고 만다"(김병하, 2012, p.102). 특수교육교사는 일반교사에게 특수한 요구를 지닌 특수아동의 교육적 지원을 위해 자문을 해주는 것이 통합교육에서 그의 임무라고 말하고 싶다.

나는 내가 원해서 특수교육을 시작했고 또 학생들을 위해서 무엇인가 도움을 줄 수 있는 특수교육교사가 되기 위하여 특수교육 관련 직무연수를 열심히 받았다. 내가 참여 하였던 특수교육 관련 직무연수는 정신지체학생지도 관련 연수, 교수 · 학습방법 개선 관련 연수, 언어치료관련 연수, 장학관련 연수, 상담관련 연수로 모두 29회 이수하였다.

나. 자격연수

특수학교 교감자격 연수

1998년 12월 겨울방학일이 얼마 남지 않아 학생들이 하교한 후 교실에서 방학준비를 하고 있는데 교감선생님한테서 교무실로 빨리 오라는 연락이 왔다. 교감선생님은 충청남도교육청에서 전화 왔으니 받아보라고 하셨다. 특수교육 담당 장학사였다. 교감자격연수 대상자 추천 때문에 전화를 하였다.

당시 '특수교육담당교원 및 교육전문직인사관리기준'에 의하면 국 · 공립 특수학교 교감 신규임용의 경우 '① 특수학교 교감 자격증 소지자를 임용한다. ② 특수학교 교감의 승진후보자명부와 일반학교 교감의 승진후보자 명부는 별도로 작성한다.'라고 규정되어 있었다. 행정사항에서는 '특수학교에서의 교감 및 교육전문직 중 본 기준에 저촉

되는 자에 대하여는 자체계획을 수립하여 적격자로 교체한다.'라고 되어 있었다.

시 · 도교육청평가 특수교육 분야에서 이를 지켜야 높은 점수를 받을 수 있었다. 문제는 충남에 있는 특수학교 중 2개 학교 교감이 전공자가 아니었다. 따라서 내가 원하면 전공자로 교체하려는 것이었다. 단, 특수학교 교감으로 연수를 받으면 앞으로는 일반학교로 전직이 안 되고 특수학교에서만 근무를 하여야 한다는 것이다. 특수교육 담당 장학사는 꼭 하선생님이 연수를 받아야 문제가 해결되지만, 그래도 인사문제라 본인의 의사를 듣고 추천해야 될 것 같아서 전화를 하였다고 했다.

나는 특수교육을 하고 싶어서 초등학교 교사를 하다가 전직했고 앞으로도 특수교육을 할 것이므로 망설임 없이 특수학교 교감을 희망한다고 하였다. 특수교육 담당 장학사는 알았다고 하면서 허락해 주어서 고맙다고 하였다. 사실 감사하고 고마운 것은 나였다. 전화를 끊고 교실로 오는데 나도 모르게 웃음이 나왔다. '이제 나도 교감이 되는가 보다. 특수교육을 하다 보니 이렇게 좋은 일도 생기는구나.'하는 생각이 들었다. 기분이 너무 좋았다. 대학 동기생보다 빨리 교감 연수를 받게 되는 것 같았다.

교실에서 업무를 보고 있는데 또 전화가 왔다. 이번 전화는 충청남도교육청 인사담당 장학사에게서 왔다. 특수교육 담당 장학사에게서 연락을 받았는데 특수학교 교감으로 연수를 희망하는 것이 맞느냐고 다시 확인하는 전화였다. 그러면서 특수학교 교감으로 연수를 받으면 일반학교로는 전직이 안 되는데 그래도 희망하겠느냐고 물었다. 희망한다고 하니 '역시 하선생님은 특수교육에 대한 애정에 변함이 없구만. 알았다.'고 하면서 나중에 교감연수대상자 서류를 제출할 때 잘 준비해서 내라고 하였다.

많은 교사들이 교감자격 연수를 받기 위하여 열심히 노력하는데 나는 특수교육만 열심히 했을 뿐인데 뜻밖에 교감자격 연수를 받게 되었다. 나중에 충청남도교육청에서 장학사로 근무했던 지인에게서 들은 이야기인데 충청남도교육청 감사에서 특수학교에 일반학교 교감을 배치한 것에 대한 지적이 있었고, 특수학교 교감자격연수대상자를 조사해 보니 나밖에 해당자가 없었다고 하였다. 어쨌든 내가 하고 싶은 특수교육을 하고 교감자격연수까지 받게 되었으니 나로서는 특수교육대상학생들에게 감사할 따름이었다.

교감연수대상자 면접을 보고 선발되어 1999년도에 충청남도교육연수원에서 연수를 받았다. 교감자격연수를 받으러 온 사람은 185명이었다. 그 중 교육대학 동기생이 12명 있었다. 후배는 몇 명 없었고 모두 선배였다. 우리는 각 반에 흩어져 배치되어 선배들과 연수를 받았다. 연수중에 과제가 있거나 발표하는 시간이 있으면 연수 대표자가 우리 동기들에게 부탁하여 대부분 우리 동기들이 하였다. 연수중에 하루 수업이 끝나면 선배들과 기수 별로 배구 등을 하면서 친목을 다지기도 하였다. 연수는 매우 즐거웠다. 단, 특수학교 교감자격연수인데 일반학교 교감자격연수자와 교육과정과 내용이 똑같아 지명만 특수학교 교감 자격연수인 것이 아쉬웠다.

연수를 마치고 성적을 받아보니 성적도 생각보다 잘 나왔다. 다른 동기생들도 마찬가지였다. 역시 한 살이라도 젊었을 때 연수를 받아야 성적도 잘 나오는 것 같았다.

특수학교 교장자격 연수

2003년 2월 특수학교 교장자격연수대상자로 지명되어 2003년 3월 31일~4월 4일까지 5일간 충청남도교육연수원에서 연수를 받았다. 이후 2003년 9월 1일~10월 10일까지 5주간 특수학교 교장자격연수를 한국교원대학교 종합교육연수원에서 받았다. 교장자격연수 대상자는 289명이었고, 이 중 특수학교 교장자격연수대상자는 11명이었다.

교장자격연수를 받는 동안 어느 연수보다도 마음에 여유가 있었고 연수를 주관하는 담당자들도 친절하게 안내해 주었다. 그런데 왠지 인생에서 마지막 기차에 승차한 기분이 들었다. 내 인생에서 이제 더 이상 승진에 대한 연수는 없다는 생각이 연수 기간 내내 머릿속을 맴돌았다.

교감자격연수 때는 특수교육 전공자가 나 혼자였는데 교장 연수 때는 특수학교 교장 연수대상자가 11명이나 되었다. 그래서 특수교육에 대한 정보교환도 할 수 있었고 분임도 제16분임으로 특수교육 전공자들만 따로 편성해 주어서 도움이 많이 되었다. 특히 11명 중 2명이 국립특수교육원에 근무하고 있어서 특수교육 관련 정보를 더욱 많이 접할 수 있었다.

연수생 모두가 기숙사 생활을 하였기 때문에 수업이 끝나고 저녁식사를 마치면 16분임 특수학교 교장연수대상자들은 연수원에서 가까운 조용한 곳을 찾아 산책도 자주 하였다. 만나면 차 한 잔 하면서 특수교육에 관한 이야기뿐만 아니라 교직생활을 하면서 겪었던 좋았던 일과 어려웠던 일, 그 동안 살아온 이야기 등을 허심탄회하게 이야기하며 한바탕 웃기도 하였다.

특수학교 교장연수 동기들과 연수를 마치고서도 서로 연락하면서 지냈는데 이제 정년퇴직한 교장선생님도 4명이나 되고 모두들 학교업무에 바쁘다 보니 아쉽게도 연락이 안 된지가 몇 해 되었다. 무소식이 희소식이라고 함께 연수를 받은 교장선생님들 모두 건강하실 것으로 믿는다. 이제 다섯 번째로 내가 2014년 2월 28일로 정년퇴직을 하게 된다.

나는 정년퇴직을 하면 특수교육상담소를 설치하여 특수교육을 하는 교원, 학생, 학부모님들을 도와주면서 여생을 보내고픈 작은 소망이 있다. 그리고 그 동안 함께 특수교육을 하였던 많은 분들과 만나서 살아온 이야기도 나누고 특수교육에 대한 향수도 달래며 정보를 공유하고 싶다.

다. 대학교

나는 특수학교에서 정신지체학생을 지도할 때 특수교육교사는 유아교육을 알아야 한다는 생각을 자주 하였다. 장학사로 발령 받고 유아교육 업무를 담당하게 되니 교사 시절 유아교육을 체계적으로 공부하지 못한 것에 대한 아쉬움이 많았다.

그래서 서산성봉학교 교장으로 발령 받고 2003년에 한국방송통신대학교 유아교육과 3학년에 편입학하였다. 특수학교는 대부분 유치원 과정부터 전공과 과정까지 편성 · 운영이 되고 있었기 때문에 그것은 꼭 필요한 일이라 판단되었다. 게다가 교장 관사에서 혼자 생활하였기 때문에 책을 읽을 환경도 되었고 시간도 충분하였다.

여름방학이 되어 출석 수업에 참여했는데 강의실 앞에서 초임 학교인 충남 아산시 영인초등학교에서 담임했던 제자를 만났다. 제자는 나를 보고 매우 반가워했다.

"선생님 안녕하세요? 고ㅇㅇ이에요. 유아교육 강의하러 오셨어요?"

하는 것이다. 나도 무척 반가웠다. 졸업하고 30년 만에 처음 만난 것이다. 세월은 흘렀지만 얼굴 모습과 말하는 억양이 그대로였다.

"아니, 강의 들으러 왔는데요."

고○○선생님은 믿어지지가 않는다는 듯 나를 쳐다보고 웃었다. 고○○선생님과 나는 같은 반이 되었다. 강의 첫날부터 나는 교수님들에게 관심의 대상이었고 학생들 또한 마찬가지였다. 그럴 수밖에 없는 것이 출석 수업에 참여한 학생 중 유아교육과에 남자는 나 혼자였고, 아마 나이도 내가 제일 많았을 것이다.

유아교육과 강의는 대부분 학생들이 직접 활동하는 수업으로 이루어졌다. 동화학습시간에는 유아와 교사 역할 하기, 건강시간에는 체조하기, 예능시간에는 폐품 이용하여 만들기와 율동하며 노래 부르기 등을 실제 수행하도록 하였다. 이와 같은 활동을 시연하기 전 시범활동을 하게 되는데, 담당 교수는 꼭 나를 시켰다. 처음에는 연령도 높고 남자이고, 학교에서는 그래도 교장으로 생활하는데 막상 동작을 하려니 민망하고 부담스러웠다. 그러다보니 참여하기는 하였지만 소극적이었다. 제자가 이런 나를 안타깝게 생각하였는지 시범활동을 할 때마다 함께 참여하면서 지원을 해주었다. 나도 차츰 활동이 익숙해져 갔다. 출석 수업을 마칠 때 즈음엔 함께 참여한 여학생들과 제법 비슷한 동작이 되었다. 때로는 교수가 못하는 학생을 보고 나를 가리키면서 '교장선생님도 잘하는데 젊은 사람 동작이 왜 그래요?' 해서 한바탕 웃을 때도 있었다.

지금도 그 때 생각을 하면 나도 모르게 웃음이 나온다. 지금 하라고 하면 못할 것 같다. 그 때는 어디서 그런 용기가 났는지 나 스스로 대견하여 큰 박수를 보내고 싶다.

유아교육과를 졸업하니 유아교육에 대하여 조금은 알게 되었다. 유아교육은 유아를 대상으로 하는 독특성과 함께 종합적이고, 실천적이며, 응용적인 특성이 강하다는 것을 알게 되었다. 또 유아교육은 초 · 중등교육과는 달리 교과목으로 구분되어 있지 않고 여러 영역을 매개체로 하여 통합적으로 운영된다. 따라서 교사는 영역 상호간의 관계를 전체적으로 파악함과 동시에 여러 교과들이 어떻게 통합될 수 있는지 파악하고 있어야 한다는 것도 알게 되었다.

유아교육과정의 특성은 교구와 교재에 있다. 초 · 중등 교육에 있어서 가장 중요한 교재는 교과서인데 유아교육에 있어서는 다양한 상호작용으로 교육이 이루어진다. 교재 · 교구와의 상호작용, 교사와 유아의 상호작용, 유아와 유아의 상호작용과 같이 상호작용이 중요한 교육내용이다.

유아교육 교수 · 학습방법에서는 구체성, 다양성, 융통성, 다양한 활동, 통합성, 상호작용, 동기유발의 중요성을 강조하고 있다. 통합적 유아교육과정의 구성은 교과 간에 상관되는 요소를 중심으로 통합하거나, 주제를 중심으로 필요한 교과내용을 통합하는 형태로 이루어진다. 우리나라 제4차 교육과정에서 시도한 초등학교 저학년 '바른 생활'은 교과의 상관을 고려한 통합 형태이고, 유치원 교육과정에서 '나와 유치원'은 주제중심 통합 형태이다(이기숙, 2004).

나아가 유아교육과정에서의 통합은 교과목 통합뿐 아니라 전인적 발달과 효율적 학습을 위하여 유아의 경험, 흥미 및 요구와 교육내용을 통합하고, 유아와 유아주변의 인적 및 물적 환경을 통합하여 교육하도록 하고 있다.

일반적으로 학교는 학문적, 지적 가치를 강조하며, 실제적 생활 사태가 일어나는 사회는 실용적, 실제적 가치를 강조한다. 또한 학교는 형식적 학습의 장소이며 사회는 비형식적 학습의 장소이다. 이와 같은 현상은 학교에서의 학습경험이 사회에서 요구되는 일상적 능력이나 기능과는 관련이 적은 경험이 되어 학교를 졸업하고 사회에 나아가 생활을 하는데 어려움을 겪게 한다. 특히 특수교육대상학생들에게는 이와 같은 학교교육이 더욱 문제가 된다.

장애인 등에 대한 특수교육법 제1조 (목적)에서는 '장애인 및 특별한 교육적 요구가 있는 사람에게 통합된 교육환경을 제공하고 생애주기에 따라 장애유형 · 장애정도의 특성을 고려한 교육을 실시하여 이들이 자아실현과 사회통합을 하는데 기여함을 목적으로 한다.'라고 규정하고 있다. 위의 법에서 규정하고 있는 '자아실현과 사회통합'을 위해서는 교과 간 통합과 아울러 학생의 경험, 흥미, 학생과 학생주변의 인적 · 물적 통합이 이루어져야 한다. 또한 학교에서는 특수교육대상학생이 학교를 졸업하고 사회에 나아가 살아가는데 도움이 되는 교육이 이루어져야 한다.

유아교육과를 졸업하고 교장 업무를 하는 동안에 유치원 교육과정 편성 · 운영, 교수 · 학습방법 개선, 유치원 교재 · 교구 구입, 유치원 교육시설 등에 유치원 교사가 도움을 요청하면 학교장으로서 자신감을 갖고 지원할 수 있어 '늦게라도 유아교육 공부하기를 잘했구나!' 하는 생각이 들었다.

유아교육을 전공한 후 특수학교 교장으로 근무를 하려면 정말로 많이 알아야 되겠다는 것을 새삼 느꼈다. 관리자는 본인이 알고 있는 것만큼 교직원들에게 도움을 줄 수 있는 것 같다. 유아교육을 공부하고 나니 유치원 운영에 관하여 전반적으로 더 폭 넓게 알게 되었고, 유치원 교사가 지원 요청을 하면 필요성을 이해하게 되어 행 · 재정 지원도 전과는 달리 적극적으로 하게 되었다.

정년퇴직을 앞두고 한편으로는 아쉬움이 남는다. 그 동안 특수학교에서 중 · 고등학생을 위하여 열심히 지원하려고 노력했지만 내가 공부해서 중등 특수교육에 대하여 정확하게 알고 지원하는 것하고 열정만 가지고 지원하는 것은 다르기 때문에 미안한 마음이 든다.

라. 대학원

1986년 12월, 대구대학교 교육대학원(특수교육전공)에 합격하여 나는 새로운 학문인 특수교육학을 공부하게 되었다. 그리하여 6학기 동안 여름방학과 겨울방학을 대구에서 보냈다. 지금도 그 때 함께 공부했던 동료들이 생각난다. 우리는 방학이 시작되면 학교 앞에 있는 여관방을 2개 빌려서 동기생끼리 사용하였다. 방 하나는 과제해결과 예습 · 복습하는 방, 다른 하나는 토론하면서 휴식을 취하는 방으로 사용하였다. 가끔은 저녁에 학교 앞 식당에서 학교생활, 특수교육대상학생들의 생활 등 여러 가지 살아온 이야기들을 나누었다. 학교 주변 식당은 대학생들이 주로 이용하는 곳이어서 음식값이 다른 지역에 비해 반 값 정도밖에 되지 않아서 좋았다. 가끔 서점에 가서 필요한 책을 구입하고 이것저것 구경하면서 시간을 보내기도 하였다. 서점에 갈 때는 동기생 중 정○○ 선생님과 함께 갔는데, 그는 지금 ○○○○대학교에서 교수로 재직하고 있다.

금요일이 되면 집으로 가야 하는데 제주도에서 온 양○○ 교감선생님과 박○○ 선생님이 주말에 관광일정을 잡기도 했다. 우리는 집에 가는 대신 함께 지역 명소를 구경하기도 하였다. 그러다 보니 동기생들과 정도 많이 들었다. 그 당시는 집에 가지 못하는 아쉬움도 있었지만 지금 생각하니 그 분들 덕분에 여러 명소를 관광할 수 있어서 감사한 마음이 든다.

지금 양○○ 교감선생님은 ○○○○○○도 교육감, 김○○ 선생님은 ○○○○대학교 교수, 정○○ 선생님은 광주에서 교장선생님, 김○○ 선생님은 전남에서 교장선생님으로 재직 중이고 나머지 동기생들은 대부분 퇴직을 하였다. 그러나 동기생 모임은 계속 유지되고 있다. 부부 동반으로 제주도를 2번 다녀오고 일본여행도 했다. 하지만 나는 개인적인 사정으로 일본여행에는 참석하지 못해서 미안하고 아쉬움이 남는다.

대학원 강의가 시작되던 첫 여름학기, 동기생들과 강의를 듣는 동안 나는 특수교육에 관한 지식이 텅 비어있는 그릇처럼 느껴졌다. 다른 동기생들은 이미 특수학급을 담당하였거나 특수학교에서 근무를 하고 있었으므로 발표 및 토론시간에 특수교육에 관련된 내용을 조리 있게 발표하였다. 나는 학부에서 특수교육을 전공한 것도 아니고 현장에서 특수학교(급)를 담당한 경험도 없어서 다른 동기생들에 비하여 특수교육에 대한 기초가 부족하다는 것을 절실히 느꼈다. 다른 사람이 발표할 때 특수교육대상학생에 대한 설명도 이해가 되지 않았고, 특수교육에 관련된 용어도 처음 듣는 생소한 것이 많았다. 우리나라 특수교육 출발지인 대구에 특수교육을 공부하기 위해 발을 들여놓긴 했지만, 과연 내가 끝까지 대학원에서 공부를 마칠 수 있을지 걱정과 두려움이 한시도 뇌리를 떠나지 않았다.

나는 강의가 시작된 첫째 주 내내 잠자리에 들면 밤잠을 설치면서 고민하였다.

첫째, 특수교육이 나에게 꼭 필요한 것인가?

둘째, 내가 지금 특수교육에 관하여 알고 있는 것은 얼마나 되나?

셋째, 대학원을 끝까지 마치려면 무엇을 준비해야 하나?

1987년 여름학기를 마치면서 답을 찾았다. 특수교육대상학생을 지도하려면 반드시 특수교육을 하여야 하고, 나는 특수교육에 관하여 부족한 것이 많다. 그러므로 학부생들이 배우고 있는 특수교육 기초 공부를 하여야 한다. 대학원을 끝까지 마치려면 동기생들과 가까이 하면서 모르는 것은 질문하고, 앞으로 특수학급이나 특수학교에 근무하거나 근무할 수 없다면 틈나는 대로 특수교육기관을 방문하여 현장 경험도 쌓아야 한다는 것을 알았다.

1학기를 마치는 날 특수교육 전공서적 13권을 구입하였다. 겨울방학이 되기 전까지 교원임용고사 준비생 같이 읽고 또 읽으면서 열심히 공부하였다. 그래서인지 겨울방학 학기에는 발표시간에 발표자의 내용도 이해하고 내 의견도 제시할 수 있게 되었다. 학기를 마치는 날 대학 서점에 들려 특수교육 관련 책을 여러 권 구입하여 다음 학기가 시작되기 전까지 읽고 또 읽었다. 지금도 그 때 공부했던 특수교육 관련 낡은 책을 보면 '참으로 열심히 공부했구나!' 하는 생각이 들면서 나 자신이 대견스럽게 느껴진다.

대학원 교육과정은 다음 학기 이수과목마다 사전 과제를 1∼2개 이상 주고 개강 전까지 제출하고, 과목마다 기본교재를 읽은 후 대학노트 100페이지 이내로 요약하여 개강하는 날 제출하도록 되어 있었다. 과제 해결은 내가 읽은 내용을 정리하는데 많은 도움이 되었으나 대학노트에 요약 정리하는 것은 직접 손으로 써야하기 때문에 어려움도 많았고 고생한 만큼 도움도 되지 않았다. 강의가 시작되면 제출한 과제를 개인별로 발표하고 질문 받고 토론하였다. 또한 강의 과목과는 상관없이 석・박사학위 논문을 분석하여 제출하고 발표하는 것은 기본이었다. 가끔은 강의를 담당한 교수가 지도한 논문을 우리들이 분석하여 제출하고 발표하는 사례도 있었다. 논문에 대한 문제점이 많이 지적될 때는 교수가 그 논문을 지도한 과정과 지도할 때 어려웠던 점을 자세히 들려주어, 논문을 쓰기 위해서는 미리부터 준비하고 지도교수를 자주 찾아가서 지도를 받아야한다는 것도 알게 되었다. 요즘 대부분 교육대학원이나 특수교육대학원 석사과정에서는 논문과 추가 수강 중 하나를 선택하도록 하고 있다. 내 생각으로는 논문을 쓰는 것이 좋다고 생각한다. 나도 교육대학원 석사과정에 들어가기 전까지는 현장연구 논문도 한번 써보지 못했지만 교육대학원을 마친 후에는 논문에 어느 정도 자신감이 붙어 현장연구에 9회 참여하여 입상하였다. 또한 동료교사들에게 컨설팅도 해주어 많은 교사들이 입상하였다. 현장에서 5년 이상 근무를 하면 부장교사 직책을 맡게 되는데 업무계획을 잘 세워야 하고 소속 계원들이 계획을 세우면 지도를 하여야 하기 때문에 학위논문은 써 보는 것이 꼭 필요하다고 추천하고 싶다.

나는 3학기부터 지도교수가 결정되어 학위논문을 쓰기 시작하였는데 논문 쓰는 동안 매우 어려웠다. 논문 주제를 결정하는데 1차로 10개의 주제를 선정하여 주제마다 A4용지 2쪽 이내로, 주제를 선정한 이유와 해결방안 검사도구, 결과 예측 등을 기록하여 설명하도록 하였다. 1차 과제를 마치니까 또다시 2차로 10개의 주제를 선정하여 1차와 같이 하도록 하였다. 20개의 과제를 해결하기 위하여 수시로 교수님을 찾아뵙는 것도 교직에 있으면서 쉬운 일은 아니었다. 20개의 과제를 마치니 교수님께서 웃으면서

"하선생 고생 많았네, 이것으로 하면 어떻소?"
하는 것이다.

주제로 선정된 것은 1차 과제 2번째로 설명한 것이다. 나는 기쁘면서도 허탈하였다. 2번째 과제 같으면 '일찍 말씀하시지 왜 고생을 시켰을까?' 하는 생각이 들었다. 잠시 후에 교수님께서는 말씀하셨다.

"학위 논문은 결과도 중요하지만 과정도 중요합니다. 그래서 공부 좀 하라고 과제를 냈어요. 이제 주제 선정하는 방법을 좀 알겠지요? 논문은 주제를 선정하면 반 이상 쓴 것이나 마찬가지예요."

나는 그제야 교수님의 깊은 뜻을 알았다. 그 후 교수님은 친절하면서도 구체적으로 논문지도를 해 주셨다. 지도 교수는 마지막 6학기에 논문지도를 마치고 본 논문 발표를 1개월 앞두고 캐나다로 떠났다. 그래서 지도교수가 바뀌게 되어 내 석사학위 논문에는 지도교수가 다른 분으로 적혀 있다. 참 속상하고 아쉬웠다.

내 석사학위 논문(하상근, 1989)이 여러모로 부족하지만 요약하여 제시하면 다음과 같다.

[석사학위 논문 요약]

주제 : 교육가능 정신지체아동의 대인문제해결사고의 특징

인간의 생활은 개체와 환경과의 상호작용에 의하여 이루어진다. 이러한 상호작용 과정에서 인간은 많은 문제에 직면하게 되고, 이를 제각기 독특한 해결방식에 의해 처리해 나간다.

따라서 인간의 생활은 사회화 과정이며 문제해결의 과정이라고 볼 때 이러한 과정의 매체가 되는 '대인관계는 인격체 형성의 중요한 요인'이 된다.

Johnson은 모든 인간은 대인관계를 통해서 자기 자신의 표현, 상대방의 이해 등을 배우게 되는데, 만약 대인관계에 결함이 생기게 되면 사회적 부적응 현상을 초래하게 되어 개체는 사회로부터 고립, 또는 거부당하게 되고 심하면 정신병적 증세로까지 발전하게 된다고 하였으며, Ross, Rubin, Krus와 Balow 등은 대인관계의 부족은 고립, 거부 등 사회적 부적응의 원인이 된다고 하였다.

Richard와 Dodge, Rogers, Shure, Spivack과 Jaeger 등도 인간관계에서 일어나는 문제들을 효과적으로 해결하지 못하면 대인관계에 결함을 가져와 각종 부적응 행동과 비행 등을 일으키기도 한다고 주장하고 있다.

이러한 대인문제해결사고는 주로 일상생활 속에서 인간관계를 통해 향상되게

마련이다. 비장애아동들은 대인관계에서 직면하는 각종 문제를 학습과 경험을 통해서 스스로 해결할 수 있는 사회적 기술을 배워 생활에 잘 적응하게 되나, 정신지체아동들은 지적, 사회적 적응능력의 지체로 인하여 대인관계에 미숙하며 사회적 기술면에서도 결함을 나타낸다. 이러한 결함이 누적되면 타인과의 관계를 원만하게 수립하지 못하며 심하면 비사회적, 반사회적 행동으로 나타나 사회에 커다란 문제를 야기 시키기도 한다.

따라서 바람직한 대인관계 형성을 위해 대인문제해결사고의 특징을 밝혀보는 일은 대단히 중요한 문제라고 할 수 있다.

특히 교육가능 정신지체아동의 대인관계에 대한 문제해결사고를 정확히 파악하는 일은 정신박약학교 새교육과정 개요에서 제시한 정신지체아동의 인간존중태도와 초보적인 대인관계 형성을 위해서 중요한 일이며, Deprospo가 교육가능급 정신지체아동 학교의 일반목표로 제시한 내용 중 '④적절한 인간관계의 향상'을 위해서도 매우 중요한 일이다.

그리고 교육가능 정신지체아동들이 또래 집단에서 올바른 대접을 받지 못하여 사회성의 부족이나 성격 및 행동상의 결함을 지닌다고 하였는데 이를 위해 기초자료를 확보한다는 의미에서도 중요하다고 할 수 있다.

또한 교육가능 정신지체아동이 성인이 되어 비숙련직에서 실패는 대체로 그 과업을 감당할 능력이 없어서가 아니라, 개인적 및 사회적 적응과 대인관계의 특성 때문이라고 하였으며, 직업생활에서 실패하는 원인은 거의 모두가 인간관계에 기인되고 있으므로 원만한 대인관계의 형성과 바람직한 인간관계 조성을 위해서도 매우 의의 있는 일이라고 할 수 있다.

따라서 본 연구에서는 교육가능 정신지체아동의 대인관계에서 나타나는 문제해결에 대한 사고의 반응경향을 구체적으로 밝혀보고자 한다.

연구의 목적은 교육가능 정신지체아동의 대인관계에 대한 문제해결사고의 특징을 알아보기 위하여 다음과 같이 구체적인 목표를 설정하였다.

첫째, 교육가능 정신지체아동의 정신연령 간 대인관계에 대한 문제해결 반응의 차이를 알아본다.

둘째, 교육가능 정신지체아동의 생활연령 간 대인관계에 대한 문제해결 반응의 차이를 알아본다.

셋째, 교육가능 정신지체아동의 성차 간 대인관계에 대한 문제해결 반응의 차이를 알아본다.

본 연구 결과를 통하여 얻어진 결론은 다음과 같다.

첫째, 정신연령 5, 7, 9세를 가진 교육가능 정신지체아동의 대인문제해결사고 반응에서 다음에 기술한 내용들은 각 연령 모두 비장애아동과 동일하게 나타났다.

교육가능 정신지체아동들이 대인문제를 해결하는데 있어서 가장 많이 사용한 해결방안은 '요청'이었다. 대상별 대인문제해결사고 반응에서 해결방안 빈도가 높은 것은 ①친구 ②어머니 ③교사 순이었다. 연령이 높아짐에 따라 대인문제해결사고도 증가하였는데, 긍정적 해결방안보다 부정적 해결방안이 높게 증가하는 경향을 보였다.

둘째, 생활연령 8, 10, 12세를 가진 교육가능 정신지체아동의 대인문제해결사고 반응은 동일한 생활연령을 가진 비장애아동보다 해결방안 빈도가 낮게 나타난 것만 다르고 위에서 제시한 5, 7, 9세의 교육가능 정신지체아동과 같게 나타났다.

셋째, 교육가능 정신지체아동의 남, 여간 대인문제해결사고의 반응은 차이를 보이지 않았다.

이상과 같은 연구결과를 볼 때 교육가능 정신지체아동은 대인문제를 해결하는 데 있어서 우선적으로 '요청'을 사용하였는데 이는 자기중심적 사고에서 벗어나 나와 함께 남을 고려하며 상호적인 입장에서 문제를 해결하려는 것임을 시사하고, 또한 연령의 증가에 따라 대인문제해결방안도 수적으로 증가하고 종류도 다양해짐은 문제해결에 있어서 융통성과 여러 가지 대인적 상황에 대한 적응능력이 있음을 알 수 있다.

서산성봉학교 교장으로 발령받아 1년 6개월이 지나고 천안인애학교로 자리를 옮겼다. 현장에서 교장생활을 하다 보니 특수교육에 관하여 폭넓게 알고 싶어졌다. 나는 특수교육박사과정에 진학하기로 하였다.

특수교육전공 박사과정에 들어간다고 하니, 특수교육을 함께 해온 동료 직원 및 선배들은 오랫동안 특수교육을 위해 많이 애썼고 그동안 이룬 것도 많으니 이젠 그만 쉬라고 하였다. 친구들 모임에서도 몇 몇 친구들은 나를 아끼는 마음에서,

"이제 몇 년 안 있으면 정년퇴직 할 텐데 지금 박사는 해서 뭐하니? 그만 애쓰고 좀 편히 지내라."

하면서 그만 쉬도록 권하였다. 그럴 때마다 나는 대답했다.

"나도 남은 교직생활 편하게 하고 싶지. 그러나 특수학교 교장이 되고 보니까 더 많은 것을 알아야 교직원들을 도와줄 수 있어. 그리고 학생들을 위하여 시설도 확충할 수 있고. 아무튼 이번에 내가 더 공부하려고 하는 것이 내게는 꼭 필요한 전공이야. 요즈음 학교장 연수 때마다 리더십에 관하여 강조하잖아."

대학원 박사과정에 입학하여 열심히 공부하였다. 내가 처음 생각한 대로 학교장으로서 꼭 필요한 내용 중심으로 강의과목이 개설되었다. 배우고 싶은 것을 배우다 보니 그 과정 하나하나가 즐겁고 재미있었다. 교수님들은 가끔씩 강의 시간에 교장선생님이

고생한다고 격려도 해 주었다. 특히 독서지도 강의를 맡으신 교수님은 종강하는 날 자신이 공주교대 후배임을 밝히면서, 선배님이 부담을 느낄 것 같아 미리 말을 하지 못했다고 하며 강의에 열심히 참여해 주어 감사하다고 하였다. 그 말을 듣는 순간 나도 훌륭한 후배를 교수로 만나 강의를 듣게 되어 마음이 흐뭇하였다.

종합시험을 볼 때는 정말로 열심히 하였다. 특히 영어 시험이 어려워 준비를 많이 하였다. 얼마나 열심히 공부했던지 나는 대상포진에 걸려 병원에 입원을 하고 말았다. 그때 의사선생님은 시험공부 더하면 큰일난다고 말리기까지 하였다. 나는 함께 시험 준비를 하던 김용욱 박사와 의논을 하였다. 김용욱 박사는 치료는 열심히 받되 포기는 하지 말라고 하였다. '죽기 아니면 살기다. 지금 포기하면 너무 아깝지.'라는 생각으로 공부하고 또 공부하였다. 다행히 영어시험과 종합시험을 통과하였다. 지금 생각해도 그때 포기하지 않기를 잘 했다는 생각이 든다.

리더십 공부는 내가 교장으로 근무하면서 교직원들을 위한 최고의 직장, 학생들에게는 즐겁고, 행복한 교육환경 등을 조성하는데 큰 도움이 되었다. 또한 교육가족이 학교교육을 위해서는 체계적이고 합리적인 사고로 함께 생각하는 일이 더욱 중요하다는 것도 깨달았다. 학교가 활동적이고 발전적으로 움직이려면 교장은 교직원들이 스스로 즐기며 일할 수 있는 방향을 제시하고 많은 것을 위임하는 것이 무엇보다 중요함을 알았다.

특수학교 교장 연수 때마다 신임 교장선생님들한테 자주 듣는 소리가 있었다.

"특수학교 교장으로 발령은 받았지만 교장이 어떻게 하여야 할지 모르겠어요. 교장이 생각하는 교육의 방향은 이런 것인데, 선생님들은 저렇게 하고 있으니 그것이 맞는지 틀리는지 판단이 안설 때가 많아요. 나는 특수교육을 전공하지 않았으니 그들에게 무어라 말하기도 그렇고, 가만있자니 교장의 직무를 제대로 하는 것 같지 않아 답답하기만 할 때가 많아요."

혹은 어떤 교장선생님은,

"무얼 걱정하세요. 1~2년 조용히 있다가 일반학교로 가면 되지."

하기도 하였다.

나는 평상시 이런 이야기를 들을 때마다 안타까운 마음이 들었다. 특수학교 교장에게 도움이 될 만한 자료를 찾아보았으나 일반학교 교장을 위한 '학교장의 직무수행 기준'은 있었으나 '특수학교 교장의 직무수행 기준'은 없었다.

"그렇다. 특수학교 교장선생님들한테 도움이 되는 논문을 써야 되겠다."

지도 교수도 내가 쓰려고 하는 주제와 방향에 대하여 쾌히 승낙을 하였다. 나는 본 논문을 쓰기 위해 기초연구한 것을 한국체육대학교 특수교육과 김○○ 교수님 추천으로 경북 특수학교 교장 연수 때 발표를 한 적도 있었다.

나의 논문은 '특수학교장의 직무수행능력 설정과 평가'라는 주제로 썼다. 박사학위 논문(하상근, 2009)을 요약하면 다음과 같다.

[박사학위 논문 요약]

주제 : 특수학교장의 직무수행능력 설정과 평가

본 연구의 목적은 우리나라 '특수학교장에게 요구되는 직무수행능력'을 설정하고 우리나라 특수학교장들을 대상으로 그 '중요도'와 '수행도'를 평가하기 위한 것이다. 본 연구에서는 일반학교장과 특수학교장에게 요구되는 직무수행능력을 설정하기 위하여 주요 외국과 우리나라의 문헌을 고찰하고 이것을 배경으로 '특수학교장의 직무수행능력'을 구안하였다. 구안된 자료는 특수교육 전문가 패널의 워크숍을 거쳐 '특수학교장의 직무수행능력'으로 설정하였다. '특수학교장의 직무수행능력 설정'에 대한 그 '중요도' 인식과 '수행도' 수준을 밝히기 위하여 전국 147개 특수학교장들을 대상으로 현장 평가(field testing)를 실시하였다. 본 연구를 통해 얻어진 주요 결과는 다음과 같다.

첫째, 국내의 선행연구에 대한 종합적 분석과 전문가 패널협의를 거쳐 우리나라 특수학교장에게 요구되는 '특수학교장의 직무수행능력'을 설정하였다. 본 연구에서 설정한 '특수학교장의 직무수행능력'은 다음과 같이 구성되었다. '대 영역'은 '특수교육의 기초, 교육과정 운영, 교수 · 학습 활동 지원, 학생관리 및 지원, 교직원 관리 및 지원, 학교관리, 교직원 전문성 신장, 학부모 및 대외 협력 관계, 학교장의 리더십과 윤리'로서 총 9개로 구성하였다. '중영역'은 대영역에서 제시한 9개의 영역을 각각 다시 하위 영역으로 나누어 총 30개로 구성하였다. '수행능력 항목'은 30개의 중영역을 수행능력(competency)중심으로 진술하여 총 135개로 구성하였다. 그리고 각 수행능력 항목을 지식, 기능, 태도별로 진술하였다. 전체 135개의 수행능력 항목 중에서 지식은 17.8%(24개), 기능은 64.4%(87개), 태도는 17.8%(24개)를 각각 차지하여, 전반적으로 기능적인 측면이 과반수 이상을 차지했다.

둘째, 특수학교장들을 대상으로 본 연구에서 설정한 '특수학교장의 직무수행능력'에 대한 '중요도'와 '수행도'를 평가하였다. '중요도'는 전반적으로 높게(평균 4.26) 평가되었으며 그 순위는 교직원 관리 및 지원, 학교장의 리더십과 윤리, 교육과정 운영, 교수 · 학습활동 지원, 학교관리, 특수교육의 기초, 학생관리 및 지원, 교직원 전문성 신장, 학부모 및 대외 협력 관계로 나타났다. '수행도'는 학교장의 리더십과 윤리, 교직원 관리 및 지원, 교수 · 학습활동 지원, 학교관리, 교육과정 운영에서 상대적으로 수월한 것으로 평가 되었으나, 교직원 전문성 신장, 학생관리 및 지원, 특수교육의 기초, 학부모 및 대외 협력 관계는 보통 수준으로 평가 되었다. 따라서 우리나라 특수학교장들은 학부모 및 대외협력관계 유지, 특수교육 전반에 대한 기초 지식 등에 상대적으로 취약성을 드러내는 것으로 볼 수 있다.

여기에서 특수학교장들은 전반적으로 '중요도'를 '수행도'보다 높이 평가하였다. 이는 본 연구에서 설정한 '특수학교장의 직무수행능력'을 전반적으로 중요하다고 인식하고 있기는 하지만, 현장의 현실적인 제약성과 학교장 자신의 한계 때문에 실제 수행도는 중요도에 비하여 낮게 평가된 것으로 보인다.

이와 같은 결과를 초래한 것은 여러 가지 요인이 있겠으나 특수학교장은 학교를 경영함에 있어서 모든 교장에게 필요한 일반적 능력을 갖춘 것 위에 특수교육요구학생의 장애영역에 관계없이 공통적으로 요구되는 능력과 장애영역에 따른 특수한 능력을 두루 균형 있게 구비하여야 하기 때문이다. 따라서 특수학교장들은 학교 경영에 2중의 어려움을 겪게 된다. 또한 특수교육 행 · 재정적인 지원 부족과 장애인에 대한 관련법 이해와 그 적용을 위한 연수 부족, 각종 단체 및 지역사회 · 유관기관과의 협력 부족 등이 복합적으로 영향을 미친 것으로 판단된다.

마. 자격증

나는 교육대학을 졸업하고 무시험검정으로 초등학교 2급 정교사 자격증을 취득하였다. 초등학교 교사로 임용되어 3년 후 연수를 받고 초등학교 1급 정교사 자격증을 받았다. 초등학교 1급 정교사를 받은 후 유치원 1급 정교사 자격증을 받았다. 특수학교 교사 자격증은 시험검정으로 받은 후 대학원에서 학위를 받고 무시험검정으로 특수학교(초) 1급 정교사 자격증을 받았다. 특수학교 교감 자격증은 교감자격 연수를 마치고 취득하였다. 특수학교 교감으로 승진 발령을 받아 근무하던 중 장학사 임용시험에 합격하여 장학사로 임용되었다. 당시 충청남도교육청에서는 지역교육청에 특수교육 담당 장학사가 별도로 있는 것이 아니라 초등장학사가 특수교육도 함께 담당하였다. 내가 초등학교로 장학지도를 나갔을 때 학교장이 내 소개를 하였다. 특수학교 교감으로 소개를 하니까 교사들이 받아들이는 표정이 밝지 않았다. '특수학교 교감이 초등학교를 어떻게 장학지도 하겠는가?' 하는 표정이었다.

특수학교 교감연수를 마치고 초등학교 교감 자격증을 신청할 것이냐고 인사담당 장학사가 물어 볼 때 나는 특수학교에만 있고 싶다고 하고 초등학교 교감 자격증을 신청하지 않았다. 그러나 장학지도를 나와 보니 내가 너무 안일하게 생각했다는 생각이 들었다. 장학지도를 마치고 지역교육청에 들어와서는 충청남도교육청 인사담당 장학사에게 오늘 있었던 이야기를 하고 초등학교 교감 자격증을 신청하겠다고 하였다. 담당 장학사는 쾌히 승낙을 하고 신청하라고 하였다. 일주일 후에 초등학교 교감 자격증을 받았다. 다음 장학지도를 나가서 학교장이 초등학교 교감 자격증과 특수학교 교감 자격증을 모두 갖고 있다고 소개하니까 교사들이 받아들이는 표정이 달랐다.

특수학교 교장 자격증은 특수학교 교장 자격연수를 마치고 취득하였다. 초등학교 교감 자격증이 없어서 어려웠던 때가 생각나 특수학교 교장 자격증을 받고 즉시 초등학교 교장 자격증을 무시험검정으로 신청하여 취득하였다.

언어 치료사 자격증은 한국언어치료학회에서 주관하는 연수를 240시간 이상 받고 시험에 합격하여 받았다. 시험 과목은 조음장애, 음성장애, 유창성장애, 언어발달지체 4개 과목이었다. 언어치료 연수를 시작한 것은 자격증을 받으려고 한 것보다는 정신지체 학생들은 대부분 언어발달지체 학생들이라 '어떻게 하면 잘 지도할 수 있을까?' 하는 생각에서 언어치료방법을 배우려고 시작하였다. 연수를 마치고 나니 시험을 보아야 되겠다는 생각이 들어 시험에 응시하여 자격증을 취득하였다. 덕분에 학급담임을 하면서 학생들 언어지도 하는데 많은 도움이 되었다.

연구 활동 인정서는 제1회 특별연구교사 공모에 당선되어 연구 활동을 마치고 보고서가 합격되어 충청남도교육연구정보원장이 발부하여 취득하였다.

우리나라는 각 급 학교에 해당하는 적합한 자격증이 있어야 교원임용고사에 응시할 수 있도록 교육공무원법으로 규정하고 있다. 임용 된후에도 학생을 지도하려면 학생을 지도할 수 있는 자격증을 취득하여야 한다. 특히 나의 경험으로는 특수교육교원은 관련 자격증을 많이 취득하면 학교장 및 학부모 등과의 상담에도 이롭고 특수교육대상학생을 교육하는 데에 있어서도 많은 도움이 되었다.

제 2 부
삶 속의 특수교육

1. 특수교육 말하기

"긍정적인 말은 긍정적인 생각에서 출발한다."(유재화, 김석준, 2012, p.54). 그리고 긍정적인 생각은 자기 자신을 사랑하는 데서부터 비롯되는 것 같다. 따라서 자신을 사랑하는 사람은 세상사를 긍정적으로 바라보고, 그런 생각은 자연스럽게 겉으로 드러나게 마련이다. 긍정적인 생각은 얼굴 표정을 밝게 만들 뿐만 아니라 부드럽고 따뜻한 말로 상대를 대하게 된다(유재화, 김석준, 2012). 그러나 부정적인 생각을 할 때는 그 반대가 된다. 천안인애학교 교장으로 재직할 당시, 학교에는 여러 가지 문제들이 생기곤 했다. 그때 내 머릿속에는 하루에도 몇 번씩 부정적인 생각과 긍정적인 생각들이 교차하였는데, 부정적인 생각을 할 때에는 내 뜻과는 다르게 표현이 되어 매우 당황스러웠던 경험이 있다.

처음 만난 사람과 대화를 할 때 특히 중요한 것은 상대방의 말을 성의껏 들어주는 것이다. 또한 말을 잘 듣고 있다는 표현을 그때그때 해주는 것도 필요하다. 요즈음 학부모들은 담임교사와 문제가 생기면 바로 학교장한테 전화를 하거나 교장실로 찾아온다. 그리고는 매우 격앙된 어조로 본인이 하고 싶은 말들을 다 한다. 이런 때 제일 중요한 것은 화나서 하는 말을 끝까지 들어주는 것이다. 그리고 앞서도 언급했듯이 필요한 상황에서는 동의의 제스처를 함께 해주는 것이 필요하다.

이때 학부모의 말을 끝까지 잘 들어주는 것이 학교장의 의견을 서둘러 말하는 것보다 중요하다. 학부모에게 끝까지 말하도록 충분한 시간과 여유를 주는 것은 학부모에 대한 배려도 되지만 어떤 면에서는 학교장에게도 유리할 수 있다. 듣는 동안 학부모의 생각을 충분히 파악하고 원하는 답변을 준비할 수 있기 때문이다.

우리는 흔히 말을 청산유수로 잘하는 사람, 그럴듯한 말만 골라서 하는 사람, 마이크를 오래 잡고 있는 사람이 말을 잘하는 사람이라고 보는 경향이 있다(한근태, 2007). 그러나 꼭 그렇지는 않다. 말의 성패는 말을 할 때 듣는 사람에게 달려 있기 때문이다. 내 경험에 의하면 교직원 협의를 할 때 교직원들이 담당자의 이야기에 관심을 갖고 열심히 듣고 있으면 그 과제나 기획은 잘된 것이나 다름없었던 때가 많았다.

"자기가 한 말은 쌓여 복이 되기도 하고 때로는 화가 되기도 한다"(한근태, 2007, p.210). 특히 교육자는 학생은 물론 학부모들 앞에서 지금 이 말을 해도 되는지, 이 말로 인해 상처받을 사람은 없는지, 이 말을 들은 사람은 어떤 생각을 하게 될지, 몇 번이고 고민한 후 하여야 한다.

나는 늘 이와 같은 생각을 하면서 교직원 협의나 학생들에게 훈화하였고, 학부모연수 등에서 이야기를 할 때는 원고를 작성하여 각 부장 및 교감선생님에게 사전에 보여주고 몇 번이고 수정한 후 발표하였다. 또한 강의를 할 때 늘 대화의 주인공은 내가 아닌 내 강의를 듣는 사람임을 염두에 두었다. 이렇게 하니 강의를 듣는 사람들도 좋아하고 마친 후 성과도 좋았다.

가. 특수교육 위원회 활동

나는 특수교육 발전에 조금이라도 도움이 된다면 아무리 바빠도 시간을 내어 각종 위원회 활동에 적극적으로 참여하였다. 당시 충청남도에서는 내가 가장 오랜 기간 동안 특수교육교원으로서 활동하였고, 대학원에서 특수교육을 전공한 사람도 없었기 때문에 대부분 특수교육 관련 위원이 필요한 경우 충청남도교육청에서는 나를 추천해 주었다. 여러모로 부족했지만 추천받으면 쾌히 승낙하고 참여하였다. 그래서 그 누구보다도 특수교육 관련 위원회 활동을 많이 한 것 같다.

특수교육 관련 위원회에서는 각종 출제위원 4회, 각종 평가위원 5회, 특수교육관련 운영위원 8회, 특수교육 관련 심의 · 심사위원 17회, 특수교육 관련 개발 · 연구위원 5회, 특수교육 관련 자문위원 4회, 특수교육 관련 컨설팅위원 6회, 특수교육 관련 전문가위원 2회, 특수교육 관련 TF팀위원 4회, 기타위원 11회로 총 66회 참여하여 활동하였다.

특수교육대상자 ㅇㅇ고등학교 배치

1995년 충청남도교육청 특수교육운영위원회 위원으로 위촉 받아 매년 고등학교 신입생 특수교육대상자 진단·평가·선정·배치에 참여하였다. 당시에 충청남도 아산시 ㅇㅇ중학교 졸업을 하고 충청남도 아산시 ㅇㅇ고등학교 배치를 희망하는 학생들이 있었다. 충청남도교육청 특수교육운영위원회 위원은 위원장을 포함하여 12명이었는데 ㅇㅇ대학교 김ㅇㅇ교수와 나만 특수교육진흥법과 동법시행령을 제시하면서 학생이 원하는 곳으로 배치하자고 하였다. 나머지 위원들은 특수교육대상학생들의 관리 문제를 들어 특수교육대상학생들을 위해서라도 특수학교로 배치하는 것이 적절하다는 의견을 내세웠다. 결국 다수결의 원칙에 따라 이들은 충청남도 천안시에 있는 특수학교로 배치되었다. 그때 김ㅇㅇ교수와 나는 우리의 의견을 반드시 협의록에 기재하라는 정도의 응대밖에는 하지 못하였다. 다수결의 불합리함과 때로는 원칙이 무력해질 수도 있다는 사실을 절실하게 경험하였던 일이었다.

당시 특수교육진흥법시행령 제10조 제3항에서는 '교육감 또는 교육장은 제1항의 경우에 특수교육대상자가 일반학교(특수교육기관이 아닌 학교를 말한다.)인 각급 학교를 지정·배치하여 줄 것을 요구하는 때에는 당해 특수교육대상자를 그 거주지와 가까운 일반학교에 학생의 정원과 관계없이 배치하여야 한다.' 라고 규정되어 있었다.

다행히도 얼마 후에 그 특수교육대상학생들로부터 재심 신청이 들어와 다시 특수교육운영위원회를 개최하여 이들이 희망하는 ㅇㅇ고등학교로 배치하였다. 이후 이들은 ㅇㅇ고등학교를 무사히 졸업하였다. 충청남도교육청에서는 본 재심 신청 사례 이후부터 특수교육대상학생이 중학교를 졸업하면 특수교육진흥법시행령 제10조 제3항에 의하여 특수교육대상학생이 희망하는 고등학교에 배치하기 시작하였다. 그러나 특수교육대상학생이 원하는 학교로 배치하는 경우 이들의 학교 선택권을 존중한다는 긍정적인 면도 있지만, 학생의 능력과 특성을 고려하지 않는 부모의 요구 때문에 특수교육대상학생들에게는 별 도움이 되지 않는 학교로 학생들이 배치되는 사례도 종종 있었다. 앞으로 이 문제를 어떻게 해결해야 할지 깊이 고민해야할 일이다.

특수교육교사 수업연구대회 심사위원

충청남도교육청에서는 매년 교사 수업연구대회를 실시하였다. 그러나 특수교육교사 수업연구대회는 실시하지 않았다. 이에 특수교육교원들이 건의를 하여 2000년 이후부터 특수교육교사들을 위한 수업연구대회도 실시하게 되었다. 나는 특수교육교사 수업연구대회 심사위원으로 위촉되어 충청남도 및 대전광역시지역 특수학교 및 특수학급 교사 수업연구대회에 여러 번 참여하였다. 해를 거듭할수록 교사들의 교수 · 학습 능력이 향상됨을 볼 수 있었다.

내가 수업연구대회 심사를 할 때 관심 갖고 평가한 영역은 통합학급 연간 계획에 의하여 교수 · 학습과정안을 작성하고 그에 따라 수업을 실시하는 것이었다. 통합교육과 관련 없이 교수 · 학습과정안이 작성되고 수업을 하였을 때에는 평가 협의회에서 수업자에게 바로 지적하였다. 그 때 내가 평가한 이야기를 듣고 마음에 상처를 받은 분이 있다면 지면을 통하여 이해를 구한다.

그러나 2012년부터 안타깝게도 특수교육교사 수업연구대회는 없어졌다. 교사들에게 가장 중요한 일은 학생들을 잘 지도하는 일, 즉 교수 · 학습활동인데 왜 수업연구대회를 없앴는지 이해가 되지 않는다. 교사들이 수업능력을 향상시키기 위해서는 교수 · 학습활동에 관하여 많은 연구가 필요하다. 따라서 다시 수업연구대회가 부활되기를 기대해 본다.

일반 고등학교(인문계 및 전문계) 특수학급 신 · 증설

특수교육대상자가 배치되면 특수학급을 설치하여야 하는데 당시 고등학교에서는 특수학급 설치에 부담을 갖고 있는 학교장이 많았다. 그러나 '장애인 등에 대한 특수교육법 제2조 각호에서는 6. "통합교육"이란 특수교육대상자가 일반학교에서 장애유형 · 장애정도에 따라 차별을 받지 아니하고 또래와 함께 개개인의 교육적 요구에 적합한 교육을 받는 것'이라고 명시하고 있다. 또 '11. "특수학급"이란 특수교육대상자의 통합교육을 실시하기 위하여 일반학교에 설치된 학급을 말한다.'라고 규정하고 있다.

따라서 특수교육대상학생이 배치된 후 학생이나 보호자가 특수학급 설치를 희망하면 통합교육을 위하여 특수학급을 설치하여야 한다. 학교장에 따라서는 교실이 부족하여 특수학급을 설치할 수 없다고 하는 경우도 있는데 수학, 영어, 미술, 음악 등의 교과교실보다 우선적으로 특수학급을 설치해야 한다. 특수학급을 설치하여야함에도 그것을 꺼리는 학교가 있어서 나는 특수교육운영위원들에게 '장애인 등에 대한 특수교육법 제2조 각호'와 ○○○○시에 권고한 신문 기사를 제시하면서 특수교육대상자가 배치되고 보호자가 원하면 특수학급을 설치하여야 됨을 설명하였다.

이에 충청남도교육청 특수교육운영위원회에서는 특수교육대상자가 배치된 일반 고등학교(인문계 및 전문계)에 특수학급을 설치하도록 해당학교 학교장을 설득하기로 결정하였다.

〈신문에 보도된 내용〉

"특수학급 설치 거부하면 장애인차별"
— 국가인권위, S고교에 특수학급 설치 권고

국가인권위원회(이하 인권위)는 특수학급을 설치해달라는 장애학생 부모들의 요구를 거부한 고등학교에 장애인을 차별한 것이라며 특수학급 설치를 권고했다. 인권위는 ○○시 ○○구 소재 S고등학교장에 장애학생을 위한 특수학급을 설치하고, 전 교직원을 대상으로 특별 인권교육을 실시하라고 권고했다고 지난 16일 밝혔다. 이번 권고는 2008년 2월 13일 S고등학교에 배정 받은 장애학생 A군과 B군의 보호자인 ○○씨와 ○○씨는 학교 배정을 받기 전부터 S고등학교 측에 지속적으로 특수학급 설치를 요청했으나 계속해서 거부당하자 2008년 2월 19일 인권위에 진정을 제기했다. 인권위 조사 결과에 따르면 현재 ○○구 내에는 12개 중학교 중 4개 학교에 7개의 특수학급이 운영되고 있는 반면 5개 고등학교 중 여자고등학교에만 1개의 특수학급이 설치되어 있을 뿐이다. 특수교육이 필요한 남학생들은 거리가 멀더라도 특수학급이 설치된 다른 학군의 고등학교를 다니거나 특수학급이 없는 ○○구내 일반학교에 갈 수밖에 없는 실정인 셈이다. 이에 대해 교육청은 진정인의 특수학급 설치 요구 민원에 대해 S고가 특수학급을 설치할 경우 특수교사 배정은 물론이고 특수학급 설치에 필요한 시설비와 특수학급 운영비 등의 예산 지원을 약속했다. 이에 대해 S고측은 전년 대비 입학생 증가로 학급별 학생 수가 많아졌고, 수준별 이동 수업과 다양한 분반 수업 때문에 교실이 부족하다는 이유로 특수학급 설치가 곤란하다고 주장했다. 또한 보조인력과 교사에 대한 연수교육을 통해 특수학급 없이도 통합교육이 가능하도록 노력하고 있으며 향후 중장기 계획을 수립해 특수학급 설치를 검토하겠다고 답변했다. 하지만 인권위는 학생수 증가는 연령별

> 인구분포에 따라 ○○시 관내 고등학교에서 공통적으로 나타나는 현상으로 S고등학교만의 특수한 상황에 해당한다고 보기 어렵고, S고가 일반교실 외 'EBS 수능 공부방'이나 '교과교실' 등을 운영하고 있는 점을 감안할 때, 교실 공간 부족이 특수학급 설치를 통한 통합교육을 시행하지 못할 만큼의 특별한 사유가 되지 않는다고 판단했다. 특히 S고등학교가 특수교육 보조인력 배치, 학급 담임의 배려 등 통합교육 시행을 위한 자체 노력을 기울이고 있다고 주장하지만, 이러한 노력만으로는 적절한 통합교육을 시행할 수 없다고 판단했다. 특수학급 설치 여부를 중・장기적으로 검토하겠다는 답변에 대해서도 피해자들이 현재 학교 수업으로부터 분리 또는 배제되는 상황이 지속되고 있고, 이미 교육청에서도 재정적, 행정적 지원을 하겠다고 했으므로 특수학급 설치를 지연시킬 이유가 없다고 판단했다.
>
> [충남장애인신문, 2008.06.23]

또 중등특수교육 담당 장학사는 학생 수가 특수학급 설치 기준을 훌쩍 넘어선 경우에도 학급을 증설하지 않으려고 하는 고등학교가 있다고 하였다. 동법 제27조 '특수학교의 학급 및 각 급 학교의 특수학급 설치 기준'에서는 제1항 각호 '3. 고등학교 과정의 경우: 특수교육대상자가 1인 이상 7인 이하인 경우 1학급을 설치하고, 7인을 초과하는 경우 2개 이상의 학급을 설치한다.'라고 규정하고 있다. 나는 이와 같은 규정은 임의사항이 아니라 의무사항이므로 반드시 특수학급을 증설하여야 함을 강조하였다. 이에 특수교육운영위원회 위원들도 동의를 하여 증설하는 쪽으로 결정하였다.

이러한 노력의 결과로 당시 충청남도에서는 일반 고등학교(인문계 및 전문계)에 10개 이상의 특수학급이 신・증설 되었다.

천안○○유치원 설계자문위원

나는 천안○○유치원 설계자문위원으로 위촉되어 유치원 설계 작성 시 참여하였다. 천안○○유치원은 2005년 3월 1일 일반 3학급, 특수 5학급 설립인가를 받아 운영되고 있는 공립유치원이다. 1차 설계자문위원 협의회 때 시공자가 설계 초안을 가지고 설명을 하였는데 특수교육대상 유아가 활동하기에는 여러 가지로 문제점이 나타날 것으로 예상되었다. 교실, 놀이방, 계단, 이층과 실외 놀이, 시설 등 모든 면에서 비장애유아를 중심으로 설계되었기 때문이다.

나는 장애유아가 사용할 수 있도록 설계하면 비장애유아도 사용하는데 어려움이 없지만 초안대로 건물이 세워진다면 장애유아가 사용하기에는 많은 어려움이 예상되기에 각 실의 문제점을 구체적으로 지적하였다.

천안○○유치원은 건물이 완공된 후 지금까지 유치원이 운영되고 있는데 시설로 인한 문제는 없다고 한다. 나도 몇 번 천안○○유치원을 방문하여 수업하는 모습과 유아들이 활동하는 모습을 참관하였다. 천안○○유치원은 2013년 3월 1일 현재 일반 6학급, 특수 5학급으로 편성되어 모범적으로 운영되고 있다. 장애유아뿐만 아니라 비장애유아들도 선호하여 매년 입학지원자가 정원보다 많아 탈락되는 유아들도 상당수 된다고 한다.

천안○○유치원이 설립된 후 충청남도 각 시 · 군에서는 장애유아와 비장애유아들이 함께 생활하는 통합형 단설유치원이 여러 곳에 설립되었다. 이와 같은 현상은 장애유아와 비장애유아들이 통합교육을 하는데 매우 바람직한 일이라고 생각된다.

앞으로는 특수학교도 지금 같이 대형으로 설립하지 말고 유치원 같이 소규모 학교로 시 · 군에 1개교씩 설립하여 학생들이 버스를 오래 타지 않고 등 · 하교 할 수 있도록 하였으면 하는 바람을 가져본다. 각 시 · 군에 특수학교를 1개교씩 설립하면 방과 후 활동이나 특기 · 적성 교육을 위한 상설 특별활동부를 조직하여 운영하는데도 더욱 효과적일 것이다.

특수교육 발전 종합계획 TF팀 위원

충청남도교육청에서는 '장애인 등에 대한 특수교육법 및 동법시행령'에 따라 충남 특수교육 발전 종합계획 수립을 위하여 TF팀을 조직하였다. TF팀 구성은 충청남도교육청 소속 직원 4명, 대학 특수교육과 교수 1명, 특수학교장 2명, 특수교육전문직 1명, 장애인부모회 임원 2명, 장애인교육권연대 1명, 특수교육교사 4명, 총 15명이었다. 나는 TF팀 구성을 위한 사전 협의회 때에 반드시 장애인관련단체 임원과 특수교육대상학생 학부모 대표를 위원으로 선정할 것을 건의 하였다. 특수교육 관련 각 단체나 전문가들이 다양하게 참여하여야 많은 사람들의 의견을 수렴하여 실천 가능한 충남 특수교육 발전 종합계획을 수립할 수 있기 때문이다. 특수교육 담당 장학사는 내 의견을 수용하여 TF팀 구성원을 다양하게 선정하는데 무게를 두었다. 하지만 내 의견에 반대하는 위원들도 있었다. 그들의 주장은 각 단체에서 위원을 선정하면 의견을 수렴하기 어렵고 각자의 이해관계 때문에 교육보다는 행정 · 복지 쪽으로 치우칠 우려가 있다는 것이다. 또한 요구 사항이 많아 예산도 부족할 것이라고 하였다.

나는 이러한 문제가 생길 경우 TF팀 위원들이 함께 노력하여 설득하면 될 것이고, 만약에 각 단체에서 참여하지 않고 충청남도교육청 소속 직원 및 특수교육교원들끼리만 충남 특수교육 발전 종합계획을 수립하게 된다면 각 특수교육 관련 단체들의 이해관계 때문에 사업을 추진하는 단계에서 어려움이 따를 것임을 강조하였다.

당일 협의 결과는 내 의견을 수용하여 특수교육 관련 각 단체의 대표들을 TF팀 위원으로 구성하기로 결정되었다. TF팀 협의회는 4차에 걸쳐 실시되었고 마침내 충남 특수교육 발전 종합계획을 수립할 수 있게 되었다.

충남 특수교육 발전 종합계획의 중점 내용은 '장애인의 생애주기별 교육지원 체계 구축, 통합교육의 강화, 맞춤형 특수교육지원 강화, 연도별 주요 사업 투자 계획'이었다. 이 중에서 나는 특수교육교사 임○○, 김○○과 함께 '장애인의 생애주기별 교육지원 체계 구축'을 담당하여 집필하였다.

2008년 12월 22일 공주대학교에서 학부모, 특수교육교사, 특수교육 관련 단체장 등을 대상으로 '충남 특수교육 발전 종합계획 설명회'를 개최하였다. 참석자는 대부분 특수교육대상자 학부모와 특수교육교사였다. 발표는 각 영역별 집필 대표자가 하였다. 발표가 끝난 후 질의가 많았는데 답변은 발표자가 하였다. 각 단체별 대표자가 충남 특수교육 발전 종합계획을 집필하고 발표를 하였기 때문에 설명회는 매끄럽게 잘 진행이 되었다. 나는 특수교육 관련 각 단체나 전문가들이 다양하게 참여하도록 건의하기를 잘했다는 생각이 들었다. 이날 다른 시 · 도교육청에서도 설명회에 참석하였는데 특수교육 관련 단체와 교육청이 이렇게 협조적으로 하는 시 · 도교육청은 처음 보았다고 하면서 충청남도교육청 TF팀 조직 과정과 운영을 우수사례로 보급하였으면 좋겠다고 하였다.

2009년 장애학생 진로 · 직업교육 내실화 TF팀 위원

교육과학기술부 특수교육지원과에서는 장애인에게 일자리를 제공하여 복지를 증진시키고 정부의 장애인 정책 방향과 장애인 등에 대한 특수교육법('08. 5. 시행)」 및 「제3차 특수교육발전 5개년계획('08. 8. 발표)」 의 후속 조치 이행을 위하여 장애학생의 진로 · 직업교육 내실화 방안을 작성하여 추진하였다. 이를 위하여 특수교육대상학생 직업교육 전문가를 TF팀 구성원으로 위촉하여 방안을 수립하였다.

TF팀 위원은 한국직업능력개발원 연구위원, 한국장애인고용공단 과장, 국립특수교육원 연구사, 한국재활복지대학 연구사, 특수학교장, 특수교육교사 3명, 부산광역시교육청 장학관, 충청남도교육청 장학사, 진로 · 직업교육 관련 교수 2명 총 12명이었다. 나는 전국 특수학교 교장 대표로 위촉되었다.

2009학년도 특수학교 졸업생 진학률 현황은 고등학교 학생은 50.4%, 전공과 학생은 0.6%였다. 특수학교 졸업생 취업률 현황은 고등학교 학생은 49.4%, 전공과 학생은 54.3%였다(교육과학기술부, 2009).

2009년 10월 22일 교육과학기술부에서 1차 협의회를 개최하였다. 나는 협의회 때 2009학년도 특수학교 졸업생 진학률과 취업률을 통하여 세 가지 문제점과 개선점을 발표하였다.

첫째, 특수교육대상학생 직업교육 전문가 TF팀에 보건복지부 · 노동부 · 여성가족부 담당자가 포함되지 않았다.

장애인 등에 대한 특수교육법 제5조 국가 및 지방자치단체의 임무에서는 '① 국가 및 지방자치단체는 특수교육대상자에게 적절한 교육을 제공하기 위하여 다음 각 호의 업무를 수행하여야 한다. ④ 교육인적자원부장관은 제1항의 업무를 효율적으로 수행하기 위하여 보건복지부장관 · 노동부장관 · 여성가족부장관 등 관계 중앙행정기관 간에 협조체제를 구축하여야 한다.' 라고 규정하고 있다. 따라서 나는 TF팀 구성원에 보건복지부 · 노동부 · 여성가족부 담당자를 포함하여야 함을 강조하였다. 그리하여 이후 협의회부터는 보건복지부 · 노동부 담당자가 참석하여 장애학생 취업에 관한 현실적인 문제점과 해결 방안을 발표하였다.

둘째, 특수학교 고등부 졸업생 진학률이 50.4%밖에 안 되는 것은 특수학교 전공과 입학사정에서 탈락했기 때문이다.

장애인 등에 대한 특수교육법 시행령 제19조 전공과의 설치 · 운영 제3항에서는 '전공과의 수업 연한과 학생의 선발 방법은 교육감의 승인을 받아 전공과를 설치한 교육기관의 장이 정한다.' 라고 규정하고 있다. 따라서 전공과 입학생 선발은 특수학교장이 하도록 되어 있다. 문제는 특수학교장은 특수학교 고등부 졸업생보다 직업교육이 가능한 고등학교 특수학급 졸업생을 선호하여 특수학교 졸업생들은 전공과 입학전형에서 탈락되는 것이다. 특수학교 고등부 졸업생들은 전공과에서 탈락되면 갈 곳이 없어서 시설로 가거나 가정으로 돌아가야 한다. 나는 이러한 문제를 해결하기 위해 전공과 학급을 증설해야 함을 강조하였다. '장애인 등에 대한 특수교육법'에서도 전공과의 기능을 자립생활훈련 및 직업재활훈련을 제공하는 것으로 규정하고 있기 때문이다.

셋째, 전공과 졸업생들의 취업률을 분석할 때 자립생활훈련의 향상도를 고려하지 않았다.

전공과의 운영 목표를 종전과 동일하게 경도장애학생 위주의 취업률에만 두고 있기 때문에 학교장들은 특수학교 고등부 졸업생들을 기피하게 된다. 이와 같은 문제가 나타나는 것은 시 · 도 교육청 평가 및 학교 평가 시 전공과 졸업생들의 취업률에 따라 평가 점수를 주기 때문이다. 이를 해결하기 위해서는 취업률을 분석할 때 자립생활훈련의 향상도를 고려하여야 함을 제시하였다. 최종안에서는 전공과 확충 및 운영 내실화 영역 성과관리 강화에서 성과지표에 직업재활훈련과 함께 자립생활훈련이 포함되었다.

2010년도 제41회 전국교육자료전 출품작 지도 위원

나는 2010년도 제41회 전국교육자료전 출품작 특수교육분야 지도 위원으로 위촉(충청남도교육연구정보원장)되어 2010년 7월 25일부터 7월 26일까지 전국교육자료전에 출품할 작품을 지도하였다. 지도 대상 작품은 3개였다. 자료 출품자의 작품에 대한 설명을 듣고 보완사항을 지도하였다. 작품 주제의 적절성, 차트 내용과 주 자료, 그리고 보조 자료의 보완점, 작품 설명 시 추가할 내용 등을 중점적으로 지도하였다.

전국대회 심사 결과 국무총리상 1편, 1등급 1편, 2등급 1편으로 제출한 것이 모두 입상되었다. 출품한 교사들도 기뻐했지만 지도한 나도 그에 못지않게 행복했다.

아산성심학교에 근무하는 박ㅇㅇ 교사의 국무총리상 수상 소감과 작품에 대하여 언론에 보도된 기사를 소개하면 다음과 같다.

정신지체학생 위한 '종합선물세트'
— 정신지체학생의 운동기술 향상 위한 멀티트레이닝세트

"중증의 정신지체 학생들의 경우 대부분이 동작모방을 하지 못하거나 언어이해력이 낮아요. 공을 차라고 말하거나 시범을 보여도 따라하지 못하거든요. 이런 아이들에게 운동기술을 가르치기 위한 고민에서 이 자료가 탄생된 겁니다."

2007년부터 4년간 체육교과를 담당해 온 박○○ 아산성심학교 교사는 장애학생의 필요에 따라 각각의 기능을 가진 자료를 만들어 수업에 적용해왔다. 그러다가 모든 기능을 한꺼번에 종합적으로 이용할 수 있는 기구를 제작하면 편리하겠다는 생각을 하게 되었고 8개월의 노력 끝에 '멀티트레이닝세트'가 완성됐다.

"주 자료는 멀티지지대, 야구, 축구, 농구, 배드민턴 연습기예요. 여기에 자료 활용 프로그램과 설명을 담은 포켓북까지 25종 30개가 세트로 구성되어 있어요. 높낮이가 조절되고 탈부착도 용이하며 받침대를 부착해 이동성도 좋아진 자료를 수업에 활용해 보니 반응이 상당히 좋았죠."

멀티트레이닝세트를 2개월 간 재량활동 시간에 20명의 초·중학교 교사가 사용해 본 결과, 안전성, 편의성, 다양성, 경제성에 이르기까지 대부분 항목에서 90%이상의 높은 만족도를 나타냈다. 실제로 멀티지지대를 이용한 뜀뛰기는 모둠발로 뛰지 못하는 학생도 손잡이를 잡고 매달리는 등 두려움을 나타내지 않았으며, 평소엔 주저앉아 하지 않으려던 학생도 교사의 신체적 도움에 거부감을 나타내지 않았다.

"자료 제작에 전문성을 요하는 부분이 별로 없어요. 재료도 후프집게, 멀티바, 깃발, 고무줄달린 공 등 구하기 쉽고 가격도 싸고요. 하나의 세트를 만드는데 68만 4500원이 들었으니 대량 제작하면 더 절감되겠죠."

"시·도교육청 홈페이지 등에 제작법, 활용법 등을 탑재해 많은 교사들이 참고할 수 있도록 자료를 개방할 것"이라는 박 교사는 "저의 작은 노력으로 심리적으로 매우 위축되어 있는 우리 아이들에게 몸을 움직이는 것의 즐거움, 성취감, 타인과 가까이 할 수 있는 기회까지 제공할 수 있다면 무엇이든 못하겠냐"며 "꾸준한 연구와 개선을 통해 다양하게 변형·보완해 나갈 것"이라고 수상 소감을 전했다.

[한국교육신문, 2010.10.25]

나. 교원 연수 강의

특수교육을 처음 접하는 교원들에게 특수교육 이론 중심으로 강의하니 교원들의 관심을 끌지 못하였다. 강의를 마친 후 연수생들에게 어떤 내용을 가지고 강의를 했으면 좋겠느냐고 질문을 하였더니 여러 의견이 나왔다. 그 중에서도 이들이 가장 관심을 갖는 내용은 현장경험에 관한 것이었다. 그래서 이후부터 강사로 위촉되면 주제에서 벗어나지 않는 범위 내에서 현장 중심으로 원고를 작성하여 강의하였다.

그랬더니 연수생들은 논리적인 메시지 중심으로 강의를 하는 것보다 특수교육 현장에서 실제로 있었고, 내가 경험했던 솔직한 심정이 담긴 내용에 대해 더 많은 관심을 가지고 감동하였다.

특히 교직원 연수를 하는 동안 일반학급에서 통합교육을 하고 있는 교사, 교감, 교장들이 내 강의를 듣고 '이제는 할 수 있다'고 말하거나 자신감에 찬 밝은 표정을 지을 때 가슴이 벅차올랐다. 이들이 연수를 마치고 학교로 돌아가 교육현장에서 특수교육대상 학생들의 교육을 위해 필요한 교수 · 학습활동, 교수 · 학습자료, 편의시설 확충 등 지원을 아끼지 않을 것이라 생각하니 몹시 행복했다.

교원 및 일반직 직무연수 강의

2008년 5월 27일, '장애인 등에 대한 특수교육법'이 시행되었다. 이 법이 시행되기 전까지는 특수교육진흥법시행령 제13조 특수교육에 관한 연수에서 '교육감은 교원에 대하여 연수를 실시하는 경우에는 법 제15조의 규정에 의한 통합교육을 효율적으로 실시하기 위하여 특수교육에 관한 사항을 연수내용에 포함시켜야 한다.'라고 규정되어 있었다.

이에 따라 충청남도교육청에서는 특수교육교원 뿐만 아니라 일반교원 및 일반직 직무 연수를 실시할 때도 특수교육에 관한 사항을 필히 포함시키도록 하였다. 그리고 특수교육진흥법시행령 제13조 규정을 실천하여야 시 · 도교육청 평가에서 높은 점수를 받을 수 있었다. 이러한 현실 때문에 각 급 학교 교원 및 일반직 연수 시 특수교육에 관한 내용을 꼭 포함시켰으며 나는 이러한 연수에서 강의할 기회를 많이 갖게 되었다.

어떤 때에는 시 · 도교육청 평가보고서에 각종 연수 시 특수교육에 관한 내용을 90% 이상 포함시킨 것으로 기록되어 평가위원이 연수원 연간 계획서와 연수교재를 확인까지 한 일도 있었다. 평가위원은 모든 자료를 확인한 후 다른 시 · 도는 65% 정도가 가장 높은 경우였는데 충청남도는 이것과 비교를 해보아도 월등히 우수하다고 하면서 우수사례로 홍보하겠다고 하였다. 이 이야기를 듣는 순간 강의를 담당할 때는 힘들었지만 충남 특수교육 평가에 도움이 되어 마음이 흐뭇하였다.

내가 담당한 특수교육 관련 직무연수를 대상별로 나누어 보면 유치원 교사 1회, 초등학교 교사 7회, 중등학교 교사 11회, 특수교육교사 18회, 보건교사 3회, 일반직 2회, 특수학교 교감 1회, 초등학교 교감 3회, 영양교사 1회, 초등학교 교장 1회, 특수학교 교장 1회로 총 49회였다.

연수 대상자에 따라 연수 내용 및 관심 있게 참여하는 분야가 달랐다. 유 · 초 · 중등학교 교사는 특수교육대상학생 장애종류별 특성과 지도에 관하여 관심이 높았고, 특수교육교사 신규 임용자는 동료교사와의 관계와 교무업무 및 학부모와의 관계에 더욱 집중하는 모습을 보였다. 경력이 있는 특수교육교사는 장애인 등에 대한 특수교육법, 현장학습, 교수 · 학습방법에, 보건교사는 특수교육대상학생 장애종류별 특성과 건강관리에 보다 높은 관심을 보여주었다. 일반직은 장애학생을 위한 예산 지원과 편의시설에, 특수학교 교감은 학생안전문제와 학부모 및 교육과정 편성 · 운영에, 초등학교 교감은 특수교육대상학생 장애종류별 특성과 관리 및 편의시설에, 영양교사는 특수교육대상학생 장애종류별 특성과 급식 지도에 큰 열의를 드러냈다.

이들 대부분은 다른 강의 시간보다 질문도 많았고 적극적으로 참여하였다. 앞으로도 각종 연수 시에는 특수교육 관련 내용을 연수일정에 꼭 포함하여 운영하였으면 한다.

교원 자격연수 강의

내가 담당한 특수교육 관련 자격연수 강의를 대상별로 나누어 보면 초등학교 1급정교사 4회, 중등학교 1급 정교사 1회, 특수학교 1급 정교사 11회, 초등학교 교감 자격연수 2회, 중등학교 교감 자격연수 3회, 특수학교 교장 자격연수 3회로 총 24회였다.

자격연수도 연수 대상자에 따라 연수 내용 및 관심 있게 참여하는 분야가 달랐다. 초 · 중등학교 1급 정교사는 특수교육대상학생 장애종류별 특성과 개별화교육 계획 작성 및 지도에, 특수학교 1급 정교사는 전환교육과 장애인 등에 대한 특수교육법, 직업교육, 학부모와의 관계에, 초 · 중등학교 교감 자격연수에서는 학생안전문제와 학부모 및 교육과정 편성 · 운영, 개별화교육 계획 작성 및 지도에, 특수학교 교장 자격연수에서는 학교사안 발생 시 처리 문제, 직업교육 시설 설치 및 확충, 학교기업 설치 · 운영에 높은 관심을 보여주었다.

내 강의 시간에 열심히 참여해 주신 연수생 모든 분들께 감사를 드리며, 앞으로도 특수교육 발전을 위해 많은 도움 주시기를 부탁드린다.

대학생 특강

내가 특강을 했던 것은 공주교육대학교 1회, 순천향대학교 3회, 나사렛대학교 5회, 백석대학교 3회, 공주대학교 1회로 총 13회였다.

공주교육대학교에서는 특수교육 기초에 관계되는 특수교육대상학생 장애종류별 특성과 지도에 관련된 내용을 강의하였고, 특수교육과가 설치된 순천향대학교 외 3개 대학교에서는 학교에서 접하기 어려운 교무업무, 특수학교 교육과정 편성 · 운영, 동료교사와의 관계, 교육실습 시 알아야 할 사항, 교수 · 학습활동 동영상 시청 후 토론 등을 중심으로 강의를 하였다.

학생들은 교육실습 시 천안인애학교를 희망하면 모두 할 수 있도록 허락해 달라는 요구를 했고, 문제학생의 돌발 행동이 나타날 때 어떻게 지도하여야 하는지, 요즈음 특수교육 현장에서 제일 어려운 문제는 무엇인지에 관하여 많은 질문을 하였다.

내 꿈은 특수학교에서 특수교육대상학생을 교육하는 것이었지만 박사학위를 받고 나니 대학교에서 강의도 하고 싶어졌다. 그래서 대학교에서 특강을 할 때에는 그때마다 즐거운 마음으로 준비를 철저히 하여 임하였다. 그래도 강의를 마친 후에는 언제나 '좀 더 잘 할 걸' 하는 아쉬움이 남곤 했다.

다. 학부모 연수 강의

학부모들은 인격을 올바르게 형성시키기 위해서는 학교 교육보다 가정교육이 더욱 중요하다는 사실을 기억해야 한다. "가정에서 자녀는 부모의 거울이다"(김병하, 2012, p.225). 부모가 평화롭고 행복해야 아이도 그렇게 될 수 있다. 가정에서 부모가 자주 다투거나 화를 내며 거칠게 말하면 자녀도 그런 쪽으로 행동한다. 장애학생들도 표현은 서투르지만 부모가 생각하는 것 이상으로 생각하거나 판단할 수 있다.

부모가 스스로 앞장서서 아이들에게 꾸준히 공부하는 모습과 실생활에서 바르게 행동하는 모습을 보여줘야 한다. 가정에서 자녀 교육이 제대로 되었는지는 자녀가 학교에서 활동하는 것을 보면 알 수 있다. 특히 주말이나 방학을 보내고 학교에 나오면 그것은 더욱 잘 드러난다.

요즈음 특수학교에서 장애학생이 몇 년씩 교육을 받았는데도 아무런 변화가 없고 나이를 먹을수록 가정에서 함께 생활하기가 무척 힘들다며 학교를 원망하는 부모가 늘어가고 있다. 정말 부모에게는 아무런 문제가 없는데 학교, 학생에게 문제가 있어 이런 일이 일어나는 것일까?

장애학생 부모는 부모의 역할을 다른 사람들에게 맡기거나 또는 과잉보호를 하는 순간 아이들에게 무엇보다 중요한 자립생활능력을 습득할 기회를 잃게 된다는 사실을 알아야 한다. 학생들이 어려운 일을 하는 법을 배울 수 있게 지켜봐주고 지원해 주는 것은 부모의 중요한 역할 중 하나이다.

부모 입장에서는 학생들이 무엇을 하려고 하면 항상 성공할 수 있도록 도와주고 싶고 때로는 다치지 않을까 걱정되어 못하게 하거나 대신해 주고 싶어 한다. 그러나 그렇게 해서 학생들은 무엇을 얻을 수 있을까?

부모는 자녀에게 주어진 과제를 대신해 주면서 '오늘밤에 푹 자서 내일 학교에서 즐겁게 생활할 수 있을 거야. 우리 애가 이 과제를 어떻게 해, 내가 과제를 해 주었으니 나는 아이에게 도움을 주는 훌륭한 부모야'라고 생각할지도 모른다. 그러나 부모의 도움을 받아 과제를 해결한 학생은 앞으로 과제를 받으면 본인이 스스로 해결하려 하지 않고 당연히 '우리 엄마가 과제를 대신해 줄 거야.' 라고 생각할 것이다. 이러한 경험을 갖고 있는 학생은 학교에서도 교사가 과제를 주면 스스로 할 수 있어도 교사가 해주기만을 바라게 된다.

교사가 과제를 준다는 것은 학생이 할 수 있다고 믿기 때문이다. 때문에 학생이 과제를 하지 않고 학교에 오면 수업시간에 담임교사한테서 어떤 결과를 얻는지를 깨닫게 하여야 한다. 학생은 학교에서 교사한테 꾸지람을 들을지도 모른다. 교사한테 꾸지람을 들으면 학생보다 부모의 마음이 더 고통스러울 수도 있다. 그러나 이런 일을 경험한 학생은 다음부터 과제를 받으면 혼자 힘으로 해결하려고 밤늦게까지 애쓰거나 아니면 과제를 못 끝냈을 때 일어날 일들을 예상하게 될 것이다. 아무리 장애학생이지만 이런 과정을 통하여 자기 일에 대한 책임을 스스로 져야 한다는 교훈을 얻게 하여야 한다. 그래야만 학교를 졸업하고 사회에 나아가 직장을 갖고 비장애인과 더불어 살아갈 수 있을 것이다.

다음은 헬렌 켈러의 일생 중 일부를 소개한 글인데 특수교육교사와 학부모들에게 시사하는 바가 커서 공유해보고자 한다.

- 헬렌 켈러의 일생 중에서 -

헬렌 켈러는 생후 얼마 되지 않아 눈이 보이지 않았고, 귀도 들리지 않았으며, 말도 하지 못하는 3중의 고통을 지고 있었다. 설리반이 처음으로 본 헬렌 켈러는 이미 6세가 되었는데도 아무런 교육이 되어 있지 않았고 손으로 음식을 먹고 마음에 들지 않으면 닥치는 대로 주위의 물건을 집어던지는 야수 그 자체였다. 그날부터 설리반과 삼중고의 소녀와의 싸움이 시작되었다. 얼굴을 씻는 것도 머리카락을 빗는 것도, 나이프와 포크로 식사를 하는 것도 헬렌과 격투를 하면서 가르치지 않으면 안 되었던 것이다. 단지 울어대는 것과 소리를 지르는 것으로 의사를 표현했던 헬렌은 엄격한 교육에 전신으로 반항했다.

설리번은 신중하고 끈기 있게 단 하나 남아있는 인식의 창구인 촉각을 통해서 암흑에 갇힌 영혼을 향해서 자극을 준 것이다. 그때까지 갇혀있던 헬렌의 마음이 조금이나마 열리기 시작한 것은 지화법에 의해서〈인형〉이란 말을 헬렌이 알게 된 때였다. 헬렌의 기억력과 상상력은 다행스럽게도 무척 강했다. 처음에는 신기한 것 같았지만 반복해서 가르치는 중에 〈인형〉을 표현하는 것이라는 것을 알자 마치 둑이 터진 것처럼 헬렌의 지식욕은 넘쳐났던 것이다. 아는 기쁨, 그것이 암흑의 세계로부터 세상 속으로 끌어내었던 것이다. 헬렌의 잠자고 있던 마음은 눈뜨기 시작하고 폭발적인 격렬함으로 언어를 흡수했던 것이다. 모든 사물에 이름이 있다는 것을 알았을 때의 헬렌의 놀람은 그녀를 육체적으로 쇠약하게 할 정도였다고 한다.

1900년 20세가 된 헬렌은 하버드대학의 레드크리프 칼리지에 입학했다. 그때에 그녀는 "나는 이제 농아가 아닙니다."라고 말했다. 지화법이나 점자, 발성을 배워 정상인 이상의 지식을 얻어서 대학에 입학한 그녀의 그것이 제일 첫마디였다. 그리고 4년 후 세계 최초의 대학교육을 받은 맹, 농아로서 그녀는 우수한 성적으로 대학을 졸업한 것이다. 이 기적은 많은 사람들로부터 경탄과 찬사를 받았다.

그 해 센트 힐 박람회에서 〈헬렌 켈러의 날〉이 제정되어 헬렌은 처음으로 강연을 했다. 그 후 그녀는 미국 본토는 물론 해외에서도 강연 여행에 나서 맹인 및 신체장애자에 대한 세상의 이해와 협력을 구하고 사람들에게 커다란 희망과 복음을 심어 주었다.

[http://www.daum.net, 카페글, 내가 존경하는 인물(헬렌 켈러), 2011.10.31.]

또 부모는 학생의 능력과 특기 및 재능을 발견하여 개발하도록 도와주고 지원해 주어야 한다. 심리학자 길퍼드의 지적 모형을 보면, 사람의 지적 능력에는 120가지 종류가 있는데 그 120가지 능력 중에 어느 분야에서는 천재이고 또 다른 분야에서는 둔재일 수도 있다고 하였다.

아인슈타인은 독일에 사는 유태인 가정에서 태어났다. 그는 그 곳에서 학교를 다닐 때 언어 발달 지체, 학습 부진, 지나친 결석, 산만한 행동 등의 여러 가지 학습 문제가 생겨 문제아로 낙인찍혔다. 이러한 그가 학습장애를 극복하고 천재가 된 것은 장애에 집착하지 않고 자신에게 주어진 재능을 꾸준히 노력하여 개발하였기 때문이다. 특히 그는 보통 사람이라면 아무것도 아니라고 그대로 지나쳐 버리는 현상을 '모든 것이 기적이다.' 라고 생각하여 상대성 원리와 같은 위대한 진리를 발견하였다(강영우, 2008).

부모는 우리 아이는 어떤 능력과 취미를 갖고 있으며, 어떤 능력과 취미를 개발하면 좋을지, 그리고 그런 능력을 얻는데 어떤 경험이 도움이 될지를 철저히 고민해 보아야 한다. 아이가 일생을 살아가면서 필요한 능력을 키우는 데에 도움을 줄 때, 그 아이는 천재가 될 수도 있고 그저 도움만 받아가며 살아가는 사람으로 남을 수도 있다. 이에 부모가 꼭 알아둘 일은 경험과 도움이 필요한 때를 놓치면 효과가 미미하거나 얻기가 힘들다는 사실을 명심해야 한다.

가정생활은 '나'와 '타인'의 사회적 관계를 형성하는 바탕이다. 장애 학생들은 다른 사람에게 표현하는 방법이 서툴거나 어렵다. 이로 인해 가족과의 의사소통이 되지 않거나 관계 형성에 어려움이 생길 수도 있다. 따라서 가족의 소중함을 알고, 자신과 가족에 대해 관심을 갖고 표현할 수 있도록 다양한 경험을 제공해야 한다. 나아가 어른에 대한 예절, 안전한 생활, 화폐 사용, 생활 속의 예절, 봉사하는 마음 등을 체험시켜 실생활에서 바르게 실천할 수 있도록 하여야 한다. 사회생활에서 요구되는 질서와 예절은 하루아침에 생기지 않는다. 부모는 자녀가 어릴 적부터 가정에서 질서와 예절을 실천하도록 의식적으로 도와야 한다. 때로는 아이를 도와주는데 힘들 때도 있을 수 있다. 그래도 아이에게 중요한 건 포기하지 말아야 한다. 아이가 미래를 준비하는 데 필요한 적절한 경험을 하도록 도와주는 노력을 결코 멈추어서는 안 된다.

부모님과 상담을 하는 동안에 자기 자녀를 고쳐줄 사람이 어딘가에 있을 것이라고 믿고 병원과 특수교육 기관 등을 찾아다니는데 힘을 쏟는 분들이 있어서 안타까웠다. 이런 부모 중에는 가진 돈을 다 써버리고 더 이상 가정을 버틸 수 없을 만큼의 빚을 진 사람도 있었다. 또 거기에는 부모의 심리를 악용하여 돈벌이를 하려는 양심 없는 사람들도 있었다. 자녀가 정상이 될 수 없다고 정확하게 얘기해 주는 의사나 특수교육 전문가가 없었기 때문에 더욱 그러했던 것 같다.

장애 자녀를 둔 부모에게 부모의 마음을 헤아리면서 사실을 사실대로 이야기한다는 것은 참으로 어렵고 큰 용기가 필요한 일이다. 하지만 진실은 거짓이나 위로보다 훨씬 값진 것이며, 솔직한 말이야말로 꾸며진 달콤한 말보다 긍정적이다. 귀여운 자녀가 완전하게 치료될 수 없다는 사실을 부모에게 말하는 것처럼 난처한 일도 없을 것이다. 그러나 부모가 빨리 진실을 알고 자신의 자녀를 받아들여서 적절한 특수교육기관과 의료기관을 선택하여 교육과 치료를 받을 수 있도록 하여야 한다.

부모가 장애 자녀를 온전히 받아들일 수 있는 또 한 가지 방법은 장애에 대하여 이해하는 것이다. 장애의 원인, 즉 자기 자녀가 왜 장애아가 되었는지 그 이유를 정확하게 이해하고 있는 부모는 죄의식이나 수치심 등을 별로 느끼지 않으며 거부와 같은 방어책을 사용치 않는다. 부모가 쉽게 받아들일 수 있을 만큼의 정보를 제공해 주는 것도 좋은 방법이다.

많은 부모들이 느끼는 걱정 중 하나는 장애 아동의 형제자매들이 가정에 장애 아동이 있다는 사실 때문에 피해를 입을 수도 있다고 생각하는 것이다. 때때로 그들은 자신에게 장애 가족이 있다는 사실을 부끄럽게 생각하여 친구들을 집에 데려오지 않을 때도 있다고 한다. 이와 같이 장애 형제자매가 있다는 사실을 부끄러워하는 태도는 대개 부모에게서 배우는 것 같다. 어린 아이들은 부모의 태도를 본받기 때문에 부모가 부끄러워하는 모습을 보이면 비장애아동 자녀들도 그와 똑같은 태도를 습득하게 된다.

장애아도 비장애아와 같이 그들 나름대로 발전하고 교육받을 권리가 있다. 인격자로서 그들을 대우하고 발전의 기회를 마련해 주는 것이 부모의 책임이고 사회나 국가의 의무이다. 우리 모두 장애아의 행복한 생활을 위해 노력할 필요가 있다.

성취욕이 높은 사람들은 직장에서 선망 받는 사람이 되려고 엄청나게 애를 쓰는 반면, 집에서는 그런 사람이 되기 위한 노력을 하지 않는다. 아이를 훌륭하게 키우거나 배우자와 더 깊은 사랑을 나누는 것에는 아무리 시간과 에너지를 투자해도 성공했다는 증거가 나오지 않을 때도 있다. 그래서 사회생활에는 과도하게 투자하지만 가족에게 하는 투자에는 인색하다(클레이튼 M. 크리스텐스, 제임스 올워스, 캐런 딜론 지음, 이진원 옮김 · 이호욱 감수, 2012). 막상 아이들에게 전념하기로 결심하고 나면 이미 늦어버리는 경우가 많다. 아이들에 대한 투자는 그때보다 훨씬 더 이전에 해야 한다.

충청남도교육청에서는 부모교육의 필요성에 따라 2004년부터 충청남도지역교육청 여건과 실정에 맞게 장애학생 부모교육을 하도록 지원하였다. 이에 따라 나는 9개 지역교육청에서 실시한 부모교육에 11개 강좌를 맡게 되었다. 연수 내용은 '특수교육의 이해와 학부모의 역할, 통합교육, 장애인 등에 대한 특수교육법' 등 이었다.

지금은 세종시로 분리된 충청남도연기교육청에서 실시한 '장애인 등에 대한 특수교육법' 강의를 마치고 나오는데 충청남도교육청 교육위원 중 한 분이 개별적으로 나를 찾아왔다. 그는 특수교육에 관심을 갖고 특수학교 및 특수학급 등의 발전을 위하여 적극적으로 지원하는 분이었다. 그 동안 '장애인 등에 대한 특수교육법'을 몰라서 어려움이 많았는데 오늘 교장선생님 강의를 듣고 궁금한 것이 모두 해결되었다고 진정으로 고마워하면서 내손을 꼭 잡아주었다. 나 역시 특수교육에 관심을 갖고 여러 모로 도와주셔서 감사하다는 인사를 하였다. 그 분이 있어서 부모교육 강의를 맡은 나도 힘이 생겼다.

라. 특수교육 보조인력 연수 강의

교육현장에서 특수교육 보조인력은 주로 특수교육교사, 일반교육교사와 함께 일한다. 따라서 교사와 특수교육 보조인력 간의 상호협조는 특수교육의 성패를 가름하는 중요한 요소가 된다. 이러한 상황에서 특수교육교사 · 일반교육교사 · 특수교육 보조인력간 인간관계가 원만하게 이루어지려면 특수교육 보조인력에게 몇 가지 자질이 요구된다.

첫째, 항상 학생들과 학습에 대한 의무를 다하고, 둘째, 교사와 함께 교육계획에 대해 의논하고 교사의 지시를 받으며, 셋째, 자신이 생각하는 교수방법을 시도하기 전에 교사에게 의논하고, 넷째, 아동의 교육을 위해 항상 최선의 것을 판단하고 의심나면 질문하며, 다섯째, 장애를 지닌 학생들과 공부할 때 학생이 전적으로 성인에게 의존하게 될 가능성이 있으므로 의존을 최소화해 발전적 자립이 이루어질 수 있도록 해야 한다.

이상의 내용은 특수교육 보조인력이 학교에서 생활하는 가운데 이들이 지켜야 할 보다 실제적이고 구체적인 내용이라 할 수 있다.

충청남도교육청 2012년 특수교육 주요 사업 계획서에서 제시한 특수교육 보조인력의 주요 업무는 다음과 같다.

첫째, 교사의 고유 업무인 수업 · 학생지도 · 평가 · 상담 · 행정업무 등을 대신할 수 없고, 학급 담당교사의 요청에 의해 학생지도를 보조하여야 한다.

둘째, 정규교사의 지시와 감독 아래 다음과 같은 지원업무를 수행하여야 한다.

① 특수교육대상학생의 개인욕구 지원 : 용변 및 식사지도, 보조기 착용, 착탈의, 건강보호 및 안전생활을 지원한다. ② 특수교육대상학생의 교수 · 학습활동 지원 : 학습자료 및 학용품 준비, 이동 보조, 교실과 운동장에서의 학생활동 보조, 학습자료 제작을 지원한다. ③ 특수교육대상학생의 문제행동 관리 지원 : 적응행동 촉진 및 부적응행동 관리지원, 또래와의 관계형성 지원, 행동지도를 위한 프로그램을 관리하도록 한다.

요즈음 특수교육 현장에는 특수교육 보조인력이 배치되어 특수교육대상학생들에게 많은 도움을 주고 있다. 그러나 특수교육 보조인력 배치에 따른 결과를 살펴보면 빛과 그림자가 함께 존재하고 있다. 나는 특수학교에 근무하면서 특수교육 보조인력이 배치된 학급담임 교사들의 의견을 조사한 적이 있다. 이들은 특수교육 및 장애에 대한 이해와 경험이 없는 특수교육 보조인력이 현장에 배치되었을 때 담임교사가 특수교육 보조인력의 역할을 설명해야 하는 것이 어렵다고 하였다. 그리고 이러한 문제의 해결을 위해 최소한 특수교육 보조인력 연수를 받은 분들을 채용하여야 한다고 건의하였다.

정부에서 특수교육대상학생들을 위해 많은 예산을 들여 특수교육 보조인력을 특수교육 현장에 배치하였는데 특수교육대상학생들과 특수교육교사들에게 도움은 안 되고 오히려 어려움이 따른다면 이는 큰 문제라는 생각이 들었다. 이와 같은 문제점을 해결하는데 조금이라도 도움을 줄 수 있는 방법은 특수교육 보조인력 연수에 참여하여 특수교육 현장에서 요구되는 특수교육 보조인력의 역할을 강의하는 것도 중요한 일이라는 생각이 들었다. 이에 특수교육 보조인력 연수 기관인 한국법무평생교육원(토요일 오후와 일요일에 강의를 하였음)과 기타 기관에서 강의 요청이 있을 때에는 내 일을 야간에 하는 한이 있더라도 시간을 내어 꼭 참여하였다. 강의 내용은 주로 위에서 제시한 '특수교육 보조인력의 자질'과 충청남도교육청 2012년 특수교육 주요 사업 계획서에서 제시한 '특수교육 보조인력의 주요 업무'이었다.

특수교육 보조인력이 그들의 역할을 충분히 알고 특수교육 기관에 배치되어야 특수교육대상학생들과 특수교육교사에게 도움을 줄 수 있다. 하지만 아직도 특수교육 보조인력에 관한 연수를 받지 않은 사람을 특수교육 보조인력으로 채용하는 학교가 있다는 소식을 들을 때 안타까움이 많다.

마. 대학교 및 대학원 겸임교수

대학교 겸임교수

대학 강의실에서 나를 만난 학생들은 물론 교수들까지도 내가 특수학교(급)에서 교사 · 교감과 특수교육 담당 장학사를 거쳐 특수학교 교장이 되었다는 사실을 높이 평가해주었다. 그들의 속마음이 어떤 것인지 알 수는 없지만, 그러한 환대가 강의를 하는데 많은 용기와 자신감을 주었다.

각 대학교에서 강의를 요청하는 교과는 다양했다. 그러나 내가 할 수 없는 과목은 정중히 사양했다. 지인 교수에게 강의 승낙할 때는 기분 좋게 하는데 사양할 때는 몇 번이고 고민을 한 후 부탁한 교수의 마음이 상하지 않도록 사정을 이야기하니 모두들 이해해 주었다.

내가 주로 담당했던 교과목은 '특수교육정책 및 행정, 개별화교육프로그램, 통합교육, 교과 교재연구 및 지도법, 교직실무'에 관련된 교과목이었다. 이 5개 교과목은 특수교육교사, 특수학교 교감, 특수교육 담당 장학사, 특수학교 교장 등을 역임하면서 현장에서 경험한 내용과 석사과정에서의 특수교육 전공, 박사과정에서의 특수교육리더십 전공 공부가 바탕이 되어 강의하는데 많은 도움이 되었다.

교재는 특정의 교육공간과 시간 상황에서 의도하는 교육목표를 효율적으로 달성하도록 하는 자료가 되며, 교사와 학습자는 교재에 제시된 내용과 방법을 보고 교과의 성격을 파악하게 되고, 또한 이들은 교재를 통해 의사소통을 한다.(김국태, 2003). 따라서 교재를 대하는 교사의 입장은 크게 세 가지로 나눌 수 있다.

첫 번째는 기존에 출판된 어떤 교재도 사용하지 않고 교수가 교재를 만들어 사용한다. 두 번째는 기존에 출판된 교재를 선정하여 주교재로 사용한다. 세 번째는 강의 교과목에 관련된 기존 교재 여러 권에서 필요한 내용을 선정 · 수정 · 보완한 후 재구성하여 사용하는 것이다.

나는 강의를 맡으면 교과목에 관련된 여러 권의 교재를 구입하여 적합한 내용을 선정하고, 수정 · 보완한 후 재구성하여 사용하였다. 기존 주 교재 한권만 가지고 교과목에 적절하게 적용하기에는 한계가 있었다. 재구성에 사용되었던 도서는 강의 중에 참고문헌으로 소개하여 학생들의 학습에 도움이 되도록 안내하였다.

강의 담당자로 결정되면 학생들이 관심을 갖고 적극적으로 참여할 수 있도록 현장경험을 담아 교재를 재구성하여 최선을 다해 강의에 임하였다.

대학원 겸임교수

나는 나사렛대학교와 순천향대학교 교육대학원 특수교육 전공 학생들에게 강의를 하였다. 나는 이들의 목표를 정확히 알아야 적절한 강의를 할 수 있다고 생각하여 강의를 하기 전에 세 개 대학교에 설치된 교육대학원 설치 목적을 살펴보았다.

ㅇㅇㅇㅇ대학교 교육대학원은 각급 학교교육의 체계적, 종합적, 시범적 모델을 개발 보급하고 교육발전의 선도적 역할을 수행하기 위하여 설립되었다. 유 · 초 · 중등 현직 교원에 대하여 전공 분야별 교과교육의 이론탐구 및 현장 적용을 통하여 교과교육 전문가를 양성하고 현장교육을 토대로 한 교육연구를 수행하도록 하였다. 타 대학교의 교육대학원과 달리 현직 교원의 재교육 차원에서 특별전형 과정만 운영하므로 교육대학원생 전원이 현직 교원으로 구성되었다.

ㅇㅇㅇ대학교 교육대학원에서는 다음과 같이 그 설치 목적을 제시하고 있었다. 날로 발전하는 학문과 과학기술, 급변하는 교육 · 사회 환경은 교직의 전문성 제고를 요

구하고 있으므로, 이미 받았던 대학 교육만으로는 창의적인 교육 전문가로서의 역할을 수행하기에는 부족하다. 따라서 모든 교육자는 끊임없는 연구 활동과 전문과정의 이수를 통해 전문성을 신장하지 않을 수 없게 되었다. 교육학의 발달은 학교 교육의 질적 향상을 통한 교육활동의 과학화를 가능하게 하였고, 교수학습이론, 교과이론 그리고 교육공학은 오늘날 고도의 수준으로 발달하였다. 이에 ○○○대학교 교육대학원은 교육에 대한 최신 이론과 연구, 교수를 통해 교육 전문가를 양성하고 교사들의 재교육을 통해 지역사회 교육 발전에 이바지하고자 설립되었다.

○○○대학교 특수교육 대학원은 '특수교육진흥법' 및 이후 2008년에 시행된 '장애인 등에 대한 특수교육법'에 의한 특수교육의 목적에 따라 현직교사가 대학원 과정에서 보다 전문적인 지식을 습득할 수 있도록 하기 위하여 설립되었다. 특수교육 대학원에서는 특수교육교사로 하여금 학부에서 배운 전문적인 지식을 응용하여 자신의 관심 전공 영역에 대한 연구 능력을 향상시키는 것과 일반교사들로 하여금 장애아동의 이해를 위한 전문적 지식의 습득과, 통합교육의 당위성 등에 대한 철학적 이해 및 관심 전공 분야의 연구능력 향상을 목표로 하고 있었다.

이상을 종합 정리해 보면 교육대학원의 특수교육 전공은 특수교육 전문가와 교과교육 전문가를 양성하며, 현직 교원의 재교육에 목적을 두고 있다는 것을 알 수 있다.

내가 주로 담당 했던 교과목은 '특수아교수학습법, 현장연구, 교과 교재연구 및 지도법, 정서 및 행동장애아교육, 교과교육론, 특수교육 법론 및 직업교육'에 관련된 교과목이었다. 이 6개 교과목은 26년간 특수교육 교원으로서 근무하면서 교육현장에서 경험한 내용과 특수교육 관련 직무연수, 특수교육 전공 석 · 박사 과정에서 공부한 것이 바탕이 되어 강의하는데 어려움이 없었다.

주 교재는 학부생 강의할 때 교재 제작과 같이 교과목에 관련된 여러 권의 교재를 구입하여 적합한 내용을 선정하고, 수정 · 보완한 후 재구성하여 사용하였다. 단, 정서 및 행동장애아교육 교재는 수정 · 보완 및 재구성하여 사용할 필요가 없어서 기존에 출판된 교재를 주 교재로 사용하면서 부족한 부분만 정리하여 유인물로 보완하였다.

일반대학원은 끊임없는 연구 활동과 전문과정의 이수를 통해 자신의 관심 전공 영역에 대한 전문성을 신장하는데 중점을 두지만, 교육대학원 특수교육 전공은 특수교육을 위한 교과교육 전문가와 현직 특수교육교원의 재교육에 중점을 두는 경향이 높다. 또한 내가 강의한 교육대학원 특수교육과 학생들은 학부에서 특수교육을 전공한 학생은 극소수이고 특수교육교사 자격증을 받기 위해서 공부하는 학생들이 대부분이었다.

교육대학원 특수교육과를 졸업하고 특수학교 교사 자격증을 받아 교원 임용고사에 합격하여 특수학교에서 근무하는 교사들과 대화를 하던 중, 특수교육에 대하여 좀 더 알았으면 하는 아쉬움이 크다는 것을 알게 되었다. 또한 교육대학원에서는 특수교육 전문성에 관련된 강의보다는 특수교육교사로 현장에 나와 학생들을 지도하는 데 필요한 내용을 강의해 주었으면 좋겠다는 이야기를 자주 들었다.

나도 학부에서 특수교육을 전공하지 않고 교육대학원에서 특수교육을 공부할 때 많은 어려움을 겪었다. 이때 나는 이것을 해결하기 위하여 학부 수준의 특수교육 관련 서적을 읽고 또 읽었다. 따라서 학부에서 특수교육을 전공하지 않은 학생들에게 특수교육 전문성에 관련된 내용만 중점적으로 강의하면 특수교육에 대한 기초가 부족하여 이해하기 쉽지 않을 것이고, 현장에 나와서는 특수교육교사로서 특수교육대상학생을 지도하는 데에도 어려움이 따를 것이다. 이러한 상황은 결국 교육대학원생이나 특수교육대상학생 모두에게 도움이 되지 못하게 될 것이라는 생각이 들었다. 그래서 강의 교재와 내용을 조정하였다. 즉 교재 중심으로 진행하되 현장사례를 많이 첨부하여 강의하는 식이다. 특히 '장애인 등에 대한 특수교육법'에 있는 용어와 각 조항에 규정된 내용을 집중적으로 설명하고 질문 받았으며, 일부 조항에 대해서는 토론하는 시간도 가졌다. 그리고 어느 과목을 강의하더라도 교수 · 학습과정안 작성과 교수 · 학습 실연은 필히 강조하여 경험하도록 하였다.

바. 학술대회 발표

학교장이 된 후에도 특수교육 관련 세미나나 토론회가 개최되면 학교 근무에 지장이 없는 한 자주 참석하였다. 학술대회에 다녀오면 특수교육 정책 방향과 특수교육 현장 상황, 특수교육 석학들의 귀중한 이론 등을 접할 수 있어서 학교경영에 많은 도움이 되었다. 학술대회에 열심히 참여하고 질문도 자주 하다 보니 특수교육관련 학회에서 토론자와 발표자로 참여해 달라는 연락이 종종 오게 되었다.

2006년도 순천향대학교 특수아동교육연구소 주최로 학술대회 '특수교육교사 임용 제도 현황과 발전 방안'을 개최하였다. 나는 '21세기 특수교육교사의 자질과 역할'에 대한 토론자로 참석하였다. 정○○ 교수가 발표한 내용에 동의하면서 '특수교육교사의 자질'에 대해서 다음과 같은 내용을 추가 · 보충하여 제시하였다.

첫째, 교과내용 이해와 지도의 전문성을 갖추어야 한다.

특수교육교사들은 교과내용을 다루는 수행능력에 있어 일반 초 · 중등학교 교사에 비해 차이를 보이는 경향이 있다. 자기가 가르치는 교과에 대하여 넓고 깊은 지식을 갖고 있어야 쉽게 지도할 수 있다.

Bruner는 「교육의 과정」 개정판(1977) 서문에서 교사가 교과를 가르칠 때는 그 교과에 담겨있는 핵심적이고 기본적인 아이디어로 짜여있는 '지식의 구조'를 가르칠 수 있어야 한다고 하면서 이렇게 예를 들고 있다. 고등학교 상급학년에서 가르치는 미적분의 원리를 초등학교 고학년 학생들에게도 그 원리를 훼손하지 않고 이해 가능한 언어로 풀어서 가르칠 수 있어야 한다고 했다. 만약 초등학교 고학년 담임교사가 그렇게 가르치기 위해서는 미적분의 원리를 정통하게 이해하고 있어야 하며, 그런 이해의 기반 위에서 그가 지도하는 학생의 수준과 특성에 맞추어 이해할 수 있도록 적절한 방법으로 설명해야 한다. 따라서 특수교육교사도 기본적으로 일반 초 · 중등학교 교사가 교과내용에 대한 지식을 습득해 있는 정도로 혹은 그 이상으로 지도할 교과 내용에 대한 지식의 구조가 내면화되어 있어야 한다.

둘째, '특수교육대상학생들도 할 수 있다.'는 기대감을 가져야 한다.

피그말리온은 그리스 신화에 나오는 조각가다. 볼품없는 외모 때문에 사랑을 포기하고 조각에만 열정을 바쳤다. 그러면서도 언젠가는 사랑을 얻을 수 있으리라는 기대를 버리지 않고 여인상을 조각했다. 그러던 어느 날 그 여인상을 아내로 사랑하게 해 달라는 그의 간절한 기도가 통했는지 조각상이 여인으로 살아나 그의 아내가 되었다는 이야기이다. 기대가 갖는 큰 힘을 이야기할 때 우리는 이 신화 속 인물을 자주 들먹인다. 이를 '피그말리온 효과'라고 한다. 교사가 우수한 학생이라는 기대를 갖고 학생을 가르치면, 기대감을 받지 않은 학생보다 우수하게 성장할 확률이 크다는 이론이다.

셋째, 특수교육교사도 일반교사자격증을 취득하여야 한다.

교사자격증은 교사로서의 사회적 지위나 품위를 보장하고, 교사 개인의 발전과 함께 교육의 질을 높이며, 교권을 확립하는데 절대적인 영향을 준다. 요즈음 특수교육의 흐름은 부분통합내지 완전통합교육으로 나아가고 있다. 또한 특수교육대상학생의 교육의 장이 종전에는 특수학교, 특수학급에서 요즈음은 특수학교, 특수학급, 일반학급, 병원학교, 장애인복지시설, 가정 등으로 확대되어 가고 있다. 이에 따라 교육내용 및 교육방법이 다양해졌고, 일반학교 통합학급을 담당하는 일반교사들의 자문 역할까지 수행하게 되었다. 따라서 특수교육교사의 수행능력 수준은 일반교사의 수행능력 수준보다 높아야 한다는 것은 자명한 일이다. 이를 위해서 특수교육교사는 유 · 초 · 중등학교의 일반교육에 대한 전문적 자질을 갖춘 후 특수교육을 이수하고 나아가 장애영역별 특성, 교과지도 방법에 대한 소양을 갖추어야 한다.

그러나 현재 우리나라 특수교육교사 양성제도로는 불가능하므로 이미 특수학교 교사 자격증을 취득한 특수교육교사들이 일반교육의 지식과 전문성을 높이고 일반교사 자격증을 받을 수 있도록 대학원 과정에서 문을 열어주어야 한다.

특수교육교사의 역할에서는 다음과 같은 내용을 추가 · 보충하여 제시하였다.

첫째, 특수교육교사는 교사의 본질을 실천해야 한다.

요즈음 현장에서 실시되고 있는 특수교육의 본질에 관하여 한 번쯤은 고민해 보아야 한다. 특수교육이 교육답지 못한 경향이 있는데 이는 특수교육을 보육으로 여기거나 교육을 훈련과 혼동하는데 있다. 외관적으로 볼 때 정신지체학교 교사가 하는 일은 아동을 돌보고 보호하는 보육사가 하는 일과 거의 구분되지 않을 수 있지만, 특수교육교사는 어디까지나 교사이지 보육사는 아니다. 특수교육교사가 교육활동에 종사하는 동안 그는 '교육과정'의 틀 속에서 가르치는 일을 해야지, 그것과 다른 종류의 활동에 종사해서는 안 된다. 즉 특수교육교사가 '교육활동'을 하지 못하고, '보육활동' 수준에서 멈춘다면, 그는 불쌍한 아이들을 돌보는 '천사' 대접을 받을 수 있을지는 몰라도 '특수교육교사'로서 책무를 다한다고 할 수는 없다.

특수교육이 정립되지 못하는 또 하나의 이유는 교육을 훈련과 혼동하는데 있다. 교육은 궁극적으로 인간의 심성 계발에 있지만, 훈련은 인간의 특정 기능을 반복적으로 단련하는데 관심을 갖는다. 개념적으로 교육과 훈련은 엄격히 구분되어야 함에도, 특수교육 현장에서 흔히 훈련을 교육과 같은 맥락으로 착각하는 동안 특수교육은 '교육적'인 것으로부터 멀어질 수밖에 없다.

둘째, 특수교육대상학생이 비장애학생과 적절히 상호 작용할 수 있도록 도와주어야 한다.

비장애학생과 특수교육대상학생의 상호작용을 살펴보면 비장애학생은 자신의 또래 비장애학생과 가장 많이 접촉하며 장애정도가 심할수록 관심을 덜 보이는 것으로 나타났다. 그러므로 특별한 도움 없이 같은 공간에 비장애학생과 특수교육대상학생이 있다고 해서 적절한 상호작용이 일어난다고 할 수는 없다. 따라서 비장애학생과 특수교육대상학생의 상호작용이 촉진될 수 있도록 특수교육교사가 적절하게 중재역할을 해주어야 한다. 그러나 기억해야 할 점은 의외로 특수교육교사가 특수교육대상학생과 반 친구들과의 상호작용을 어렵게 할 수도 있다는 것이다. 예를 들어 점심시간에 늘 특수교육대상학생의 곁에 있는 특수교육교사는 특수교육대상학생이 반 친구들과 즐거운 점심시간 갖는 것을 방해할 수도 있다. 점심시간에는 반 친구들과 가능한 한 식사를 함께 하도록 하고 특수교육교사는 관찰할 수 있는 거리에서 특수교육대상학생을 지켜보는 것을 고려해야 한다.

셋째, 특수교육대상학생의 교육 · 고용 · 복지의 중심체로서 역할을 하여야 한다.

특수교육교사는 특수교육대상학생들도 우리 사회의 한 구성원으로 더불어 살아야할 권리가 있고 적절한 특수교육을 통해 우리와 함께 살아갈 수 있다는 인식을 온 국민이 가질 수 있도록 홍보 · 안내 · 지원 활동에 최선을 다해야 할 것이다.

넷째, 특수교육교사는 적극적인 행동 의지와 항상 노력하는 자세를 지녀야 한다.

특수교육교사는 대체로 매우 다양한 역할과 과다한 업무를 수행해야 하는 형편에 있다. 과다한 업무에 시달리다 보면, 자칫 모든 업무에 소극적이 되고 최소한의 노력만을 전개할 수 있다. 무엇보다도 특수교육교사 본연의 업무인 교재 연구와 특수교육대상학생 이해를 위한 연구, 교수 · 학습 자료 수집 등을 소홀히 하게 될 가능성이 있다. 따라서 교육 환경의 어려움에 매몰되지 않고 오히려 적극적으로 그 어려움을 극복해야 한다. 특히 특수교육교사는 특수교육을 위해 끊임없이 고민하고, 말하고, 글로 쓰고, 실천하는 교사로 자신을 도구화해야 한다. 특수교육교사들의 이러한 삶의 자세와 행동 양식은 특수교육대상학생들의 행동과 인생관에 귀감이 되기도 한다.

다섯째, 학부모와 지역사회 인사, 선후배 교사들과 효과적으로 상호작용 할 수 있는 의사소통 능력과 인격적 감화력을 지녀야 한다.

특수교육교사는 필요에 따라 학부모와 특수교육대상학생에 대한 상담을 수행한다. 때로는 다른 기관과 접촉하여 현장체험학습 등을 협의하고 공동 노력을 전개하기도 한다. 그리고 공식 · 비공식적인 조직의 일원으로서 선후배 교사들과 교재 연구, 또는 학교 교육환경 개선을 위한 다각적인 협의를 하게 된다. 이러한 다양한 상호작용의 상황에서 설득력 있는 의사소통을 전개하여야 한다.

여섯째, 사무관리 능력이 있어야 한다.

특수교육교사가 행하는 사무 관리는 넓게 보아 교육활동의 한부분이다. 따라서 특수학교 및 특수학급 사무를 교육활동과 동떨어진 것으로 본다거나 특수교육대상학생의 성장 발달과 무관한 것으로 보아서는 안 된다. 사무관리가 특수교육대상학생에 관한 직접적인 지도행위는 아니지만, 그 것은 결국 그러한 지도행위에 직 · 간접적으로 기여를 하게 되는 중요한 보조기능을 갖게 된다. 따라서 사무 관리를 교육활동의 차원에서 수행하는 자세를 가져야 한다.

2008년 한국특수교육학회에서 '특수교육교사 정체성 확립을 위한 자격 기준 및 수업능력 평가 기준'에 대한 춘계학술대회를 개최하였다. 나는 전ㅇㅇ 교수가 주제 발표한 '특수교육교사 수업능력 평가 기준'에 대한 토론자로 참석하였다. 전ㅇㅇ 교수가 주제 발표한 내용에 전반적으로 동의하면서 우리나라 특수교육 현실에서 요구되는 '특수교육교사 수업 능력 평가 기준'에 대하여 추가 · 보충하여야 할 내용을 아래와 같이 제시 하였다.

교과내용 및 교수법 이해에서는 ① 단원에서 가르칠 학습요소가 무엇인지 명백히 알고 있는가? ② 교과, 제재의 특성에 맞는 수업과정모형을 적절하게 적용하는가? ③ 교과의 내용에 따라 학습의 순서를 알고 있는가?

학생 이해에서는 ① 학생의 흥미, 적성, 경험배경, 기능 등의 사전파악이 반영되었는가? ② 학생의 특성이나 학습과제 특성에 맞는 수업방법을 선택하였는가?

수업설계에서는 ① 한 시간 내에 성취될 수 있는 분량으로 수업목표가 진술되었는가? ② 학습내용의 요소와 구조를 충분히 반영한 수업목표인가? ③ 한 개의 수업목표 속에 두 개 이상의 성취행동이 포함되지 않도록 진술되었는가? ④ 수업목표와 학습내용이 일치되도록 선정되었는가? ⑤ 학습과제에 따른 적절한 수업장소를 선정하였는가? ⑥ 차시예고를 적절하게 안내하였는가? ⑦ 학습과정에서 지도상의 유의점을 적절하게 제시하였는가? ⑧ 평가 계획이 수업동기를 유발시킬 수 있는 요소들로 구성되었는가? ⑨ 평가 계획이 창의적이고 방법이 다양한가?

수업실행에서는 ① 학습자가 학습목표를 명확히 알고 있는가? ② 교수 · 학습과정안에 따라 수업을 전개하고 있는가? ③ 학습과제는 간단한 것부터 단계적으로 제시되었는가? ④ 교사의 발언을 줄이고 학생의 발표 기회를 충분히 주고 있는가? ⑤ 교과, 학습과제 특성에 맞는 발문계획인가? ⑥ 재생, 추론, 적용적 발문을 적절히 조화시킨 발문인가? ⑦ 도입, 전개, 정리와 과정에 따라 단계적으로 수준을 높여나가는 발문인가? ⑧ 학생들의 흥미를 유발시키는 발문인가? ⑨ 수업의 구조화에 도움을 주는 발문인가? ⑩ 목적이 뚜렷한 발문인가? ⑪ 요구하는 질문, 확인하는 질문, 수여하는 질문을 적절하게 하는가?

교수 매체 활용에서는 ① 학습자의 특성, 학습유형, 학습과제의 특성을 고려해서 선정한 매체인가? ② 수업해야할 과제와 시간 량에 비하여 적당한 매체를 준비하였는가? ③ 시력, 건강, 편리성을 고려해서 적당한 장소에서 활용하였는가? ④ 주변에서 학생들이 자주 경험한 매체를 활용하였는가?

학생 평가에서는 ① 평가 결과 수업의 성공과 실패의 기준을 정하였는가? ② 학습과정 평가에서 나타난 결함을 치료하고 있는가? ③ 학습한 내용을 새로운 사태에 일반화를 할 수 있도록 고려하고 있는가?

수업 반성에서는 ① 자신의 수업 반성을 위해 결과중심 수업평가를 실시하고 있는가? ② 자신의 수업 반성을 위해 과정중심 수업평가를 실시하고 있는가?

한국지적장애교육학회에서 2009년 하계학술대회를 '지적장애아 교육의 과제와 전망'을 주제로 개최하였다. 나는 '특수학교장의 직무수행능력 기준 개발을 위한 기초연구'에 대한 주제 발표를 하였다. 발표 주제가 특수학교에서는 새로운 내용이라 참가자들의 관심이 많았다.

2011년 국립특수교육원에서 '특수학교 설립 · 운영체제 개선 방안'을 주제로 제18회 국내세미나를 개최하였다. 나는 정신지체학교 중심으로 '특수학교 운영체제의 문제점 및 개선 방안'에 대하여 아래와 같은 내용으로 발표하였다.

현재 운영되고 있는 정신지체학교 운영체제의 문제점은 다음과 같다.

첫째, 학교 특성을 고려하지 않고 유 · 초 · 중 · 고등학교 및 전공과를 통합운영하고 있는 점이다. 특수교육대상학생 수의 증가로 특수학교의 수도 증가하여 특수교육 기회는 확대되었으나, 학교체제는 전국 정신지체학교 97개교(2010. 3. 1) 유 · 초 · 중 · 고등학교 과정이 함께 설치 · 운영되는 종합적인 형태의 정신지체학교가 70개교 (72.1%), 초 · 중 · 고등학교 과정이 16개교(16.5%)로 운영되고 있다. 이와 같이 운영될 경우 학교의 다양화, 특성화, 전문화 등이 결여될 수 있다.

둘째, 학생 생활지도에 어려움이 있다. 만3세부터 20세까지 다양한 연령대의 특수교육대상학생들이 한 학교 내에서 함께 생활하여 발달단계의 차이가 심해 생활지도에 어려움이 따른다.

셋째, 교직원 조직 운영에 어려움이 있다. 유 · 초 · 중등교사가 함께 근무함에 따라 수업시간 배정, 보결수업 배정, 교무업무 배정 등 각 과정별 특성에 맞는 업무추진에 어려움이 있다. 학교 교육과정 운영 등 공통적인 협의 사항을 논의할 경우 전 교직원이 함께 참여할 공간과 시간이 제한되어 의사소통의 장을 마련하기 어렵다. 또한 교직원의 복무관리, 인화단결 등이 어렵다.

넷째, 특수학교 체제의 경직성 문제다. 현재 특수학교에 입학한 장애학생들은 졸업 전 중도 교류가 거의 이루어지지 않는 경직된 체제 속에서 생활한다. 한 학교에 유 · 초 · 중 · 고등학교 과정에 다니는 특수교육대상학생들이 많아 새로운 환경에 대한 탐색 · 적응 기회가 부족하고, 학교 급별 입학 · 진학을 계기로 한 학습동기 부여 등에서도 한계가 있다.

다섯째, 통학버스운행에 어려움이 따른다. 과정별로 수업을 마치는 시간이 달라 먼저 마치는 초등학생이 통학버스 운행시간을 맞추기 위해 고등학생들이 마칠 때까지 기다려야 하는 어려움이 있다. 과정별 일과 시간이 다른데 통학버스를 함께 운행하므로 오후 시간을 효율적으로 운영하는데도 어려움이 있다.

여섯째, 교수 · 학습자료 및 학교시설물 활용에 어려움이 따른다. 여러 과정별 학급이 동시에 같은 교수 · 학습 자료를 활용할 경우 준비된 자료가 부족한 경우가 있다. 또한 여러 과정별 학급이 동시에 도서실, 생활체험실, 놀이기구, 운동기구, 다목적실 등을 이용하는 경우 시설이 부족하여 사용하는데 어려움이 있다.

위에서 제시한 문제를 해결하기 위한 정신지체학교 운영체제의 개선 방안은 다음과 같다.

첫째, 특수교육 수요자의 요구에 부응하고, 특수교육의 질적 수준을 높일 수 있는 다양화, 특성화, 전문화된 정신지체학교를 설립하여 운영하여야 한다. 장애학생의 발달단계를 고려하고 학교 교육과정을 효율적으로 운영할 수 있는 유아특수학교, 초등특수학교, 중등특수학교 등 다양한 형태의 특수학교를 설립 · 운영한다. 또한 특수교육대상자가 장애유형 · 장애정도에 따라 차별을 받지 아니하고 또래와 함께 개개인의 교육적 요구에 적합한 교육을 받을 수 있는 형태, 즉 통합교육이 가능하도록 설립하여 운영하여야 한다. 특수교육대상자가 정신지체학교에 배치되더라도 고정되고, 독립적으로 교육을 제공하는 정신지체학교에서 벗어나 일반학교, 지역사회의 다양한 기관, 일반 사업체들과 '연계, 협력, 지원'하는 정신지체학교로 설립 · 운영해야 한다.

둘째, 동일지역 내 특수학교 간의 다양화 · 특성화 · 전문화를 모색하여야 한다. 동일지역 내 여러 개의 특수학교가 설립되어 있는 경우, 필요 시 학교 경영을 다양하게 조정 · 개편한다. 기존 특수학교 간의 학교과정 개편 시 학교형태, 규모 등은 학생 수, 통학거리 · 시간, 학부모 의견 등 지역의 실정과 여건을 고려하여 결정하여야 한다.

셋째, 정신지체학생 직업중점 특수학교를 설치하여 운영하여야 한다. 고등학교 과정 이상 정신지체학생의 현장실습, 지원고용 실시 등 직업교육 활성화를 위해 직업교육과정을 유연하게 운영할 수 있도록 설립 · 운영한다. 그리고 통합형 '직업교육 거점학교'를 설치 · 운영하여 정신지체학생의 자립 및 취업을 지원하도록 한다. 정신지체학생은 학습특성상 직업체험학습 및 현장실습을 실시하여야 취업률이 향상되므로 지역사회 사업체와의 연계 및 현장실습이 활성화되도록 설립 · 운영한다. 정신지체학생 '직업중점 특수학교' 형태는 '고등학교, 고등학교+전공과' 형태로 설립 · 운영할 수 있다. 특수교육교사 설문조사결과, 진로 · 직업교육 강화를 뒷받침할 수 있는 새로운 형태의 특수학교 설립에 대해 긍정적으로 인식하고 있다(교육과학기술부, 2010).

넷째, 시 · 도교육청, 학부모, 특수교육관련단체, 특수교육전문가 등과 협의를 갖는다. 시 · 도교육청, 장애학생 학부모, 특수교육교사, 특수교육전문가, 장애인 단체 등과 협의하고, 의견수렴을 통해 지역여건과 실정을 고려한 후 정신지체학교를 설립 · 운영한다.

2. 특수교육 글로 쓰기

나는 특수교육을 하는 동안 의도적으로 글을 써서 모으지는 않았다. 하지만 이렇게 글로 정리하게 된 계기가 있었다. 박사과정 강의 시간에 나를 담당한 지도교수가 특수교육교사는 특수교육에 관하여 '말하고, 글로 쓰고, 실천하는 교사로 자신을 도구화해야 한다.'라고 하였다. 그때 나는 과연 이렇게 하며 살았는지 깊은 고민에 빠지게 되었다. 여러 날 생각을 거듭하다가 일단 그 동안 기록한 사례를 모아보기로 하였다. 생각보다 많았다. 특수교육에 관한 내 글들을 어떻게 정리해야 할지 생각하던 중 크게 '장학자료 집필'과 '계간지 · 언론에 기고'한 것으로 나누어 묶으면 좋을 것 같아 그렇게 정리하기로 마음먹었다.

그 동안 특수교육을 하면서 특수교육을 위해서라면 누구보다도 앞장서서 강하게 의견을 주장하였다. 그러나 자기 의견을 아무리 열심히 외쳐도 시간이 지나면 그 말들은 잊혀지고 때로는 말한 사람도 기억하지 못하게 된다. 그 동안 글로 남긴 사례들을 정리하면서 읽어보니 오랜 세월이 흘렀는데도 그 때의 생각이 고스란히 떠올랐다. 당시에 글로 쓸 때는 최선을 다하였지만 지금 읽어보니 부족한 곳이 눈에 띄었다. 내용도 엉성하고 문장도 매끄럽지 못했다. 독자가 읽을 때 이해하기 어려운 부분도 군데군데 보였다. '나의 문체는 곧 나의 얼굴이다.' 라는 글귀가 새삼 떠오르면서, 글을 쓸 때에는 누구나 쉽게 이해할 수 있고 진실성 있게 써야겠다고 생각했다.

가. 장학자료 집필

특수학급을 담당하고 여러 해가 지났지만 특수학급 운영에 도움이 되거나 참고할 만한 장학자료는 많지 않았다. 일반학급용 장학자료는 매년 몇 권씩 발행되어 각 학교에 배부되었다. 그러나 특수교육과 관련된 장학자료는 교육부에서 발간한 자료 몇 권이 전부였다. 교육부에서 발간한 자료는 우리나라 전체 특수학교나 특수학급에서 일반적으로 사용할 수 있는 것이었지 지역의 특성이 고려된 것은 아니었다.

이에 나는 충청남도교육청 특수교육 담당 장학사에게 충청남도 지역특성이 반영됨과 동시에 현장에서 바로 활용할 수 있는 특수교육 장학자료를 만들자고 건의하였다. 당시 충남에서 근무하는 특수교육교사들의 경력은 중등특수교육교사의 경우 10년 정도, 초등특수교육교사의 경우 5년 이내의 저경력 교사가 대부분이어서 이러한 작업은 현장에 꼭 필요한 일이기도 했다.

당시 충청남도교육청에서 특수교육을 담당한 장학사는 교육대학을 졸업하고 초등학교에서 교사를 하면서 특수교사 자격검정고시를 거쳐 자격증을 받고 특수학급을 담당했던 경력을 갖고 있었다. 그래서인지 특수교육 담당 장학사는 특수교육에 관련된 일이나 사업을 추진할 때 교육대학원에서 특수교육을 전공했던 나와 항상 의논하였다.

충청남도교육청 특수교육 장학자료 발간

충청남도교육청 특수교육 장학자료 집필은 내가 먼저 특수교육 담당 장학사에게 건의를 하였다. 특수교육 담당 장학사는 쾌히 승낙하고 바로 장학자료 발간 추진 계획을 세우라고 하였다. 특수학교 및 특수학급 교사들에게 특수교육 장학자료를 집필할 분을 추천받아 장학사에게 명단을 보냈더니 10명을 선정하여 집필위원으로 위촉하였다. 집필위원은 하상근 외 특수교육과 교수 1명, 장학사 3명, 특수학교 교감 1명, 교사 4명이었다. 장학자료 책명은 「'95 장학자료 특수학급 운영자료」였다. 장학자료 구성은 '특수교육의 이해, 학습장애의 고찰, 특수학급의 편성, 입급대상자의 선정, 특수학급의 운영형태, 특수학급 교육과정, 요육활동, 특별활동 및 생활지도, 평가, 특수학급 관리, 특수교육 관련자료 등 특수학급 운영에 필요한 내용을 수록하였다.

내가 맡은 분야는 특수학급 교육과정으로 '특수학급 교육과정의 기본 성격, 특수학급 교육과정 편성 · 운영, 특수학급 시간표 작성, 개별화 교육, 특수학급의 학습지도'를 기술하였다.

본 장학자료는 충청남도교육청에서 특수교육 장학자료로는 최초로 발간된 것이어서 심혈을 기울였으나 참고 문헌과 자료가 빈약하고 집필 기간도 짧아 다소 미흡한 점이 있었다. 하지만 특수교육교사들이 특수교육 현장에서 유용하게 사용한다는 이야기를 할 때마다 특수교육 담당 장학사와 집필자들에게 감사한 마음이 들었다.

그 후 「'95 장학자료 특수학급 운영자료」에 이어서 매년 1권씩 특수교육 장학자료를 발간하였다.

1996년도에는 '특수학급 어린이를 위한 개별화 교육' 장학자료를 집필하였다. 장학자료 구성은 '개별화 교육의 이해, 진단 · 평가, 개별화 교육의 실제, 개별화 교육의 평가'로 구성되었다. 내가 맡은 분야는 진단 · 평가 부문으로 '진단 · 평가의 이념적 기초, 유형, 영역, 절차, 유의점, 진단 · 평가의 실제'를 중심으로 기술하였다. 집필위원은 하상근 외 3명이었다.

1997년도에는 '특수학급 어린이를 위한 수학과 개별화 학습 자료' 장학자료를 집필하였다. 장학자료 구성은 '수, 연산, 도형, 측도, 관계'로 구성되었으며 분량이 많아 (Ⅰ), (Ⅱ)권으로 나누어 집필하였다. 특수교육교사들이 각 영역별로 교재를 직접 복사하여 사용할 수 있도록 낱장으로 만들었다. 내가 맡은 분야는 수 영역으로 '선긋기, 짝짓기, 수와 숫자, 1~9까지 읽고·쓰기, 100단위의 수 읽고·쓰기'를 중심으로 기술하였다. 집필위원은 하상근 외 7명이었다.

1998년도에는 '열린 교수 · 학습 방법의 실제' 장학자료를 집필하였다. 이 장학자료는 1996년부터 1997년까지 특별연구교사로 활동하면서 연구한 결과를 토대로 발간한 장학자료이다. 당시 세계 각국은 물론 우리나라에서도 미래를 위한 교육 개혁안이 발표되고 추진되고 있었다. 따라서 충청남도교육청에서도 교수 · 학습방법을 개선하고

자 교단 개혁에 박차를 가하고 있었다. 이를 위해서 교육의 모든 면에서 개선이 시급하였으나 특히 교실의 교수 · 학습방법 개선이 가장 급선무라 보았다. 이러한 시점에서 학습 능력의 개인차를 인정하는 바탕 위에 학생을 존중하고, 교수의 개별화와 학습의 개성화를 추구하는 열린교육에 대한 관심이 고조되었다. 이러한 교육활동은 학생의 능력과 개성을 존중하고 교육 본질에 접근된다는 긍정적 반응 속에 더욱 확산되어 가는 추세였다. 이에 장학자료는 '열린교육 모형, 열린학습 형태, 학습 형태의 적용, 교수 · 학습과정안 작성 및 자료 활용, 열린학습에서 제기되는 문제와 해결 방안'으로 구성되었다. 내가 맡은 분야는 학습 형태의 적용으로 '개별화 학습, 통합학습'을 중심으로 기술하였다. 집필위원은 하상근 외 4명이었다.

1998년도에는 '특수학급 어린이를 위한 국어과 개별화 학습 자료' 장학자료를 집필하였다. 특수교육대상학생들은 개인마다 능력과 적성, 학습 양식이 다를 뿐만 아니라, 개인내의 능력도 영역에 따라 다르므로 이들의 능력과 적성 등에 적합한 개별화된 학습 자료가 절대적으로 요구되었다. 이에 장학자료는 '개별화교육 계획의 구성, 읽기 개별화 학습 자료, 쓰기 개별화 학습 자료'로 구성하였다. 개별화 학습 자료는 멀티미디어로 하였으며 목표의 도달 정도에 따라 반복 · 보충 · 심화 학습으로 활용하도록 되었다. 나는 준비과정과 기초과정으로 '준비과정은 변별하기', '기초과정은 그림 읽기, 그림보고 낱말 읽기, 그림과 낱말 관계 짓기, 글자 찾기, 낱글자 익히기, 낱말 익히기'를 중심으로 기술하였다. 집필위원은 하상근 외 7명이었다.

1999년도에는 '새 천년을 열어가는 특수교육 성과와 전망' 장학자료를 집필하였다. 충남의 특수교육은 1989년 1월 1일 대전광역시와 분리됨에 따라 다수의 특수학교가 대전지역에 밀집되어 충남 특수교육 환경이 매우 열악한 상황이었으나 특수교육 기회 확대, 특수교육의 내실화 및 지원체제 구축 등에 적극적으로 노력한 결과 상당한 성과를 가져왔다. 이후 충남 특수교육의 발전과 최적의 특수교육 환경을 제공하기 위해서 장애학생, 학부모, 교사를 비롯하여 특수교육 관련기관이 서로 협조체제를 구축하여 노력하여야 했다. 따라서 이들이 함께 동참할 수 있는 계기를 마련하기 위해 그 동안 충남에서 추진해온 특수교육 추진 결과를 장학자료로 발간하게 되었다. 장학자료는 '특수교육의 발전과정, 특수교육의 현황, 특수교육 운영, 특수교육의 성과, 발전과제와 전망'으로 구성되었다. 내가 맡은 분야는 특수교육의 성과부문으로 '특수교육의 기회 확대, 특수교육 전문성 신장, 특수학교(급) 아동의 종합발표회, 충남 특수교육 특색 사업'을 중심으로 기술하였다. 집필위원은 하상근 외 5명이었다.

2000년도에는 '특수교육 대상 학생을 위한 치료교육' 장학자료를 집필하였다. 장애 학생들에게 가장 절실한 교육서비스는 치료교육이라고 생각된 때다. 특수학교에 배치된 학생들에 대한 치료교육은 체계적으로 접근되고 있으나, 특수학급에서는 치료교육이 중요함에도 자료가 부족하여 담당교사들이 어려움을 겪고 있었다. 이에 장학자료는 치료교육 8개 영역 중 학교현장에서 특수교육교사들이 요구하는 '언어치료, 미술치료, 음악치료'를 중점적으로 다루었다. 장학자료의 구성은 제1부에서는 '치료교육의 이해'로 이론을 중심으로 편성하였고, 제2부에서는 '치료교육의 실제' 편으로 언어치료, 미술치료, 음악치료 방법과 사례를 중심으로 편성하였다. 내가 맡은 분야는 치료교육의 이해로 '치료교육의 기초, 치료교육의 유형'을 중심으로 기술하였다. 집필위원은 하상근 외 8명이었다.

2001년도에는 '함께 실천하는 통합교육' 장학자료를 집필하였다. 통합교육이 이루어지기 위해서는 무엇보다도 학생, 학부모, 교사들의 특수교육에 대한 이해가 있어야 하며 행정가들이 적극적으로 협조해야만 가능하다고 보았다. 이에 장학자료 구성을 '통합교육, 순회교육에서의 통합교육, 특수학교에서의 통합교육, 일반학교에서의 통합교육으로 하였다. 본 자료는 장애정도에 따른 기관별 통합교육의 방법과 사례중심으로 안내하였다. 내가 맡은 분야는 통합교육 부문으로 '통합교육의 기초, 통합교육의 실천 방안, 통합교육의 지원 방향'을 중심으로 기술하였다. 집필위원은 하상근 외 7명이었다.

2002년도에는 '체험하고 느끼며 배우는 자주적 생활능력 프로그램' 장학자료를 집필하였다. 21세기를 대비하기 위하여 특수교육의 흐름도 인지적인 학습이나 발달의 계열에 따른 과제의 획득을 강조하는 접근방법에서 특수교육대상학생들이 학교교육을 마치고 사회에 나아가 스스로 살아갈 수 있도록 자주적 생활 능력을 신장시키는 방향으로 나아가고 있었다. 이를 위해 특수교육대상학생의 발달단계와 생활연령을 고려하여 다양한 생활환경 속에서 기능 중심으로 프로그램이 구성되어야 하고 교육활동은 체험적 · 총체적으로 이루어져야 했다. 이에 장학자료 구성은 '자주적 생활 능력의 이해, 자주적 생활 능력 신장 방안, 자주적 생활 능력 프로그램 구성과 활용 방법, 자주적 생활 능력 프로그램 체계표, 자주적 생활 능력의 프로그램'으로 하였다. 내가 맡은 분야는 제1부 총론으로 '자주적 생활 능력의 이해, 자주적 생활 능력 신장 방안, 자주적 생활 능력 프로그램 구성과 활용 방법'을 중심으로 기술하였다. 집필위원은 하상근 외 9명이었다.

2003년도에는 장학자료를 연구 · 집필하여 2004년 2월에 발간하였다. 발간한 장학자료는 '특수교육대상학생을 위한 학습 · 행동 · 사회생활 지도 가이드 북'이었다. 교사라면 누구나 학생을 지도할 때에 '이번에는 열심히 지도하여 학습목표를 달성하도록 하자' 라고 생각한다. 그러나 막상 지도를 하고 나면 항상 부족함을 느끼고 아쉬워하게 된다. 특히 특수교육대상학생들은 인지능력과 사회적응능력에 있어서 비장애학생들과 많은 차이가 있기 때문에 특수교육교사들은 무엇을 어떻게 가르칠 것인지에 대한 고민을 많이 한다. 따라서 특수교육교사들이 그 동안 지도한 작은 실천 사례들을 수집 · 정리하여 장학자료를 발간하게 되었다. 이에 장학자료 구성은 '특수교육대상학생의 학습지도, 특수교육대상학생의 행동수정, 특수교육대상학생의 사회생활 지도, 학습 · 행동 · 사회생활 지도 목록표, 지도의 실제'로 하였다. 내가 맡은 분야는 특수교육대상학생의 학습지도 및 행동수정으로 '어떻게 하면 잘 가르칠 수 있을까?, 가르치는 모습 · 배우는 모습, 특수교육대상학생의 학습지도 방법, 행동수정의 기초, 바람직한 행동을 증가시키는 방법, 바람직하지 못한 행동을 감소시키는 방법'을 중심으로 기술하였다. 집필위원은 하상근 외 10명이었다.

2004년도에는 '효율적인 학급운영을 위한 특수교육 길라잡이' 장학자료를 집필하였다. 학급을 운영하는데 있어 교사라면 누구나 '어떻게 하면 우리 학급을 잘 이끌어 갈 수 있을까?' 고민을 해 보았을 것이다. 특히 처음 특수학급을 운영하게 되는 초임 특수교육교사에게는 길잡이 역할을 할 수 있는 지침서가 더욱 필요할 것이다. 이에 장학자료의 구성은 특수학급 운영의 전반적인 내용이 담긴 총론을 시작으로 하여, '특수교육대상학생의 진단 · 평가, 특수교육 교육과정, 개별화교육 계획, 통합교육, 학급관리, 생활지도, 순회교육, 진로교육, 현장체험학습, 특수학급 월별 업무 추진'으로 하였다. 내가 맡은 분야는 특수교육 교육과정으로 '특수학교 교육과정, 특수학급 교육과정'을 중심으로 기술하였다. 집필위원은 하상근 외 10명이었다.

2005년도에는 '통합학급 교사를 위한 특수교육 가이드북' 장학자료를 집필하였다. 대부분 통합학급 담임교사들은 교실에서 처음 장애학생을 만났을 때 당황하고 이 학생에게 무엇을 어떻게 해 줘야 할지 난감해 할 때가 많았을 것이다. 교육은 사랑이라고 했지만 사랑의 방법을 알고 장애학생을 대할 때, 받아들이는 학생과 대하는 교사는 자연스럽게 상호작용이 이루어질 수 있을 것이다. 이에 장학자료의 구성을 '통합교육 바로 알기, 통합교육을 위한 장애의 이해와 지도, 함께 만들어 가는 통합교육, 통합교육 119, 통합교육 실천사례'로 하였다. 내가 맡은 분야는 통합교육 바로 알기로 '통합교육, 통합교육의 방법, 통합교육을 위한 교원 및 학부모의 역할'을 중심으로 기술하였다. 집필위원은 하상근 외 10명이었다.

2006년도에는 '충남교육사'를 집필하였다. 25년간 비어있었던 충남 특수교육 역사를 채우기 위해 이곳저곳에서 문헌을 찾고, 기록을 찾아 정리하는 일은 쉽지 않았다. 이미 발간된 장학자료라든지, 역사적 자료로 이용될 소중한 회의 자료들은 폐기된 경우도 있었다. 다행히 본청에 보관하였다가 이관된 충청남도교육위원회의 관련 회의록이 국가기록원에 있어서 본 교육사의 사료로 유용하게 활용되었음을 밝힌다. '충남교육사'에서 특수교육 분야는 '제11장 특수교육'으로 표기하고, '제1절 개관, 제2절 1970년대 이전의 특수교육, 제3절 1970년대의 특수교육, 제4절 1980년대의 특수교육, 제5절 1990년대의 특수교육, 제6절 2000년대 이후의 특수교육'으로 구성하였다. 내가 맡은 분야는 제1절

개관과 제2절 1970년대 이전의 특수교육, 제3절 1970년대의 특수교육으로 '시대적 배경, 교육내용 및 방법, 교육시책, 교원인사'를 중심으로 기술하였다. 나머지 제4절부터 6절까지는 이○○ 교사(현재 장학사), 임○○ 교사가 맡아서 집필하였다.

2011년도에는 '2012학년도 충청남도 특수교육 교육과정 편성 · 운영 지침'을 집필하는데 실무위원으로 참여하였다. 본 지침은 유아교육법 제13조 제2항과 초 · 중등교육법 제23조 제2항과 지방교육자치에 관한 법률 제20조 제6호 및 교육인적자원부 고시 제2008-3호(2008.02.26), 교육과학기술부 고시 제2010-44호(2010.12.20)에 의거하여 충청남도 특수교육 교육과정 편성 · 운영 지침을 집필하였다. 교육과정 편성 · 운영 지침은 '교육과정 편성 · 운영의 기본 방향, 교육과정 편제와 시간(단위) 배당 기준, 교육과정 편성 · 운영 지침, 교육과정 운영의 실제, 기타 교육과정 운영, 학교 교육과정 편성 · 운영의 실제'로 구성되었다. 하상근 외 11명의 실무위원이 2011학년도 충청남도 특수교육 교육과정 편성 · 운영 지침을 특수학교(급)에 적용한 결과를 바탕으로 문제점에 따른 개선점을 찾아 수정 · 보완하였다.

국립특수교육원 특수교육 장학자료 발간

1996년도에는 '정신지체학교 고등부 기능적 생활중심 지도자료 4 사회생활' 장학자료를 집필하였다. 정신지체학교 고등부 학생들은 머지않아 학교를 졸업해야 하기 때문에 그들의 교육과정과 교수 · 학습활동은 졸업 이후 사회에 적응하는데 필요한 환경과의 상호작용을 증대시키고 독립된 생활을 영위하도록 도와주는 기능적 생활기술들에 초점이 맞추어져야 한다. 이에 따라 장학자료는 '직업생활, 가정생활, 사회생활, 건강생활, 여가생활'로 구성되었다. 내가 맡은 영역은 사회생활로 '지역사회 자각활동, 지역사회 서비스 이용활동, 시민권리 이해활동, 시민책임 이행활동, 대인관계 유지활동'을 중심으로 기술하였다. 집필자는 하상근 외 7명이었다.

2011년도에는 '스페셜 코디네이터 역할 매뉴얼 개발 연구' 장학자료를 집필하였다. 장애인의 취업을 위해 가장 시급한 과제는 학교 교육에서부터 직장에서 필요한 인력을 맞춤형으로 배출할 수 있도록 장애학생 개개인의 특성과 적성에 걸맞은 교육을 할 수 있도록 인적 · 물적 지원을 제공하는 것이다. 그러나 이러한 개별화된 진로 · 직업교육을 수행하기에는 특수학교에 전문성을 갖춘 인력이 부족할 뿐 아니라, 특수학급 역시 교사 1인이 수업, 생활지도, 방과 후 학교 운영 등을 하면서 학생의 취업을 위한 사업체 개발, 사업체에서의 직업 훈련 등을 병행해야 하므로 실제적인 현장중심의 진로 · 직업교육은 거의 불가능하다고 할 수 있다. 따라서 교육과학기술부에서는 이러한 현장의 문제를 해결하고자, '학교기업형 직업 훈련실' 및 '통합형 직업교육 거점학교'에 부족한 인력을 배치하기 위하여 '스페셜 코디네이터'라는 전문 지원 인력을 투입할 수 있는 방안을 마련하였다.

이에 국립특수교육원에서는 이 '스페셜 코디네이터 역할 매뉴얼 개발 연구'를 하게 되었다. 이 연구서는 매뉴얼 개발의 방향이 '서론, 이론적 배경, 연구방법'과 스페셜 코디네이터의 역할 모형으로 '스페셜 코디네이터의 역할 모형, 재활상담 및 직업평가, 직업개발활동, 현장중심 직업교육 지원, 취업알선 및 사후지도, 지역사회 협력지원 네트워크 구축, 마케팅, 회계'로 구성되었다. 나는 '스페셜 코디네이터의 역할 모형'을 중심으로 기술하였다. 집필위원은 하상근 외 9명이었다.

충청남도초등특수교육연구회 특수교육 장학자료 발간

1996년도에는 '1996년 장애아 지도 사례 사랑으로 크는 아이(I)' 장학자료를 집필하였다. 충청남도교육청에서는 장애학생들의 교육기회 보장과 특성 및 능력에 맞는 개별화교육을 실시하도록 교과교육 연구 활동을 강화하고 교과교육연구회로 충청남도초등특수교육연구회를 처음으로 조직하게 되었다. 연구회에서는 특수교육 발전을 위해 투철한 사명의식과 부단한 연찬활동을 하였으며 그 결실로 미흡하나마 장학자료를 발간하게 되었다. 장학자료는 '장애아 지도 13사례, 교수 · 학습 과정안'으로 구성되었다. 내가 맡은 분야는 교수 · 학습 과정안으로 '국어과 교수 · 학습 과정안'을 기술하였다. 집필위원은 하상근 외 13명이었다.

1997년도에는 '1997년 특수아 지도 사례 사랑으로 크는 아이(II)' 장학자료를 집필하였다. 충남 특수교육 발전방안에 부응하기 위하여 본 연구회에서도 교육개혁이 지향하는 열린교육사회, 평생학습 사회 및 학습자 중심의 교육풍토 조성을 위해 투철한 사명감을 갖고 장학자료를 발간하게 되었다. 여기에 수록한 사례들은 특수교육현장에서 특수교육교사들이 직접 체험하고 지도한 자료들이다. 장학자료는 '회원 문단, 특수아 지도 11사례, 재택(순회)교육 지도 사례'로 구성되었다. 내가 맡은 분야는 회원 문단(소망)과 특수아 지도 사례 중 '생활기능 향상을 위한 가정학습 지도'를 기술하였다. 집필위원은 하상근 외 11명이었다.

천안인애학교 특수교육 장학자료 발간

2006년도에는 천안인애학교에서 '더 넓고 더 가까운 세상 만들기' 장학자료를 발간하였다. 천안인애학교에서는 정신지체학생들이 학교를 졸업한 후 비장애인과 함께 취업하여 여가생활을 하며 행복하게 살아갈 수 있도록 도와주기 위해 유 · 초 · 중 · 고등학교 및 전공과까지 2006년부터 충청남도교육청 지정 전환교육 연구학교를 운영하였다. 이를 위해 협력학교 교사들이 장애학생을 이해하는데 조금이라도 도움을 주고자 '더 넓고 더 가까운 세상 만들기'를 발간하였다.

장학자료는 '통합교육의 이해, 장애 바로 알기, 장애인 편의시설을 통한 장애 이해, 특수교육 관련법'으로 구성되었다. 이 자료는 협력학교에서 통합교육을 하는데 학생, 학부모, 교직원에게 유용하게 활용되었다고 평가되었다.

2007년도에는 천안인애학교에서 '함께 나누고 싶은 이야기' 두 번째 장학자료를 발간하였다.

매년 수많은 학생들이 학교를 졸업하고 교육의 울타리를 벗어나 사회로 나아가게 된다. 장애학생들이 취업을 하고 그들이 살고 있는 지역사회 내에서 사회생활과 여가활동에 참여하기 위하여 많은 도움이 요구된다. 이에 천안인애학교에서는 전환교육의 한 방법으로 장애학생과 비장애학생들이 학교에서는 물론 사회에 나가서도 더불어 생활할 수 있도록 현장체험 및 통합교육을 실시하고, 이를 위해 '함께 나누고 싶은 이야기'를 발간하였다.

장학자료는 '장애 이해 자료-학생편, 장애 이해 자료-학부모편, 장애 이해 자료-교사편'으로 구성되었다. 이 자료는 천안인애학교 및 협력학교에서 장애를 이해하고 전환교육을 하는 데에 학생, 학부모, 교직원 모두에게 유용하게 활용되었다.

세상을 살아가는 사람들은 누구든지 행복한 삶을 누릴 권리를 지니고 있다. 사람들의 성(姓)도 행복한 삶을 누리는 데 매우 필요하고 성(聖)스러운 것이다. 성은 인간의 기본 욕구이자 권리이며, 사람과 사람 사이의 관계를 맺어 주는 소통의 한 방법이기도 하다. 특수교육대상학생들은 장애, 혹은 사회적 경험의 부재로 인하여 친구들과 자연스럽게 생활하는 의사소통, 의사결정 기술, 자신의 감정을 적절하게 표현하는 방법 등이 부자연스러울 때가 많다.

이에 2008년도에 충청남도교육청에서는 특수교육대상학생들에게 학교와 가정에서 지속적인 성교육이 필요하다고 인식하여 '특수교육대상학생의 성교육을 위한 소중한 성 건강한 몸'이라는 장학자료를 발간하였는데 나는 지도 위원으로 참여하였다.

또한 2010년도에는 충청남도초등특수교육연구회에서 특수교육 교육과정에 근거하여 장애특성과 정도에 맞는 수업 실시에 도움을 주고자 '특수교육 수업 비타민'이라는 장학자료를 발간하였는데, 역시 지도 위원으로 참여하였다.

나. 계간지 · 언론 기고문

나는 특수교육교원을 하면서 특수교육 발전을 위해 누군가에게 알릴 내용이 있으면 계간지나 언론 또는 기타 많은 사람이 읽을 수 있는 도서에 기고하였다. 아래 글은 『현장특수교육 제3권 3호』(국립특수교육원, 1996, pp.156-159)에 발표한 내용이다.

특수교육 행 · 재정지원에 대하여

21세기의 세계화 · 정보화 시대를 대비하여 신교육체제가 추구하고 있는 목표는 누구나, 언제, 어디서나 원하는 교육을 받을 수 있는 열린교육사회, 평생학습사회를 건설하여 모든 국민이 자아실현을 극대화할 수 있는 교육복지국가를 이룩하는데 있다.

특히 열린교육사회에서 충분한 교육의 혜택을 누릴 수 있도록 보다 많은 배려와 관심이 모아져야 할 교육 수요자는 바로 특수교육대상아동이다. 따라서 이들의 교육권을 더욱 확고하게 보장받을 수 있도록 제반 대책을 마련하고, 교육 여건을 조성하는 데에 최선을 다해야 할 것으로 생각한다.

개정된 특수교육진흥법에서도 특수교육대상아동의 완전 취학과 의무교육 기회 및 무상교육의 확대, 특수교육대상아동 개개인의 교육적 특성에 부합되는 질 높은 특수교육의 제공, 통합교육 기회의 확대 등 우리의 특수교육도 특수교육대상아동의 교육권을 법적으로 보장하는 새로운 단계에 이르게 되었다.

따라서 우리나라 특수교육도 선진국들이 지향하는 특수교육의 추세에 적극 부응할 수 있는 법적 근거가 마련되었으며, 복지사회를 추구하는 국가적 차원에서 날로 증가되는 특수교육의 요구를 적극적으로 수용할 수 있는 방안이 마련되었다. 그러나 특수교육이 효율적으로 수행되기 위해서는 법적, 제도적 마련도 중요하지만 정부의 행·재정 지원이 더욱 중요하다고 할 수 있다.

그러나 우리나라의 행·재정 지원은 세계 각국이 특수교육을 실시하기 위해 국가나 지방정부가 지원하는 행·재정 지원과는 많은 차이가 있다. 따라서 우리나라 특수교육을 효과적으로 수행하기 위한 행·재정 지원 방안을 몇 가지 논의해 보고자 한다.

첫째, 특수교육 행정조직이 개편되어야 하겠다.

특수교육의 행정은 교육행정의 일부분으로서 특수교육 활동의 목표를 설정하고 그 목표달성에 필요한 인적·물적 제 조건을 정비·확립하고 목표달성을 위한 지도·감독을 포함하는 일련의 봉사활동이다.

특수교육 행정에 있어서 가장 기본적인 개념은 조직이라고 할 수 있다. 현행 우리나라 교육행정 조직을 크게 중앙교육행정조직과 지방교육행정조직으로 구분하면 중앙교육행정조직의 핵심은 교육부이며, 지방교육행정조직은 시·도교육청과 지역교육청이다. 그러나 특수교육 행정조직은 중앙이나 지방을 막론하고 별도의 단위조직으로 되어 있는 것이 아니라 일반교육행정 체제 속에서 타과의 단위업무로 분장 처리되어 있어 행정기능을 제대로 발휘하지 못하고 있는 실정이다. 다행히도 '교육부 새 직제 개편(96. 7. 5.)'에 따라 초·중등교육실에 특수교육담당관을 두고, 각 시·도교육청에는 초등교육국에 특수교육 담당 장학관을 배치(93. 3. 1.)함으로써 계정도의 조직을 갖추어 가고 있는 중이나 9개 시·도교육청만이 특수교육 담당관이 배치되어 있는 실정이다. 또한 시·군(구)교육청 역시 전담부서가 없고, 일부 시·군(구)교육청에 한하여 특수교육 전담 장학사가 배치되어 있는 실정이다.

이상에서 우리나라 특수교육 행정조직은 계선조직이 아닌 참모조직의 성격이므로 행정계통에 직접 참여할 수 없어 특수교육 업무비중의 상대적 평가절하와 행정력의 약화를 초래할 수 있다. 즉 특수교육 관리행정, 특수교육 장학행정, 특수교육을 위한 재정 지원의 부실을 가져올 수 있다.

따라서 특수교육 행정의 효율화를 위해서는 중앙뿐만 아니라 시·도교육청에도 특수교육 전담부서를 두어 장학, 예산, 지원, 시설, 인사 등의 특수교육 업무를 일관되게 관장하는 종합적인 지원체제를 갖추는 것이 바람직하다고 보며, 시·군(구)교육청 학무과에 특수교육계를 두어 특수교육의 관리 및 장학업무를 수행하도록 하는 것이 특수교육 행정의 강화를 위하여 필요하다고 본다.

둘째, 특수교육 장학의 활성화가 요구된다.

장학이란 학생들의 성장과 발달을 증진시키기 위하여 교사들을 지원하고, 조력하며, 지도하고 평가하는 활동을 말한다. 특수교육은 그 대상이 심신장애아동이란 점에서 장학에 있어서도 일반장학보다 그 범위가 넓고 다양하고 높은 수준의 기술이 요구되며, 특히 특수교육에 대한 전문지식을 갖추어야 한다. 일반적으로 특수교육 장학은 시·도·군(구)교육청의 장학관(사)과 각급 학교장을 중심으로 하여 실시되므로 효과적인 장학을 위해서 이들에게 요구되는 것을 언급하면 다음과 같다.

특수교육 담당 장학관(사) 선발 및 역할

'특수교육담당 교육전문직 선발기준(92. 2. 10.)'에 의하면 ①시·도교육청 소속 장학관(사)은 특수교사 자격증을 소지하고 특수학교근무경력(5년 이상)이 있으며, 교육공무원 인사관리규정 제13조 제2항 제1호 및 제2호에 해당하는 자이며, ②지역교육청

소속 장학사는 특수교사 자격증을 소지하고 특수학교(급)근무경력(5년 이상)이 있으며, 교육공무원인사관리규정 제13조 제2항 제2호에 해당하는 자로 되어 있으나 약 4년이 지난 지금도 특수교육을 전공한 전문직 대상자가 없다는 이유로 대부분의 시 · 도교육청이나 시 · 군(구)교육청에서는 특수교육에 경험이 없거나 부족한 일반장학담당자를 배치하고 있다. 특수교육 장학을 효과적으로 실시하기 위해서는 특수교육에 전문적 지식을 갖춘 장학담당자를 선발 · 배치하여야 하며 이를 위해서는 반드시 특수교육담당 교육전문직 선발기준에 의거 선발 · 배치하여야 한다.

또한 특수교육 담당 장학사는 정기적으로 실시하는 장학활동은 물론 수시로 특수학교(급) 교사들의 교수 · 학습지도 방법 개선에 도움을 주고, 특수교육 교원연수 및 연구활동 지원에 힘써야 하며, 특수교육 자료개발 보급 및 특수교육 홍보활동 등에도 힘써야 한다.

특수학교(급) 학교장의 역할

학교장은 학교경영의 책임자로서 학교의 행정관리와 장학의 책임을 동시에 수행하여야 하는 위치에 있다. 즉 소속 직원들의 지도감독, 교직원들의 인사관리, 교육과정의 운영, 교육시설의 관리, 사무관리, 지역사회와의 유대조성 등의 복합적 일들을 수행해야한다.

이와 같은 상황에서 특수학교(급) 교장은 다음과 같은 활동을 특히 중점적으로 실시하여 장학활동에 힘써야 한다.

첫째, 교장은 단순한 직위가 아니고 특수교육에 관한 전반적인 경륜을 가지고 있어야 한다. 교장은 경력과 인격, 교육행정, 장학행정, 교육법 및 교육재정에 관하여 부단히 연구하고 노력하여 전문적인 지식을 갖추어야 한다.

둘째, 교장은 특수교육대상아동들을 성공적으로 교육할 수 있는 지도자적 특수성을 가지고 있어야 한다. 학교경영의 궁극적인 목적은 학생들이 잠재력을 발현시켜 되도록 많은 학생들이 교육목표에 달성될 수 있도록 하는 데 있다. 따라서 학교장이 직권자가 아닌 지도자가 되기 위해서는 특수교육뿐만 아니라 일반교육에 관한 전문적인 지식과 기술도 갖추어야 한다.

셋째, 학교장은 최일선 행정관으로서 경영자의 행위인 지도성, 의사소통, 의사결정 과정에서 특히 인간관계를 중시하여 교직원들의 인화 단결에 힘써야 한다. 인간과 인간이 대화하는 과정에서는 새로운 힘을 주고 또 대화 속에서 드러나는 진실은 강제적인 것이 아니라 서로를 이해하고 위로하며 용기와 의욕을 북돋워 주어서 특수교육 활동을 효과적으로 실시할 수 있도록 하여야 한다.

특수학교(급) 학급당 적정 인원수 규정

특수학교(급) 한 학급의 학생수가 10명이 넘으면 개별화 수업이 어렵다는 것이 특수교육교원들의 일반적인 견해이다. 그런데 우리나라 교육법 시행령 제176조에서는 학급당 인원수를 15명 이하로 규정하고 있다. 때문에 일부학교에서는 한 학급당 법적 최대치인 15명을 넘어서고 있어 개별화 교육은커녕 학생들을 관리하기도 힘든 실정이다.

한국교육개발원에서 실시한 특수학교 한 학급당 적정 인원수는 교사들의 53.8%와 행정가의 47%가 6~7명으로 보고 있으며, 또한 교사의 34%는 5명 이하가 적정한 인원으로 보고 있다.

따라서 특수학교(급)의 학급당 인원수를 일률적 15명 이하로 규정할 것이 아니라, 장애의 종류와 장애정도 및 연령을 고려하여 학급당 인원수를 규정해야 할 것이다. 재정적인 문제로 학급당 인원수를 줄이기가 어려우면 특수교육 보조인력을 채용하여 개별화 교육을 실시할 수 있도록 하여야 할 것이다.

행정업무의 간소화

행정업무의 간소화는 일반학교나 특수학교현장에서 그 동안 매우 강하게 요구되어 온 사항이다. 교사의 시간을 교수 · 학습활동 이외의 시간에 소모하게 하는 요소는 여러 가지 서류 작성과 기타 공문서 작성을 들 수 있는데, 특히 특수학교(급) 교사는 개별화교육 계획 작성과 지도안, 그리고 아동 평가에 관한 서류 작성에 더욱 시간을 쏟게 된다. 특수학교(급) 현장에서는 장학지도 시 특수교육진흥법시행령에서 요구하는 개별화교육 계획을 작성하여 지도하고 있는가를 확인하므로 일선 교사들은 이에 얽매어 개별화교육 계획 서류철 만들기에 대부분의 시간을 소비하고 있다.

따라서 특수학급 담당 교사에게는 학교의 주요 업무를 배정하지 말고, 개별화교육 계획 작성도 간소화되어야 한다.

특수교육시설 · 설비 정비 및 확충

특수교육시설 · 설비란 특수교육의 목적을 효과적 능률적으로 달성하기 위해 설치한 학교의 물리적 환경을 총칭한다. 국가와 지방자치단체는 특수학교를 설치 · 운영하고, 특수교육을 위한 시설 · 설비를 정비 · 확충할 의무가 있다. 일반 학교에도 통합교육의 편의를 위하여 특수교육에 필요한 교재 및 교구를 갖추고, 경사로 및 손잡이와 특수교육대상아동이 이용하기에 편리한 화장실, 책상 및 의자 등의 편의시설을 설치해야 한다. 그러나 우리나라 특수교육시설 · 설비는 특수학교(급) 시설 · 설비 기준령에 비해 부족한 학교가 대부분이며, 교재 · 교구도 부족한 편이다.

특수교육의 시설 · 설비는 최소한도 현행 기준령에 맞게 갖추어야하며, 앞으로는 특수교육의 질적 개선을 위해서 특수교육시설 · 설비기준령이 특수교육대상아동의 특성에 맞게 개선되어야 한다. 또한 특수교육의 시설 · 설비는 수업의 효과를 증진시키고 시설의 활용도를 높일 수 있도록 효율성, 경제성, 편의성을 고려하여야 하고, 특히 시설의 안전성을 고려하여야 한다.

특수교육의 교재 · 교구는 교육목표를 달성하기 위하여 교육내용과 교육활동을 진행해 가는데 필요한 직접적인 소재가 되는 매체가 된다. 교재 · 교구 보유현황은 대부분 특수학교(급) 교재 · 교구 보유량 기준에 미달되는데 이는 그 동안 특수학교(급) 교재 · 교구기준이 별도로 제정되지 않고 일반학교 교재 · 교구설비기준령에 준용되어 왔기 때문이다. 따라서 각 특수학교(급)별 교재 · 교구설비기준령을 마련하여 확충해야 할 것이다.

특수교육 재정 지원

특수교육진흥법 제5조에 '특수교육대상자에 대한 초등학교 및 중학교과정의 교육은 의무교육으로 하고, 유치원 및 고등학교 과정의 교육은 이를 무상으로 한다.'라고 규정하고 있다. 따라서 특수교육은 초등부와 중학부는 의무교육이고 유치부와 고등부의 경우에는 무상교육을 실시하게 되어 있으나 재정이 허락하는 범위에서 실시하게 되어 혜택의 범위가 한정될 수밖에 없다. 따라서 일반 의무교육의 경우처럼 교육청에서는 특수교육대상 학령기 아동을 의무적으로 배치하여 교육시킬 수 있도록 제도적으로 보완하여야 한다. 또한 특수교육 의무교육의 범위를 빠른 시일에 유치원과 고등학교 과정까지 확대하여야 한다.

기본적으로 특수교육 재정에 영향을 주는 요소로는 특수교육을 필요로 하는 장애아동의 수와 교육프로그램의 유형, 특수교육대상아동의 장애별 비율 등이다. 특히 특수교육대상아동의 실태파악은 특수교육 재정 수립에 중요한 근거가 되는데 우리나라에서는 특수교육대상아동의 실태파악이 부정확하여 특수교육비를 추정하기가 어려운 실정이다. 따라서 특수교육대상아동을 정확하게 파악하는 일이 무엇보다도 선행되어야 한다.

특수교육에 필요한 재정은 특수교육대상아동 관련 행정 조직에 따라 나누어 부담해야한다. 즉 특수교육대상아동의 교육에 관련된 것은 교육부에서 담당하고, 의료 · 사회복지에 관련된 것은 보건사회부에서 담당하며, 직업에 관련된 것은 노동부에서 담당할 때 특수교육 활동을 위한 지원은 효과적으로 이루어질 수 있을 것이다. 그러나 우리나라의 경우는 특수교육을 담당하는 부서가 교육부에 제한되어 있기 때문에 특수교육 재정도 교육부 예산에만 포함되어 있다.

미국의 경우, 연방정부에서는 기본적인 재정을 지원하고 주로 각 주와 주의 지방 공공단체가 중심이 되고 있으며, 영국은 지방교육당국의 특수교육지원 단체가 중심이 되어 재정을 부담하고 있다.

따라서 특수교육 재정은 교육부뿐만 아니라 보건사회부, 노동부에서도 부담을 해야하고, 외국의 경우처럼 중앙정부와 지방자치단체도 특수교육에 필요한 충분한 재정적 지원을 하여야 할 것이다.

지금까지 언급한 행 · 재정적 바람은 내가 특수교육에 종사하면서 특수교육이 그 본래의 목적에 맞게 이루어지기 위해서 꼭 실시되어야 한다고 생각한 개인의 의견을 개진한 것이다.

특수교육의 활성화를 위해서는 법적, 제도적 정비도 중요하지만 이를 집행하고 수행하는 행정가 및 재정담당자의 의식이 향상되어 특수교육을 적극 수용하고 지원할 수 있는 분위기가 선행되어야 한다.

특히 특수교육에 필요한 재정적 지원은 장애인 본인은 물론 그 가족, 나아가 사회 구성원의 건강한 삶을 보장하는 기초가 된다는 점을 고려하여 눈앞에 나타나는 경제적 가치에 얽매이지 말고 장기적으로 복지적인 차원에서 과감하게 지원해야 한다.

앞으로는 우리나라도 지방 자치의 실시와 더불어 중앙집중식 지원체제의 형태를 벗어나 상당부분 지방정부의 책임 하에 특수교육이 이루어져야 하고, 지방의 여건에 따라 현재보다 특수교육 환경의 격차가 심화될 가능성이 있으므로 이에 대한 대책도 마련되어야 할 것이며, 특수교육 일선 기관도 스스로 활동범위를 넓혀가야 할 것이다.

우리나라 특수교육이 효율적으로 실행되기 위해서는 이상에서 밝힌 바와 같이 특수교육 관련기관과 관련인사 및 관련부처 간의 협력체제를 공고히 하여 중앙정부 및 지방자치단체가 충분한 행 · 재정 지원을 하도록 최선을 다해야 할 것이다.

아래 글은 공주정명학교 교지인 '정명 제5호'(공주정명학교, 2002, p.3)에 발표한 내용이다.

따스한 마음을 건네는 사회를 꿈꾸며

국화 향기가 교정에 그윽하고 들에서는 누렇게 익은 곡식을 수확하느라 바쁜 가운데, 교육 현장에서도 그 동안 아동 교육에 쏟아 부은 노력에 대한 결실을 정리하고, 분석하기에 바쁜 계절입니다.

우리 사회는 빠르게 발전하는 정보화 · 산업화의 영향으로 풍요로운 삶을 살고 있습니다. 물질적인 풍요를 누리고 있는 가운데 아쉬운 점이 있다면 예전부터 전해오던 아름다운 풍습 중에 하나인 이웃 간에 나누는 정이 많이 줄어들었다는 점입니다.

문득 '우리' 라는 말과 '사랑' 이라는 말을 떠올려 봅니다.

'우리' 라는 말은 '나' 와 '너' 를 포함해 제 3자까지도 포함하는 말입니다. '우리' 라는 말이 일상생활에서 '우리 엄마' , 우리 집' , '우리 학교' 등 흔하게 쓰이는데 예전에는 '나' 를 나타내기보다는 더불어 살아가는 공동체를 의식하여 '우리' 라는 말을 많이 사용했고, 여기에는 넉넉함과 훈훈함이 배어있었습니다.

'사랑' 은 소유보다는 남을 이해하고, 아껴주며, 보살펴 주고, 보듬어 주는 의미가 강합니다. 꽃을 사랑하는 사람은 꽃이 잘 자라도록 물을 주고 가꾸면서 여러 사람이 아름다움을 감상할 수 있도록 배려합니다. 꽃을 좋아하는 사람은 그 꽃을 꺾어서 화병에 꽂아 놓고 감상을 한다고 합니다. 사랑은 배려요, 베풂이며, 좋아함은 소유를 의미합니다. 소유보다는 사랑을 실천하는 사람이 되는 것은 어떨지요?

이 세상에는 뛰어난 사람보다는 평범한 사람이 많고, 그 평범한 사람들 중에는 남모르는 아픔을 간직한 사람들에게 작지만 따스한 사랑을 건네는 사람들이 아주 많습니다. '우리' 라는 테두리에서 '사랑' 이라는 작은 마음을 전하고 같이 나눌 때 우리 사회는 기쁨과 희망이 넘치는 넉넉하고 따스한 마음을 가진 사람들로 밝게 빛날 것입니다.

그 동안 여린 손길과 정성으로 학교생활을 하면서 학생과 학부모, 교직원 모두가 활동하고 노력한 모습들을 담은 '정명 제5호' 가 정명 학생을 사랑하는 모든 이와 따스함을 같이 나눌 수 있는 징검다리가 되기를 기대해 봅니다.

아래 글은 배움 마중물 창간호 '강의 소감'(충남교육연수원, 2003, pp.62-63)에 발표한 내용이다.

「특수교육대상자의 통합교육」 강의를 마치고

21세기 사회는 더욱 과학화된 고도의 산업사회, 정보화 사회로 하루가 다르게 변하고 있습니다. 높은 수준의 과학문명, 세계를 하나로 연결하는 통신망 등은 많은 지식과 정보를 습득하고 이의 활용을 위해 다양한 능력을 요구하고 있습니다. 또한 미래사회는 하나의 공동체로서 협력하고 공존하는 사회가 될 것입니다. 이는 미래사회의 인간은 확대 재생산되는 지식과 정보에 얽매이지 않고, 이를 활용하여 다양성을 인정하는 가운데 서로 협력하여 하나의 공동체로서 삶을 모색해 나가는 사회가 될 것을 의미합니다. 따라서 미래사회를 대비하기 위해서는 현재 이루어지고 있는 생활방식이나 교육방식 특히, 특수교육대상학생의 교육방식은 현재의 체제를 탈피하여 변화를 모색할 필요가 있습니다.

따라서 특수교육의 흐름도 특수교육대상자가 사회구성원과 원만하게 생활하도록 실현하고자 통합교육의 방향으로 나아가고 있습니다. 통합교육은 특수교육의 중요한 철학이자 목표일뿐 만 아니라 교육현장에서 특수교육대상자가 일반학급의 한 구성원으로 또래와 함께 적극적인 참여가 이루어지도록 지원을 제공하는 과정입니다.

특수교육대상자와 비장애아동과의 효율적인 통합교육을 위해서 특수교육진흥법 시행령 제13조에서는 교육감은 교원에 대하여 연수를 실시하는 경우에는 특수교육에 관한 사항을 연수내용에 포함시키도록 규정하고 있으며, 통합교육의 방안 중 가장 큰 요인으로 교원들의 특수교육에 대한 이해를 들 수 있습니다.

「초등 학급경영 직무연수」 일정 중 내가 특수교육대상자의 통합교육을 말씀드리게 된 것도 이러한 취지에서 이루어진 것으로 생각되며, 본 직무연수에 특수교육에 관한 강의를 할 수 있도록 배려해주신 한○○ 교육연구사님께 진심으로 감사를 드립니다.

연수생들 대부분이 교직경력이 많아 학급경영에 경험이 많고 능력이 뛰어난 선생님들입니다. 그럼에도 특수교육대상학생의 징후를 설명할 때 고개를 끄덕이는 모습, 통합교육을 위한 교육과정 운영 및 교수 · 학습활동 방법을 설명할 때 강의를 진행하지 못할 정도로 다양한 질문을 하면서 강의에 동참하는 모습에서 부족한 강의이지만 저는 큰 보람을 느꼈습니다.

특히 연수생 중에 자기가 담임하고 있는 학생 중 정서장애(자폐성)학생이 있는데 본인의 능력으로는 그 학생을 어떻게 할 수가 없어 그 동안 적절한 교육을 하지 못하고 다른 학생들한테 방해가 되어 조금은 방치하고 있었음을 말하면서 앞으로는 이 학생을 위해 특수교육교사에게 도움을 받아 내가 맡고 있는 다른 학생과 똑같이 적절한 교육을 하여야 하겠다고 다짐하는 모습을 보고 한없이 마음이 흐뭇해졌습니다.

그리고 각급 학교에 편의시설이 부족하여 장애학생들이 불편과 고통을 겪는 것을 모두 한마음으로 걱정하고 학교에 돌아가면 부족한 장애인 편의시설을 갖추도록 학교장에게 말씀드리겠다는 선생님들을 볼 때 교원연수 시 특수교육에 관한 사항을 포함시켜야 함을 다시 한 번 느꼈습니다.

강의를 하는 동안 선생님들이 진지하게 연수에 참여하여 3시간이 어떻게 지나갔는지 모를 정도였으나, 하고 싶은 이야기를 다 못해서 아쉬움이 많았습니다.

특수교육대상자에 대한 통합교육이 결실을 맺기 위해서는 법적 · 제도적 장치를 갖추어 나가는 것도 중요하지만 비장애학생, 교사, 학부모, 교감, 교장선생님들의 적극적인 협조가 필요하고, 무엇보다도 특수교육대상자를 하나의 인격체로 받아들일 줄 아는 성숙된 학급분위기를 조성해 나가는 것이 중요합니다.

또한 특수교육교원 및 일반교육교원의 헌신적인 사랑과 지도가 있을 때 그들로부터 사랑을 배워 가는 자녀들을 보고 학부모들은 진정한 통합교육의 의미를 깨달을 것이며, 특수교육대상자에 대한 편견과 차별도 없어질 것입니다.

얼마 전 한국교육신문에서 서울○○초등학교 조○○ 교사가 통합교육 모범학교 우수학교상을 받으면서 말한 "우리 반 아이들 모두가 자폐증을 갖고 있는 ○○이를 배려하고 함께 하려는 모습을 지켜보면서 아이들에게 더 많은 것을 배운다" 는 말이 새삼 생각납니다. 이러한 사랑과 인간적인 관심이 통합교육을 뿌리내리게 하는 가장 효과적인 방법임을 다시 한 번 말씀드립니다.

끝으로 학생들의 인성을 바람직하게 가꾸기 위한 효 교육과, 창의력을 신장하기 위한 기초·기본 학력의 신장 및 장애를 갖고 있는 특수교육대상학생을 위해 현장에서 노력하는 교원들의 전문적 자질을 높일 수 있도록 최선을 다하고 있는 충청남도교육연수원 가족 모두에게 감사의 말씀을 드리며, 초등 학급경영 직무연수를 받으신 모든 선생님들이 연수를 마치고 현장에 돌아가 특수교육대상학생과 비장애학생과의 통합교육에 앞장서서 실천하기를 기대해 봅니다.

아래 글은 공주정명학교 교지인 '정명 제6호'(공주정명학교, 2003, p.3)에 발표한 내용이다.

아이들은 믿고 기다리는 만큼 자랍니다.

교정에 들어서면 어느 해보다도 더욱 국화 향기가 그윽하고, 복도를 지나려면 가사실에서 퍼져오는 구수한 고구마 굽는 냄새가 가을이 깊어졌음을 실감나게 합니다.

각 교실에는 학생들의 풍성한 작품, 각종 대회에서의 입상 소식, 정명 국화 전시회의 환하게 웃는 국화 꽃송이, 이 모든 것이 우리 학생들도 무엇인가를 할 수 있다는 마음을 갖고 봄부터 가을까지 학생들과 선생님들이 구슬땀을 흘리면서 가꾼 결실이라 생각합니다.

특수교육대상자를 둔 학부모들이 하는 말 중에 자녀를 학교에 보내도 변화가 없다는 말을 자주 듣습니다. 특수학교에서는 열심히 지도해도 기대했던 만큼 변화가 나타나지 않습니다. 또한 방학을 보내고 학교에 오면 언제 학습하였느냐고 할 정도로 학습한 내용을 망각해버리곤 합니다. 이럴 때면 정말로 허망함을 느끼지요. 그러나 우리는 학생을 믿고 고민하면서 열심히 지도하고 있습니다.

1학년 신입생들이 3월에 입학할 때는 도저히 교육을 할 수 없을 정도로 난감하였는데 은행잎이 노랗게 물드는 가을이 되면 대부분 학생들이 줄을 서고 교사의 지시에 따라 식사를 하는 모습을 볼 때 참으로 대견스럽고 사랑스럽습니다. 학생들을 믿고 기다리는 마음은 일반학교 교사들도 마찬가지이지만 특수교육교사, 학부모들에게는 더욱 필요한 마음이라고 생각합니다.

그리스 신화에서 '피그말리온' 은 볼품없는 외모 때문에 사랑을 포기하고 조각에만 정열을 불태우며 여인상을 조각하였습니다. 그의 간절한 기도로 여인상을 아내로 맞이하게 되었다는데서 연유된 '피그말리온 효과' , 이는 긍정적인 기대가 학습에 미치는 효과가 얼마나 큰가하는 점에서 우리 특수교육을 담당하는 교사들에게 시사하는 바가 많습니다.

교사는 마음으로 아이를 조각하는 사람이고 진정한 조각가는 돌을 탓하지 않는다고 합니다. 특수교육교사가 우리 아이들을 장애가 심하여 교육할 수 없다고 탓한다면 학교에 남을 학생은 거의 없을 것입니다. 우리 학교에는 이러한 선생님들이 한 분도 없기에 늘 감사하고 존경합니다.

그 동안 어려움 속에서도 학교생활을 알차게 하면서 만들어 낸 '정명 제6호' 를 통해 정명 학생을 사랑하는 모든 이가 우리 학생들을 믿고, 그들이 능력만큼 자랄

수 있도록 도와주고 지켜봐 줄 수 있는 메시지가 되기를 기대해 봅니다.

아래 글은 서산성봉학교 교지인 '성봉가족 제8호'(서산성봉학교, 2005, p.3)에 발표한 내용이다.

2005 우리 함께 노력합시다.

사랑하는 성봉가족 여러분!

올해도 출발한 지가 엊그제 같은데 벌써 한 해를 마무리해야 하는 12월이 왔습니다.

2005학년도 교육지표인 '자립의 꿈을 가꾸는 성봉교육'의 실천을 위하여 성봉가족 모두는 여유를 갖고 차 한 잔 마실 새도 없이 바쁘게 달려왔다는 생각이 듭니다.

교정에 들어서면 환하게 웃고 있는 국화 꽃송이, 복도 및 각 교실에는 학생들의 풍성한 작품, 각종 대회에서의 입상 소식들이 우리를 반깁니다. 이 모든 것들은 우리 학생들도 무엇인가를 할 수 있다는 마음으로 봄부터 지금까지 학생들과 선생님들이 흘린 구슬땀, 학부모님들의 적극적인 교육활동 동참으로 얻어진 결실이라고 생각합니다.

서산성봉학교 학생, 교직원, 학부모님들 모두 감사하고 고맙습니다.

금년도 각종 교육활동은 다양한 현장체험학습, 일반·특수학교 통합교육, 사회적응의 날 운영, 교내 학생수련활동, 문길산 등반활동, 산업체 현장학습, 중부·전국장애인기능경진대회 참가, 교내 작품전시회 등을 하였습니다.

중점적으로 노력한 사업은 특수교육지원센터운영, 지역사회와 연계한 자원봉사자 활동 활성화, 학교 이비인후과 및 구강보건실 설치·운영, 학교 푸른 숲 가꾸기, 운동장 우레탄 체육시설 설치였습니다.

특수교육의 목적은 자주적인 생활능력을 기르게 하여 그들의 생활안정과 사회참여에 기여하는데 있습니다.

우리 모두 힘들고 어렵더라도 학생들이 학교교육을 마치고 사회에 나아가 직업을 갖고 문화생활을 즐기며, 비장애인과 더불어 살아갈 수 있도록 즐거운 마음으로 함께 노력합시다.

아래 글은 천안인애학교 교지인 '인애신문 제9호'(천안인애학교, 2006, p.3)에 발표한 내용이다.

아름다운 동행

지난 3월 본교에 부임하여 새로운 각오로 하루를 시작한 게 바로 엊그제 같은데 어느새 한 장의 달력만을 남겨 놓았습니다. 그 어느 때보다도 설레는 마음으로 시작한 해였기에 그 감회가 더더욱 새롭습니다.

모두가 합심하여 함께 뛰었기에 편안하고 즐거운 학교생활이 되었고, 우리 아이들에게도 행복한 한 해가 될 수 있었음에 감사드리며, 그 동안 일구어 낸 희망 하나 하나를 실어 인애신문 제9호를 발행할 수 있게 됨을 축하합니다.

어떤 아이들보다 행복하고 순수한 미소를 가진 우리 학생들, 아이들의 작은 변화에 보람을 찾으며 항상 최선을 다하는 우리 교직원들, 1년간 통합교육을 위해 협력해 주신 직산초등학교, 입장중학교, 천안농업고등학교 학생들과 선생님들, 학교의 교육활동에 늘 따뜻한 사랑과 관심으로 함께 해 주신 학부모님들…… 모든 분들께 감사한 마음을 전합니다.

특히 올해는 충청남도교육청으로부터 특수교육 시범학교로 지정받아 「체험활동 중심의 전환교육을 통한 자립생활능력 신장」 이라는 주제로 체계적이고 내실 있는 교육활동 전개를 위해 노력한 해였습니다. 각자의 위치에서 묵묵히 학생들 지도에 최선을 다해 주신 선생님들과 교육과정에 즐겁게 잘 따라주고 나름대로의 잠재능력과 끼를 마음껏 발산하여 많은 발전을 보여 준 우리 학생들의 모습을 보면서 특수교육의 미래는 밝고 희망적이라고 생각합니다.

또한 천안인애학교는 실무중심의 특수교육 전문인력 양성을 위한 교육실습 협력학교 운영 및 지방대학육성사업의 일환으로 추진되고 있는 누리사업 관련 대학과의 현장실습교육을 위한 대용학교 운영으로, 예비 특수교육교사들에게 교육현장에서 이루어지고 있는 다양한 교육적 경험을 제공함으로써 교직에 대한 이해와 가치관을 정립시키고, 수준 높은 예비교사 양성에 중추적인 역할을 하였습니다.

그 밖에도 지난 5월에 개교하여 운영하고 있는 단국대학교 내 병원학교와 성모복지원 파견학급도 선생님들의 지속적인 노력과 협력 하에 내실 있게 운영되었습니다. 다양한 현장체험학습과 통합교육, 연구시범학교 보고회(1/2), 각종 대회 참가, 가을운동회, 작품 전시회 등 2006년의 크고 작은 일들 또한 교직원 여러분과 학부모님들의 쉼 없는 노고와 사랑이 없었다면 불가능했던 일들이었습니다.

힘들고 고된 현실 속에서도 늘 내일의 꿈을 키워가는 무한한 가능성과 잠재력이 이번에 발간되는 인애신문과 함께 한층 더 성숙된 모습으로 발현되기를 기대합니다.

물심양면으로 힘이 되어 주신 정○○ 학교운영위원장님을 비롯한 여러 운영위원님들, 언제나 변함없이 깊은 사랑과 관심으로 함께 해주시는 학부모님들, 그 외에도 천안인애학교를 사랑으로 지켜봐 주시는 모든 분들께 다시 한 번 감사의 말씀을 드리며, 앞으로도 더욱 즐겁고 행복한 천안인애학교로 거듭날 수 있도록 변함없이 동행해 주실 것을 부탁드립니다.

아래 글은 천안지역장애인종합정보지 『한빛 소리 통권 128호』(한빛 소리, 2007, pp.4-5)에 발표한 내용이다.

바람직한 특수교육

장애인이 일상생활에서 불편함을 느끼지 않고 비장애인과 함께 교육을 받고 취업하여 여가생활을 즐기며 행복하게 살아가는 사회는 인류가 추구하는 바람직한 사회일 것이다.

이에 장애인 교육도 특수교육을 필요로 하는 사람에게 국가 및 지방자치단체가 적절하고 고른 교육기회를 제공하고, 교육방법 및 여건을 개선하여 자주적인 생활능력을 기르게 함으로써 그들의 생활안정과 사회참여에 기여함을 목적으로 하고 있다.

그 동안 특수교육은 장애아동에 대한 적절한 교육보다는 일반교육 중심에서 지체되거나 교육이 어려운 아동에게 분리교육을 통하여 해소하는 방안으로 실시되어 왔으며, 장애아동은 비장애아동과 다르기 때문에 교육 또한 달리 해야 한다는 등의 편견으로 인하여 장애아동은 당연히 특별한 집단으로 취급 받아온 경향이 있다.

이러한 관점을 갖고 실시되는 교육은 장애아동들은 언제나 불평등이 용인되고, 기존의 방법에 의한 지식 위주의 교육에서 지체를 지닐 수밖에 없었으며, 지금 우리가 경험하는 학교나 사회처럼 극도의 경쟁적이며 학벌 중심 분위기 속에서는 더더욱 그러하다.

교육이란 아동에게 맞는 교육내용과 방법을 제공하여야 효과를 얻을 수 있고, 참다운 교육이 이루어질 수 있다. 이를 위해서는 교육대상자의 능력을 인정하고, 그들이 무엇을 원하며, 어떻게 지원해 주어야 하는지가 우선되어야 한다.

따라서 특수교육이 바람직한 방향으로 나아가기 위해서는 다음과 같은 방안이 요구된다.

첫째, 장애학생에 대한 인식이 긍정적으로 전환되어야 한다.

장애학생을 바르게 알기 위해서는 무엇보다도 그들의 인격을 존중하는 자세가 형성되어야 한다. 또한 그들이 지니고 있는 장애를 차별의 근거가 아니라 다양성으로 받아들여야 한다. 장애인은 "아무것도 할 수 없다" 는 고착된 사고를 가지고 그들의 존재를 '비온전성', '부족' 으로 간주하는 오류를 범해서는 안 된다. 특히 특수교육 관련자는 장애학생의 행동이나 반응을 장애학생의 입장에서 이해하지 않고는 장애학생의 내면세계를 이해할 수 없고, 장애학생의 교육을 성공적으로 지원해 줄 수 없다.

둘째, 학교교육에서 전환교육이 체계적으로 이루어져야 한다.

매년 수많은 장애학생들이 학교를 졸업하고 지역 사회로 진출한다. 우리는 학교를 떠난 장애학생들이 어디서 살 것이며, 어디에 취업하여 어떻게 생활하며, 여가는 잘 보낼 수 있을 것인지에 관하여 관심을 갖고 깊이 고민해 보아야 한다. 현실적으로 학생들이 학교를 졸업하고 사회에 성공적으로 진출하는 일은 그리 쉽지 않다. 특히 장애학생에게는 더더욱 그러하다. 요인은 복합적으로 작용하겠지만, 장애학생들이 사회로 나가는데 주된 실패 원인은 전환 시기에 적절한 지원이 이루어지지 않았기 때문이다. 가장 효과적인 학교교육은 학교생활 중에 얻은 경험을 졸업 후 자신의 사회생활 속의 삶으로 연결할 수 있도록 지원하는 것이다.

셋째, 학교, 가정, 지역사회가 협력적인 관계를 형성하고 장애학생을 지원하여야 한다.

장애학생들이 학교에서 사회로 성공적으로 전환하기 위해서는 지역사회 자원을 보다 많이 활용하여 특수교육과 직업재활이 체계적으로 이루어져야 하며, 학교, 가정, 지역사회, 각종 서비스 기관 그리고 기업체가 장애인에게 관심을 갖고 적극적으로 지원하여야 한다.

이상에서 바람직한 특수교육은 장애학생이 지니고 있는 장애상태를 있는 그대로 받아들여 그들이 무엇을 요구하고 있는지 지원해 주고, 이들이 학교교육을 마치고 취업하여 자립생활을 할 수 있도록 적절한 전환교육이 이루어져야 하겠다.

교육실습생에게 필자가 전한 말은 다음과 같다.

'교육실습' 은 대학에서 배운 이론과 지식을 바탕으로 교육현장 경험을 통하여 교직의 전문성을 창달(暢達)하고 교육관을 정립하는데 있습니다. 즉, 교육이론의 심화, 교수·학습방법 신장, 교육행정 업무능력 향상, 교사로서의 자질 함양 등에 있습니다.

이에 천안인애학교에서는 교육실습 선생님들의 노고에 다소라도 도움을 드리고자 교육실습 중에 작성하고 활용한 개별화교육 계획서, 교무업무 안내, 교수·학습과정안, 사례연구 보고서를 모아 CD로 제작하였습니다.

이 자료는 2006년 제2기 교육실습생들이 6월 19일부터 7월 15일까지 4주 동안 실습지도 담당교사와 함께 작성하여 여러 차례 수정·보완하여 얻어낸 값진 열매입니다.

교육은 우리의 희망이요, 바람직한 미래를 창출하는 원동력입니다. 이 자료집을 통하여 교육실습 선생님들의 교수·학습과정안 작성, 교육행정 업무, 사례지도 등이 향상된 모습을 볼 수 있었고, 퇴근을 미루고 늦게까지 학습자료 제작 및 연구 활동에 몰두하는 모습을 지켜 볼 때마다 여러분들의 모습이 참으로 아름다웠습니다.

이러한 여러분들이 있으므로 앞으로 우리나라 특수교육은 반드시 아름다운 꽃을 피우고, 좋은 결실을 맺으리라 확신합니다.

이 자료집이 여러분들이 현장에서 교직생활을 시작할 때 하나의 밑거름이 되기를 기원하면서, 교육실습 중에 질 높은 자료를 제작해 주시고, 최선을 다하여 교육실습에 참여하신 교육실습 선생님들 모두에게 깊은 감사를 드립니다.

[2006.07.15]

다. 교과서 집필

'교과'란 교육과정 안에 제시된 교육내용을 교육활동 영역별로 세분화한 것이며, 교과서는 각 교과를 체계적이고 효과적으로 학습할 수 있도록 편집하여 학습의 기본 자료로 사용하기 위해 만든 것이다. 즉 교과서란 교육과정 내용에 따라 학생들의 발달단계나 학습의 소지(素地) 또는 바탕을 기반으로 지식 · 경험의 체계를 명확하고 간결하게 하여 학생들이 학습의 기본 자료로 사용할 수 있도록 제작한 것이다.

교과서 이외의 교재가 충분하지 않았던 19세기까지 교과서는 교육과정에서 가장 중요시되어 교사는 교과서의 내용을 순서에 따라 정리해주고 학생들은 그것을 기록하고 암기하는 것이 일반적이었다. 그러나 교육과학기술부 고시 제2010-44호(2010.12.20) 특수교육 교육과정에서는 특수교육대상학생들이 교과서가 아니고 특수교육 교육과정을 이수하도록 하였기 때문에 교과서는 기타 교재와 같이 학생이 학습하는 과정에서 자료로 사용하도록 하였다. 따라서 교과서는 교사에게는 학생을 지도하기 위한 교육활동의 기본 매체가 되며, 학생에게는 학습할 내용을 담은 기초 자료가 된다.

이에 나는 기본 교육과정에 따른 특수학교 교과서 사회(1 · 2 · 3), 특수학교 선택교육과정 교과서 직업(포장 · 조립 · 운반), 특수학교 선택교육과정 교사용 지도서 직업(포장 · 조립 · 운반) 공동연구자로 참여하였다. 또한 특수학교 교과서 실과 보완 자료(일상생활 자료)의 공동심의자로 참여하였다.

특수학교 교과서 수학(1 · 2 · 3), 특수학교 교사용 지도서 수학(1 · 2 · 3)은 공동연구 및 공동집필하였다. 내가 집필한 단원은 '2. 일대일로 짝짓기'로 소단원은 '1. 같은 것끼리 짝짓기, 2. 다른 것끼리 짝짓기, 3. 짝이 되게 만들기'였다. 스티커를 활용하여 다양한 조작활동이 가능하도록 교과서를 제작하여 학생들이 흥미를 갖고 적극적으로 활용할 수 있다는 평가를 받았을 때에는 그 보람이 컸다.

3. 특수교육 실천하기

아무리 훌륭하고 좋은 이론도 실천하지 않으면 소용이 없다. 우리나라 속담에 '구슬이 서 말이라도 꿰어야 보배다'라는 말이 있다. 이를 교육에 적용해 보자면 본인이 알고 있는 이론을 교육 현장에서 실천하여야 한다는 뜻일 것이다. 특수교육도 마찬가지다.

특수교육은 '교육중의 교육'이다. 특수교육이 바르게 이루어지면 모든 교육도 바르게 이루어진다(김병하, 2012). 요즈음 특수교육은 통합교육을 강조하는 방향으로 나아가고 있다. 그러면서 특수교육대상학생을 그저 일반교실에 배치하기만 하면 통합교육을 하는 것으로 보는 경향이 있다. 정확히 말하자면 통합교육은 특수교육대상학생을 일반학급에 배치하고 그들의 능력에 따라 적절한 교육을 받을 수 있도록 통합교육 계획을 세우고 실천하는 것을 말한다.

본 장에서는 처음 특수교육교사로서 교단에 섰을 때부터 교장직을 수행할 때까지를 각 시기별로 나누어 실천기와 함께 나의 생각을 써 보았다.

가. 교사 시절

학교에서 교사는 학생의 거울이다.

교육이 성공했는지 아닌지는 교육을 받고 난 이후 교사를 평생 존경하는 사람으로 가슴에 담고 살아가는지를 보면 알 수 있다(김병하, 2012). 장애학생 교육도 마찬가지이다. 오히려 장애학생의 경우에는 더더욱 그럴지도 모른다. 학생뿐만 아니라 보호자까지도 그들이 존경하는 교사는 평생을 가슴에 담고 살아가기 때문이다. 나는 1973년도에 처음 교사로 발령받았고, 1988년도에 특수교육교사로서 교단에 서게 되었다.

1) 특수학급 교사(온양천도초등학교)

처음 특수학급 담임을 맡고 교실에 가보니 교실은 우중충하고 칸막이를 하여 반쪽은 자료실로 쓰고 반쪽만 특수학급으로 사용하고 있었다. 우선 반쪽뿐인 교실을 정규교실로 만들어야 되겠다고 마음먹었다. 중간에 칸막이를 제거하기 위하여 교감선생님께 건의를 하였더니 교감선생님은 다음과 같이 응대하였다.

"전 특수학급 담임선생님은 칸막이를 해 달라고 하던데요. 교실 관리하기도 힘들고 청소하기도 어려우며 학생들도 얼마 안 되기 때문에 큰 교실이 필요 없다고 하더군요. 그래서 막은 것입니다. 큰 교실 청소하기 힘들지 않겠어요? 잘 생각해 보세요."

3일간 연구하여 교실 배치도를 작성하였다. 배치도를 가지고 교감선생님께 평면도 하나하나에 대하여 구체적으로 설명하였다. 교감선생님은 내 설명을 다 듣고는

"정규교실이 필요하겠네요. 교장선생님께 말씀드려서 칸막이를 없애 드릴게요."

하였다.

다음 주에 칸막이를 없애고 학교 조무원과 함께 교내에 있는 물건을 운반하여 구색을 맞추었다. 교실을 정리하고 청소하니 학생들이 매우 좋아했다.

학생들은 아침에 등교하면 하루 종일 특수학급에 있었다. 내가 알고 있는 이론은 특수학급은 학생의 능력에 따라 전일제 · 시간제 등으로 운영하여야 하는 것이었다. 하루 종일 전 교과목을 특수학급에서만 학습하는 것은 분명 잘못된 운영이라고 판단되었다. 우선 특수교육대상학생의 실태를 분석하여 현재 수준에 따라 특수학급에서 학습할 교과를 선정하였다. 국어, 수학은 전아동이 특수학급에서 학습하고, 사회와 과학은 일부 아동만 특수학급에서 학습을 하도록 하였다. 나머지 교과는 통합학급에서 학습하는 것으로 결정하였다. 특수학급에서 학습할 시간제 운영 계획서를 가지고 교감선생님께 말씀드렸다. 교감선생님은 설명을 들으려고 하지도 않고 언성부터 높였다.

"왜 그 동안은 특수학급 선생님이 하루 종일 맡아주었는데 올해는 안 맡으려고 하느냐?"는 것이다. 그리고는 그 학생들이 통합반에서 문제를 일으키면 다른 학생들은 어

떻게 수업을 하느냐고 앞서 걱정을 하기도 하였다. 특수학급 설치의 목적에 맞게 특수학급을 운영하여야 함을 구체적으로 교감선생님께 설명하였더니 마지못해 교장선생님께 말씀드리라고 하였다. 교장선생님은 설명한 내용을 듣고 웃으면서 허락하였다.

"우리학교 특수교육의 대혁신이 일어나고 있네요. 특수교육을 전공하는 선생님이 하겠다고 하니 하여야 되겠지요. 학급담임교사들이 불만이 있을지도 모르니 잘 설득하세요."

통합학급 담임교사들을 설득하는 것도 쉽지는 않았지만 모두들 잘 도와주었다.

지금 생각해보면 교감선생님에게 매우 당돌했던 것 같고, 통합학급 교사들에게는 지도하기 어려운 학생들을 특수학급 교사가 담당하기 싫어서 보내려고 한 것으로 오해를 받았던 것 같다. 이때 함께 근무했던 교장, 교감선생님과 시간제 특수학급 운영을 할 수 있도록 도움을 준 통합학급 선생님들께 지면을 통하여 진심으로 감사를 드린다.

이렇게 충남에서는 내가 제일 먼저 시간제 특수학급을 운영한 것으로 알고 있다. 그런데 시간제 특수학급을 운영하는데 문제가 생기고 말았다. 그 동안 등교하면 하루 종일 특수학급에서만 생활하던 아동들이 자기 학급에 가는 것을 싫어하는 사례가 발생했다. 하루는 수업을 하고 있는데 교무부장이 5학년 1반 신○○ 학생을 데리고 왔다. 밖에서 돌아다니기에 데리고 왔다는 것이다. 신○○한테 왜 학급에 안 갔느냐고 물었더니

"특수학급 학생이라고 놀려서 가기 싫어요. 여기에서 공부하면 안돼요?"

하면서 눈물을 흘렸다.

나는 신○○가 오죽하면 시작종이 났는데도 자기 교실에 들어가지 않고 밖에서 서성댔을까? 생각하니 가슴이 아파왔다. 이일을 어찌하면 좋을까? 그날 이후 신○○가 통합학급에 가는 시간이면 내가 직접 데리고 갔다. 그리고 음료수를 사서 몇 번 담임교사에게 주면서 신○○을 잘 도와달라고 부탁했다. 신○○ 뿐만 아니라 대부분 학생들이 자기반에 가는 것을 싫어했다.

그러던 차에 각 학급 순회를 하다가 복도 구석에 칸막이를 하고 공부하고 있는 학생들을 보게 되었다. 왜 여기에서 공부하고 있냐고 물어보니 수학경시대회 준비하느라고 따로 복도에서 공부하고 있다는 것이다. 나는 무엇인가 번득 스쳐가는 것을 느꼈다.

"맞아! 이 학생들한테 우리학급에서 공부하라고 하면 되겠구나!"

하는 생각이 들었다. 수학경시대회를 담당하는 선생님을 만나 학생들이 우리 학급에 와서 공부하면 어떻겠냐고 제안했더니

"그렇게 해주면 내가 오히려 감사하지요."

라고 했다. 특수학급 학생들의 수업이 끝나면 수학경시대회 학생들이 우리 학급에 와서 공부를 하였다. 그리고는 우리 반 학생들에게,

"우리 반은 공부 잘 하는 학생들도 와서 공부하는 곳이야."

이야기 하였더니 학생들이 빙그레 웃었다. 그런 후 점차로 시간이 지나면서 특수학급은 공부 잘하는 학생들이 공부하는 곳이라고 학교에 소문이 나 특수학급 학생들이 오히려 자랑스럽게 생각했다. 수학경시대회 준비하는 학생들도 만족하면서 우리 반 학생들을 잘 도와주었다.

그런데 이번에는 시간표가 문제가 되었다. 일반학급 시간표는 1교시부터 4교시까지는 대부분 국어, 수학, 사회, 과학이 배정되어 있었다. 그러다 보니 학생들은 주로 1, 2교시에 몰려 특수교육이 이루어졌다. 문제점을 해결하기 위하여 교무부장에게 이야기를 하고 2학기 시간표는 새로 작성하기로 하였다.

2학기가 되어 특수학급학생들이 소속된 반의 담임교사들과 협의하여 시간표를 다시 작성하였다. 특수학급 시간표를 먼저 작성하여 통합학급 담임교사에게 주고 가급적이면 내가 작성한 시간표에 맞추어서 통합학급 시간표를 작성해 달라고 부탁하였다. 학급에 따라서는 일주일에 한번은 국어와 수학이 3교시나 4교시에 배정되었으니 도와달라고 하였다. 모두들 교장선생님이 허락한 것이라고 하니까 알겠다고 하면서 수용하였다. 그리하여 2학기부터는 학생들이 1교시부터 4교시까지 분산되어 특수학급에 오기 때문에 개별화 교육이 적절히 이루어질 수 있었다. 때로는 5교시 이후 수업이 없는 날에는 통합학급에서 보조교사 역할도 하였다. 처음에는 담임교사가 부담을 가졌으나 시간이 지날수록 좋아했다.

교수 · 학습 자료는 주로 구입하여 사용하였다. 교사가 볼 때는 학생들에게 매우 효과적일 것 같은데 학생들은 한번 보고는 관심이 없는 경우가 많았다. 이런 경우 수업 중에 열심히 활용해도 효과는 없었다. 어떤 자료가 학생들에게 도움이 될까? 무척 고민이 되었다.

어느 날 국어시간에 수업을 하는데 어디선가 부스럭거리는 소리가 들렸다. 살펴보니 정○○ 책상 속에서 나는 소리였다. 정○○의 책상 속을 들여다보니 라면 봉지가 뜯어져 있었다. 라면봉지를 꺼내어 정○○에게 보이면서 공부시간에 이런 것 먹으면 안 된다고 주의를 주는 순간, 옆에 있던 다른 학생이 '○○라면' 이라며 외쳤다. 글자를 모르는 학생인데 '○○라면'이라고 하는 것이 신기했다. 어떻게 알았을까? 그래서 '○○라면'이라고 칠판에 쓰고 읽어보라고 하였더니 못 읽었다. 다시 라면봉지를 보여주니 '○○라면'이라고 정확히 말하였다.

나는 여기에서 아이디어를 얻어 아이들이 좋아 하는 물건에 있는 상표를 이용하여 글자지도 자료를 만들기로 하였다. 자료를 만들기 전에 초등학교 1학년 국어 교과서를 분석하여 한글 자음과 모음순서에 따라 받침 없는 글자부터 받침 있는 글자까지 사용할 수 있도록 자료 목록을 만들었다. 그리고 자료 목록에 따라 낱말 카드를 만들었다. 예상대로 학생들은 학습 자료에 관심을 갖고 학습에 적극적으로 참여하였다. 이 시기에 나는 특수학급을 운영하고 아이들을 지도하면서 학생들에게 도움이 되고 흥미 있는 자료는 상품화된 것보다 학생들 주변에 가까이 있음을 알게 되었다.

나는 특수교육을 특수학급에서 시작하였기 때문에 특수교육을 하면서 특수교육대상학생들 때문에 크게 어려움을 겪지는 않았다. 당시 특수학급 정원은 15명이었으나 학생들의 장애정도가 심하지 않았고 드문드문 학습부진아들도 섞여 있어서 교사가 열심히 지도하기만 하면 한글을 깨우치거나 수학과 기초학력이 향상되는 모습도 볼 수 있었다. 이 때문에 나는 매일 특수학급에서 학생들과 특수교육에 푹 빠져 생활하는 것이 즐거웠다. 당시 설렘과 희망에 들떴던 나의 풋풋했던 특수교사 입문기의 마음이 다음 글에 잘 나타나 있다.

> 밝아 올 내일을 기대하며
>
> 1988년은 나에게 색다른 교육 활동을 요구하는 의미 있는 해였다. 다른 세계와의 만남, 그렇다고 해서 이방인과의 만남은 아니고 일반학급에서 안이하게 생각하기 쉽고 도외시하기 쉬운 특수학급 아동들과의 만남이다.

만남과 함께 시작한 것은 나와 아동 간에 친근감을 갖게 하는 래포(rapport)의 형성이었다. 특수학급 아동들은 실패의 경험이 많아 불안과 열등감에 싸여 마음의 문을 닫은 아동들이 많았다. 따라서 그들과 내가 쉽게 접근할 수 있도록 허용적인 분위기 조성에 노력하였다.

언제인가 직원 조회를 마치고 교실에 들어오니 학급 아동들이 3학년 아동인 '강○○' 이의 주위를 에워싸고 코를 막으며 왁자지껄 떠들고 있었다. 몹시 급했는지 '강○○' 이는 옷을 입은 채로 자기 의자에 앉아서 대변을 보았다. '강○○' 이가 학급 아동들한테 놀림을 받지나 않을까 걱정이 되어 불안해하는 '강○○' 이를 데리고 화장실로 가서 닦아 주었다. 재미있다는 듯이 쫓아다니며 바라보던 학급 아동들이 하나, 둘……, 내가 하는 일을 도와주었다. 아이들이 모두 고맙고 예뻐서 안아 주고 싶었다.

다음으로 관심을 갖고 지도한 것은 청결한 생활습관이었다. 불결한 생활 속에서는 어떠한 학습도 효과가 없을 것이며, 특히 대인관계에서 문제가 있을 것으로 생각되었기 때문이다. 맨 먼저 세면 지도를 실시할 때 아이들은 수돗가에 몰려오면 물장난만 하려고 하여 자연스럽게 세수를 하도록 지도하기가 무척 어려웠다. 그러나 시간이 지날수록 내 손에 의해서 닦여지던 얼굴들이 아이들 스스로의 활동으로 옮겨졌다. 복장과 위생에 관심을 갖도록 하려고 손톱을 깎아 주고, 코도 닦아 주었으며, 또한 머리를 단정히 하도록 유도하기 위하여 전신을 볼 수 있는 큰 거울을 교실 옆면에 걸어 두고 자기 모습을 수시로 보도록 하였다.

학습 지도로는 구체물을 활용한 인지, 문자이해, 수 개념 형성을 지도하는 단계로서 개인차를 고려하여 학습지도에 들어간 것은 4월 중순이었다. 그러나 개별화 교육을 실천함에 있어서 의도했던 것과는 상당한 차이가 있었다. 이것은 개인 간의 차보다 개인내 차를 정확하게 파악하지 못한데서 일어났고, 지도 방법에서도 시행착오가 많았지만 다음 교수 · 학습과정안을 작성하는데 많은 도움이 되었다.

얼마나 관심을 갖고 무엇을 도와주느냐에 따라 변화의 폭이 큰 아이들. 외부에서 보기에는 더딘 걸음이지만 그들과 호흡을 함께 하는 나로서는 그들의 작은 변화 하나 하나가 커다란 기쁨이고 즐거움이었다. 언제나 조심스럽게 다가가서 어루만져야 하는 아이들. 언젠가 자기의 손으로 문자와 숫자 등 모든 것에 자유로워지는 날을 머릿속에 그리며 오늘의 어려움을 묻어 둔다.

비록 지금은 작은 변화이지만 정서적으로 안정된 분위기 속에서 사랑으로 인도하고 보살피며 그들과 아픔을 같이 하며 빈 곳을 채워줄 때 굳게 닫혀 있는 그들의 마음의 문은 열리리라고 본다. 언젠가 열릴 그 문을 향하여 오늘도 나의 모든 정열을 여기에 쏟으리라.

교육자로서 나의 생에 그들과의 만남이 깊은 의미로 남을 수 있기를 기대하며….

[온양장학 제3호, 충청남도온양교육청, 1988]

교육의 질은 교사의 질을 능가할 수 없다고 한다. 특수교육교원의 질도 보육이나 봉사에 얽매이지 않고 그가 가르쳐야 할 교육과정을 아동의 수준에 맞게 지도할 수 있는 능력에 의존된다고 할 수 있다. 특수교육교사는 본질적으로 '교사'이지 결코 '보육사'나 '치료사'가 아니다. 현실적으로 특수교육교사가 하는 일에는 보육적 지원이나 치료적 지원이 포함될 수밖에 없다손치더라도 그것은 어디까지나 부차적 혹은 보조적 지원 수단에 불과하지 그것 자체가 교사의 업무가 되어서는 안 된다. 그러하기 위해서는 특수교육교사는 다음과 같은 일을 최우선적으로 실천할 수 있어야 한다.

첫째, 교사는 일차적으로 그가 가르치는 교육과정 내용을 정확히 알아야 한다.

둘째, 교사는 그가 가르치는 학생을 이해하고 그들과 소통할 수 있어야 한다.

셋째, 교사는 남을 가르치기 위해 먼저 자신이 공부를 하여야 한다.

교사는 학생들이 살아가는데 필요한 능력을 가질 수 있도록 도와야 한다. 그러나 어쩌면 학생들의 능력 습득을 지도하려고 하다가 자칫 그들로부터 스스로 발전할 수 있는 기회를 빼앗을 수도 있다는 사실을 잊어서는 안 된다. 우리는 학생들에게 제공한 기회와 경험이 그들에게 도움이 될 것이라고 믿는다. 하지만 유용하다고 판단된 활동들이 학생에게 외면당하거나 보다 어려운 과제에 도전하고 싶은 마음을 갖지 못하게 만든다면 이러한 경험은 오히려 학생의 능력을 발전시키는데 도움이 되지 않는다는 것을 알아야 한다. 장애학생들이 발전하기 위해서는 학생의 실태분석을 철저하게 하여 어떤 과정을 밟아야 하는지 고민하고 적절한 경험을 갖도록 지원하여야 한다.

그러나 장애학생 교육에서도 학생이 요구할 때 무조건 도와주는 일은 지양해야 한다. 대신 그들이 스스로 할 수 있는 것은 할 수 있도록 지켜봐 주어야 한다. 학생들이 넘어지면 스스로 일어나서 먼지를 툭툭 털고 다시 시도할 수 있도록 기회를 주어야 한다. 때로는 학생들이 쉽게 목표에 도달해 버린다면 애초에 낮은 목표를 설정해서 그렇지 않을까 스스로에게 되물어보기도 해야 한다. 학생들은 누구나 칭찬 받는 것을 좋아한다. 우리는 학생들에게 과제를 주고 학생들이 성공했을 때만 칭찬을 하는 경향이 있다. 하지만 학생이 달성하기 힘든 목표를 향해 열심히 하다가 실패하면 그 실패 역시 칭찬해 주어야 한다. 특수교육교사는 여기에 관심을 더 많이 두어야 한다.

요즈음 특수교육 현장에는 특수교육 보조인력이 배치되어 학생들을 도와주고 있다.

그러나 특수교육 보조인력이 현장에 배치되어 학생들에게 긍정적인 도움을 주기도 하지만 때로는 지나치게 도와주어서 발달을 저해하는 사례도 있다. 특수교육교원은 특수교육 보조인력의 배치가 빛과 그림자 양면성이 있음을 잊지 말고 그림자가 되지 않도록 늘 관심을 갖고 지켜보아야 한다.

교육은 학생들이 배울 준비가 되어 있을 때 흥미를 갖고 적극적으로 참여한다. 그러나 특수교육대상학생들 중 배울 준비가 되어 있는 학생들은 거의 없다. 이들이 학습에 흥미를 갖고 적극적으로 참여하도록 하기 위해서는 그들에게 맞는 교수·학습 자료와 다양한 학습방법이 적용되어야 한다. 이래서 특수교육은 특수교육교원이 지도해야 하며 또한 교육 중에서도 가장 어려운 교육이라고 하는 것이다.

학습은 재미있게 하고, 학습한 것을 행동으로 옮길 때에 성공하였다고 할 수 있다. 특수교육대상학생들 특히 정신지체학생들은 학습한 것을 실생활에 적용할 수 있어야 한다. 그러려면 그들이 학습한 것을 현장에서 적용해 볼 수 있도록 현장체험학습이 자주 이루어져야 한다.

특수교육대상학생들을 위한 교육, 특히 발달장애학생을 대상으로 하는 교육에서는 학생들을 바르게 이해하고 학습 내용을 단순하게 설명하며 학생들과 공감대를 형성하여야 한다. 또한 말과 행동을 일치시킴으로써 정직하고 믿을 만한 모습을 보여주어야 한다.

기본적으로 학생들이 도저히 알아들을 수 없는 분야는 없다고 본다. 학생들에게 제대로 설명하지 못한다는 것은 내가 지도할 내용을 진정으로 이해하지 못했기 때문이다. 어떤 분야에 대한 이해가 깊을수록 설명은 더 쉬워지는 법이다.

당시 충청남도교육청에서는 매년 여름방학이 되면 특수교육교사 연찬회가 있었다. 어느 날, 충청남도교육청 특수교육 담당 장학사에게서 전화가 왔다. 특수교육 연찬회 때 특수학급 운영 우수사례 발표를 부탁한다는 것이었다. 내가 사양을 했더니

"안돼요. 이미 과장님 결재를 득했어요. 다른 분들에게 추천하라고 하니까 많은 선생님들이 하선생님을 추천했어요. 그러니 꼭 하기 바래요."

라고 하였다. 그래서,

"알겠습니다. 제가 그동안 실천한 내용을 말씀드리면 되나요?"

했더니 그러라고 하였다. 전화를 끊고 나니 특수교육 경력이 많은 특수학급 교사들 앞에서 우수사례를 발표하는 일에 걱정과 부담이 앞섰다.

당시 발표한 주제는 '특수학급 운영 사례'로 그 내용을 요약하면 아래와 같다.

첫째, 특수학급 교실을 결정할 때는 아동이 찾기 쉽고, 정규교실을 확보할 것이며, 교실과 화장실이 가깝고, 통풍 · 채광이 적당하며, 여러 가지 교수 · 학습 자료를 이용하기 편리한 1층에 배치할 것을 고려하였다.

둘째, 특수학급 운영 형태는 비장애학생과의 통합교육을 고려하고 학생개인의 능력과 장애유형에 적합하게 개별화 교육을 할 수 있도록 시간제 특수학급을 운영하였다. 학생들이 특수학급에서 하는 교과는 주로 국어와 수학이었다.

셋째, 교육과정 운영은 통합학급 연간계획에 맞추어 작성하고 실천하였다. 개별화교육 계획도 통합학급 연간 계획에 맞추어 작성하고 실천하였다. 이렇게 하여야 통합학급에서 학습하는 동학년 학생들과 맞추어 교과 내용을 경험할 수 있기 때문이다. 개별화교육 계획을 작성할 때는 통합학급 단원 및 주제에 맞추어 지도내용 및 방법에서 특수학급 학생의 수준에 맞게 수정 · 보완하여 지도하였다.

넷째, 생활 지도는 일상생활을 충족시키고 생활의 질을 높이기 위해서 일상생활에 필요한 내용을 일상생활의 흐름에 따라 지도하였다. 지도 내용은 기본 생활 습관, 건강과 안전, 놀이, 교우관계, 규칙 준수 및 약속 이행, 공공시설 이용 등을 중심으로 지도하였다.

다섯째, 나와 통합학급 담임교사는 특수교육대상학생을 위하여 통합학급 아동들의 생활지도를 철저히 하였고, 통합학급에서의 좌석과 짝 맺어 주기에 유의하였으며, 특수학급 학생에 대한 칭찬과 격려를 자주 하도록 하였다. 수시로 아동에 대한 정보교환과 지도 내용 및 방법에 대해서 협의도 하였다.

여섯째, 본교 교직원들이 특수교육대상학생을 바르게 이해하도록 특수학급 아동교육에 대한 기본적인 내용과 일반교사들의 특수아동에 대한 자세, 그리고 비장애아동들이 특수학급학생들을 이해하고 협조해 줄 수 있도록 하는 생활지도 내용을 중심으로 직원협의회 때 수시로 연수를 실시하였다.

일곱째, 다른 학교 교원 및 사회인들이 특수아동에 대하여 이해할 수 있도록 '온양장학','온양아산신문'에 나의 학급 경영, 정신지체아의 기억과 학습방법, 장애자에 대한 바람직한 태도 등을 발표하였다.

『' 91 초등 특수학교(급) 교사 연수 자료』 (충청남도교육청, 1991)

특수학급의 효과적인 운영을 위해서는 무엇보다도 부모들이 특수아동에 대한 이해와 교육에 관심을 갖고 참여하여야 한다. 이를 위해 부모 교육은 가정 통신문, 자모회, 학부모회, 수업 참관 등을 통하여 특수아동에 대한 원인과 예방, 특수아동에 대한 적절한 교육목적 설정, 부모, 형제를 포함하여 온 가족이 특수아동 교육에 참여하는 방법, 특수아동을 위한 구체적이고 실제적인 교육 방법, 특수아동에 대한 미래 계획, 일요일과 방학을 이용하여 아동과 함께 현장학습하기 등을 실시하였다.

그럼에도 불구하고 정신지체 학생들이 학교에서 학습한 내용은 환경이 다른 곳에서 수행할 가능성이 그렇게 높지 않다. 교실은 매우 제한된 환경만을 제공하기 때문에 교실에서 이루어진 학습내용은 전이력이 떨어진다. 따라서 학생들이 학습한 기능을 일상생활에서 원만하게 사용할 수 있도록 하기 위해서는 실제 상황에서 충분한 연습이 필요하다. 이런 면에서 가정은 생활기능 영역에서 학생에게 중요한 교육활동의 장이 될 뿐만 아니라 특히 학교에서 학습한 내용을 부모와 함께 안전하게 체험학습을 할 수 있는 학습의 장이 된다.

따라서 정신지체 학생들의 생활기능을 신장시키기 위하여 일상생활기능과 사회적응능력에 관계되는 내용들 중에서 각 학생에게 적합한 내용을 선정하여 한 달에 2회 이상 가정과 연계하여 지도하였다.

생활기능 향상을 위해 계획 및 추진된 가정 학습 지도는 학교에서 교육된 내용이 가정 및 지역 사회에 잘 적용되지 않는 문제를 해결하는데 도움을 주었고, 장소의 제한으로 학교에서 지도하기 어려운 내용을 가족 및 지역사회의 도움을 받아 지도할 수 있었다. 학생은 보다 능동적이고 유능하게 생활을 할 수 있게 되었으며 지역사회에서도 보다 넓은 대인관계를 갖게 됨으로써 사회성을 신장시킬 수 있었다. 가정학습 지도는 부모 및 전 가족의 도움을 요하는 것이었기에 가족 모두는 정신지체 학생에 대하여 보다 높은 관심을 갖게 되었고, 함께 활동하는 시간을 많이 가짐으로써 가족구성원 간의 유대가 긴밀해지는 기회가 되었다. 또 지역 주민과 접촉할 기회를 자주 가짐으로써 지역주민은 정신지체 학생을 같은 지역에 거주하는 이웃으로 생각하게 되었다. 1달에 2회 이상 이루어지는 가정학습 과제로 인하여 학교와 가정 및 지역사회는 보다 많은 대화를 하게 되었으며 공고한 협조체제를 갖출 수도 있게 되었다.

실시 과정에서 나타나는 아쉬움은 가정 학습지도가 부모의 관심과 열의 여하에 따라 그 실시 여부와 결과가 달라진다는 점이었다. 부모가 관심을 높게 가진 학생의 경우는 가정 학습 지도를 철저히 실시하여 큰 효과를 얻을 수 있었지만 그 반대의 경우도 있었다.

episode 1. 박○○의 입학

3월 20일 집으로 전화가 걸려 왔다. 통화 연결이 된 후에도 한참을 망설이고 뜸을 들이더니

"저는 장애 자녀를 둔 엄마입니다. 혹시나 우리애가 학교에 갈 수 있을까 해서 전화 드렸습니다."

라며 울먹였다. 나는 가슴이 덜컹 내려앉았다. 우리 학급 학생이 될 부모가 전화한 것이 틀림없었기 때문이다. 다음 말을 이어나가려는 순간에도 내 머릿속에는 별의별 생각이 다 들었다.

"선생님, 우리 애가 뇌성마비인데요. 올해 학교를 가려고 ○○○○초등학교 행정실에 가서 물었더니 장애가 심해서 입학이 안 된다고 했어요. 우리 애 어떻게 하지요?"

나는 학교에 오셨으면 특수학급 담당인 저를 만나고 가시지 그랬냐고 했더니 행정실 직원이 가봐야 소용이 없다고 말리더란다. 그래서 다음날 내가 직접 학생의 집을 방문하기로 약속하고 전화를 끊었다.

다음날 학교에 출근하여 행정실 직원에게 사실관계를 확인해 보았다. 행정실 직원은 교무부장이 아예 이야기도 못 꺼내게 하더라는 것이다. 신입생 입학관계를 담당하던 교무부장께 문의를 하니,

"하선생님이 그 학생을 안 봐서 그렇지 장애가 심해서 우리 학교 못 다녀요. 의자에 앉을 수도 없더라구."

하는 것이었다. 나는 학생을 만나보고 말씀드리겠다고 하고 오후에 그 학생의 집으로 가정방문을 하였다.

부모님은 철물점을 하였다. 아버지가 나오면서,

"애기 엄마가 괜한 말을 꺼냈어요. 박○○는 학교 가서 공부할 수 없어요. 부모 욕심에 보내고 싶어서 그랬던 거예요. 이렇게 찾아오신 것만 해도 감사합니다."

하였다. 그때 어머니가 나오면서 아이가 있는 방으로 나를 안내해 주었다. 방에 들어가니 박○○는 벽에 기대어 앉아 있었다. 나를 빤히 쳐다보는데 그 모습이 마치,

"나 꼭 학교 가고 싶어요."

라고 나에게 이야기를 하는 것 같았다. 그때 어머니께서,

"박○○, 선생님이야. 박○○ 학교 가고 싶다고 했지? 박○○ 학교 가게 해 주려고 오셨어. 인사해."

박○○는 나를 보고 웃으며 정확하지 않은 발음으로 인사를 하였다. 나는 교무부장과 교감선생님, 그리고 교장선생님과 의논해 보겠다고 말씀드리니 어머니는 내 손을 꼭 잡고서는,

"선생님. 우리 박○○좀 학교 다니게 해주세요. 제가 업고 다닐게요. 박○○ 또래가 매일 가방 메고 학교에 가는 것을 보면 제 가슴이 미어지는 것 같아요."

하면서 눈물을 흘렸다. 나는 최선을 다하겠다고 다짐하며 집을 나왔다.

집에 와서는 밤잠을 설치며 생각해 보았다. 방법은 딱 한가지였다. 수업을 마치고 내가 직접 가정을 방문하여 지도하는 것이다. 그리고 일주일에 한 번은 잠시라도 부모님이 학교에 등교시켜 아이들과 어울리도록 해보는 것이다.

다음날 교무부장을 만나 어제 박○○네 가정방문 갔던 이야기를 말씀드리고 내가 오후에 가정으로 가서 지도를 하마고 말하였다. 교무부장은 그런 나의 말을 듣고서는,

"하선생님, 왜 사서 고생 하려고 해요? 하선생님 마음은 이해하는데 하루 이틀도 아니고 어려워서 못해요."

"내 걱정은 마시고 입학하도록 해주세요."

"정 그렇다면 교감선생님께 말씀드려요."

교감선생님께 말씀 드렸더니 교장선생님께 말씀드리라고 하였다. 이층으로 올라가서 교장선생님께 말씀드렸다. 교장선생님께서 내이야기를 듣고 나더니,

"정 그렇다면 입학시키세요."

웃으며 허락해 주었다. 나는 기쁘면서도 걱정되었다. 과연 내가 잘할 수 있을까? 어쨌든 우여곡절 끝에 박○○는 바로 그날 우리 학교 1학년이 되었다.

다음날부터 나는 학교 수업이 끝나면 자전거를 타고 박○○네로 가서 하루에 2시간

수업을 하였다. 교과는 국어와 수학중심으로 하였다. 2개월이 지나니 정확한 발음은 아니지만 스스로 의사 표현을 하고, 수 개념도 점차 향상되었다. 학교는 매주 한두 번 정도 아버지가 트럭에 태우고 와서 한두 시간 씩 반 학생들과 생활하도록 하였다.

더욱 보람을 느낀 것은 날이 갈수록 부모와 학생의 얼굴 표정이 밝아지는 것이다. 방과 후에 가정을 방문하여 교육을 하는 일은 육체적으로는 피곤했지만 부모와 학생이 변화되어 가는 모습을 볼 때마다 나 역시 즐거웠다. 남을 돕는 것이 얼마나 행복한 일인지 그때 처음 알았다.

내가 ㅇㅇㅇㅇ초등학교를 떠날 때 특수학급 자모님들이 감사패를 건네주었다. 겉치레가 아닌 진정에서 우러나온 선물이었기 때문에 지금도 나는 소중하게 간직하고 있다. 어려운 일이 있을 때 감사패를 쳐다보면 어느새 힘이 솟는다.

나는 박ㅇㅇ와 박ㅇㅇ 어머니를 통해 행복은 물질의 풍부함, 높은 사회적 지위, 높은 사회적 평가, 그 어디에 있는 것이 아님을 깨달았다. 결국, 행복은 바로 자기 역할을 다하는 것, 즉 '자기실현'에 있다는 것을 알게 되었다.

2) 특수학교 교사 I (천안인애학교)

1993년 1월 7일 집으로 전화가 왔다. ㅇㅇ교육청 홍ㅇㅇ장학사였다.

"하선생님, 학교 만기가 되어 올해 타 학교로 내신을 내야 되겠네요. 연구점수도 많고, 특수학급 담당 가산점도 5년 만점이니까 벽지 점수만 받으면 승진할 수 있는데……. 이번에 벽지로 가면 어떨까요?"

막상 내신서를 쓰려고 하니까 고민이 되었다. 천안인애학교가 머리에서 떠나지 않았기 때문이다. 천안인애학교는 1993년 3월 1일에 개교하는 학교였다. 나는 승진보다는 특수교육을 하고 싶은 마음이 더 강하였다. 따라서 벽지학교를 포기하고 천안인애학교로 내신서를 썼다. 내신서를 제출한 후에 홍ㅇㅇ장학사에게서 다시 전화가 왔다.

"하선생님 마음은 아는데 그래도 벽지학교로 가서 근무하지. 너무 아쉽네. 하기는 하선생님 같은 분이 특수교육을 해야 되겠지. 천안인애학교에 가서 열심히 해요. 지금까지 잘 했으니까 천안인애학교에 가서도 잘 할거야."

홍○○장학사는 일부러 전화까지 하여 나를 격려해 주었다. 격려 통화가 힘이 되었고 내신서를 천안인애학교로 쓴 나의 결정이 옳았다는 생각이 들었다.

나의 핑크빛 꿈과는 달리 특수학교에서의 생활은 마냥 즐겁지만은 않았다. 특수학급에 비해 학생들의 장애 정도가 심하여 지도하기가 힘들었기 때문이다. 열심히 지도해도 변화가 보이지 않아 더욱 힘들었다. 특히 점심시간에는 학생과 함께 식사를 하는 것이 무척 어려웠다. 불쑥불쑥 특수학급 학생들이 그리웠다. 그런 날엔 함께 공부했던 학생들과 찍은 사진을 보고 옛날에 즐거웠던 모습을 상상하곤 했다. 그런데 신기한 것은 그럼에도 불구하고 지금 여기에서 자리를 옮기고 싶다는 생각은 전혀 들지 않았다. 여기가 바로 내가 있어야할 곳이란 생각이 들었다. 특수학교에서 근무할 때 내 심정을 시로 적은 것이 [부록]에 있는 '소망'이다.

천안인애학교는 3월 1일자로 개교한 학교라 할 일이 많았다. 그 중에서도 특수학교 교육과정 편성·운영이 가장 시급한 일이었다. 내가 연구부장으로 임명되었고 특수학교 교육과정 편성·운영 업무가 떨어졌다. 1993년에는 특수학교 교육과정을 편성하여 교육감 승인을 받아 운영하도록 되어 있었다. 충청남도교육청 특수교육 담당 장학사는 고 강○○ 장학사였는데 그는 특수교육에 관하여 열의가 높고 일에서도 빈틈이 없고 철저한 분이었다. 따라서 교육과정을 편성하는데도 특수학교에서 교사들이 별도로 개별화교육 계획 없이도 사용할 수 있도록 구체적으로 세밀하게 편성하도록 하였다. 나는 발령받아 첫 출근한 다음 날부터 밤늦게까지 교육과정 편성에 심혈을 기울였다. 3월 20일에 초안을 작성하여 특수교육 담당 장학사의 지도를 받았다.

이 후부터는 수시로 충청남도교육청 특수교육 담당 장학사를 찾아가 지도를 받았다. 드디어 4월 26일에 완성하여 교육감 승인 신청을 하였다. 일주일 후에 심의한 결과가 나왔다. 교육과정 책자에 노란 견출지가 수없이 붙어 있고 불합격 판정을 받았다. 함께 작업했던 교사들이 불만을 털어 놓았다.

"이렇게 급하게 할 것이면 겨울방학이라도 발령 내어 일을 하게 하지. 낮에는 학생들 지도해야 하고 저녁에 하니까 시간도 없고……."

나는 교육과정 편성을 함께 작업했던 교사들을 설득하여 심의한 내용대로 수정·보완 작업을 시작하였다. 다시 밤잠을 설치며 수정 · 보완하여 제출하였다. 다행히 5월 23일에 교육감 승인이 났다. 완성된 교육과정 분량이 A4용지 370여 쪽이 되었다. 지난 여러 가지 힘들었던 일이 떠오르고 함께 고생한 교사들에게 고맙고 감사한 마음이 밀려와 가슴이 뭉클했다.

episode 1. 가출학생을 찾아서

6월 어느 날, 학교에 출근했더니 우리학교 학생 중에 한 학생이 집을 나가서 들어오지 않았다고 한다. 학교에서는 경찰서에 가서 가출신고를 하고 교직원들은 조를 편성하여 전단지를 만들어 학생을 찾으러 나갔다. 나는 동료들과 함께 천안 역전에서 가출한 학생의 사진이 인쇄된 전단지를 사람들에게 나누어 주었다. 처음에는 쑥스러웠지만 학생을 찾아야 되겠다는 집념 때문에 나중에는 나도 모르게 크게 소리까지 외치게 되었다.

“학생을 보셨거나 있는 곳을 알고 있으면 연락 주세요! 부모님이 애타게 기다리고 있습니다!”

전단지를 받은 분들 중에는 동정하는 표정으로 열심히 읽어보는 분도 있었지만 때로는 받자마자 그대로 땅바닥에 버리고 가는 사람도 있었다. 사진이 행인들의 발에 밟혀 찢기고 더러워질 때마다 칼로 도려내는 듯 내 가슴이 아파왔다. 그런가하면 아이스크림을 손에 쥐어주며 고생이 많다고 위로해주는 아주머니도 있어 가슴이 뭉클해지기도 했다. 잃어버린 아이는 전단지를 보고 연락을 해준 고마운 분이 있어 모처에 있는 시설에서 찾게 되었다.

지금도 가정이나 특수학교에서는 학생이 가출 혹은 교출하는 일들이 더러 발생한다. 교사는 이런 소식을 들으면 가슴이 철렁하고 학생을 찾을 때까지 일이 손에 잡히지 않는다. 특수교육교사는 학교에서 수업만 하는 것이 아니다. 이러한 사안이 발생했을 때에 학생이 갈 만한 곳을 정확히 판단하여 신속하게 찾는 것도 교사의 몫이다. 더 중요한 것은 학생이 가출 · 교출하는 일이 없도록 사전에 학교와 가정에서 최선을 다하여 지도해야 한다는 점이다.

episode 2. 한○○과 김○○이 언어치료

천안인애학교로 발령 받고 3년이 되던 해 초등부 4학년을 맡았다. 담임 발표가 있던 날 학부모 상담이 있었는데 한○○ 할머니라고 하면서 한○○이는 ○○대학교 병원 언어클리닉을 다니기 때문에 하교 때 버스를 타지 않겠다고 하였다. 학교에서 병원까지 어떻게 가느냐고 물었더니 한○○ 아버지가 트럭을 타고 와서 태우고 간다고 하였다. 한○○ 아버지는 농사를 짓는데 일을 하다가 시간이 되면 온다는 것이다. 한창 바쁜 시간에 오는 것도 어렵지만 언어치료비가 비싸서 힘이 든다는 말도 하였다.

또 다른 김○○ 학생 부모님은,

"김○○이가 말만 했으면 좋겠습니다. 선생님 어떻게 할 수 없을까요?"

하면서 크게 웃었다.

나는 어떻게 하면 한○○과 김○○을 말을 할 수 있게 도와 줄 수 있을까? 고민을 했다. 우선 학생 실태부터 분석하였다. 그리고 그것을 기초로 수업시간과 방과 후에 언어치료 연수를 받은 대로 지도하였다. 또한 학교에서 지도하는 내용을 가정에서도 할 수 있도록 알림장에 매일매일 구체적으로 기록하여 보냈다.

가을 운동회 날 한○○ 할머니께서,

"이제 한○○ 언어치료 받으러 안 가요. 선생님이 지도해 주어서 ○○이가 많이 좋아졌어요. 선생님한테만 지도 받아도 될 것 같아요. 선생님 그 동안 감사했어요."

라고 하였다.

겨울 방학을 3일 남겨놓고 아침에 등교하자 김○○이 가방에서 편지를 꺼내 주었다.

"○○아, 이게 뭐야?"

"엄마가…… 선생님 주래요."

편지봉투에는 장장 편지지 5쪽에 걸친 정성어린 글이 들어있었다. 그 동안 집에서 ○○이가 했던 여러 가지 활동과 어제 집에 놀러온 친구들과 재미있게 이야기를 하더라는 내용이었다. 그리고 끝에 '선생님 감사해요'라고 썼다. 가슴이 벅차오르고 행복했다. 지도하는 동안 힘들었던 순간순간이 모두 행복으로 바뀌는 순간이었다. 그런 나를 김○○는 귀여운 표정으로 쳐다보고 있었다.

그 일이 있은 후부터 공부시간이던 쉬는 시간이던 ○○이는 쉬지 않고 말을 하려고 하였다.

'저렇게 말을 하는 애가 그동안 말을 못해서 얼마나 답답했을까? 언어치료 공부하기를 잘 했구나!' 하는 생각이 들었다.

'장애인 등에 대한 특수교육법'이 시행되면서 특수학교에 치료교육교사가 없어졌다. 그 동안은 치료교육교사가 전교생을 대상으로 언어치료를 지원하였는데 지금은 언어치료사가 학교를 방문하여 지원하고 있다. 그러나 문제는 언어장애가 심하여 치료지원 대상 학생으로 선정된 학생들만 언어치료를 받고 다른 학생들은 지원을 받지 못하고 있다. 따라서 언어치료를 받지 못하고 있는 학생들의 언어치료는 담임교사가 도움을 주어야 하는 실정이다. 이에 정신지체학교에서 근무하는 특수교육교사는 언어치료에 관한 공부를 꼭 하기를 권한다.

3) 특수학교 교사 II (공주정명학교)

1997년 겨울 방학을 일주일 앞두고 직원협의 때 교감선생님께서 1998년 2월 말로 학교 만기가 되는 선생님은 내신을 쓰고 가라고 하였다. 나도 천안인애학교에서 5년간 근무했기 때문에 만기자에 해당되었다. 나는 공주정명학교를 희망했다. 교감선생님은 나를 오라고 해서 내신 쓴 것을 확인하였다.

"하선생님은 초등학교로 희망하면 천안에서 원하는 곳으로 갈 수 있는데 왜 출근하기 힘든 공주정명학교로 희망했어요? 다시 한 번 생각해 보세요."

당시 충청남도교육청 교육공무원 인사 규정에 일반교사를 하다가 특수교육교사로 전직하여 특수학교에 근무한 후 학교 만기가 되면 본인이 원하는 곳으로 우선 발령할 수 있게 되어 있었다. 나도 이 규정을 알고 있었다. 그러나 특수교육에 한번 발을 들여놓으니 일반학교로 전직하고 싶지 않았다. 집이 천안이면서도 1시간 정도 승용차를 타고 출근해야 하는 공주정명학교로 내신을 쓴 것에 대하여 누구도 이해하기 어려웠을 것이다. 그래서 교감선생님이 인사규정을 몰라서 공주정명학교를 희망한 줄 알고 확인을 한 것이었다.

"교감선생님, 인사규정은 저도 알고 있어요. 특수학교가 좋아서 공주정명학교로 희망했어요."

교감선생님은 어이가 없다는 듯 나를 한참 쳐다보다가,

"알았어요. 하선생님 고집을 누가 말려."

하면서 빙그레 웃었다. 사실 가족들도 내가 천안에 있는 초등학교로 가기를 원했기 때문에 공주정명학교는 내가 며칠의 고민 끝에 내린 결정이었다.

1998년 3월 1일 공주정명학교로 발령이 났다. 충청남도교육청에서는 매년 인성교육 실천사례연구 발표대회를 실시하였다. 참여하는 교사가 많지 않아서 학교마다 의무적으로 몇 편씩 제출하도록 하였다. 제출 기한이 5일 밖에 남지 않았는데 한 편도 제출하는 교사가 없었다. 교감선생님에게 상황을 말씀드렸다.

"하선생님이 담당자이니까 하선생님이라도 제출해야겠네요."

때문에 나는 그동안 학급에서 실천했던 내용을 정리하여 보고서를 작성하여 제출하였다. 아래 내용은 제4회 인성교육 실천사례연구 발표대회에 응모하여 1등급을 수상한 보고서를 요약한 것이다.

실천주제 : 더 넓은 세상에서 스스로 살아가야 하기에

공주정명학교는 정신지체 특수학교로서 기숙제 및 통학제 학교이지만 194명(85%)이 기숙사에서 생활하고 있다. 통학을 하는 학생들도 대부분 비장애아동과 함께 어울려 생활하는 시간보다 가정에서 혼자 놀이를 하거나 가족이 함께 놀아 주어야 하는 실정이다. 특히 기숙제 학교는 비장애아동과 접하는 시간이 거의 없기 때문에 그들이 학교생활을 마치고 사회에 나가 원만하게 생활할 수 있는 기술을 습득하지 못하므로 직장을 구하지 못하거나 직장에 들어가도 일상생활 기술이 떨어져 직장을 그만두는 사례가 많았다.

정신지체아교육의 대부분은 생활 그 자체를 배우는 것으로 구성되어 있다. 생활에 필요한 기본적이고 최소한의 것을 경험을 통하여 학습하는 것을 생활기술교육의 기본방향으로 강조하고 있는 점만 보더라도 생활기술 지도가 매우 중요하다는 것을 알 수 있다.

비장애아동들은 특별히 교육을 하지 않아도 생활연령에 맞는 생활기술을 스스로 익혀나가는데 정신지체 아동들은 그들의 능력과 특성에 맞는 적절한 교육을 하지 않으면 독립생활을 하는데 필요한 생활기술을 습득하지 못한다. 따라서 그들은 성인이 되어도 다른 사람의 도움이나 보호를 받아가며 살아가는 사람이 대부분이다.

이에 그들이 학교생활을 마치고 사회에 나가 원만히 살아 갈 수 있도록 일상생활에서 꼭 경험해야 되는 환경을 마련해주고, 아동들이 학습한다는 부담을 갖지 않고 체험할 수 있도록 교사와 학부모가 도와주어, 더 넓은 세상에서 스스로 살아갈 수 있는 생활기술을 익히도록 하여야 한다.

신변처리, 식사예절, 차례 지키기, 내 주변 깨끗이 하기 등 스스로 생활하는데 필요한 일상생활 기술이 지체된 아이들. 발달은 늦지만 아름답고 소중한 꽃 봉우리 같은 이 아이들이 학교를 마치고 부모 곁을 떠나 더 넓은 세상에서 원만하게 살아갈 수 있도록 도와주기 위하여 나는 그 동안 특수학급(교)에서 학급담임을 하면서 학생을 지도한 경험을 기초로 하여 전환교육 및 인성교육을 시작하게 되었다.

실천과제로는 즐겁게 하루 생활을 여는 학급 운영, 아늑하고 포근한 교실 환경 조성, 아동의 능력에 따른 개별화 교육 실시, 기본생활 5가지 지키기, 부적응 행동 교정, 방과 후 교내 과외 활동 실시, 현장체험학습을 통한 생활기술 신장, 쓰레기 분리수거 활동 실시, 더 넓은 세상으로 보내기 위한 교사의 활동'이상 9가지를 선정하였다.

즐겁게 하루 생활을 여는 학급 운영

첫째, 내가 먼저 웃으며 인사하기

인사는 상대방을 존경하고 반가움을 나타내는 방법이며, 사람으로서 마땅히 지켜야 할 예절이다. 바른 인사란 마음과 행동이 일치되고 인사말과 자세가 맞아야 하므로 인사말을 하면서 자세를 바르게 하고 인사를 하도록 지도하였다. 교실에 들어서면 먼저 본 사람이 부드럽게 미소를 지으며 'ㅇㅇ아, 안녕?'하고 인사를 하도록 하였다. 인사지도 방법은 언어 표현이 안 되거나 발음이 정확하지 않은 아동은 녹음기를 이용하여 지도하였고, 자세가 바르지 않은 아동은 전신을 볼 수 있는 큰 거울과 플랙스캠을 이용하여 자기모습을 보고 잘못된 자세를 고치도록 하였다. '최ㅇㅇ'은 부끄러움을 많이 타서 고개만 숙이고 만다. 늘 학급 아동을 돌보아주는 '채ㅇㅇ'한테 부탁하여 네가 먼저 '안녕?'하고 '최ㅇㅇ'이 따라서 하도록 해라. 하고 짝을 맺어 주었다. 언어표현이 안되어 고개만 끄떡이던 '강ㅇㅇ', 문을 힘차게 열고 들어서면서 멀뚱멀뚱 쳐다만 보던 'ㅇㅇㅇ', 선생님을 만나도 인사를 하지 않아 선생님이 먼저 '안녕?'하면 '야'하면서 책상 밑으로 기어 들어가던 '정ㅇㅇ', 이제는 모두들 아침에 만나면 먼저 보는 아동이 손을 가볍게 흔들면서 '안녕?'하고 떠들썩하게 인사를 하였다.

둘째, 자기 화분에 물주기

꽃에 대한 보살핌 활동을 통하여 고운 심성을 기를 수 있도록 1인 1화분 가꾸기를 실시하였다. 화분 배치는 교실공간을 최대로 활용하여 정서적으로 안정되고 청결과 정리정돈이 생활화될 수 있도록 아동과 의논하여 장소를 정하였다. 아동이 오는 대로 자기 화분에 물을 주도록 하였다. 물을 떠오기 힘들어하는 '이ㅇㅇ'와 '강ㅇㅇ'은 '최ㅇㅇ'과 '채ㅇㅇ'이 도와주도록 하였다. 모두들 즐거운 마음으로 물을 주었다. 음악을 들려주니 더욱 즐거워하였다. 꽃을 가꾸는 동안 협동심도 신장되었다. 교실 바닥에 흘린 물 닦는 일은 담임교사가 맡았다.

셋째, 밝고 고운 노래 부르기

공부를 시작하기 전 아침시간은 하루 생활을 시작하는 데 중요한 시간이다. 즐거운 마음으로 생활이 시작되도록 초등부 1학년부터 6학년까지 음악 교재에 있는 내용 중에서 우리 반 아동이 부를 수 있는 내용을 16곡 선정하여 계절이나 날씨에 적합한 동요를 매일 한 곡씩 오르간 옆에 오붓이 모여 교사가 연주하는 오르간 소리에 맞추어 신나는 마음으로 노래를 부르며 아침 마당을 열었다.

넷째, 생일 축하하기

우리 반 아동들은 모두 기숙사에서 생활을 한다. 따라서 생일을 맞아도 부모님이 축하를 해줄 수 없다. 학급 아동의 생일날을 조사하여 '생일축하해요' 게시판을 설치해 주고 생일을 맞은 아동을 수업이 시작되기 전에 축하를 해 주었다. 생일이 다가오는 아동의 부모님께 사전에 연락하면 몇몇 부모는 간단한 선물도 보내왔다. 학급에서는 장난감이나 과자 종류를 준비해 축하해 주었다. 생일 축하를 하는 날은 더욱더 즐거운 기분으로 하루생활이 열렸다.

다섯째, 아동 이름 불러주기

우리 반 아동은 모두 7명이라 이름을 부르지 않아도 담임교사는 누가 결석했는지 한 눈에 알 수 있다. 그러나 공부가 시작되기 전에 아동 이름을 차례대로 불러주었다. 이름을 불러도 고개만 끄떡이는 '강ㅇㅇ', 손만 드는'이ㅇㅇ', 자기만 들을 수 있는 목소리로 대답하는'최ㅇㅇ'이제는 모두 큰 소리로 대답을 한다. '이ㅇㅇ'는 아직도 손을 들며 대답을 한다. 모두들 밝게 웃으며 대답을 할 때 왠지 내 마음도 즐겁다.

아늑하고 포근한 교실 환경 조성

첫째, 교실을 안방화 하기

우리 학급은 특수학급아동을 위한 교실로써 일반학급보다 평수가 적다. 따라서 열린 교실에서 요구하고 있는 코너 학습장을 준비할 수 있는 공간이 없다. 그러나 특수교육대상아동은 비장애아동보다도 개인의 능력과 적성, 흥미, 취미가 다양하므로 자율적으로 활용할 수 있는 코너를 마련해 주어야 했다. 이에 교실 뒷문이 있는 쪽을 학습자료 및 책꽂이로 막고 바닥에 양탄자를 깔은 후 안방같이 꾸며 주었다. 학습자료대와 책꽂이 칸이 36개나 되므로 플라스틱 바구니를 준비하여 각종 학습 자료를 담아 놓았다. 준비된 학습 자료는 38종류이다. 학습 자료는 수집, 제작, 구입하였다. 아동들이 학습시간이나 쉬는 시간에 자율적으로 갖고 학습하다가 제자리에 놓도록 하였다. 3월에는 자료를 갖고 놀다가 제자리에 놓지 못하고 다른 곳에 놓거나 다른 자료와 섞어서 두고 아니면 바닥에 그냥 놓아두었다. 교사가 놓는 자리와 방법을 단계별로 지도한 결과 지금은 갖고 놀은 후 대부분의 아동들이 제자리에 놓는다. 아직도 '이ㅇㅇ'와 '강ㅇㅇ'은 물건이 있던 자리를 찾지 못하여 물건을 바구니에 담기는 하지만 제자리에 두지를 못한다. '이ㅇㅇ'와 '강ㅇㅇ'의 뒷처리를 도와주는 아동은 '구ㅇㅇ'이다. 수업이 끝나면 모든 아동들이 협동하여 다시 정리정돈을 한다. 마지막 정리는 교사의 몫이다.

둘째, 폐품으로 만들기

부모님들이 아동을 데리러 올 때 과자 종류를 자주 사왔다. 자기 자녀만 주지 않고 학급 아동 모두가 먹을 수 있도록 여유 있게 사왔다. 학생들이 과자를 먹은 후 과자갑을 모아서 폐품으로 활용하였다. 우리 학급뿐만 아니라 다른 학급, 기숙사 등에서 나오는 과자갑을 모아 두었더니 미술 교과 담당 교사가 미술 시간에 폐품을 이용하여 여러 가지 모양을 아동과 같이 만들었다. 폐품으로 만든 작품을 교실에 진열해 놓았더니 학부형들도 보고 아동한테 재활용 교육도 되며, 학습재료 값도 별도로 들지 않아서 좋다고 하면서 학교에 올 때 빈 갑을 모아서 갖다 주었다. 미술 교과 담당 교사도 6학년 2반에서는 미술 작품을 만들 때 즐겁다고 하였다. 아동들이 만든 작품을 담임교사가 정성들여 진열해주니 미술 교과 담당 교사 마음도 기쁘다고 하였다. 진열하는 모든 작품에는 아동 이름을 정자로 써서 코팅하여 진열하는 작품과 같이 달아 주었다. 아동들도 자기 작품을 진열하면 매우 기뻐하였다. 정신지체 아동들의 특성 중에 하나가 판단력이 부족하여 무엇이나 망가뜨리고, 찢고, 어질러 놓는 경향이 있다. 처음에는 우리 반 아동들도 진열한 물건을 망가뜨리거나 가져가고 어질러 놓았으나 요즈음은 다른 반 아동들이 들어와 어질러 놓으면 교사한테 이르거나 자기가 다시 정리해 둔다. 물건을 정리정돈하는 습관이 자연스럽게 형성되었다.

셋째, 색종이로 꾸미기

색종이 접기, 오려서 붙이기, 고리 만들기 등을 실시하여 만든 작품을 책꽂이나 학습자료대 뒷면을 이용하여 꾸몄더니 교실이 더욱 아늑하고 미적으로도 아름다웠다. 처음에는 교사가 작품을 만들어 걸었더니 아동의 손이 닿는 곳이라 자주 망가뜨렸다. 망가뜨릴 때마다 만들어 걸기가 힘들어 아동이 만든 작품을 걸었더니 망가뜨리는 횟수가 점차로 줄어들었다. 지금은 장난을 하다가 망가뜨리는 경우 외에는 파손되는 일이 없다. 따라서 우리 아동들도 자기 작품에 애착심이 많으므로 교실 환경을 꾸밀 때 우리가 보기에는 부족한 점이 많은 것 같지만 아동 작품을 게시해야 효과적임을 알았다.

넷째, 사물함에 사진 붙여 주기

아동 각자 자기가 좋아하는 포즈를 취하게 하고 사진을 찍은 후 사물함에 붙여주었다. 아동들의 장점이나 특기도 표에 기록한 후 코팅을 하여 함께 붙여 주었다. 아침에 등교를 하면 가방과 개인 사물을 넣어 두는데 그 때마다 자기의 장점이나 특기를 보면서 즐거운 마음을 갖도록 하기 위해서이다. 그리고 자기의 특기나 장점을 살려 사회에 나아가 직업을 갖고 비장애와 더불어 살아가는데 무엇인가 한 가지라도 자신감을 갖고 할 수 있도록 도움을 주기 위해서였다.

다섯째, 학급안내판 게시

급훈과 학급사진을 넣어 학급 안내판을 만들어 앞 출입문 옆에 게시하였다. 등교할 때마다 보면서 서로 도우며 자신감을 갖고 생활하도록 하기 위해서다. 우리 반 아동들은 무슨 과제를 처리할 때 할 줄 몰라서 하지 않는 경우도 있지만 못한다는 말을 많이 들어서 그런지 할 줄 알면서도 '못해요'가 먼저 나오고 하지 않으려고 하였다. 따라서 틀려도 좋으니 자신감을 갖고 과제를 하도록 급훈을 '자신감을 갖고 생활하는 어린이'로 정했다. 지금은 서로 하려고 소란을 피울 때가 많다.

여섯째, 구체물에 이름 붙이기

초등학교 6학년이지만 한글을 읽는 아동은 1명뿐이었다. 따라서 물건을 보면서 이름을 알 수 있도록 교실에 있는 모든 물건에 이름을 적어서 붙여놓았다. 처음에는 무슨 글자냐고 묻는 아동이 많았는데 요즈음은 교사가 지적하면 틀리지 않고 읽는 아동이 늘어났다.

아동의 능력에 따른 개별화 교육 실시

최근 교육의 초점이 집단에서 개인으로 전향되었으며, 교육의 주체가 개인이라는 점에서 개인을 교육의 대상으로 보고, 개인에 대한 '적절한 교육의 보장'이 크게 부각되었다. 또한 열린교육 특징 중에서도 학습의 개성화에 관한 영역으로서 학습자가 학습해 갈 수 있는 능력 정도에 따라 서로 다르게 나타나게 되는 시간, 학습량, 학습의 폭과 깊이, 도달도 등에서 개인차를 강조하고 있다. 특히 특수교육이 요구되는 정신지체 아동은 개별화 교육을 실시하지 않고는 적절한 학습이 이루어 질 수 없다. 개별화 교육을 실시하기 위해서는 먼저 학생의 현재 수행능력 수준을 진단·평가하고, 현재 수행능력 수준이 분석되면 학생 개개인의 학기별 목표를 수립하고, 그에 따른 월별 하위목표를 설정한 후 과제분석을 실시하여 개별화교육 계획을 작성하여야 한다. 이에 따라 교육을 실시하고 평가한 후 다음 달 또는 다음 학기 개별화교육 계획을 작성할 때 반영하였다.

기본생활 5가지 지키기

정신지체 아동이 성인이 되어 비숙련직에 취업을 한다고 해도 직장을 잃는 경우는 대체로 과업을 감당할 능력이 없어서가 아니라 인간관계에서 필요한 기초적인 기본생활 실천 능력의 부족으로 인하여 실패하는 경우가 많다.

따라서 정신지체 아동들이 학교생활을 마치고 장차 사회에 나가 원만하게 살아가도록 하기 위해서는 인지적인 학습보다도 기본 생활이 습관화되어야 한다.

이에 우리 반에서는 충청남도교육청에서 특수교육 중점시책으로 제시하고 있는 '기본생활 5가지 지키기'를 정하여 실천하였다.

첫째, 바르게 인사하기

플랙스캠을 활용하여 정신지체 바른 생활 교과서에 있는 바른 인사법을 자주 보여 주었다. 또한 자기가 인사하는 모습을 보여주니 처음에는 어색해 하였으나 곧 자신이 텔레비전 속의 주인공인 양 명랑하고 씩씩하게 인사를 하였다.

인사하는 자세가 바르지 않은 아동은 자기 몸을 볼 수 있는 큰 거울을 벽에 걸어놓고 아동이 스스로 거울 앞에 서서 자신의 모습을 보면서 연습하도록 하였다.

사회 시간에는 역할 놀이를 실시하여 인사하는 방법을 익히도록 하고, 자세가 바른 아동과 바르지 못한 아동을 짝을 맺어주어 동료교사 놀이도 하였다. 다양한 상황을 설정하여 그 상황에 맞는 인사말을 사용하는 훈련을 한 결과 지금은 인사말을 하면서 인사를 하는 아동이 증가하였다.

둘째, 차례 지키기

학교생활 중 아동들이 가장 좋아하는 시간이 식사시간이다. 이 시간만 되면 아동들은 우왕좌왕하면서 서로 먼저 가려고 떠들썩하다. 학기 초에는 잡고 있는 손을 잠시 놓으면 금방 어디론가 뛰어가 버리는 아동이 있어 남아있는 아동들은 옆 반 담임교사에게 부탁하고 뛰어나간 아동을 이리저리 찾으러 다니는 일이 자주 있었다. 특히 귀가했다가 돌아오는 날이면 더욱 그러했기 때문에 줄을 지어 좌측으로 통행하면서 식당으로 가는 일이 그리 쉬운 일은 아니었다.

또한 배식을 받을 때 먼저 밥을 받으려고 다른 반에 가서 서거나 앞으로 나오는 경우가 빈번하였다. 중간 놀이, 현장학습 등 학교 행사를 할 때도 마찬가지다. 처음에는 키 순서대로 세운 후 어깨에 두 손을 얹게 하여 기차놀이를 하면서 이동하는 연습을 하였다. 다음으로 줄을 서서 이동하기가 안 되는 '이○○'를 제일 앞에 서게 하여 교사가 손을 잡고 끝에는 줄을 잘 서서 따라 오는 '채○○'을 서게 하였다.

사회 시간에는 차례를 기다리는 사람들의 모습을 담은 사진이나 그림을 플랙스캠으로 보여주었으며, 화장실 갈 때, 점심시간, 운동장에 나갈 때, 하교 시 등 차례로 줄을 따라서 가는 연습을 계속하여 지도하였다.

아동들이 줄을 서서 바르게 이동하지 않을 경우 점심시간에 배식을 늦게 받도록 하고, 자기가 좋아하는 장난감이나 놀이를 하지 못하도록 하였다. 자기자리를 잘 지키고 서서 기다리게 하는 데는 꾸준한 연습이 필요하였다.

현재 우리 반 아동들은 집단 이동시에는 항상 줄을 서서 질서를 지키며 이동하는 것이 습관화되었다.

셋째, 교통안전 규칙 지키기

정신지체 아동들은 판단력이 부족하고 인지력이 지체되어 교통안전 규칙을 지키지 못하는 아동이 대부분이다. 이를 위해 아동들이 교통안전 규칙을 지키도록 다음과 같이 지도하였다.

교사는 학교 교통지도 연간계획에 의해 학교버스를 타고 현장지도를 하였다. 아동들이 횡단보도를 건너지 않고 가려고 하거나 육교 위로 가지 않고 밑으로 가려는 경향이 있는 아동은 개별 지도를 하였다.

학부모가 교통질서를 위반하면 아동들은 쉽게 모방하는 경향이 있으므로 학부모 자신이 교통규칙을 위반하는 일이 없도록 알림장에 몇 번이고 적어 보냈다. 자녀들의 등·하교 길에 교통사고 위험을 줄이기 위하여 되도록 눈에 잘 띄는 색깔의 옷을 입도록 부탁하였고, 등·하교 시에 시간에 맞추어 나오도록 하였다.

아동은 길을 걸을 때는 앞을 보고 바른 자세로 왼쪽으로 걷도록 하였다. 신호등이 있는 횡단보도를 건널 때는 ① 우선 멈추고 ② 신호등을 보고 ③ 초록불이 들어와도 다시 한 번 좌우를 살피고 ④ 건너도록 하였다. 신호등이 없을 경우는 ① 우선 멈추고 ② 좌우를 살피고 ③ 손을 들고 ④ 건너도록 하였다. 교통수단을 이용할 때는 줄을 서서 기다린 후, 차가 완전히 멈춘 후에 차례대로 타도록 하였다. 차안에서는 손잡이를 꼭 잡고 차가 완전히 멈춘 후에 내리며 멈춘 차 앞으로 지나가지 않도록 하였다.

넷째, 내 일은 내가 하기

우리 반 아동들은 대부분 가정에서 모든 일을 아동이 요구만하면 부모나 가족이 해준 경험이 있어 조금이라도 힘들거나 마음에 들지 않는 일은 안 하려고 하였다. 심지어 신발장 앞에서 신발을 벗겨 달라고 우두커니 서 있거나 자기 신발을 아무 곳에다 던지는 아동도 있다. 또한 미술시간에 필요한 물건도 사물함에서 꺼내오지 않고 교사보고 갖다 달라고 끌어당긴다. 지도를 하지 않으면 성인이 되어도 남에게 의존하여 살아야하기 때문에 이를 지도하고자 1인 1역할하기를 실천하였고, 가정에서는 가정 · 고장생활 기록카드를 활용하여 지도하였다. 가정 · 고장생활 기록카드 내용은 아동들이 가정에서 부모와 함께 할 수 있는 내용을 기능적 생활중심 지도프로그램에서 발췌하여 아동이 귀가할 때 가정으로 보내어 부모의 도움을 받아 체험하도록 하였다. 1인 1역할 하기는 자기가 하고 싶은 활동 중에서 역할을 골랐기 때문에 열심히 하였으나, 가정 · 고장생활 실천은 부모님들의 관심이 부족하거나 과잉보호로 실천이 부진하였다. 학부모 교육을 실시하여 가정에서도 적극적으로 지도해 주도록 하였다.

다섯째, 내 주변 깨끗이 하기

아동들을 처음 본 날 나는 너무나 당황하였다. 어디서부터 어떻게 지도를 해야 될까? 자기 주변을 어떻게 하면 깨끗하게 할 수 있을까? 막막하기만 하였다. 난생 처음 청소를 하는 아이들처럼 그저 멀뚱멀뚱 쳐다만 보는 아동들을 하나하나 지도하다가 그냥 내 손으로 치우는 경우가 많았다. 초등부 6학년 연령이면 매일 남이 청소해 주고 자기가 어지른 것을 치워 주는 곳에서 지내는 것도 말이 안 되는 일이라고 생각되어 청소도구를 하나씩 가지고 교사와 함께 따라서 청소하도록 하였다. 가장 자신 있게 할 수 있는 청소도구를 한 개씩 들도록 하였다. '최○○'과 '구○○'은 쓸기를 가장 잘하며, '채○○'과 '정○○'는 대걸레로 바닥 닦기, '최○○'은 손걸레로 먼지 닦기를 잘함을 알게 되어 자연스럽게 역할 분담을 할 수 있었다. '이○○'는 장난감 정리를 하도록 하였고 '강○○'은 책상 줄을 맞추고 창문을 열도록 하였다. 매주 토요일은 학교재량시간으로 1시간을 청소시간으로 설정하여 특별히 지도하고 있다. 지금도 잘하지는 못하지만 청소시간이 되면 스스로 알아서 자기가 맡은 청소를 하려고 하며, 청소에 대한 자신감도 생겼다. 청소시간 뿐만 아니라 휴지가 교실에 떨어졌으면 깜짝 놀라서 줍는 아동도 늘어났다. 대걸레를 빨다가 옷도 자주 버린다. 옷을 버린 것도 상관하지 않고 기분 좋게 대걸레를 들고 오는 모습을 볼 때면 미안하기도 하고 대견하기도 하다.

부적응 행동 교정

정신지체 아동들은 부적응 행동을 무의식중에 하는 경우가 많다. 선 · 악을 구분하지 못하고 규칙을 인식하지 못하기 때문이다. 비장애아동 같으면 교사가 말로 한

번 지도하면 될 것을 우리 반 아동들은 구체적, 반복적으로 지도하여야 한다.

첫째, 학급물품 가져가는 '정ㅇㅇ'지도

3월 중 토요일 아동들이 부모님과 가정으로 돌아간 후 월요일 수업을 위하여 학습 자료를 찾던 중 유리구슬이 없어진 것을 알았다. 나무젓가락도 없어졌다. 블록도 없어진 것 같다. 문단속을 잘못해서 다른 반 아동들이 와서 가져간 것은 아닐까? 해서 문단속을 재차 확인하고 옆 반에서 빌려다 놓고 퇴근하였다. 공주정명학교는 기숙제 학교이기 때문에 학교 방침에 의하여 가방에 위험한 물건을 가정에서 가져오지 않았나 해서 매주 월요일 등교를 하면 가방을 조사한다. 평상시 월요일과 같이 아동들 책가방을 조사해 보니 '정ㅇㅇ'가방 속에 유리구슬과 나무젓가락이 가득 들어 있었다. 지도를 하고 제자리에 갖다 놓도록 하였다. 소리를 지르면서 밖으로 나갔다. 유리구슬 3개를 주고 또 가져가면 안 된다고 지도하였다. 일주일 후 일반학교에서 받아온 수학교과서가 2권 없어졌다. '정ㅇㅇ'가방을 열고 보니 겉장은 모두 떼어서 버리고 속장만 남아 있다. '교실에 있는 것을 가져가면 학교 못 다녀'하고 지도하였다. 손으로 빌면서 앞으로는 안 하겠다고 하였다.

며칠 후 옆 반 선생님이 와서 교실에 있는 유리구슬이 모두 없어졌다고 하였다. '정ㅇㅇ'가방을 열어보니 가방 속에 유리구슬이 가득 있었다. 옆 반 선생님이 지도를 하니 고개를 숙이고 소리를 질렀다. 점심시간에 식당 밖에 세워 놓았다. 5분정도 지난 후에 울면서 들어와 잘못했다고 하였다. 지금은 갖고 싶은 것이 있으면 담임교사에게 묻는다. 교사는 학생을 믿어야 하지만 아직도 '정ㅇㅇ'를 보면 항시 마음이 놓이지 않는다.

둘째, 정확한 발음으로 말하기

'채ㅇㅇ'은 글자를 읽고 쓸 수는 있으나 글을 읽고 난 후 읽은 글의 내용을 알지 못하고, 자기 의사를 다른 사람에게 전할 때도 발음이 부정확하여 자주 의사교환을 하지 않은 사람은 무슨 말인지 알아 듣지를 못한다. 마음이 즐겁고 기분 좋은 일이 있을 때는 더욱 그러하다. 간혹 다른 반 선생님들이 우리 반에 오면 '채ㅇㅇ'말은 전혀 알아듣지 못하겠다고 한다. 조음장애 치료 방법을 단계별로 적용해 보았지만 치료가 되지도 않았고 본인도 싫증을 냈다. 쉬는 시간에 노는 모습을 보니 일반학교 국어책 읽는 모습을 자주 보았다. 책꽂이에 유치원용 동화책이 있기에 읽어보라고 하였더니 좋아 하였다. 소리 내어 읽을 때는 무슨 말인지 발음이 정확하지 않았다. 교사가 낱자로 읽은 후 따라서 읽게 하였더니 정확하게 발음을 하였다. 1시간이 지났는데도 계속해서 따라 했다. 재미있느냐고 물으니 '예'한다. 동화책을 읽어가며 발음 지도를 하기로 하고 부모님께 동화책을 몇 권 사주도록 부탁하였다. 귀가 후 서점에서 본인이 사달라고 해서 사주었다고 하면서 동화책 5권을 가지고 왔다. 방과 후에 지도를 하였다. 지금까지 2권을 읽었는데 이제는 책 읽는 속도도 알맞고 다른 사람이 알아들을 수 있도록 읽는다. 교과 전담 교사도 발음이 많이 좋아졌다고 하였다. '채ㅇㅇ'은 낱말을 따라하면서 발음을 지도하는 것보다 문장을 따라 읽게 하는 것이 더욱 효과적 이었다.

셋째, 옆에 있는 아동을 꼬집는 '최○○'

'최○○'은 교사한테 인사도 잘하고 심부름도 잘 하는데 친구들하고 놀다가 살그머니 팔을 꼬집는 버릇이 있다. 대부분 교사가 없는 동안에 꼬집는 행동을 한다. 친구를 꼬집는 행동은 나쁜 행동이니 하지 말라고 하면 잘못했다고 하는데 그때뿐이다. '구○○'이 손등을 꼬집히고 울고 있었다. 내가 '친구 손을 꼬집으면 안 되지요.' 하면서 지도를 하였다. '구○○'은 계속 울고 있었다. '최○○'은 잘못했다고 하면서 다시는 않는다고 하였다. 며칠이 지났다. 수업 시간인데 '강○○' 손등을 또 꼬집었다. 다음 시간에 간식 시간이어서 간식을 주지 않았다. 또 잘못했다고 하였다. 3일 후에 '이○○'를 꼬집었다. 이번에는 선생님이 우리 반에서 제일 미운 사람은 '최○○'이야 하면서 지도를 하고 의도적으로 눈길을 주지 않고 냉정하게 대했다. 교사의 눈치를 살폈다. 계속해서 눈길을 주지 않았다. 일주일이 지났는데도 꼬집는 행동이 나타나지 않았다. '최○○'이 가장 싫어하는 것이 교사가 자기를 미워하는 것임을 알았다. '최○○'의 꼬집는 행동이 나타날 때마다 교사가 '최○○'을 미워하는 척하였더니 꼬집는 행동이 점차 줄어들어 지금은 다른 사람 꼬집는 일도 없어지고 교사의 말도 잘 듣는다.

넷째, 남의 물건 가져가는 '구○○'

'구○○'은 남의 물건에 손을 대고 필통이나 실내화 등 남의 물건을 감추는 버릇이 있다. 심지어는 교사가 지우개를 사용하고 옆에 놓으면 언제 가져가는지 모르게 가져 갔다.

4월초 '구○○'이 남의 물건 가져가는 버릇을 교정하기 위하여 고심하던 끝에 처음으로 새 지우개를 교사 책상 위에 올려놓고 밖으로 나가 관찰을 하였다. 밖에서 보니 얼른 지우개를 주머니에 넣었다. 교실에 들어와

"지우개 누가 가져갔니?"

하고 물으니 '구○○'은 다른 아동이 가져갔다고 하였다. '구○○'의 손을 잡고 밖으로 나가서 주머니를 조사하니 지우개가 있었다. 지우개는 벌써 두 동강이가 나 있었다. 왜 거짓말을 하느냐고 하면서 양치기 사례를 들려주었더니 다시는 않는다고 하면서 울었다. 앞으로는 다른 아동의 물건이나 선생님의 물건을 가져가서는 안 된다고 하였더니 알았다고 하였다.

며칠 후 교과 전담 시간에 교실로 들어오니 '최○○'이 실내화가 없어졌다고 울고 있었다. 아무리 찾아보아도 없었다. '구○○'에게 물어 보아도 모른다고 하였다. 옆 반 선생님께 여쭈어 보니 알았다고 하면서 '구○○'을 데리고 갔다. 얼마 후에 실내화를 가지고 왔다. '구○○'이 감추었다고 하였다. 선생님과 한 약속을 지키지 않았으니 점심을 먹지 말라고 하였다. 잘못했다고 하였다.

출장을 다녀오니 실습생이 주고 간 사탕으로 만든 꽃을 모두 뜯어서 사탕을 가져갔다. 누가 그랬느냐고 물었더니 '구○○'이 했다고 하였다.

"'구○○' 이제 안 되겠다. 더 이상 학교에 다닐 수 없게 됐구나."

하면서 심각한 표정으로 어머니께 전화를 걸어서 데려가라고 해야겠다고 하였더니

다시는 안 그러겠다고 하면서 엉엉 울었다. '이제 너하고는 약속을 안 해.' 하고 계속해서 학교를 못 다니게 한다고 하였더니 계속 울면서 잘못했다고 하였다.

"알았다. 또 남의 물건을 가져가면 학교 못 다닐 거야"

그 후 1학기가 지났지만 남의 물건에 손을 대지 않았다. '구ㅇㅇ'은 어머니를 제일 무서워하고 또한 학교 못 다니는 것을 두려워 했다.

학생들이 문제행동을 일으킬 때는 좋아하는 것을 못하게 하거나 싫은 것을 하도록 하는 것이 효과적임을 알았다. 또한 '구ㅇㅇ'이 물건을 가져가는 것도 잘못이지만 가져가도록 관리를 잘못한 교사한테도 잘못이 있다는 생각이 들었다. 다른 사람이 물건을 가져갈 기회를 주지 않아야 겠다. 아동의 호기심을 자극하는 물건이나 과자 등 여러 가지를 아동의 눈에서 멀리하는 것이 이런 어린이에게는 중요한 것 같다.

다섯째, 혼자 노는 '이ㅇㅇ'의 놀이 지도

쉬는 시간이 되어도 같이 어울려 놀지 못하는 것을 보면 얼마나 학교에 등교하는 것이 재미가 없을까? 하는 생각이 든다. 그래서인지 '이ㅇㅇ'는 귀가했다 등교하는 날이면 어머니 팔을 잡고 떨어지지 않는다. 어머니가 간 후 몇 시간이 지나야 포기를 한다. 다음날부터 등교를 하면 장난감을 갖고 혼자서 논다. 혼자 노는 모습을 보면 명랑하지 않고 어딘가 생기가 없어 보인다. 부모님보다는 친구들과 즐겁게 놀아야 할 발달단계인데 친구와 노는 즐거움을 모르고 자라는 모습을 지켜 볼 때마다 안타까운 마음이 든다. 어린이는 놀이를 통해 즐거움을 얻고 사회성도 기르며 정서적 안정감을 느낀다. 갓 태어난 아기부터 노인에 이르기까지 나름대로의 놀이가 있고 삶을 흥미 있고 진지하게 받아들이며 사는데 놀이 방법을 잘 알지 못하여 몇 명 되지 않는 반 친구들이지만 혼자 지내니 얼마나 답답할까?

이에 '이ㅇㅇ'도 다른 친구들과 함께 놀 수 있도록 친구들과 노는 방법을 지도하기로 하였다. 놀이 방법으로는 배구공 던지기, 기차놀이, 간이볼링, 퍼즐 맞추기, 간이농구하기, 구슬 던지기 등 교실에서 할 수 있는 놀이를 하도록 하였다. 반 아동을 잘 돌보는 '채ㅇㅇ'과 짝을 맺어 주었다. 처음에는 거부반응을 보였다. 점심시간, 운동장에 나갈 때, 치료교육실에 갈 때 등 모든 이동시에는 '채ㅇㅇ'과 함께 다니도록 하였다. 며칠 간은 자꾸만 교사한테로 왔다. 그러나 점차로 교사의 손에서 멀어졌다. 지금은 자기가 좋아하는 '채ㅇㅇ'과 '정ㅇㅇ'이하고 장난감을 갖고 잘 논다. 특히 등교 때마다 '이ㅇㅇ'와 헤어질 때면 속상해 눈물을 흘리며 돌아가던 어머니가 이제는 교실에 들어오면 어머니보고 빨리 가라고 등을 밀어서 서운하기까지 하다고 한다. 친구와 짝을 맺어주어 놀게 하니까 학교에 와 어머니와 헤어지기 싫어 하던 행동도 없어 졌다.

여섯째, 식사 바르게 하기

'강ㅇㅇ'이의 문제행동을 처음 발견한 것은 1998년 3월 3일 점심시간이었다. 우리 학급 재적이 모두 7명인데 식사를 하는 모습을 한 사람 한 사람 관찰해보니 6명은 서툴지만 식사 도구를 사용하여 식사를 하였으나 '강ㅇㅇ'만은 반찬을 주로 손가락으로 집어 먹었다. 밥과 반찬을 구분하여 교대로 먹지 않고 밥을 반찬에 섞거나 밥에다 반찬을 섞어서 흘려가며 먹었고, 반찬은 주로 손으로 집어 먹었다. 교사가 숟가락을 손에 쥐어주었더니 교사를 한참동안 쳐다보고는 빙그레 웃고 고개를 끄떡인 후 숟가락으로 밥을 떠서 흘리며 2번 정도 먹고는 다시 손으로 반찬을 집어 먹었다. 주방에서 포크를 가져다가 주었다. 포크로 반찬을 찍어 먹는 것이 아니라 파헤쳐서 식판 밖으로 밀어내었다. '강ㅇㅇ'이 밥을 먹고 난 자리는 밥과 반찬이 1/2은 식탁위에 흘려져 있었다. '강ㅇㅇ'이는 숟가락과 포크 사용법을 모르고 식사 하는 방법도 알지 못했다. 이에 다음과 같은 방법으로 '강ㅇㅇ'의 식사 지도를 하였다.

① 식탁 위에 음식물과 숟가락(포크)을 놓고 '강ㅇㅇ'을 의자에 앉혔다.

② '강ㅇㅇ'의 오른손으로 숟가락(포크) 손잡이를 잡게 하고, 음식물이 있는 곳으로 가져가게 하여 음식물을 뜨게 한 후, 입으로 가져오게 하고, 입을 벌리고 음식물을 넣게 하여 입을 다물며 숟가락을 빼게 하고, 음식물을 씹어서 삼키게 하였다.

③ '강ㅇㅇ'에게 "숟가락(포크)을 놓으세요."라고 말하였다.

④ '강ㅇㅇ'은 숟가락(포크)을 제자리에 놓았다.

이와 같은 방법으로 반복하여 지도하였다. 지도하는 동안에 어머니께 가정에서도 식사 지도를 하라고 부탁하였더니

"바빠서 지도해 줄 수 있간요?"

하였다. 1학기를 마치고 나니 이제는 혼자서 식사를 해도 흘리지 않고 잘 먹는다. 점심시간에 '강ㅇㅇ'을 볼 때마다 마음이 흐뭇하다. 가정에서 부모님이 함께 도와주었으면 좀 더 일찍 지도가 되었을 텐데 하는 아쉬움이 있다.

일곱째, 모든 일에 소극적인 '최ㅇㅇ'지도

'최ㅇㅇ'은 어떤 과제를 주든지 하겠다고 손을 드는 경우가 거의 없다. 머뭇거리며 커다란 눈동자만 움직이며 교사가 무슨 말을 하나 곁눈으로 쳐다만 볼 뿐이고 시범을 보여도 고개를 저으며 '음'하면서 좀처럼 하려 들지 않는다. 또래 친구를 지적하여 시키면 그때서야 고개를 든다. 무엇인가 해보도록, 잘하지 못해도 도전해 보려는 의지를 심어 주고 싶어 다음과 같이 지도하였다.

① 주어진 과제는 무엇이든지 해보고 다른 사람의 도움이 없이 하도록 하였다.

② 좌절감, 실패감을 주지 않는 과제를 골라 쉬운 것부터 조금씩 어렵게 단계적으로 주었다.

③ 반장할 기회도 주었다.

④ 인지적 학습활동보다는 행동으로 할 수 있는 과제를 주었다.

⑤ 과제를 하면 '잘했어요. 조금만 더 하면 아주 잘할 수 있겠어요.'라는 칭찬을 자주 하였다.

요즈음은 '이거 누가 해 볼까요?'하면 '최ㅇㅇ'도 손을 자주 든다. '최ㅇㅇ이 해볼래?'하면 '예'하고 쑥스러워 하면서 나오곤 한다. 하다가 틀려서 교사가 도와주려고 하면 "나도 할 수 있어"하면서 과제를 다시 한다. 말도 많아졌고 명랑해졌다.

방과 후 교내 과외 활동 실시

방과 후 교내 과외 활동은 학교 밖에서 개인별로 이루어지는 과외 교육을 학교의 정상적인 교육활동으로 통합 · 유도함으로써, 교과 활동의 보충 지도를 실시하여 교육 결손을 보완하고, 학생의 개성과 소질을 조기에 발견하여 계발 · 신장시키며, 학원 수강(치료교육)으로 인한 학부모의 사교육비 부담을 경감하고, 지역 및 학교 실정에 맞는 교육과정 운영의 정상화에 기여하는데 목적을 두고 실시하였다.

공주정명학교는 정신지체 특수학교이므로 학생들이 대부분 기초학습 능력이 지체되었고, 생활기술 능력이 지체되어 언어치료, 물리치료, 보행훈련 등 치료교육이 요구되는데 학교주변에는 치료교육기관이 없을 뿐만 아니라 85%(194명)학생이 기숙사 생활을 하고 있어 전문기관에서 치료교육을 받지 못하고 있으므로 '방과 후 교육 활동'을 개인의 능력에 따라 적합한 개별화교육 계획을 수립하여 실천하도록 하였다. 이에 우리 학급에서는 2명을 선정하여 다음과 같이 지도하였다.

첫째, 편지쓰기

비장애아동이나 정신지체아동을 막론하고 다른 사람이 쓴 글을 읽고 이해하며, 자기의 생각을 글로 쓸 수 있다는 것은 모든 학습의 가장 기본적인 능력이요. 더 나아가 일상생활을 해 나가는데 꼭 필요한 요소이다.

교사들과 보호자들은 정신지체아들이 학교를 졸업한 후 사회에 나가면 간단한 글을 읽고, 쓸 수 있게 하고자 많은 노력을 기울여 왔다. 그러나 이들이 낱자나 간단한 낱말을 알고 있으면서도 자기 생각을 글로 나타내지 못하고 있다. 우리 학급 아동 중에도 낱말을 읽고, 쓰지만 간단한 글을 읽은 후 내용을 물으면 무슨 내용인지 전혀 말하지 못하며, 자기 생각을 편지글로 쓰지 못하고 있다.

이에 그 아동에게 여러 종류의 편지글을 읽게 하고 단계적으로 지도하여 글을 쓸 수 있도록 방과 후에 지도하였다. 편지글은 초등학교 교과서에서 16종을 발췌하여 활용하였다.

둘째, 바르게 말하기

'구ㅇㅇ'은 간단한 글도 읽고 일상생활에 필요한 용어를 자유롭게 표현할 수 있으나 발음이 정확하지 않아 듣는 사람이 잘 못 들을 때가 많다. 이에 언어훈련을 통하여 바르게 말을 할 수 있도록 지도하였다.

현장체험학습을 통한 생활기술 신장

정신지체 아동의 교육은 인지적인 학습보다 장차 학교생활을 마치고 사회에 나가서 원만하게 살아갈 수 있도록 현장체험활동을 통하여 실생활에 필요한 생활기술을 익혀야 한다. 이러한 취지에 의해 공주정명학교에서는 현장체험학습을 중점으로 실천하고 있다.

첫째, 학교교육계획에 의한 현장학습

학교교육계획에 의한 현장학습은 매주 1회 이상 걸어서 실시하는 근교 산 등산 활동과 오전에 학교 버스를 이용하는 현장학습으로, 버스이용 현장학습은 4월 14일 공주패밀리랜드, 5월 28일 공산성, 9월 9일 충청남도 산림환경연구소를 다녀왔으며, 10월에는 부소산을 다녀올 계획이다.

현장학습을 실시한 결과 아동들이 동 · 식물을 관찰하여 자연에 대해 관심을 갖게 되었고, 등산 활동을 통하여 극기심을 신장시켰으며, 등산 후 휴지 줍기를 실시하여 자연보호를 실천하였다.

충청남도 산림환경연구소를 견학하여 들에서 자라는 식물과 동물의 이름도 알 수 있었다.

둘째, 가정 · 고장생활 기록카드 활용

우리 반 아동들은 2주에 1번씩 귀가를 한다. 귀가 때 일상생활기능과 사회적응 능력의 향상을 도모하는 내용들 중에서 각 학생에게 필요한 내용을 선정하여 가정으로 보내준다. 부모님과 함께 실천한 결과를 등교 때 기록하여 가져온다. 부모의 관심에 따라 실천한 결과가 다르게 나타났다.

쓰레기 분리수거 활동

학년 초에 아동들이 학교에 있는 각종 시설물을 바르게 이용할 수 있도록 지도하기 위하여 아동들에게 교내외 시설물을 견학시켰다. 쓰레기 소각장을 살펴보는데 타지 않고 남은 병, 캔, 철사 등이 수북이 쌓여 있었고, 한 쪽에는 우유팩이 버려져 있었다. 현관 뒤에 쓰레기 분리 수거통을 설치해 놓았는데 왜 쓰레기장에 타지 않은 쓰레기가 이렇게 많을까? 생각하도록 하고 학급아동들에게 타지 않는 유리병을 버리라고 주었다. 4명은 타는 쓰레기통에 버리고 3명은 병 있는데 버렸다. 교실에 쓰레기 분리수거를 할 수 있도록 일반쓰레기, 종이류, 병류, 캔류 통을 설치하고 아동들에게 쓰레기 분리수거 하는 방법을 쉬는 시간과 사회시간에 수시로 지도하였다.

더 넓은 세상으로 보내기 위한 교사의 활동

첫째, 학습자료 제작

정신지체 아동들 수업은 분필이나 맨손으로는 단 5분도 교수 · 학습 활동을 할 수가 없다. 따라서 이들에게는 능력과 흥미에 적합한 개별학습지나 영상자료, 조작자료가 요구되었다. 이를 위하여 능력별 학습지 13종 194매, 조작학습자료 15종 73점을 제작하여 교수 · 학습 자료로 활용하였다.

둘째, 즐거운 여름방학생활 제작활용

비장애아동들은 '여름방학생활'이 있어 방학과제로 활용할 수 있지만 정신지체아동을 위한 여름방학생활은 출판되지 않고 있다. 출판을 하려고 해도 아동의 발달정도가 다양하기 때문에 불가능할 것이다. 따라서 아동별로 요구되는 영역을 선정하여 능력에 맞게 '여름방학생활'을 제작하여 활용하였다. 학습내용은 부모님과 함께 체험학습을 할 수 있는 내용을 많이 선정하였다.

셋째, 정신지체 아동을 위한 수학과 장학자료 개발

매년 충청남도교육청 특수교육담당관에서 주관하여 정신지체 아동에 필요한 장학자료를 만든다. 97년에도 내가 참여하여 특수교육 장학자료 『수학과 개별화 학습 자료(1)』을 371매 제작하였는데 일선현장에서 특수교육교사들이 교수 · 학습 자료로 유용하게 활용하고 있다는 소식을 들었고, 우리 반에서도 본 자료를 유용하게 활용하였다.

넷째, 수화연수

특수교육의 방향이 특수교육교사가 지금과 같이 장애영역별로 아동을 지도하지 않고 장애영역 구분 없이 담당하도록 추진하고 있다. 따라서 앞으로는 수화와 점자를 모르고 특수아동을 지도할 수 없게 될 것이다. 또한 청각장애인을 도와주기 위해서도 수화는 알아야 한다. 공주정명학교에서는 동호인 활동으로 매주 화 · 목요일 오후 3시부터 30분간 15명의 교사가 '유○○'교사한테 수화를 배웠다. 나도 수화 동호회 활동에 참여하여 열심히 배웠다. 그 동안 열심히 익힌 결과로 1998년 10월 2일에 실시한 가을 운동회에 수화 노래 2곡(아빠와 크레파스, 사랑으로)을 발표하였다.

다섯째, 칭찬의 편지 보내주기

학교에서 모범적인 행동을 하고 칭찬을 받았을 때 기숙사 생활을 하다가 귀가하는 날 부모님에게 보내주어 가정에서도 칭찬을 하도록 하였다.

> 칭찬의 편지
>
> 학부모님께
>
> 안녕하십니까?
>
> 귀댁의 자녀 ○○○이 이번 주에 어려운 친구를 잘 도와주고 부모님께 편지를 잘 써서 선생님과 친구들로부터 칭찬을 받았습니다. 가정에서도 많은 칭찬을 해 주시기 바랍니다.
>
> 1998년 5월 22일
>
> 6학년 2반 담임 하 상 근 올림

달라지는 아이들

이상과 같이 지도를 하였더니 아동들은 다음과 같이 달라지고 있다.

첫째, 『즐겁게 하루 생활을 여는 학급 운영』으로 아동들이 활동적이며 명랑해졌고 하루 생활을 즐겁게 보낸다.

둘째, 『아늑하고 포근한 교실 환경 조성』으로 학급 물건을 소중하게 다루고 자기 물건을 정리정돈할 줄 알며 폐품, 색종이를 활용하여 여러 가지 모양을 꾸미는 기능이 향상되었고, 교실에 있는 물건의 이름을 대부분 알게 되었다.

셋째, 『아동의 능력에 따른 개별화 교육 실시』로 아동에 맞는 적절한 교육을 할 수 있었으며 개인별 평가기록을 보고 부진한 영역을 찾아 재지도할 수 있었다.

넷째, 『기본생활 5가지 지키기』 실천으로 아침에 교실에 들어서면 인사말을 하면서 인사를 하는 아동이 늘었고, 이동시에는 줄을 맞추어 이동하고 차례를 지키려고 노력하고 학습과제를 처리할 때 의타심이 줄었다.

다섯째, 『부적응 행동 교정』으로 7명 아동 모두 생활이 긍정적으로 변하고 있으며 특히 '채ㅇㅇ'은 말을 할 때 발음이 정확한 쪽으로 변하고 있고, 강ㅇㅇ은 수저를 바르게 잡고 밥을 먹는다.

여섯째, 『방과 후 교내 과외 활동 실시』로 채ㅇㅇ은 편지를 격식에 맞추어 간단하게 쓸 수 있으며, 구ㅇㅇ은 조음장애가 치료되고 있다.

일곱째, 『현장체험학습』으로 가정 · 학교 · 사회생활에 필요한 생활기술을 익히게 되었다.

여덟째, 『쓰레기 분리수거 활동 실시』로 교실에 쓰레기가 발생하면 분리하여 버리고 현장 학습을 한 후 발생한 쓰레기를 주워서 분류하여 버리는 아동이 많아졌다.

아홉째, 『더 넓은 세상으로 보내기 위한 교사의 활동』으로 다양한 학습 자료를 교수 · 학습 활동에 활용하여 아동들이 흥미를 갖고 학습활동에 참여하고 '즐거운 여름방학 생활'도 모두 열심히 해왔다.

이상과 같이 9가지 실천과제를 설정하여 지도하였는데 많은 아동들이 잘 따라주었다. 하지만 교실 안에서만 그치는 것은 아닌가? 내가 있을 때만 하는 것은 아닐지? 교실 밖에 나가서도 우리 아이들이 비장애인들과 어울려 원만하게 살아갈 수 있을는지? 늘 걱정이 된다.

우리 아이들의 전환교육 및 인성교육은 실생활 속에서 반복적으로 지도하고 실천하는 가운데 습관이 되는 것인데 85% 아동이 기숙사에서 생활하고 있으므로 비장애인들과 생활하는 시간이 부족하므로 일반화가 어려운 점이 아쉽다.

특수교육을 시작한 지도 벌써 11년째 접어들었다. 경력이 쌓일수록 아이들 앞에 서기가 두렵게만 느껴진다. 내가 과연 이 아이들의 전환교육 및 인성교육을 위해서 바르게 실천하고 있는 것일까? 끊임없이 반복하면서 열심히 지도한다고 했지만 여러 가지 부족함에 아쉬움이 남는다.

끝으로 우리 아이들이 『더 넓은 세상에서 스스로 살아가게 하기 위하여』 아이들에 대하여 더 많은 관심을 갖고 사랑과 봉사, 인내로써 그들을 도와주어야 되겠다.

나의 특수교육교사 시절은 2000년 2월, 12년으로 마무리된다. 돌이켜보니 특수교육을 하면서 학부모들로부터 학생들이 긍정적으로 변화하고 좋아졌다고 전화가 오고 동료직원들은 함께 근무해서 즐거웠다고 할 때 감사함을 많이 느꼈던 것 같다. 그런 때가 제일 행복했다. 진정 행복했다.

나. 교감 시절

나는 2000년 3월 1일 교감으로 승진하여 서산성봉학교로 발령을 받았다.

교감의 임무와 역할에 대하여 초·중등교육법 제20조 제2항에서는 '교감은 교장을 보좌하여 교무를 관리하고 학생을 교육하며, 교장이 부득이한 사유로 직무를 수행할 수 없는 때에는 그 직무를 대행한다.' 라고 규정하고 있다. 이를 구체적으로 살펴보면,

첫째, 교감은 교장의 임무인 교무를 통제하고, 소속 교직원을 지도·감독하며 학생을 교육하는 것을 보좌해야 한다. 따라서 교감은 교장이 바람직한 의사결정으로 학교를 경영하고, 교직원의 의견이나 업무를 조정하여 응집력을 높일 수 있도록 해야 한다.

둘째, 교감은 교무를 관리한다. 포괄적으로는 교직원에 대한 제반 관리 및 업무를 지도 감독하는 일을 말한다. 구체적으로는 학교교육계획, 교무분장, 담임배정, 교육과정 운영, 학교행사 운영, 교직원 관리, 문서 관리, 시설 관리, 대외 관계 등을 추진해야 한다.

셋째, 교감은 직 · 간접으로 학생 교육을 해야 한다. 학습자를 직접 지도함은 물론 교사들의 학습지도 방법에 대한 연수 및 전문성 신장을 위해 상담, 훈화, 교사의 생활지도를 지원하고 격려하는 일을 하여야 한다.

넷째, 교감은 교장 유고시 교장을 대리해야 한다. 즉 교장이 출장, 결근, 사고로 인하여 직무를 수행할 수 없을 때에는 교장의 직무를 대행해야 한다.

나는 바로 위와 같은 교감이 되고 싶었다. 그래서 교감으로 발령 받은 후 다음과 같은 일을 실천하면서 나 스스로를 만들고 단련시켜 나갔다.

교사들과의 관계에서는 반드시 경어를 사용하였다. 업무 결재 시 담당교사의 용기를 북돋워 주었고 개별 상담을 통하여 교사들의 장점을 알려주었으며 다소 부족한 점에 대해서는 따뜻한 충고와 격려도 잊지 않았다.

"선생님은 성실하니까 노력하면 틀림없이 좋은 교사가 될 수 있을 거예요."

평강공주의 신뢰 가득한 칭찬은 바보 온달을 장군으로 만들었다. 나의 기대와 믿음도 우리 선생님들을 분명 훌륭한 교사로 성장시킬 것이라 생각하였다.

행정실 직원과의 관계는 행정실 직원의 역할이 교육활동 지원에 있다는 의식을 갖도록 하고, 행정실 직원과 교사 상호 간에 무시하는 일이 없도록 하며, 물품구입이나 예산 요청 시 정당한 절차를 밟도록 하였다.

학부모 및 외부 인사와의 관계는 외부 전화는 예의를 갖추어 친절히 받고, 학교를 방문한 학부모나 외부 인사는 정중하게 접견하도록 하였다. 특히 학생에 대하여 문제를 제기할 때에는 우선 학부모가 말하는 내용을 충분히 듣고 상담을 하도록 하였다.

교육과정 운영에서는 교육과정의 편성과 운영, 교육내용과 교육방법, 교육평가에 대한 전문성을 가지고 적극 참여하고 안내할 수 있도록, 나부터 이 분야에 전문가가 될 수 있도록 연구하고 노력하였다. 그리고 개선할 점이 무엇인지를 항상 점검하여 교육과정 운영에 반영하도록 하였다.

교내 장학에 있어서는 수업장학과 임상장학, 자체 연수 등에 중점을 두고 충분한 지식과 열의를 가지고 교사들을 도와주도록 노력하였다.

서산성봉학교 교감으로 발령 받고 다음날 학교를 방문하였다. 마침 교장선생님도 일반학교에서 승진하여 나와 같은 날 발령을 받아 새로 부임하게 되었다는 사실을 알게 되었다. 서산성봉학교에 재직하고 있는 교사들의 경력은 낮은 편이었다. 1급 정교사 자격증을 소지한 교사가 한 사람도 없어서 교무부장도 2급 정교사로 임명해야만 하였다.

새로 부임한 교장은 교사 때 특수학급을 맡았던 경력이 있었고, 교감 때에는 일반학교에서만 근무했다고 하였다. 특수학교는 처음이었지만 학교경영을 의욕적으로 하고자 학교 순회도 자주하고 학교 환경에 대하여 개선할 점과 문제를 기록하여 교감과 행정실장에게 수시로 연락하고 지시하였다.

교장이 특수학교 근무경력이 없다는 것, 교사들의 경력이 짧다는 것은 자칫 일어나지도 않은 걱정을 몰고 올 소지가 충분한 것이었다. 하지만 문제는 엉뚱한 곳에서 생겨났다. 교장선생님이 선생님들이 수업하는 교실을 예고 없이 갑자기 방문하는 것에 대하여 교사들이 시간이 갈수록 불편을 느끼게 되었다는 것이다. 나는 교무부장에게 교장선생님이 선생님들의 수업에 도움을 주려고 방문하는 것이니 긍정적으로 생각해 주었으면 좋겠다는 뜻으로 설득을 하였다. 그러나 교사들의 불만은 날이 갈수록 커져만 갔다. 나는 할 수 없이 선생님들의 의견을 수렴하여 교장선생님께 전달하기로 마음먹었다. 교실을 방문할 때에는 교사들과 사전에 협의하고 수업을 참관하신 후 지도를 하면 문제가 없을 것 같다는 의견을 말씀 드렸다. 그러나 교장선생님은 그러고 싶은 마음이 전혀 없고 계속해서 지금같이 하겠다고 하였다. 다음날 교장선생님이 나를 불러서 교장실에 갔다. 교무부장이 교장실로 찾아와서 갑자기 수업시간에 교실 방문하는 것을 하지 않았으면 좋겠다는 건의를 하였다는 것이다. 나는 조심스럽게,

"교장선생님, 수업지도는 제가 할 테니 저한테 맡겨주시면 안될까요?"

하였더니 언짢은 표정으로 그러라며 건성으로 동의 하였다.

학생도 공부하고 싶어할 때 지도하면 효과가 있듯이 교사들도 교수 · 학습활동을 배우고 싶을 때 교감이나 교장이 도와주어야 효과가 있을 것 같았다. 그러나 문제는 어떻게 교사들로 하여금 이런 마음이 들게 하느냐는 것이었다. 교장선생님께 건의 말씀은 드렸지만 개운치 않은 마음은 계속되었고 그 문제는 내 머릿속을 맴돌았다.

그러던 중 4월 초 어느 날, 전화벨이 울렸다. 충청남도서산교육청 학무과장에게서 온 전화였다.

"서산교육청 학무과장 김○○입니다. 교감선생님, 보건교사 좀 부탁합니다."

보건교사에게 전화기를 건네어 주고 나서 옆 눈으로 표정을 보니 이○○선생님은 긴장한 표정으로,

"네, 네……."

만 연속하고 있었다.

이○○선생님은 전화기를 내려놓은 후 한참동안 멍하니 창밖만 내다보았다. 차를 두 잔 들고 가서 한잔을 권했더니 감사하다면서 받았다.

"이○○선생님 무슨 일이에요?"

"교감선생님, 저 수업 잘 못하는데 큰일 났어요."

전화 내용은 6월 중순에 충청남도서산교육청 소속 보건교사 연수가 본교에서 있는데 본인이 공개수업을 하여야 한다는 내용이었다. 얼마 전까지 찜찜하게 고민했던 그 문제에 물꼬가 트이는 것 같았다.

보건교사와 함께 수업을

다음날 보건교사 수업시간에 복도를 지나면서 유리창 너머로 보건교사가 수업하는 모습을 보았다. 수업은 진행되지 않고 아동들을 자리에 앉히기에만 급급해 진땀을 흘리고 있었다. 학생들이 하교한 후 보건실에 갔더니 보건교사가 교수 · 학습과정안을 뒤적이고 있었다.

"이○○선생님 공개수업 때문에 걱정이 되지요?"

"네, 걱정이 되어서 어제 밤에 잠도 설쳤어요."

"내가 도와줄까요?"

"교감선생님께서 도와주시면 정말 고맙지요."

다음 날부터 보건시간에 팀티칭을 하면서, 교감이 주교사로 교수 · 학습활동을 담당하고 보건교사는 보조교사로 활동하도록 하였다. 처음에는 학생들의 특성과 능력을 파악하도록 하고 점차로 능력에 따라 맞는 과제를 부여하여 학습활동을 하도록 하였다. 학습내용은 아동이 흥미를 갖고 참여하도록 주변생활에서 가져오도록 하였다. 학습과제는 아동이 성공할 수 있도록 능력에 맞게 제시하며, 다양한 방법으로 반복경험을 하도록 하였다. 학습단계는 최소화하고, 학생의 장점을 최대한 활용하도록 하였다. 교재 · 교구는 구체적으로 조작할 수 있도록 준비하였고, 보건선생님의 소질과 특기에 따라 신체적 활동이 주가 되는 학습모형을 적용하도록 하였다.

보건교사에게 교수 · 학습과정안 작성을 위해 심덕보(1994)의 '수업분석의 실제'를 탐독하도록 하였다. 교수 · 학습과정안은 처음에는 교감이 작성하고, 다음은 교감과 협의하여 보건교사가 작성하고, 점차로 보건교사 혼자서 작성하도록 하였다.

5월은 보건교사가 수업하도록 하고, 보완할 것이 있으면 수업 중 즉시 지도 조언하여 개선하도록 하였다. 6월부터는 수업이 끝난 후 보건교사와 협의하여 문제점을 수정 · 보완하였다.

2000년 6월 20일 3교시에 42명의 보건선생님과 보건교육 담당 장학사, 학무과장이 참석한 가운데 공개수업을 하였다. 수업 중에 수업 잘한다고 칭찬하는 말이 수시로 들려 왔다. 어떤 보건교사는 신기한 표정으로 수업하는 모습을 바라보기도 하였다. 수업을 마친 뒤 협의시간에 참관한 분들이 칭찬을 아끼지 않았다. 어떻게 수업을 그렇게 잘 할 수 있느냐고 질문하는 교사도 있었다. 협의하는 도중에 환하게 웃는 교사들을 볼 때 내 마음도 흐뭇했다.

3월 초 학교장이 각 교실을 순회하며 수업을 참관하고 싶다고 했을 때 ○○부장이 수업연구도 아닌데 왜 들어오느냐며 교장선생님 먼저 수업을 보여 달라던 분위기가 서서히 변해가기 시작하였다. 시간 있으면 우리 교실에도 좀 들어오셔서 교수 · 학습방법 좀 지도해 달라는 교사가 점차로 늘어갔다. 또한 각종 업무도 서로 협조하며 민주적으로 이루어져 갔다. 관리자가 바람직한 상을 정립하여 학교를 경영하려고 해도 교직원들이 참여 · 협조를 하지 않으면 할 수가 없다. 따라서 교직원들이 자발적으로 참여하도록 유도하는 것이 가장 중요한 관리자의 리더십이 아닐까? 학교를 옮길 때 보건교사가 건강 실내화를 선물로 주었다. 그걸 신을 때면 교수 · 학습방법을 배우려고 땀을 흘리며 고생하던 보건교사의 모습이 생생하게 떠오른다.

초임교사 교직실무 능력 신장

서산성봉학교는 교통이 불편하고 천안에서 승용차로 1시간 40분 이상 가야 되는 농촌학교이다. 이 때문에 매년 신규 교사를 배치하고 있으며, 신규 교사로 발령받아 온 사람도 1년만 지나면 타 학교로 근무지를 옮겨 갔다. 따라서 각종 업무 추진계획 및 공문서를 작성하는데 어려움이 많았다.

결재를 신청한 공문은 한없이 허술하여 반려할 수밖에 없는 상황이 대부분이었다. 반려된 공문을 받아보는 교사들도 기분이 언짢았겠지만 나 역시 해당 교사를 볼 때마다 괜스레 미안했다. 게다가 공문서 처리도 매우 늦어서 충청남도교육청에서 독촉 전화를 받는 일이 잦았다. 따라서 내가 업무추진 계획 및 공문서 작성 방법을 구체적으로 작성하여 교사들에게 배부하고 연수를 여러 차례 실시하였다. 특히 공문서 작성은 실제 사례를 들어가며 방법을 순서에 따라 작성하여 배부하고 교사 책상 유리 밑에 비치하여 공문서 작성할 때마다 참고하도록 하였다.

또한 업무계획 및 공문서 작성을 할 때는 본인이 작성한 후 결재를 신청하지 말고 사전에 작성한 것을 인쇄한 다음 나에게 가지고 오도록 하여 의논한 후 수정 · 보완하여 결재를 신청하도록 하였다.

이상과 같은 과정을 3개월 이상 실시하니 교사 대부분 업무능력이 눈에 띄게 향상되었다. 당시 내가 교사를 배우는 학생으로 생각하고 지도를 해서 교사들 입장에서는 자존심이 상할 수도 있었는데 불평하는 교사가 한 사람도 없었다. 그것 또한 얼마나 고맙고 다행한 일이었는지 모른다. 그때 함께 근무했던 교사들에게 지면을 통해 진심으로 감사한 마음을 전한다.

나는 그 때 심각하게 느낀 것이 있다. 신규 교사들이 교직실무, 특히 업무계획과 공문서 작성 능력이 부족한 것은 그들의 문제가 아니라 학부 때 공부한 대학교 측과 교생실습을 담당했던 실습학교의 문제라는 생각이 들었다. 그래서 내가 교장이 되면 특수교육교사가 신규로 발령받았을 때 교직실무에 관해 어렵지 않게 할 수 있도록 교육실습생 지도를 잘 하여야 되겠다고 다짐했다.

나는 이후 장학사 시험에 합격하여 연수를 마치고 2000년 9월 1일자로 충청남도예산교육청으로 발령을 받아 2001년 8월 31일까지 근무했고, 2001년 9월 1일부터 2002년 8월 31일까지 충청남도천안교육청에서 근무하였다.

2002년 8월 26일 아침 7시 30분경에 충청남도교육청 인사담당 장학관에게서 전화가 왔다.

"하장학사님, 잘 지내지요. 좀 멀리 인사발령 났어요. 미안해요."

"어디로 났는데요?"

"공주정명학교로 났어요."

"공주정명학교는 천안인애학교 김○○ 교사가 승진하여 갈 곳인데요? 어찌된 일인지요?"

"자세한 것은 나중에 이야기할게요."

나는 참으로 황당하였다. 집 가까운 곳에서 다니려고 충청남도천안교육청으로 희망하여 왔는데 1년 만에 통근거리가 1시간 이상 걸리는 공주정명학교로 발령이 났으니 말이다. 그러나 이미 발령 난 것을 어찌할 도리는 없었다.

발령 소식을 듣고 왜 내가 발령 났는지 궁금해서 9시 30분경에 천안인애학교 교장선생님께 전화를 걸었다.

"교장선생님, 공주정명학교로 김○○ 교사가 승진발령 안 나고 제가 발령이 났어요."

"이거 큰 일 났네, 김○○ 교사는 본인이 당연히 발령날 것으로 생각하고 이틀 전에 짐도 다 옮기고 몇몇 교사들과 축하자리도 가졌어요. 김○○ 교사가 상심이 클 텐데 어쩌지. 나도 걱정되어 충청남도교육청 인사담당 장학관에게 전화를 했더니 특수학교 교감이지만 발령대기자 3배수 안에 속하지 않아 발령을 내지 못했다고 하더군. 인사원칙에 따라 발령을 냈다고 하니 어쩌겠나."

당일 10시 경에 천안인애학교 김○○ 교사에게서 전화가 왔다.

"하장학사, 어떻게 하여 공주정명학교로 발령 났어? 나 몹시 궁금한데."

나는 아침에 장학관에게 전화 온 이야기와 나도 전혀 모르게 발령난 것이라고 말하고 자세한 것은 천안인애학교 교장선생님이 알고 있으니 알아보라고 하였다.

김○○ 교사는 그 이후 나에게 직접 전화한 적은 없었지만 천안인애학교 교직원으로부터 김○○ 교사가 나에 대해 오해한다는 이야기가 들려왔다. 내가 본인이 승진할 자리를 전직 발령을 내도록 충청남도교육청 인사팀에 요청한 것이 아니냐는 오해였다. 하지만 분명 그건 아니었다. 일일이 해명하고 다닐 수도 없는 난감한 처지여서 마음속으로 답답했고 나도 피해자임을 생각할 때 속이 상했다.

나는 인사이동의 옳고 그름을 떠나서 김○○ 교사의 입장에서 생각하니 몹시 안타까웠다. 의도하지 않은 가운데 평소 호형호제 하며 잘 알고 지내던 사람의 마음이 아프게 되었으니 내 마음도 편할 리가 없었다. 그 후에도 가끔 그가 당시의 오해를 풀지 않고 있으면 어쩌나 하는 걱정이 되었다. 이러한 경험을 하니 '도둑맞은 사람의 죄가 더 많다'는 속담이 떠올랐다. 당연히 특수학교 교감으로 승진될 것으로 믿고 학교에 있는 짐도 옮기고, 가족까지도 승진할 것으로 알고 있던 김○○ 교사의 심정도 오죽하랴만 오해를 받는 사람의 심정도 그에 못지않았다.

한참 후에 지인들로부터 들은 이야기는 이러하다. 당시 공주정명학교는 교감·교장과 교사들 간에 갈등이 있어서 교장과 교사 일부를 인사조치하였고, 그 때까지 완전하게 안정되지 않은 상태였다고 한다. 이 문제를 해결하려면 특수학교에서 근무한 경력이 있고 교사들을 아우를 수 있는 교감이 필요하였다는 것이다. 마침 천안인애학교 김

○○ 교사는 발령대기자 3배수 안에 속하지 못했고, 시간이 촉박하여 나의 의견도 듣지 않은 채 발령부터 내버린 것이었다. 운명적인 기회가 찾아왔을 때에 평상시 최선의 노력을 기울여 준비가 되어있을 때에만 그것이 비로소 자기 것이 될 수 있다는 평범한 논리를 나는 김○○교사의 경험을 통하여 다시 한 번 깨닫게 되었다. 그리고 어떠한 모함이 닥치더라도 그것이 모함으로 끝날 수밖에 없도록 자신을 관리하는 것이 매우 중요하다는 것을 실감할 수 있었다.

비록 내 의지대로 공주정명학교로 온 것은 아니었지만 발령을 받았으니 교감의 역할을 충실히 하여야 되겠다고 다짐하였다. 공주정명학교는 교장과 교사와의 관계에 어려움이 있었던 학교라 교감 · 교장과 교사, 교사와 일반직원, 일반직원과 교감 · 교장 간의 인간관계를 원만하게 조정하고, 인화단결하는데 최선을 다하였다.

공주정명학교에 출근하여 일주일이 지났는데도 삼분의 일정도의 교사들은 교감에게 대하는 표정이 부드럽지 않았다. 모든 결과에는 반드시 원인이 있는 법이다. 교감 · 교장과 교사 간에 문제가 있다면 제일 먼저 서로가 자신들을 되돌아보아야 한다는 생각이 들었다. 교감 · 교장은 교사에게, 교사는 교감 · 교장에게 자신들이 어떤 모습으로 보였는지 반성해 보아야 한다. 이러한 문제를 해결하기 위해 문제를 해결할 수 있는 대안들을 가능한 많이 찾아내 그 중에서 가장 효과적인 해결책을 선택하여 실천하였다.

나는 우선으로 교직원들이 교감과 대화를 부담 없이 나눌 수 있는 분위기를 만들었다. 아무리 업무가 바빠도 교직원들의 의견을 들어주고, 교내에서 오가다 만나면 하루에도 몇 번씩 인사를 주고받았고, 칭찬을 자주하였다. 또한 교직원들과 좋은 관계를 형성하려면 교직원들이 변하기를 바라지 말고 내가 먼저 변화되어야 한다는 것을 실천하려고 부단히 노력하였다. 자기를 진정으로 좋아하는 사람을 좋아하지 않는 것은 결코 쉬운 일이 아니다. 좋아하는 마음을 전달하는 방법으로 '근사해요, 멋있어, 좋은 생각이야, 그 옷이 잘 어울려, 참 열심히 해요.' 등을 자주 사용하였다.

사람들은 유머가 있는 사람보다 자기를 보고 잘 웃어주는 사람을 더 좋아한다고 한다. 웃음에는 '당신이 좋아요, 함께 있으면 즐거워요, 만나서 반가워요' 라는 메시지가 들어있기 때문이다. 그리고 때로는 웃음이 표정만 바꾸는 것이 아니라, 행동을 바꾸고, 감정을 바꾸며, 생각까지 바꾸기도 한다. 따라서 일부러 웃는 표정을 지으려고 노력했고, 되도록 자주 웃었다.

업무를 추진할 때는 담당자 의사를 먼저 듣고 그의 생각을 존중하였으며 추진 계획도 담당자가 직접 세울 수 있도록 사전에 조언만 하였다. 그 이유는 본인이 업무추진 계획을 세우게 되면 책임감을 갖고 창의적으로 일을 추진하게 되지만, 교감의 지시를 받고 이행하는 경우에는 그저 소극적으로 시키는 대로만 하려고 하기 때문이다. 나는 자신의 일에 자긍심을 가지고 최선을 다할 수 있도록 지원하고 터전을 만들어 주는 것이 교감의 바람직한 역할이라 생각하였다. 그러기 위해서 나 자신도 누구보다 열심히 일을 함으로써 솔선수범하는 모습을 보였다.

무슨 일이든 교감이 결재를 하였으면 업무를 추진한 후에 피드백을 하여야 한다. 가장 낮은 피드백은 비난하고 비판하는 것이다. 비난은 비난하는 사람의 기분을 잠시 풀어 줄지는 모르나 비난받은 사람의 저항감을 불러일으킬 뿐이다. 가장 높은 피드백은 상대로 하여금 전혀 비난받는다는 느낌이 들지 않게 하면서 스스로 깨닫게 하는 것이다.

나는 교직원들에게 다음과 같은 방법으로 피드백을 실천하였다.

첫째, 지시보다는 담당자의 의견을 물었다.

“이 내용은 이렇게 수정하면 어떨까요?”

라고 하여 한 번 더 생각할 기회를 주었다.

둘째, 문제가 발생했을 때 대화하는 시점이 중요하다. 격한 감정이 가라앉기를 기다렸다가 조용히 불러 이야기하였다. 모든 사람이 생생하게 기억하고 논란의 여지가 없을 만큼 증거가 확실할 때도 본인이 잘못된 점을 알아서 스스로 고치도록 기다려 주고 도움을 주었다.

셋째, 피드백을 할 때는 일대일로 직접 전달하였다. 피드백 그 자체가 그 사람을 존중한다는 메시지이기 때문이다.

넷째, 개인을 비난하지 않고 그 사람이 한 구체적인 행동을 가지고 이야기하였으며, 함께 협의하여 대안까지 찾도록 도움을 주었다.

다섯째, 큰 문제가 아니면 때로는 그냥 지나갔다. 대개의 경우 사람들은 자신의 잘못을 알고 있고 반성도 한다. 나는 되도록 스스로 알아서 문제를 해결하도록 기다려 주었다.

피드백에 정해진 법칙이나 완벽한 공식은 없다. 사람에 따라, 상황에 따라, 때에 따라, 경우에 따라 시의 적절하게 행하여야 한다. 무엇보다 중요한 것은 개인에 대한 배려와 존중을 피드백의 중심에 둔다는 점이다. 진심으로 그 사람에게 관심이 있고, 그 사람이 잘되기를 바라고, 하나의 인격체로 대하는 것이 성공적인 피드백을 위한 필요 충분조건임을 강조하고 싶다.

생활체험실 설치 조언

3월 하순 경 현장 학습을 담당하는 김ㅇㅇ교사가 찾아왔다.

"교감선생님, 지난해 후반기에 충청남도교육청에서 특수학교 교육환경 개선비로 예산이 왔는데 지금까지 집행하지 못하고 있어요. 어떻게 하면 좋지요?"

"그 동안 생각했던 사업은 있나요?"

"교사들과 의논하여 결정한 것인데, 교장선생님께서 망설이셔서 추진을 못하고 있어요."

"무슨 사업인데요?"

"교사들이 그 동안 학생들과 현장학습을 다녀왔는데 갈 곳도 마땅히 없고 꼭 가서 현장학습을 하여야 하는 곳은 학생들이 실제로 체험을 해보지 못하고 구경만 하고 돌아와요. 그래서 학교에서 직접 체험할 수 있는 '생활체험실'을 설치했으면 하는데 교장선생님이 망설이셔서 추진을 못하고 있어요."

나는 지금까지 진행상황과 추진하고 싶은 내용을 담당자로부터 자세히 들을 수 있었다. 좋은 계획이라 판단되었다. 나는 교장선생님께 학생들이 밖으로 나가 현장학습을 하는데 있어서 사실상 체험은 못하고 구경만 하고 오는 실정임을 설명하였다. 그리고 지금 하려고 하는 사업이 정신지체특수학교에서는 꼭 필요한 사업이라는 것도 강조하였다.

"그래요? 나는 솔직히 왜 이런 시설이 필요한지 이해가 안 갔어요. 일반학생들은 교육을 안 해도 학년이 올라가면 다할 수 있는 내용인데 학교 안에다 이런 시설을 설치하는 것이 자신이 없었어요. 하지만 교감선생님 이야기를 듣고 보니 이제 설치해야 되겠다는 마음이 드네요. 교감선생님이 김ㅇㅇ교사와 같이 협의하여 추진해보세요."

교장선생님의 허락 한마디는 추진에 날개를 달아주는 듯 했다. 사업 계획서 초안을 살펴보니 설치하려고 하는 분야가 7개 분야였다. 먼저 분야별로 담당자를 선정하였다. 다음으로는 담당자가 함께 일할 교사를 선정하도록 하였다. 담당자를 분야별 팀장으로 정하고 팀장은 팀원들과 관련분야 기관을 방문하도록 하였다. 방문이 끝난 후에 자기 분야에서 설치할 품목과 그에 따른 필요한 물건을 조사하였다. 수업이 끝나고 학생들이 하교하면 팀장은 팀원들과 함께 관련분야 현장조사를 다녀오도록 하였다.

전체 의견을 수합하여 담당교사는 계획서를 여러 번 수정 · 보완하였다. 모든 일은 분야별 팀장 주관 하에 추진되었다. 생활체험실을 완성하고 난 후 교직원 모두가 만족스런 자체 평가를 하였다. 게다가 각종 언론에 보도되어 전국에 있는 특수학교에서 공주정명학교로 견학 오는 교원들도 많아졌다. 학교에서 현장체험을 하니 안전사고 날 염려도 없고 또한 실제와 흡사한 환경에서 체험할 수 있어 학생들의 실생활 능력이 많이 향상되었다.

교감도 함께하는 학생현장학습

공주정명학교 교감으로 발령받고 1개월이 지났다. 매일 출근하면 교장선생님께 아침 인사를 드렸다. 어느 날인가 인사드리려고 교장실로 갔는데 교장선생님께서,

"교감선생님, 잠시 자리에 앉아보세요. 내가 특수학교에 온 지도 6개월이 지났는데 교장 역할을 잘 하고 있는 건지 어떤지 모르겠어요. 가끔은 교장의 역할을 제대로 못하는 것 같아서 답답할 때도 있어요."

라며 하소연하다시피 이야기를 꺼냈다. 교장선생님은 교사 시절에 사대부속고등학교 교사 생활을 하였고, 충청남도교육청 장학관을 거쳐 대학교 진학률이 좋은 여자고등학교에 교장으로 근무하다가 공주정명학교로 근무지를 옮겨 근무하고 있었던 것이다. 비장애학생 중에서도 지적 능력이 높은 학생들만 교육하다가 실생활교육을 중심으로 하는 정신지체학교에 와서 근무를 하니 걱정이 많이 되었던 것 같다.

내가 교장이라도 학생들이 공부는 않고 놀기만 하는 것으로 생각했을 것 같기도 하다. 나는 특수학교 교육과정을 가지고 우리학교 학생들의 수준과 연관해서 지금 교사들이 하는 것이 적절하게 교육하는 것이라고 설명하였다. 이 기회에 우리 학생들은 학

교에서 학습하는 것도 필요하지만 일반화할 수 있는 현장경험이 꼭 필요함을 강조해서 설명하였다. 따라서 학생들이 현장체험학습을 할 수 있도록 교장선생님께서 지원해 달라고 건의도 하였다. 교장선생님께서는 학생들이 학교 밖으로 나가면 안전사고가 많이 걱정된다고 하였다.

"가정에서도 보호자들은 학생들과 밖으로 나가는 것을 어려워합니다. 학교에서 학생들이 비장애인들과 경험할 수 있는 기회를 제공하지 않는다면 우리 학생들이 학교를 졸업하고 사회에 나가 비장애인과 더불어 살아갈 수가 없습니다. 현장학습 나갈 때는 제가 함께 동행하겠습니다. 학생들을 도와줄 도우미가 필요할 때는 교장선생님께서 지원해 주셨으면 합니다. 그리고 교사들에게 안전사고가 일어나지 않도록 철저하게 계획을 세워 추진하도록 하겠습니다."

그제야 교장선생님은 조금 안심하는 듯 보였다. 이후부터 현장학습 시에는 교감이 대부분 동행했고 또한 현장학습 나가서 안전사고가 난 적이 한 번도 없었다. 사실 교사 입장에서는 학교에서 학생들과 생활하는 것이 훨씬 편할 수 있다. 교외로 나갈 때는 며칠 전부터 밤잠을 설치면서 걱정을 한다. 이런 고통을 모르고 가끔은 학교장이 교사가 학생들을 데리고 밖으로 놀러 나간다고 생각하는 교장도 있어 안타까웠다. 이후부터는 교사들이 현장체험학습을 나가려고 결재를 신청하면 교장선생님께서 적극적으로 지원해 주었다.

김○○학생 사고 보상 지원

방과 후에 이○○ 교사가 찾아왔다. 어렵게 말문을 열었다.

"교감선생님 이런 말씀 드려도 되는지 모르겠어요. 며칠을 고민하다가 교감선생님은 도움을 주실 것 같아서 말씀드리려고 합니다."

"말씀하세요. 제가 도와드릴 수 있으면 도와드려야지요."

"교감선생님이 오시기 전에 있었던 일인데요. 우리 학교 김○○학생이 기숙사 현관문에 끼인 사고로 손가락을 절단했어요. 그 학생 가정 형편이 매우 어려워요. 치료비도 학부모가 부담했고, 어떠한 보상도 받지 못했어요. 학생을 위해 학교에서 도움 준 것이 아무것도 없어요. 제가 학생복지부를 담당하였는데 지금까지 가슴이 아프네요. 학교

안전공제회에서 보상 받는 방법은 없을까요?"

"사고 났을 때 학교안전공제회로 신청하였나요?"

"학교안전공제회에 신청하려고 하니까 교감·교장선생님께서 신청하지 말라고 하셔서 신청을 못했어요."

"왜요?"

"신청해야 수업 중에 일어난 사고도 아니고 하교한 후에 기숙사에서 일어났기 때문에 해당이 안 된다고 못하게 하셨어요."

"교장선생님도 알고 계신가요?"

"지금 교장선생님이 오시기 전 일이라 제가 말씀을 드리지 않아서 아마 모르실 거예요."

"알았어요. 그 때 일어난 사고를 자세히 적어오세요. 정리한 자료를 보고 다시 의논합시다."

다음날 이○○교사가 당시 일어났던 사고를 자세하게 적어서 가지고 왔다. 나는 담당자에게 궁금한 것을 물어서 자세히 알아본 후에 교장선생님께 말씀을 드렸다.

교장선생님께서는,

"교감선생님 뜻이 그렇다면 학교안전공제회에 보상금을 신청하세요."

라고 허락하였다. 행정실장에게 상황을 이야기하고 학교안전공제회에 보상금을 신청하도록 행정실에서 담당 교사에게 절차를 안내하라고 하였더니, 행정실장은 머뭇거렸다.

"사고 난 때도 많이 지났고, 또 학부모가 다 처리를 했는데 그만 두는 것이 좋을 것 같은데요."

"신청한다고 학교에 어려운 점은 없잖아요?"

"너무 늦게 신청해서 핀잔은 하겠지요. 신청하면 보상금 받을 가능성은 있나요?"

"보상금 받을 수 있도록 사고 내용을 잘 적어서 신청해야지요."

"누가 신청서를 작성하지요?"

"사고 기록은 내가 할 테니 행정실에서는 신청만 해주세요."

"교감선생님이 직접 하시려고요? 어떻게 교감선생님이 직접 하세요? 담당교사보고 하라고 하세요."

"그 문제는 내가 알아서 할 테니까 신청 양식과 하는 절차만 알려주세요."

여러 번의 말이 오간 끝에 담당 교사에게 사고 조서를 작성하라는 뜻을 전할 수 있었다. 담당 교사가 작성한 내용을 그 당시 사고를 알고 있었던 교사들에게 읽어보라고 하면서 몇 번의 수정 · 보완 작업을 하였다. 드디어 교장선생님 결재를 득한 후 행정실에 넘기고 나서 충청남도교육청 소속 학교안전공제회 담당자와 통화를 하였다. 그러나 사고 기간이 너무 많이 지나서 어렵다는 답이 돌아왔다.

"신청이라도 한번 해볼게요. 잘 살펴봐주세요. 부탁드립니다."

라고 매달렸다. 신청서를 보내고 약 일주일이 지난 후, 충남학교안전공제회에서 담당자 두 사람이 현장조사를 나왔다. 이들은 하교 후에 기숙사에서 일어난 사고라 교육과정과 뚜렷한 관련이 없고, 따라서 보상이 안 된다는 것을 확인하러 온 듯하였다. 나는 기숙사 운영도 하교 후 저녁식사 전까지는 학교교육과정과 연계하여 방과 후 활동을 한다는 것을 설명하였다. 그랬더니,

"우리도 사무실에 가서 관련 전문가와 심도 있게 고민을 해보아야 될 것 같네요. 일반학생들은 하교 후 가정으로 가서 사고가 나면 해당이 안 되는데 공주정명학교는 하교 후에 학교에서 방과 후 활동을 하고 또한 학교교육과정과 연계하여 활동하기 때문에 학교교육과정을 실천하다가 사고가 난 것으로 보아야 될 것 같아서 일반학교 하교 후에 난 사고와는 다르게 보아야 할 것 같습니다."

라고 마음을 바꾸기 시작하였다. 긍정적인 답변에 희망이 보이는 것 같았다.

충남학교안전공제회에 신청하고 몇 주가 지났다. 교무실에서 공문 결재를 하고 있는데 행정실장이 찾아왔다.

"교감선생님, 축하드려요."

"무얼 축하해요?"

"충남학교안전공제회에서 연락이 왔어요. 잘 처리되었다는군요. 보상금은 약 780만 원 정도 나온대요. 교감선생님 덕분에 그 학생 가정도 어려운데 큰 보탬이 되겠어요."

"행정실장님이 적극적으로 도와주어서 되었어요. 행정실장님도 고생하셨어요."

교장선생님에게 이 사실을 보고 드렸다.

"교감선생님 수고했어요. 그런데 학생 보호자에게는 공문이 온 다음에 연락하세요.

혹시라도 변동이 있으면 어려운 문제가 생길 수 있으니까."

오후에 공문이 왔다. 담당 교사에게 이 사실을 이야기하고 보호자에게도 연락하라고 하였다. 공문이 온 후 보상금은 학생 통장으로 직접 입금하였다.

사건이 처리된 얼마 후에 학생 아버지가 전교생이 먹을 수 있을 정도의 아이스크림을 사가지고 학교에 왔다. 아버지는 내 손을 잡고 몇 번이고 고맙다고 인사를 하였다. 나는 보호자를 모시고 교장실로 갔다. 교장선생님은,

"모든 일은 교감선생님이 수고해서 된 것입니다."

하고는 공을 나에게로 돌렸다.

"아니어요. 교장선생님이 신청하라고 허락하셨고, 또 적극적으로 지원해 주셔서 신청했지요. 잘 처리되어서 좋습니다."

지금도 그 때 일을 생각하면 기분이 좋아 나도 모르게 웃음이 나온다.

중등 특수교육교사 1급 정교사 자격연수 요청

점심시간에 학교식당에서 이ㅇㅇ교사와 마주 앉아 점심을 먹었다.

"교감선생님, 저는 요즈음 속상해 죽겠어요. 동기생들은 대부분 3년 전부터 1급 정교사 자격증을 받았는데요. 저는 언제 받을지 모르겠어요."

"1급 정교사 자격연수 대상자를 조사할 때 자격 연수를 신청하세요."

"신청해도 지명이 안돼요."

"왜요?"

"저는 부전공이 윤리인데요. 특수교육교사 중에 윤리를 부전공한 교사가 몇 명 안돼요. 40명이 되어야 연수를 할 수 있다는데, 아마 10년이 지나도 연수를 못 받을 것 같아요."

식사를 마치고 충청남도교육청 인사담당 장학사에게 전화를 하였다. 연수 담당 장학사도 교사가 한 말과 같은 말을 하였다.

"현재로선 어쩔 수 없습니다. 우리도 안타깝게 생각하고 있어요. 연수받도록 할 근거가 없습니다. 교감선생님이 교육부에 건의 좀 하세요."

교육과학기술부 특수교육 정책과로 전화를 하였다.

"교감선생님 말을 듣고 보니까 문제가 있네요. 정신지체학교에서는 부전공에 따라

수업을 하는 것도 아닌데, 해결하는 방향으로 연구해 보겠습니다."

그렇게 하고는 얼마의 기간이 지났는데도 연락이 없어 교육과학기술부로 전화를 하였더니 금년도 특수교육운영계획에 본인이 원하면 중등일반교사 1급 정교사 자격 연수 시 희망하여 받을 수 있도록 안내하였다는 것이다. 충청남도교육청 인사담당 장학사에게 전화를 하였다.

"알겠습니다. 금년부터 실시하겠습니다. 연수대상자 조사할 때 신청하라고 하세요."

따라서 그 해 부전공 인원이 부족하여 연수를 못 받은 특수교육교사 대부분이 연수를 받고 1급 정교사 자격증을 받았다. 연수를 받고 와서,

"교감선생님 덕분에 연수를 받았습니다. 감사합니다."

하였다. 가려운 곳 시원하게 긁어 주는 것, 교감의 역할이 바로 이런 것이 아닌가 하는 생각이 드는 순간이었다.

인성교육실천 사례연구대회 참여 지원

학교에 인성교육실천 사례연구대회에 관한 공문이 왔다. 나는 교사 때 인성교육실천 사례연구대회에서 1등급을 받았던 경험이 있어서 교사들에게 내 경험을 이야기하고 참여하도록 안내하였다. 다음날 노○○교사가 찾아왔다.

"교감선생님, 제가 할 수 있을지는 모르겠지만 한 번 참여해 보고 싶은데요."

"그래요. 그럼 내가 참여했던 보고서를 줄 테니 참고하세요. 그리고 주제와 실천할 내용을 간단하게 작성해 보세요."

노○○교사는 계획서부터 보고서 작성까지 수시로 나한테 보여주면서 도움을 요청했다. 업무가 아무리 바빠도 시간을 내어 노○○교사와 함께 수정 · 보완을 해 나갔다. 계획서의 전체적인 틀은 내가 작성한 보고서와 비슷했으나 추진할 내용과 방법은 노○○교사가 맡은 학생과 학급의 실태에 맞게 작성하였다. 인성교육실천 사례연구대회에 제출하여 입상을 하였다. 노○○교사는 매우 만족하였다.

세월이 지나 노○○교사는 교감으로 승진하여 ○○○○학교로 발령을 받았다. 그해 충청남도교육청 특수교육 담당관에서 추진한 신규교사 연찬회가 보령임해수련원에서 있었는데 그 때 나도 참석하였다. 첫째 날 연수가 끝나고 저녁 식사 시간에 신규교사를

소개하는 자리에서 노○○교감은 나와 함께 인성교육실천 사례연구대회에 참여했던 경험을 이야기하면서 그 때의 고마움을 인사말 중에 표현하였다.

"하상근 교장선생님이 교감 때 교사들을 하나하나 도와주셔서 그 때 함께 근무했던 분들이 고마움을 자주 말합니다."

나는 그때 일을 기억하지 못하고 있었는데 갑자기 이야기를 하여 그 자리에 있기가 민망하였다. 그러나 '나를 저렇게까지 잊지 않고 있구나!' 라는 생각을 하니 고마웠다.

내가 천안인애학교에서 학교 문제로 어려운 일을 당했을 때 그 분은 ○○교육지원청 장학사로 근무하였는데 지인을 통해 들은 이야기로 어떠한 방법으로든 나를 도와주고 싶어 했다는 소식을 들었다. 나는 그 소식을 듣는 순간 가슴이 뭉클하면서 교감 때 교사들을 좀 더 많이 도와줄 것을 하는 마음과 충분히 그렇게 하지 못한 것 같아서 미안한 생각도 들었다.

특수교육교사 수업연구대회 참여 지원

조○○교사는 공주교육대학 4년 후배로 모든 일에 열심히 하는 교사다. 경력으로 보아 승진할 때가 되었는데 연구 실적이 부족하여 승진을 못하고 있었다. 당시 충청남도 교육청에서는 특수교육교사 수업연구대회를 실시하여 입상한 교사는 연구실적으로 인정해 주었다. 나는 조○○교사에게 수업연구대회에 참여해 보라고 권했다. 조○○교사는,

"제가 어떻게 수업연구대회에 참여해요."

하면서 못하겠다고 하였다. 나는 교사 때 연구수업도 했고, 학교에서 장학지도를 받을 때는 지정수업을 많이 했다. 따라서 내가 작성한 교수・학습과정안을 조○○교사에게 주고는 한번 해보라고 권했다. 며칠 후 조○○교사는 나를 찾아와서 교감선생님이 도와주시면 해보겠다고 하였다.

아직까지는 대회 날이 많이 남아 있어서 우선, 조○○교사에게 실제 하고 싶은 교과와 단원을 설정하여 수업할 내용을 간단하게 A4용지에 작성한 후 실제 수업을 하도록 하였다. 나는 조○○교사가 수업하는 것을 뒤에서 관찰하였다. 수업이 끝난 후 조○○교사와 수업에 대하여 협의를 하여 교수・학습활동을 수정・보완해 나갔다. 조○○교

사는 수업에 관하여 열심히 연구하고 필요에 따라서는 먼저 수업을 참관하고 조언해 달라고 요청하기도 하였다. 이와 같은 방법을 여러 차례 반복하였다. 나는 조ㅇㅇ교사가 이제는 교수 · 학습과정안을 작성해도 되겠다는 생각이 들어 수업할 교과, 단원, 내용 등을 협의한 후 교수 · 학습과정안을 작성하도록 하였다.

보고서를 제출한 결과가 통보되었다. 조ㅇㅇ교사는 보고서 심사에 합격하여 수업을 하게 되었다. 수업연구대회 날이 되어 수업을 마치고 모든 것은 하늘에 맡기고 기다렸다. 나는 수업연구대회 시 수업할 때 직접 참관하지는 못했지만 조ㅇㅇ교사에게 당일 수업한 과정 및 상황을 들어보니 좋은 등급을 받을 것 같은 예감이 들었다. 몇 주가 지나 수업연구대회 심사 결과가 통보되었다. 조ㅇㅇ교사는 내가 예상한 대로 1등급을 받았다.

조ㅇㅇ교사는 현재 승진하여 특수학교에서 교감으로 근무하고 있으며, 교장자격연수를 마치고 교장 발령을 기다리고 있다.

충청남도교육청 특수교육 담당 장학사 전공자 배치

2003년 당시 전국 시 · 도교육청에는 대부분 특수교육전공자가 특수교육 담당 장학사를 맡고 있었다. 시 · 도교육청에 따라서는 특수교육 전담 장학관이 배치된 교육청도 8개나 되었다.

하지만 충청남도교육청에서는 일반교육을 한 초등장학사 1명이 초 · 중등 특수교육을 담당하고 있는 실정이었다. 담당 장학관은 유아 · 특수담당 장학관이었는데 이 역시 초등교육을 전공한 자였다. 이러한 상황이라 특수교육 현장의 목소리를 과장이나 국장 등 윗선에 전달하는 것이 어렵겠다는 생각이 들었다. 이러한 상황은 교사, 교감으로 근무하면서 교육청 업무를 자주 도와주면서 알게 모르게 느껴오던 터였다.

충청남도교육청 특수교육 관련 일을 하면서 장학담당 과장에게 타시 · 도 예를 들고 충남에도 이제는 특수교육 전공자를 담당 장학사로 배치해야 지금보다 더 특수교육이 발전할 수 있을 것이라고 하였다. 여러 번 이야기를 해서 그런지 하루는 솔직하게 이야기 한다고 하면서 특수교육 전공자를 배치하면 초등담당 장학사나, 중등담당 장학사 자리가 한 자리 줄어서 쉬운 일이 아니라는 대답이 돌아왔다. 하지만 충청남도교육청으로 출장을 갈 때마다 어떻게 하면 특수교육 전공자를 배치할 수 있을까? 하는 생각이 머릿속에서 떠나지 않았다.

당시 매년 시 · 도교육청 평가가 있었는데 시 · 도교육청 평가 기준에 전담 장학사 배치 수에 따라 점수 배점이 있었다. 이후 그런 현실과 필요성 때문에 특수교육 전공자 채용을 고민하기 시작한다는 소식이 들려왔다. 문제는 초등 특수교육 담당 장학사를 채용할 것인지, 중등 특수교육 담당 장학사를 채용할 것인지 논란이 있었다는 것이다. 결론은 특수교육 담당 장학사를 초 · 중등 구별하지 않고 1명 채용하기로 되었다.

다행히 그동안 장학사 임용을 위하여 준비해온 교사가 공주정명학교에 1명 있었다. 백○○교사를 교무실로 불러서 이번 시험에 응시하도록 조언해 주었다. 백○○교사도 흔쾌히 대답하고 응시 서류를 준비하였다. 응시서류 제출 마지막 날 서류를 제출하러 충청남도교육청으로 간 후 백○○교사한테서 어두운 목소리로 전화가 왔다.

"교감선생님, 저 서류 내고 싶은 마음이 없어요."

나는 백○○교사의 목소리를 듣는 순간 머리가 아찔했다.

"왜요? 무슨 일이 있어요?"

"서류를 내려고 하니까 요번 특수교육 전공자 자리는 초등장학사 자리를 없애고 임용하기 때문에 초등 특수교육 전공자를 원하고 있어요. 그런데 초등 특수교육 전공자는 이번 임용기준에 해당되는 교원이 없대요. 그래서 그런지 제가 서류를 내려고 하니까 탐탁지 않게 생각하는 것 같아요."

"그래도 서류는 꼭 제출하세요."

나는 몇 번이고 서류를 꼭 제출하라고 부탁을 하였다. 그런 후 한참 후에 또 전화가 왔다.

"교감선생님 말씀대로 서류는 제출했어요."

"잘했어요. 너무 걱정하지 마세요. 다음에는 초등 특수교육 담당 장학사 자리도 마련해 보도록 노력합시다."

백○○교사는 임용에 합격하여 충청남도교육청 초등교육과에 배치되었다. 한참 후에 들은 이야기이지만 서류 내려고 할 때 지인들로부터 초등자리를 중등교사가 근무하기가 쉽지 않을 것이라고 만류하는 분도 있었다고 하였다. 또한 충청남도교육청으로 발령받아 처음은 고생이 많았다고 하였다. 지금은 교감을 거처 교장으로 승진·발령받아 근무하고 있다.

백○○교장이 충청남도교육청 특수교육 담당 장학사로 근무할 때 충청남도 특수교육은 특수교육 교육과정 편성·운영, 시설, 특수교육교원 인사, 특수교육 관련 사업 등을 지원하여 특수교육이 어느 때보다도 크게 발전하였다.

특수교육 교육과정 편성·운영은 매년 충남특수교육 교육과정 편성·운영 위원회를 조직하여 수정·보완하여 특수학교(급)에서 활용할 수 있도록 지침으로 지원하였다. 또한 특수학교 및 특수학급에서 학교 교육과정을 편성·운영하는데 필요한 예산은 부족함이 없이 지원하였다. 특수학교(급)에서 요구하는 예산을 지원할 때마다 장학사로서 그와 같은 예산을 마련하기는 몹시 어려웠을 텐데 하는 생각이 들어 늘 감사하게 생각했다.

시설 면에서는 특수학교에 교육과정 운영에 필요한 시설을 학교(급)에서 요구하면 백○○장학사는 직접 현장조사를 한 후 필요에 따라 최대한으로 지원해 주었다. 내가 근무한 천안인애학교는 직업교육실 증축, 다목적실 설치, 운동장 학생 종합놀이기구 설치, 생활체험실 설치, 인라인스케이트장 설치, 학교기업 설치 등을 하도록 지원하였다. 특수학급은 칸막이 교실을 정규교실로 설치, 특수학급 증설, 교수·학습 자료 구입, 특수학급 교실 환경 개선 등을 할 수 있도록 현장에 지원하였다.

특수교육교원 인사는 백○○교장이 처음 충청남도교육청 장학사로 배치 받았을 때는 충남에 특수교육 전담 장학사가 초·중등 합쳐서 1명이었는데 2013년 현재 충청남도교육청 특수교육 담당 장학관 1명, 초·중등 장학사 각 1명, 각 지역지원청에 3명 총 6명의 특수교육 전공자가 특수교육 장학사로 배치되었다. 또한 현장에서 근무하는 특수교육교원 포상도 백○○교장이 특수교육 장학사로 배치 받기 전보다 횟수와 종류가 더 많아졌다. 전에는 주로 일반교사에게만 각종 포상이 주어졌으나 지금은 일반교사와 같거나 때로는 더 많은 포상이 이루어지게 된 것이다.

초·중등교육법 제21조 (교원의 자격)에서는 '① 교장과 교감은 별표 1의 자격 기준에 해당하는 사람으로서 대통령령으로 정하는 바에 따라 교육부장관이 검정·수여하는 자격증을 받은 사람이어야 한다.'라고 규정하고 있다. 별표 1을 세부적으로 살펴보면 특수학교 교감(장) 자격증을 취득하면 일반학교 교감(장) 자격증은 무시험검정으로 받을 수 있도록 규정하고 있다. 이에 백○○장학사는 특수교육 전공자가 특수학교 교감 자격증을 취득하면 일반학교 교감 자격증을 받을 수 있도록 충청남도교육청 인사팀을 설득 · 조언하여 실제로 특수학교 교감 취득자가 일반학교 교감 자격증을 받을 수 있도록 하였고, 또한 본인도 일반학교 교감(장) 자격증을 받고 현재 일반학교 교장으로 근무하고 있다.

이와 같은 노력은 현재 특수학교 교감(장) 자격증 취득자가 일반학교 교감(장) 자격증을 받을 수 있도록 규정되어 있는 초 · 중등교육법을 실행에 옮겼고, 앞으로 특수교육 전공자에게 승진할 수 있는 기회가 일반교사와 동등하게 되었다는 점에 큰 의의가 있다. 이에 특수교육을 한 선배로서 그 동안 필요성은 자주 주장하였지만 실천에 옮기지 못한 일을 백○○교장이 한 공헌에 대하여 감사드린다.

특수교육 관련 사업은 전국장애학생직업기능경진대회, 전국장애학생음악발표회, 충남특수교육정보화대회, 특수교육 장학자료 제작 · 보급 등 다양한 형태로 추진되었다. 이와 같은 사업을 실시할 때에 때로는 왜 우리 교육청에서는 자청하여 고생을 하는지 모르겠다고 불만스러운 목소리도 있었다. 그렇지만 이 모든 사업은 특수교육대상학생들을 위하여 이루어졌고 또한 우리는 특수교육대상학생들에게 큰 도움이 되었음을 모두들 인정하고 있다.

내가 특수학교장 협의회나 각종 특수교육 관련 세미나에 참석하면 충남 특수교육이 다른 시 · 도보다 예산, 시설, 각종 학생활동 실적 등에서 우수하다고 칭찬하는 소리를 자주 들었다. 그 때마다 가슴이 뿌듯했고, 백○○교장을 특수교육 담당 장학사로 근무하도록 조언해 준 것은 정말로 잘한 일이라는 생각이 들었다. 앞으로도 충남 특수교육이 계속해서 발전하기를 마음속으로 기원한다. 그리고 이제는 특수교육 담당 장학관까지 전공자로 배치되었기 때문에 그러한 기원은 확신으로 다가온다.

어려운 가정 쌍둥이 학생 기숙사 입교

충청남도 천안시에 있는 천안○○초등학교 교감선생님에게서 전화가 왔다. 교감선생님은 다급한 목소리로,

"천안○○초등학교 교감 김○○입니다. 하상근 교감선생님께 조언을 듣고 싶어서 전화했습니다. 우리학교 특수학급 재학생 학부모가 충청남도천안교육청 홈페이지에 특수학급 운영의 문제점을 올렸어요. 내용은 학급 학생 수가 많아서 학생들에게 적절한 교육이 이루어지지 못하고 있다는 것입니다. 특수교육진흥법 규정대로 12명인데요……, 이것 말고도 다른 여러 가지 문제까지 들어가면서 어렵게 하네요. 어떻게 하면 좋지요?"

"그 학부모 전화 번호 좀 알려주세요. 제가 최대한 노력은 해보겠습니다만 문제가 해결될 수 있을지 모르겠군요."

전화번호를 받아서 학부모에게 전화를 걸었다. 나는 충청남도천안교육청 홈페이지에 올린 글을 보고 전화했다고 말하였다. 그리고 학생의 실태와 가족관계, 부모님이 생각하고 있는 교육방향 등을 물어보았다. 학생은 쌍둥이였다. 어머니는 물론 아버지까지도 학생 때문에 회사를 그만두고 가정에서 학생을 돌보고 있었다. 퇴직금으로 받은 돈도 거의 다 사용하고 앞으로는 빚을 내어야 한다고도 했다. 내 예감으로는 이대로 가다가는 가정이 어려움에 빠질 것 같은 생각이 들었다. 장애자녀가 있는 가정 중에는 이 학생 가정과 같이 부모가 자녀를 위하여 직장도 버리고, 가지고 있던 재산도 다 탕진한 후 나중에는 자녀는 시설로 보내고 부모는 이혼하는 경우를 드물지 않게 보아왔기 때문이다. 나는 이 가정을 도와주고 싶었다.

"기숙사 있는 학교로 전학 보내고 싶은 마음은 없으세요?"

물었더니,

"글쎄요. 우리 애 하고 떨어져서 생활한다는 생각은 한 번도 해 본적이 없는데요. 아이 아빠하고 의논하고 연락 할게요."

하고는 전화를 끊었다.

나는 교장선생님께 쌍둥이 학생에 대하여 말씀을 드리고 기숙사 입사할 자리도 있으니 우리학교에 다닐 수 있도록 도와주었으면 좋겠다고 하였다. 교장선생님께서도 동의를 하셨다. 그날 저녁에 집으로 전화가 왔다. 내일 학교를 방문하여 의논하겠다고 하였다. 다음날 부모가 학교를 방문하였다. 먼저 기숙사를 견학하도록 하였다. 기숙사를 보고는 마음에 든다고 하였다. 한 방에 몇 명이 생활하며, 기숙사 선생님은 누구이며,

언제 기숙사에 들어 왔다가 귀가는 언제 하느냐 등 여러 가지 궁금한 것을 물었다. 나는 학부모가 궁금해 하는 것을 사실대로 자세히 답변하였다. 약 2시간 정도 상담을 한 후 학부모는 다음 주에 전학을 시키겠다고 하고는 돌아갔다.

전학 오는 날 부모가 아이를 승용차에 태우고 왔다. 그리고 기숙사에 짐을 두러 들어가서는 나오지를 못했다. 몇 번이고 나한테 부탁을 하였다. 돌아갈 때는 눈물까지 흘렸다. 집에 가서도 하루에 몇 번씩 학생이 걱정이 되어 학교에서 생활하는 모습을 알아보려고 전화를 하였다.

담임교사와 기숙사 생활지도원에게 학생에 대하여 어려운 문제가 있을 시에는 언제든지 나에게 전화를 하거나 구두로 알려달라고 하였다. 다행히 학생은 첫 주만 힘들어 했고 그 다음부터는 잘 적응해 나갔다. 부모에게 전화 오는 횟수도 줄었다. 점차로 부모도 안심을 하는 듯하였다. 한 달이 지난 후 부모님이 전화하여 고맙다는 인사를 하고는 아버지도 다니던 회사에 들어가서 중국으로 파견 나가 근무하고 있다고 하였고 어머니도 다시 직장에 나간다고 하였다. 학생도 학교생활에 잘 적응하였다.

그 후 나는 교장으로 승진하여 서산성봉학교로 근무지를 옮겼다. 학생은 무사히 학교생활을 하고 가정도 다시 평온이 찾아 왔다는 소식을 담임선생님으로부터 들었다. 당시 내가 학생을 공주정명학교로 전학 오라고 해서 담임선생님과 생활 지도원에게 어려움을 준 것 같아 미안한 마음도 있었다. 하지만 그분들이 도와주었기에 쌍둥이가 학교에 잘 다니고 가정에도 평화가 찾아왔다. 다시 한 번 고개 숙여 감사드린다.

교장과 교사의 갈등문제 해결

충청남도교육청 출장을 다녀오니 교무실 분위기가 냉랭하였다. 중등 교무부장이 나에게 와서,

"교감선생님 드릴 말씀이 있습니다."

하고 심각한 표정을 지었다. 나는 직감으로 내가 출장 간 후 학교에 무슨 일이 있었구나 하는 생각이 들었다.

"교감선생님은 이해하실 것 같고 또 이 문제를 해결할 것 같아서 말씀드리는데요. 어제 교감선생님 출장 갔을 때 박○○ 선생님이 담당자가 추진할 업무 계획을 발표하

였어요. 박○○ 선생님의 발표가 끝난 후 선생님들이 이 문제에 대하여 모두 반대하는 일을 왜 하려고 하는지 모르겠다고 하면서 거부하자는 쪽으로 의견을 모으고 단체행동을 하려고 하고 있는 것 같습니다."

"그 사업은 내가 담당 교사에게 결재 올리지 말라고 한 것인데요. 결재를 득하지도 않고 담당 교사는 왜 발표했나요?"

"교감선생님 출장 갔을 때 교장선생님이 결재를 하셨어요."

"알았어요. 오늘 교장선생님께 말씀드려서 선생님들 의견을 듣고 추진하도록 할게요. 선생님들에게는 좀 더 기다려 달라고 하세요."

나는 바로 교장선생님께 박○○ 선생님이 추진하려고 하는 사업에 대하여 교사들의 의견을 듣고 일을 추진했으면 좋겠다는 의견을 말씀드렸다. 물론 교사들이 단체행동을 하려고 한다는 이야기는 하지 않았다. 교장선생님은,

"담당 교사는 대부분 교사들이 동의했다고 하던데요. 그러면 교사들의 의견을 조사할 때까지 보류하세요."

하였다. 그런데 퇴근 후 오후 9시경에 교장선생님에게서 전화가 왔다.

"교장이 결재한 것을 교감이 뒤집어도 되는 거예요? 내일부터 오전 7시까지 출근하세요."

하고는 내 의견은 듣지도 않고 전화를 끊어버렸다. 아침에 출근하여 교장선생님께 인사를 하러 갔더니 아직까지도 화가 풀리지 않았다.

"교감선생님, 어떻게 된 일인지 자세히 말 좀 해보세요."

"저한테 결재를 왔을 때 저는 교사들의 의견을 듣고 추진하자고 하고 결재를 보류했습니다."

"담당교사는 교감선생님도 다 알고 허락한 일이라고 하던데요."

그리고, 교장 선생님은 한 마디를 덧붙였다.

"이번일은 없었던 것으로 하고 교사들의 의견을 조사해 보세요. 어쨌든 기분은 안 좋습니다."

"죄송합니다. 앞으로는 이런 일이 없도록 하겠습니다."

그날 교장선생님 허락을 받고 교감 주관 하에 직원협의회를 개최하였다. 그 자리에

서 박○○ 선생님이 발표한 사업은 선생님들의 의견을 조사한 후 결과에 따라 추진하려고 하니 이해하기 바란다는 내용을 발표하였다.

이후 교사들의 의견을 조사하였으나 찬성하는 교사가 담당자뿐이었다. 따라서 그 일은 추진하지 않기로 하였다. 지금도 그때의 일을 생각하면 아찔하다. 내가 본교에 오기 전에 있었던 일처럼 교장과 교사의 갈등이 재현되는 것이 아닌가? 하는 생각이 들었다.

그 일이 있은 후 교사들은 학교일에 더 협조하고 열심히 하였다. 한 달 정도 지난 후 평상시와 같이 아침에 교장선생님께 인사를 하러 갔는데,

"교감선생님 아침에 일찍 와서 할 일도 없는데 좀 늦게 오세요."

"괜찮습니다. 아침에 일찍 오니까 아침 공기가 신선해서 좋아요."

실제로 아침에 일찍 와서 기숙사와 교내 순시를 할 수 있어서 좋았고, 또한 당일 할 일을 미리 생각할 시간이 주어져서 하루 생활을 하는데도 많은 도움이 되었다.

내가 교장으로 승진 발령을 받고 교장선생님에게 감사하다는 인사를 드리는데 그 때 일을 이야기 하면서 그때 담당 교사 이야기만 듣고 오해를 했었다고 미안하다고 하였다. 그 일로 인하여 진실은 언제인가는 다 밝혀지게 마련이고, 학교장은 일을 판단할 때는 귀를 열고 많은 교직원의 이야기를 듣고 종합하여 판단하여야 함을 깊이 깨달았다.

특수교육교사가 학생이 장애가 심하다고 거부할 수 있나요?

아침에 출근하여 차를 한 잔 마시는데 정보부장이 심각한 표정으로 다가왔다. 학교 홈페이지에 김○○학생 어머니가 우리 학교 교사가 자신의 아이를 특수학교에 못 다니게 하니 고발할 것이라는 내용의 글을 올렸다고 난처해하며 말하였다. 우리학교 뿐만 아니라 충청남도○○교육청 홈페이지에도 올렸기 때문에 특수교육 담당 장학사에게서도 이미 전화가 걸려 왔다고 말했다. 나는 담임교사에게 홈페이지에 올린 내용을 프린트해서 가지고 오라고 하였다.

홈페이지에 올린 내용은 장애가 심한 본교 중학교 1학년 학생에게 교사가 등교를 하지 말 것을 권한다는 것이었다. 교장실에서 김○○학생 담임교사로부터 사건 경위를 직접 들어보았다. 담임교사의 말로는 요즈음 김○○학생이 교실이나 복도에서 아무나

밀고 물건을 집어던지고 자해까지 해서 부모님께 말씀 드리고 치료를 하도록 안내하였다는 것이다. 그래서 나는,

"혹시 학교를 쉬도록 한 적은 없나요?"

"당분간 치료하면서 가정에서 쉬는 것이 좋겠다고 한 적은 있어요."

라고 하였다. 이에 나는,

"어떠한 이유에서도 가정에서 쉬라고 해서는 안돼요. 그동안 학생 지도한 내용을 가지고 교감한테 오세요."

라고 부탁하였다. 교장선생님께 걱정하시지 말라고 하고 교무실에서 김○○학생 생활지도록을 살펴보았다. 학급 학생뿐만 아니라 다른 반 학생을 밀거나 때리고 유리창도 주먹으로 깨뜨리는 등 난폭한 행동을 한 적이 여러 차례 있어서 그때마다 담임교사가 지도하고 가정으로 연락을 하였다는 사실이 조목조목 기록되어 있었다. 나는 바로 김○○학생 집으로 전화를 하였더니 마침 어머니가 전화를 받았다.

"공주정명학교 교감 하상근입니다. 찾아뵈려고 하는데요. 댁으로 찾아가도 될까요?"

라고 하니 매몰찬 목소리로,

"아니오, 그러실 것 없어요."

하고는 전화를 끊어버렸다. 1시간이 지난 후에 다시 전화를 하였다. 벨이 여러 번 울린 후에 전화를 받았다. 다시 한 번 정중하고 부드러운 목소리로,

"공주정명학교 교감 하상근입니다. 많이 속상하셨지요? 죄송합니다. 찾아뵙고 싶은데요."

"아니 오시지 마세요. 내일 제가 학교로 갈게요."

라며 다행히도 다음날을 기약하였다. 다음날 어머니가 학교로 찾아왔다. 교장실로 안내한 후 교장선생님과 교감, 김○○학생 어머니 셋이서 이야기를 나누었다. 그 때까지도 화가 풀리지 않은 모양이었다.

"특수교육교사가 어떻게 학생을 학교에 나오지 말라고 할 수가 있지요? 나는 도저히 이해가 안가요. 우리 애가 화가 나면 남을 때리고 밀치고 할 때는 있습니다. 그렇다고 학교에 나오지 말라고 하면 되나요? 그럼 특수학교는 왜 있는 거예요? 교감선생님은 어떻게 생각 하세요?"

이와 같은 이야기로 시작하여 그 동안 담임교사에게 속상했던 일, 평소 하지 못하고 꾹꾹 담아두었던 이야기까지 장장 2시간에 걸쳐 모두 쏟아 내었다. 고개를 끄덕이며 조용히 이야기를 다 듣고 나서 말하였다.

"어머니, 속상하시게 되었네요. 일이 생기고 나서 바로 담임교사에게 물어보았어요. 담임은 학교를 나오지 말라고 한 것이 아니고 학습보다 치료가 우선이라 여겨져 치료부터 받았으면 하고 말씀드린 것이라고 하더군요. 담임교사도 학생이 걱정이 되어 학생을 위해서 안내한 것인데 본의 아니게 어머니를 속상하게 하였네요. 언젠가는 ○○이가 초등학교 1학년 학생을 떠밀어서 그 학생 부모가 항의한 적도 있었대요. 그 때 담임교사도 학생이 다쳤을까봐 많이 놀랐었다고 하더군요. 요즈음에 이런 행동이 심해졌다고 하던데 혹시 치료약을 줄이셨나요?"

"그 동안 먹던 약을 바꾸어서 먹이고 있어요. 전에 먹던 약보다 순하더라구요. 약을 바꾼 후 거친 행동이 심해져서 의사선생님께 말씀드렸더니 먼저 먹던 약으로 처방해 주어서 다시 먼저 먹던 것으로 돌렸어요. 집에서도 자전거를 타고 가는 학생을 밀쳐서 다치게 했어요. ○○이가 힘도 세고 이제 내말도 잘 안 듣고 오히려 나한테 소리 지르고 밀치기까지 해요."

라고 하소연하였다. 잠시 후 숨을 고른 후 한 마디를 덧붙였다.

"이 일이 있고나서 어찌나 분한지 ○○○○특수학교 교감 선생님께 상담도 했어요. 그 학교 교감선생님도 화를 내더라구요. 요즈음에도 그런 특수학교가 있느냐고 하더군요. 말이 나왔으니 말이지 사실 언론사에 고발하려고까지 마음먹었는데……. 오늘 교감 선생님이 이렇게 내 입장을 이해해 주어서 고맙습니다. 나도 이렇게까지 하지 말았어야 했는데 죄송합니다."

한걸음 물러서는 태도를 보였다.

"학부모님이 이해를 하셨으니까 제가 말씀드릴게요. 김○○학생 같은 경우는 그 동안도 치료를 하셨겠지만 앞으로도 계속해서 치료에 관심을 두셔야 합니다. 그러기 위해서는 담임교사의 도움을 많이 받으셔야 합니다. 제 경험으로는 많은 학생들이 약을 줄이거나 바꾸면 갑자기 돌발행동을 하는 경우가 있습니다. 이러한 내용을 알림장에 자세히 기록해 보내드리면 이 내용을 의사선생님께 알려드리세요. 그래야 의사선생님이 약을 조절할 수 있습니다. 만약에 알림장에 적은 내용을 보시고 속이 상해서 담임교사에게 선생님은 무엇 하셨느냐고 따지시거나, 혹은 우리 애는 집에서 그렇지 않다고 하시면서 담임교사를 믿지 못하시면 담임교사가 다음부터는 솔직하게 적어 보내지를 않습니다. 따라서 담임교사를 믿어야 합니다. 학생의 교육과 치료를 위해서는 담임교사, 담당의사, 어머니 이렇게 세 분이 잘 협조를 하여야 합니다."

어머니는 잘 알겠다고 하였다.

"또한 김○○학생이 다른 학생을 밀치는 버릇이 있다고 하던데 만약에 학생을 밀어서 다치게 되면 보호자가 그에 따른 책임을 져야 하는 어려움도 있습니다. 꼭 의사선생님과 상의하여 치료가 이루어지도록 하시기 바랍니다. 지금은 통제가 가능하지만 고등학교, 전공과에 다니게 되면 어머니도 통제하기가 어려워집니다."

김○○학생 어머니는 잘 알았다고 하고는 돌아갔다. 그날 5시경에 충청남도○○교육청 및 본교 홈페이지에 올렸던 내용은 어머니가 모두 삭제하였다.

내가 서산성봉학교로 자리를 옮기고 몇 달이 지나서 학생이 걱정되어 공주정명학교로 전화를 하였더니 학교는 물론 가정에서도 난폭하게 행동을 하여 결국은 시설로 보냈다는 소식을 들었다.

'이런 일이 걱정되어 치료를 잘하라고 부탁 하였는데 결국 시설로 보내졌구나.' 하는 생각이 들어 마음이 아팠다. 특수교육을 하면서 이런 일이 발생할 때가 제일 가슴이 아프다. 나는 김○○학생이 시설에서라도 잘 지내기를 간절히 기원하였다.

교장으로 승진해서 서산성봉학교로 자리를 옮길 때 직원들이 넥타이를 사서 주었다. '교감선생님, 함께 근무해서 행복했습니다.' 라고 쓴 메모지를 읽을 때면 지금도 마음이 뭉클해진다. 세월이 많이 흘렀지만 그 넥타이를 볼 때면 힘들었던 교감 시절에 나를 도와주고 학교일을 내일 같이 함께 했던 고마운 분들이 떠오른다. 이분들께 진심으로 감사의 마음을 보낸다.

다. 장학사 시절

서산성봉학교 교감으로 승진 발령을 받은 후 6개월 만에 장학사 발령 소식을 듣고 놀랐다. 하지만, 나의 전문성을 인정하고 임명해 주었으니 더욱 열심히 장학사 업무를 수행해야겠다는 마음을 먹었다. 장학사 발령을 받고 얼마 기간이 지난 후 충청남도교육청 소속 지인한테 들은 이야기인데 내가 장학사 임용 시험에서도 1위를 했고, 장학사 임용 연수에서도 1위를 했기 때문에 발령을 냈다는 것이다. 이런 이야기를 듣고 장학사에 뜻을 두었던 초심을 잊지 않고 성실하게 근무하려고 최선을 다했다.

일선학교에 장학지도를 다니면서 부정적인 말을 했다면 반드시 칭찬이나 격려의 말로 마무리를 지었다. "사람들은 입에 발린 말이라고 할지라도 자기를 칭찬하는 사람을 좋아한다."(이민규, 2007, p.71). 칭찬을 할 때는 구체적으로 하니 더욱 좋아했다.

"선생님의 계획서는 구체적이며 설득력이 있고, 우리가 관심을 가져야 할 내용이어요, 아이디어가 참신해요"

교직원들은 결과보다는 과정에 대해 칭찬을 받을 때 더욱 열심히 노력했다.

장학사를 하는 동안 누가 나를 욕하면 '나에게 무엇인가 문제가 있구나!' 하고 나를 다시 한 번 되돌아보았다. 대부분 사람들은 누군가 자기에게 욕한 사실을 알게 되면 화부터 낸다. 나도 똑 같은 성격을 갖고 있다. 그러나 장학사에 임용되어 생활하면서 일반직과 함께 업무를 추진하다보면 뜻대로 되지 않거나 어려움을 느낄 때가 많았다. 그럴 때면 나는 '미안합니다. 좀 도와주세요.'라고 하였다. 그 다음은 일이 순조롭게 풀렸다.

장학사는 모르면서도 누구에게 물어보는 것을 싫어하는 경향이 있다. "「'부탁하는 사람은 5분 동안 바보가 될 수 있다. 하지만 부탁하지 않는 사람은 평생 동안 바보가 된다.'는 중국 속담이 있다.」"(이민규, 2007, p.151). 모르는 것은 결코 부끄러운 일이 아니다. 정말 부끄러워해야 할 일은 모른다는 사실을 감추고 배우려 하지 않는 것이라고 늘 생각했다.

장학사로 오래 근무한 사람은 눈빛, 걷는 모습, 말하는 투가 다르다고 한다. 내 경험에 의하면 장학사를 하는 동안 늘 자신에게 배려하는 모습에 익숙해지기 때문에 말을 할 때

나 행동에서 자기도 모르게 권위적으로 변해가는 것 같다. 또한 행정업무를 오래하다 보면 언제나 따지듯이 이야기하는 습관이 생겨 상대방을 주눅 들게 하는 경향도 있다.

나는 성격이 꼼꼼하고 남에게 빈틈을 보이는 것을 싫어한다. 이러한 성격 때문에 교직생활을 하면서 득도 있었지만 실이 더 많았다. 사람들은 완벽한 사람보다 겸손하거나 다소 허점을 보이는 사람을 훨씬 더 좋아하는 것 같다. 따라서 살아가면서 완벽한 것도 좋지만 대인관계를 원만하게 하려면 남이 들어올 공간을 조금은 남겨놓아야 한다는 것도 지금에 와서 알았다. 즉 허점도 있어야 함께 더불어 살아가는데 도움이 된다.

장학사를 하면서 하루에도 몇 번씩 민원인의 상담전화를 받았다. 어느 날은 낮에 일할 수가 없을 정도로 전화 상담이 많았다. 상담에서 가장 효과를 얻은 것은 민원인의 말을 들어주면 대부분 해결이 되었다. 민원인이 문제를 제기하고 속상한 이야기를 할 때 다 들어주면 나중에 해결책도 제시하였다. 모든 문제의 답은 문제를 제기하는 민원인이 가지고 있었다.

특수학교나 특수학급에서 근무할 때는 장애학생들의 상태를 학급에 있거나 학교에 있는 학생들만 볼 수 있었다. 장학사를 하면서 현장 방문과 각종 시설을 방문하면서 장애학생들의 생활상을 더 많이 볼 수 있었다. 특히 시설에서 생활하면서 순회교육을 받고 있는 학생들은 학교나 학급에서 학습하는 학생들보다 몸이 더 많이 불편함을 알 수 있었으며 이들을 위해 더 많은 지원이 필요함을 절감하였다. 그래서 이들이 시설이나 가정에서 순회교육만 받지 않고 특수학교나 특수학급에 등교하여 학교 교육을 받을 수 있도록 특수학교 관리자들에게 부탁을 하였다. 또한 관리자들도 시설이나 가정을 방문하여 순회교육 나가는 교사들을 지원해 주도록 적극적으로 안내하고 지원하였다. 특수학급이 설치되지 않았지만 가끔은 학교장이 교육청으로 전화하여 통합교육을 위해 배치된 학생을 도와주고자 도움을 요청할 때는 내 일이 아무리 바빠도 학교를 방문하여 도움을 주었다. 얼마나 고마운 교장선생님들인가? 장애학생이 배치되는 것 자체가 싫어서 특수학급 설치를 반대하는 교장선생님도 있는데 배치된 한 두 명의 학생을 위해 무엇인가 도와주려고 앞장서는 교장선생님들의 아름다운 모습을 볼 때마다 힘이 생겼고 그 무엇보다 그들이 고맙고, 또 고마웠다.

장학사의 생활은 정말로 바쁘다.

혼자서는 일처리를 해나가기가 벅차다. 따라서 퇴근 후에 후배 교사에게 자주 지원을 요청하여 도움을 받았다. 나는 내게 도움을 준 사람들에게 늘 고맙다는 마음을 갖고 생활해 왔다. 지금은 나를 도와 준 많은 분들이 교감(장)으로 승진하여 교직생활을 하고 있다. 그들이 승진할 때마다 내가 승진하는 것보다 더 기분이 좋았다. 그들을 늘 고마워했던 마음, 그들이 승진하니 나와 그들 모두에게 축복을 준 것 같다.

장학사를 하는 동안 장학지도, 행정업무, 민원업무에 도움이 되었던 내용을 적어보면 다음과 같다.

적극적 경청, 이것은 누구나 알지만 가장 실행이 안 되는 행동이다. 나는 민원인과 상담을 하거나 장학지도를 나가면 듣기보다 내가 말을 많이 하려고 했다. 문제는 상대방의 의견을 잘 듣지 않으니 상담이나 문제해결 과정에서 조율이 원만하게 이루어지지 않았다. 적극적 경청은 단순히 말만 듣는 것이 아니라 다른 사람의 감정이나 내면의 생각까지도 읽는데 도움이 되었다.

경청을 잘하면 이는 신뢰와 지원을 향상시키는 역할만 하는 것이 아니라 자신의 아이디어, 감정 등을 잘 표현할 수 있게 한다. 특히 적극적인 경청은 사람들의 마음 깊이 잠겨있는 현안과 의미를 표면으로 드러나게 해준다. 성의 없이 기계적으로 듣는 것은 주위를 산만하게 하고, 말하는 사람에게 그 순간 자신의 말이 중요한 것이 아니거나 무시당한다고 느낄 수 있게 만든다(최치영, 2008).

사람들은 내가 옳은 말을 할 때보다 자신을 이해해 줄 때 더 좋아했다. 자기를 이해해 줄 때 내가 무슨 말을 하든 그 말을 받아들이려고 노력했다. 하지만 자기를 이해하지 못할 때는 아무리 옳은 말이라도 내 말을 듣지 않으려 했다.

칭기즈칸은 배운 것이 없어 이름도 쓸 줄 몰랐지만 항상 남의 말에 귀를 기울였다고 한다. "세계를 정복한 그는 '내 귀가 나를 현명하게 가르쳤다'고 말한다."(이민규, 2007, p.127).

나는 장학사를 하면서 이와 같은 내용을 늘 염두에 두고 장학지도 시 교원들의 의견을 많이 청취했고, 민원인과 접할 때도 민원인들의 의견을 많이 들어 그들이 요구하는 문제를 해결하려고 노력하였다.

특수교육교사 연수회비 배부

9월 1일자로 충남예산교육청 장학사로 발령을 받았다. 발령받고 2주 후에 예산지역 특수학급 담당 교사 연구회 임원진들과 협의회를 가졌다. 허심탄회하게 이야기를 하던 도중 학교에서 실시하는 특수교육교사 연수를 안 했으면 좋겠다고 하는 교사가 있었다.

회장한테 무슨 이야기이냐고 물었더니 1년에 2회 예산지역 특수교육교사 연수를 한다고 하였다. 연수 담당 학교에서 수업공개도 하고 연수물 발표 및 정보 교환도 한다고 하였다. 이때 연수를 맡은 학교는 과일과 차를 준비하는데 비용이 평균 15만원 정도 든다는 것이다. 담당학교 운영비로 쓰게 되니까 관리자 분들께서 당번학교가 되는 것을 싫어하여 특수교육교사들이 관리자들에게 미안하다는 것이다.

"장학사님, 좋은 방법이 없을까요?"

나에게 질문을 하였다. 나는 연구해 보자고 하고는 충남예산교육청에 와서 학무과장님에게 예산을 지원해 달라고 부탁하였다. 얼마가 필요하냐고 물었다. 전반기 100만원, 후반기 100만원 총 200만원이 필요하다고 하였더니 초등담당 장학사에게 지원하라고 하였다.

초등담당 장학사는 알겠다고 하면서 초등장학과에서 사용하려고 세워둔 예산에서 200만원을 지원해 주었다. 전반기와 후반기에 해당되는 학교에 100만원씩 배부하였다. 배부 받은 학교 특수교육 담당 교사에게서 전화가 왔다. 교장선생님이 걱정을 한다는 것이다. 즉, 연구학교 보고 마냥 연구공개를 하는 것으로 생각한 것 같았다. 나는 전혀 그런 것이 아니고 그 동안 해왔던 대로 특수교육교사 협의회 및 연수물 발표, 정보 교환에 사용되는 비용이라고 하였다.

전반기부터 100만원 가지고 협의회를 주관하니까 관리자 눈치도 안보고 여유 있게 준비를 하여 너무 좋았다고 개최한 특수학급 교사가 전화를 했다. 교장선생님께서도 예산 보내주어서 행사를 잘 마쳤다고 전화를 했다.

그 후 1년 만에 나는 충청남도천안교육청으로 자리를 옮겼다. 내가 자리를 옮기고 난 후 연수비 예산지원은 없어졌다는 이야기를 들었다. 특수교육교사 연수 때 강의하러 갔는데 예산지역에서 근무하는 특수학급 교사가 내가 예산교육청에 있을 때 특수학급 교사들 어려움도 알아주고 예산도 많이 지원해 주었다면서 그때가 좋았다고 하였다.

특수학급 시간표 작성하기

특수학급 주간 시간표를 어떻게 작성하느냐에 따라 특수학급 교육과정 운영뿐만 아니라 통합학급과의 교류교육 및 특수학급 전반적인 운영의 성패가 결정된다.

시간표 작성의 기본적인 조건은 특수학급 운영 형태(전일제, 시간제, 특별교실제), 교류교육의 정도, 특수학급에서의 지도시간 등이므로 이에 충분한 자료수집과 분석이 필요하다. 따라서 다음의 시간표 작성의 원칙에 따라 작성하도록 하였다.

첫째, 학생 모두에게 교육과정이 정상으로 운영되도록 작성한다.

둘째, 특수학급과 통합학급의 일과 운영 시간, 각종 행사 계획, 교과명 등을 동일하게 한다.

셋째, 교류교과 시간은 특수학급과 통합학급이 서로 동일하게 배정한다.

넷째, 통합학급의 연간 수업시수가 확보되도록 작성한다.

이에 특수학급 시간표 작성방법을 구체적으로 기술하면,

첫째, 개인별 교류시간과 특수학급 수업시간을 확정한다. 개인별 실태 분석과 출발점 행동 진단의 결과에 의하여 교류 교과를 정하고 그 시간을 제외한 시간을 특수학급에서 수업시간수로 확정한다.

둘째, 교류할 교과의 시간표는 학년말에 특수학급에서 먼저 작성하고 통합학급은 특수학급 시간표에 맞추어 작성하도록 한다.

셋째, 특수학급 교사는 시간표 작성 시 학부모와 협의하여 작성하는 것도 바람직하다.

특수학급이 설치된 학교 교감 · 교장 연수 때와 특수학급 담당 교사 연수 때 수시로 특수학급 시간표 작성에 관하여 강조하였다. 그랬더니 특수학급이 설치된 학교에서는 위와 같은 절차 및 방법에 따라 특수학급 시간표를 작성 · 운영하게 되었다.

특수교육대상자 급식비 지원

점식식사를 마치고 사무실에 들어 왔는데 보건행정주사가 시간 있으면 차 한 잔 하자고 했다. 휴게실에서 차 한 잔을 하는데 주사가 물었다.

"장학사님, 제가 잘 몰라서 그러는데, 특수교육대상학생들 급식비를 의무적으로 무상지원 하여야 하는 것인가요?"

나는 무엇인가 문제가 있구나. 하는 생각이 들어서 무슨 일 때문에 그러느냐고 내용을 자세히 물었다.

"특수학급 담당 교사에게 전화가 왔는데. 화난 목소리로 왜 급식비를 무상으로 지원하게 되었는데 지원 안 하느냐고 따지듯이 말하는 거예요. 그 동안 지원을 안했는데 만약에 의무적으로 무상지원하게 되었다면 어떻게 하지요?"

나는 어느 학교 누구에게서 전화가 왔느냐고 묻고 주사님의 질문은 알았는데 답은 학교에 전화하여 담당교사에게 사유를 알아보고 다음에 말씀을 드리겠다고 하고 차를 마시고 사무실로 왔다.

사무실에 와서 해당학교로 전화하여 담당교사와 통화를 하였다. 내용은 보건행정주사가 이야기한 것과 같았다.

담당교사에게 "특수교육진흥법시행령 제5조와 제5조의 2"의 규정을 보면 특수교육대상학생에게 무상교육 등의 범위는 입학금, 수업료 및 교과용도서대는 강제조항이지만 학교급식경비는 강제조항이 아니고 예산의 범위 안에서 보조할 수 있게 되어 있다고 설명하였다.

제5조의 2(학교급식경비 등 지원)국가 또는 지방자치단체는 제5조의 규정에 의한 의무교육 및 무상교육의 실시에 필요한 비용 외에 학부모가 부담하는 학교급식경비, 학교운영지원비 등을 예산의 범위 안에서 부담 또는 보조할 수 있다.

[대통령령 제18721호, 2005년 3월 1일부터 시행]

"선생님이 학생을 위하는 마음은 알겠지만 충청남도예산교육청에서 지원을 해주지 않았다고 문제제기를 해서는 안 됩니다. 내가 급식비 지원이 되도록 잘 협의할 테니 조금만 참고 기다리세요."

담당교사는 잘 몰라서 모두 다 강제조항인줄 알고 속이 상해서 전화했다는 것이다.

"학생의 가정형편이 어렵거든요. 장학사님 지원받을 수 있도록 잘 말씀해 주세요."

나는 보건행정주사를 찾아갔다.

"담당 교사가 잘 몰라서 그렇게 전화를 하였네요. 미안하게 됐어요. 법은 예산의 범위 안에서 지원할 수 있도록 되어 있어요."

"역시 장학사님이 특수교육 전문가시네. 사실은 생활보호대상자와 차상위계층 학생들에게는 학교급식경비를 지원하고 있어요. 특수교육대상학생들 대부분 생활보호대상자나 차상위계층에 해당되므로 지원에서 빠진 학생들은 많지 않을 것입니다. 학무과장님과 교육장님 결재를 득해야 지원할 수 있으니 함께 두 분께 말씀드리러 가요."

"지원할 예산은 있나요?"

"추가로 지원하는 것이니까 가능할 거예요."

"그럼 지금 가서 말씀드립시다."

나와 보건행정주사는 학무과장님과 교육장님께 예산의 범위 안에서 지원할 수 있는 것과 어느 지역교육청에서도 하지 않는 사업을 우리 교육청에서 실시하면 장애학생에 대한 지원이 모범적이라고 학부모님들이 매우 좋아할 것이라는 의견도 첨가하여 설명하였다.

교육장님과 학무과장님은 쾌히 승낙하였다. 바로 기안을 올려 결재가 났다. 나는 보건행정주사에게 몇 번이고 고맙다는 인사를 하였다. 문제를 제기했던 담당 교사에게 보건행정주사에게 고맙다는 전화를 하도록 부탁도 하였다.

보건행정주사도 담당교사의 전화를 받고 좋아했다.

내가 근무한 충청남도예산교육청이 충남에서는 최초로 학교급식경비를 지원하여 점차로 타 지역교육청도 지원을 하였다. 지금은 무상교육 등의 범위에 학교급식경비 지원이 강제조항으로 되어 있어 모든 특수교육대상학생에게 학교급식경비를 무상으로 지원하고 있다.

특수학급 운영비 집행 지원

2003년 당시 특수학급 운영비가 학급 당 200만원이었던 것으로 기억된다. 그러나 학교에 예산이 배부될 때는 도급경비로 배부되기 때문에 특수학급 운영비로 따로 책정되어 배부되는 것이 아니라 학교에 따라서는 200만원 이상 사용하는 학교도 있고, 200만원 이하 사용 하는 학교도 있었다. 특수학급 담당 교사들로부터 들려오는 소식에 의하면 여러 학교가 200만원 이하로 사용을 하고 있다는 것이다.

어느 학교는 특수교육교사가 출장 갈 경우 특수학급운영비에서 사용하도록 하여 출장 나올 때 특수학급 운영비를 학생들 교육과정 운영비로 사용하여야 하는데 출장비로 사용하여 학생들에게 미안한 마음까지 든다는 것이다.

이러한 이야기를 들었을 때 어떻게 하면 특수학급 운영비를 학생들을 위해 200만원 이상 사용할 수 있게 할까? 하는 고민이 되었다. 지역교육청에서 학교운영비를 배부하는 담당 주사에게 이 문제를 이야기하고 해결책을 말해보라고 하였다. 예산 배부 담당 주사는 다음과 같은 방법이 있다고 하였다.

첫째, 예산을 배부할 때 특수학급 운영비를 지정하여 배부하는 것

둘째, 학교운영비 집행 후 특수학급 운영비로 집행한 내역을 특수교육 담당 장학사가 받고 200만원을 적절하게 사용하지 않은 학교는 지도하는 것

이상의 방법 중 첫 번째 방법은 예산배부 담당자가 불가능하다고 하였고, 둘째 방법은 가능하다고 하였다. 예산배부담당자의 협조를 받고 공문을 작성하여 특수학급이 설치된 학교에 보냈다.

공문 내용은 '특수학급 운영비를 200만원 이상 집행하고, 집행한 내용에 대해 증빙서를 첨부하여 금년 12월 20일 까지 특수교육 담당 장학사 앞으로 보내주기 바랍니다. 단 200만원 이하를 집행한 학교는 사유서를 첨부하여 교감이 직접 제출하기바랍니다.'

이와 같은 공문을 5월 중순에 보냈는데 12월에 특수학급 집행내역을 받아 보니 특수학급이 설치된 전 학교가 200만원 이상을 적절하게 집행하였음을 볼 수 있었다. 당시 특수학급이 설치된 학교 교감선생님들에게 어려움을 드려서 미안한 마음을 전하며 또한 교감선생님들이 수고하셔서 특수학급을 잘 운영할 수 있었음에 감사를 드린다.

특수교육 전도사

특수교육진흥법 제4조 ①항에서는 특수교육에 관한 주요사항을 심의하기 위하여 교육인적자원부장관소속하에 중앙특수교육운영위원회를, 교육감소속하에 시 · 도 특수교육운영위원회를, 교육장 소속하에 시 · 군 · 구 특수교육운영위원회를 두도록 규정하고 있다.[법률 제6400호, 2001.1.29.]

이에 따라 충청남도교육청 특수교육위원회규칙에 의거 충청남도지역교육청 특수교육운영위원회 규칙을 제정해야 하는데 규칙을 살펴보니 미비한 부분이 많았다.

그래서 충청남도교육청 특수교육위원회규칙에서 규정한 충청남도지역교육청 특수교육운영위원회의 구성, 기능에 적합하게 충청남도예산교육청 특수교육운영위원회 규정을 수정·보완하였다.

당시 충청남도지역교육청 특수교육 담당 장학사는 대부분 유치원 담당 장학사가 업무를 겸임해서 맡고 있었다. 그래서인지 특수교육 전공자가 아니고, 또한 유치원 업무 때문에 특수교육 업무에는 소홀히 할 수밖에 없었다.

나는 특수교육운영위원회 규정을 정비한 후 규정에 따라 특수교육운영위원회를 개최하였다. 이와 같은 업무추진 내용을 충청남도교육청 특수교육 담당 장학사가 알고 지역교육청 특수교육 담당 장학사 협의회 때 특수교육 업무추진에 관하여 설명 하라고 하여서 몇 번 연수를 하였다. 그 후 지역교육청 특수교육 담당 장학사들에게 특수교육운영위원회 규정에 관하여 문의가 여러 번 와서 충청남도예산교육청 특수교육운영위원회 규정을 참고하라고 메일로 보내주었다.

뿐만 아니라 특수교육에 관한 인사, 장학지도, 개별화교육 계획, 교수·학습활동 지도, 특수학급 설치, 통합교육 등 여러 면에서 문의가 자주 왔다. 나는 그때마다 최선을 다하여 답변을 했고, 내가 알지 못하는 내용은 자료도 찾고, 특수교육 전문가들에게 문의를 하여 답을 보냈다. 이런 일 때문에 그런지 장학사들이 나를 만나면 특수교육 전도사라고 부르는 분들도 있었다.

특수교육운영위원에 학부모 대표 넣어주세요

충청남도천안교육청으로 발령을 받고 3주 정도 지났다. 업무를 보고 있는데 민원인 두 분이 오셨다.

"어서 오세요. 특수교육 담당 장학사 하상근입니다."

"안녕하세요. 충남장애인부모회 회장 이ㅇㅇ입니다. 사무국장 조ㅇㅇ입니다."

상담실로 자리를 옮겨 차를 마셨다.

"어떻게 오셨나요?"

"장학사님에게 부탁할 게 있어서 왔어요."

부모회 회장님이 이야기를 하였다.

"말씀하세요. 제가 할 수 있는 일인지 모르겠네요."

"충청남도천안교육청 특수교육운영위원으로 학부모 대표를 넣어주세요. 지난번 장학사님에게는 여러 번 부탁을 하였는데 무엇 때문에 그런지 특수교육운영위원에 학부모 대표가 없어요. 내가 알고 있기로는 반드시 학부모 대표가 들어가야 되는 것으로 알고 있는데요."

"알겠습니다. 제가 아직 특수교육운영위원회 규정을 살펴보지 못했습니다. 살펴보고 학부모 대표가 특수교육운영위원회 규정에서 빠졌으면 수정하도록 하겠습니다. 또 다른 의견 없으십니까?"

회장과 사무국장은 밝은 표정으로 교대로 건의 사항을 여러 가지 이야기 하였다.

그 중 대표적인 사항은 특수학급 증설, 특수학급 학생 수 줄이기, 특수학급 교육환경 개선, 일부 학교에서 특수학급 담당 교사와 학부모 간의 갈등 문제, 특수학급이 설치된 학교의 관리자가 특수학급에 대한 관심이 부족하여 특수학급 운영비 지출 어려움 등을 이야기하였다.

요구사항을 들어보니 학부모 입장에서 당연한 것들이었다. 오히려 장학사가 이런 일이 없도록 학교실정을 파악하여 지도를 하여야 할 일이었다.

회장과 사무국장이 돌아간 다음에 지난해 특수교육을 담당했던 장학사에게 두 분이 방문해서 한 이야기를 전했더니 '그분들 요구사항이 많아서 하장학사 어려울 것입니다.' 하는 것이다.

나는 특수교육운영위회 규정에 학부모 대표를 왜 선정하지 않았느냐고 물었더니 특수교육운영위회 위원으로 임명하면 특수교육운영위원회 회의를 개최할 때 요구사항이 많아 어려울 것 같아서 선정하지 않았다는 것이다. 나는 전임 장학사에게 여러 가지 궁금한 것을 물어보고 특수교육운영위원회 규정을 살펴보았다. 특수교육운영위원회 규정 임원의 조직에서 학부모 대표와 특수교육 전문가가 빠져 있었다.

나는 충청남도천안교육청 특수교육운영위원회 규정을 대폭 수정 · 보완하였다. 임원규정에 학부모 대표와 특수교육전문가로서 특수교육과 대학교수를 추가하였다.

결재과정에서 초등교육담당자와 학무과장이 걱정을 하면서 다시 한 번 고려해 보는 것이 좋겠다고 하였다. 나는 충청남도교육청 특수교육운영위원회 규정에도 의무적으로 학부모 대표를 선정하도록 되어 있으며, 또한 학부모 대표가 특수교육운영위원회 위원으로 임명되면 부모 의견을 들을 수 있고 학부모들이 제시하는 문제점도 해결할 수 있을 것이기 때문에 반드시 넣어야 한다고 설명하였다.

여러 번 설명한 끝에 결재를 득하였다. 결재는 받았지만 결재과정에서 여러 가지 어려움을 이야기하여 나도 걱정이 되었다. 새로 개정된 충청남도천안교육청 특수교육운영위원회 규정에 따라 충청남도천안교육청 특수교육운영위원회를 개최하였다. 특수교육운영위원회 협의회는 진지하게 이루어졌다. 고민했던 것과 달리 어려운 점은 전혀 없었다. 오히려 충청남도천안교육청 특수교육 추진계획에 여러 가지 도움 되는 의견과 현장에서 일어나고 있는 어려운 문제를 새로 임명된 위원들이 적극적으로 해결책을 제시해주곤 하였다.

그 후에도 특수교육운영위원회는 발전적으로 운영되었으며, 학교현장에서 나타나는 특수교육 관련 문제들을 충남장애인부모회 회장이 중간역할을 해주어 학부모들의 이해를 구하거나 업무를 처리하는데 도움 받는 일이 더 많았다.

충청남도천안교육청에서 장학사 근무를 마치고 공주정명학교로 자리를 옮겼는데 그 때 인연으로 충청남도장애인부모회 자문위원으로 위촉되어 활동하였다.

2년 동안 특수교육담당 장학사로 근무하면서 충남특수교육 발전에 얼마나 기여했는지 나는 모르겠지만 현장에 있는 특수교육교사나 학부모들께서 내가 특수교육 담당 장학사로 근무할 때가 좋았고 현장 특수교육 발전을 위해 수고 많이 했다는 칭찬을 들었는데 그 때 들었던 말을 생각하면 지금도 마음이 뿌듯하다.

대학교수 충청남도천안교육청 방문 문제해결

출근하여 급하게 처리할 공문이 있어서 업무를 보고 있는데 아래는 작업복에 위에는 잠바를 입고, 운동화를 신은 시골 아저씨 한 분이 출입구 앞에서 사무실을 조심스럽게 이곳저곳 살피며 들여다보고 있었다.

나는 그분이 민원 업무를 처리할 곳을 찾는 줄 알고 바쁜 일손을 멈추고 들어오시도록 안내하고 차를 한 잔 권했다. 나도 민원업무를 처리하기 위해 기관을 방문하면 낯설고 누군가가 안내해 주면 그렇게 고맙고 기분이 좋을 수가 없었던 경험이 생각나서 내 일도 급하지만 그분을 도와 드렸다. 교육청에서 근무하다 보니까 현장에서 노동을 하는 분이거나 농촌에서 일하는 분들은 업무를 보는 사무실을 안내해 드려도 쉽게 찾아가지를 못하는 경우가 많았다. 반대로 개인 사업을 하거나 공직에 있는 분들은 안내를 하지 않아도 본인이 민원업무 볼 곳을 잘 찾아서 업무를 본다. 그래서 그 때에는 내 일이 바쁘긴 했지만 그분을 도와드리고 싶었다.

"특수교육 담당 장학사 하상근입니다. 무슨 일 때문에 오셨어요?"

하면서 명함을 드렸다. 그분은 머뭇거리며 대답을 하지 않았다.

"어디 찾아오셨어요?"

그분은 나를 한참 쳐다보다가 말문을 열었다.

"사실은 교육장님 만나려고 왔습니다. 교육장실로 가기 전에 담당자를 만나고 갈까 말까 망설이고 있었습니다. 그 때 장학사님이 저한테 오신 겁니다."

"무슨 일 때문에 그러시는데요?"

"제 딸이 중학교 특수학급에서 공부하고 있는데요. 학생들에게 놀림을 자주 받고 있습니다. 요즈음 말하는 '왕따' 같은 것이지요. 그렇지 않아도 장애로 태어나서 다른 자녀보다 안쓰러워 죽겠는데."

"담임교사에게는 연락을 하셨나요?"

"저희 아내가 몇 번 찾아가서 이야기를 했어요. 그런데 담임교사는 큰 문제라고 생각하지 않아요. 요즈음은 귀찮아하셔요. 그 뿐만 아니라 특수학급에 학생들이 너무 많아 개별화 수업이 잘 안 되는 것 같아요. 학생들이 많으니까 담임교사도 어렵겠지요. 한 학급 정원이 12명으로 알고 있는데 그 반은 12명이 넘는 것으로 알고 있어요. 왜 그렇게 그 반은 학생들이 많은지 모르겠어요."

"이런 문제가 있으면 저한테도 전화를 하시지요."

"장학사님에게는 연락을 안했지만 전임 특수교육 담당 장학사님에게는 몇 번 연락을 했어요. 연락을 받을 때는 알겠습니다. 하고는 연락이 없어요. 그 때 담당했던 장학사에게 물어보면 알 것입니다. 하도 답답해서 교육부로 연락을 하려고 하다가 교육장님을 직접 만나 뵙고 답변을 들은 후에 교육부로 건의하려고 오늘 이렇게 찾아 왔습니다."

"네. 바쁘실 텐데 이렇게 직접 와서 어려운 말씀을 해 주셔서 감사합니다. 그리고 저희가 알아서 미리 어려움 없이 도와드렸어야 했는데 그러지 못해서 죄송합니다. 제가 3월 1일자로 이 업무를 맡아서 내용을 알지 못했습니다. 오늘 말씀하신 내용을 자세히 알아보고 빠른 시일에 처리하여 아버님께 연락드리겠습니다. 또 다른 건의 사항은 없으신가요?"

"우리 딸이 중학교 2학년인데 내 후년에는 고등학교에 가야하거든요. 지금 고민 중입니다. 천안인애학교로 보내면 딸에게는 좋겠지만 중학교까지 통합교육을 했는데 고등학교에서 분리교육을 하게 되어 문제가 될 것 같아요. 우리 딸은 학습능력은 떨어지지만 생활하는 데는 비장애학생과 함께 할 수 있거든요. 우리 딸이 학교를 마치면 비장애인과 함께 살아가야하는데, 그래서 특수학교로는 보내고 싶지 않아요. 천안에 고등학교 특수학급이 있는 학교는 모두 남녀 공학이라 여러모로 걱정이 되네요. 그래서 말인데요. 여자고등학교에 특수학급을 설치해 주셨으면 합니다. 밤에 자다가도 딸아이가 남녀 공학 고등학교를 다닐 것을 생각하면 걱정이 되어 잠이 안 옵니다. 꼭 좀 여자고등학교에 특수학급을 설치해 주시기 바랍니다."

"사시는 곳이 어디인데요?"

"○○○○고등학교 있는 곳이에요. ○○○○고등학교에 설치해 주셨으면 좋겠습니다. 만약에 ○○○○고등학교가 어려우면 천안지역이면 어디라도 괜찮습니다."

"또 다른 건의 사항은 없으신가요?"

"없습니다. 너무 제 욕심만 말씀드린 것 같아서 미안합니다."

하면서 본인 명함을 주었다. 명함을 받아 살펴보니 천안에 있는 ○○○○대학교 교수였다.

"감사합니다. 부탁하신 말씀은 최선을 다하여 처리하겠습니다."

그분과 한 2시간 정도 이야기를 나누었다. 그리고 그분에게 교육장님을 뵙고 가시려느냐고 물었더니 장학사님만 믿고 간다고 하면서 그냥 돌아갔다.

그분을 현관 앞까지 배웅하고 차를 한 잔 마시는데 여러 가지 생각들이 내 머리를 스쳐갔다.

자녀 때문에 그 동안 얼마나 힘들었을까? 하는 안타까움이 내 가슴을 아프게 했다. 또한 사람을 외모만 보고 평가해서는 안 된다는 것을 다시 한 번 크게 깨달았다. 만약에 내가 바쁘다는 이유로 그분을 모르는 체 했다면 문제는 더 커졌을 것이며, 그 분을 또 한 번 가슴 아프게 했을 것이다.

그 후 학생에 대한 실태를 학교를 방문하여 알아보았고, 특수학급 담당교사에게 학생의 어려움을 말씀드려서 어려움이 없도록 도와주도록 하였다.

그리고 ○○○○고등학교를 방문하였다. 교무부장을 만나 현재 ○○○○고등학교에 특수학급은 없지만 특수교육대상자가 몇 명 배치되었는지 알아보았다. 3명이 배치되어 일반학급에서 완전 통합하여 학습하고 있었다. 교감선생님을 뵙고 특수학급 설치할 교실이 있느냐고 물었더니 여유교실이 없다고 하였다.

그래서 충청남도교육청에 학부모들의 요구 사항을 구체적으로 기술하여 천안지역 여자고등학교에 특수학급 설치가 꼭 필요하니 특수학급을 설치해 달라고 요청하였다.

1주일이 지난 후 학생 어머니에게서 전화가 왔다.

"우리 애가 요즈음은 학교 가기를 좋아해요. 그래서 나도 덩달아 기분이 좋아요. 전에는 아침마다 애가 학교를 안 가려고 해서 힘도 들고 속상했어요. 다 장학사님 덕분이에요. 여자고등학교 특수학급 문제는 어떻게 되나요?"

"예, 충청남도교육청에 특수학급 설치를 신청한 상태입니다. 기다려 보시지요. 저도 최선을 다해 노력하고 있습니다."

그 후 나는 공주정명학교로 발령을 받고 충청남도천안교육청을 떠났다. 후임 장학사에게 천안지역 여자고등학교에 특수학급을 꼭 설치하도록 노력하시라고 부탁을 하였다.

나는 충청남도교육청 특수교육운영위원회 위원으로 활동하고 있었는데 천안지역 여자고등학교에 특수학급을 설치해 달라는 안건이 상정되었다. 협의 과정에서 여러 가지 어려움이 있었지만 다행히 ○○여자고등학교에 특수학급이 설치되었다. 그 학생은 일차로 남녀공학으로 배치되었으나 ○○여자고등학교에 특수학급이 설치되어 재배치 받아 ○○여자고등학교에 다니게 되었다.

장학사 업무를 수행하면서 인간관계의 갈등을 해결하려면 먼저 상대방의 입장에서 그가 왜 그렇게밖에 할 수 없었는지를 곰곰이 생각해보는 시간을 갖는 것이 중요하다는 것을 알게 되었다. 모든 행동에는 반드시 이유가 있으므로 행동 뒤에 숨겨진 이유를 파악하여 상대방 입장에서 일을 처리하는 태도는 중요하다고 생각한다. 공자는 원만한 인간관계의 황금률로 상대방의 처지에서 생각해보는 역지사지를 들었는데 공자의 말씀을 여러 가지 사례를 통해 몸으로 깨닫게 되었다.

장애학생인데 왜 무상교육이 안 되나요?

점심 식사를 마치고 차를 한잔 마시고 있는데 중등담당 장학사가 특수교육 담당 장학사 전화 받으라고 하였다.

"여보세요. 특수교육 담당 장학사 하상근입니다."

"장학사님, 안녕하세요? 저는 천안○○중학교 행정실장 김○○입니다. 장학사님께 의논할 일이 있어서 전화 드렸습니다."

"말씀하세요."

"지난주에 우리학교가 종합감사를 받았어요. 그런데 우리학교에 지체장애학생이 있는데 이 학생이 현재 3학년이에요. 문제는 입학 때부터 지금까지 입학금 · 수업료 · 교과용도서대를 모두 무상으로 해주었어요. 그런데 이번 감사에서 그 동안 무상으로 한 것을 학생에게 모두 받아서 납부하라는 지적을 받았어요. 이 학생은 지체장애학생이고 입학할 때도 장애학생이라 우리학교로 부모가 희망하여 우선 배치되었어요. 그래서 나는 무상으로 해주는 것이 당연하다고 생각하는데 왜 무상이 안 되는지요?"

"행정실장님 말씀은 이해했습니다. 그러나 지금 무엇이라고 말씀드릴 수는 없고 자세한 것을 알아보고 연락할게요. 학생 이름이 무엇이지요?"

"박○○ 이예요. 빨리 좀 알아서 연락주세요."

이 학생이 어떻게 천안○○중학교로 배치되었는지 학생이 입학하였을 것으로 예상되는 연도를 앞뒤로 3~4년씩 특수교육 진단 · 평가 · 선정 · 배치 서류를 찾아보았다. 아무리 찾아보아도 학생은 없었다. 왜 없을까? 한참을 고민하다가 중학교 배치서류를 보았다. 이 학생은 특수교육대상학생으로 배치된 것이 아니고 지체장애 때문에 희망하는 중학교에 우선배치를 받았다. 이렇게 배치되었으면 특수교육대상자가 아니기 때문에 입학금 · 수업료 · 교과용도서대는 무상으로 할 수가 없다. 따라서 입학 때부터 지금까지 납부하지 않은 입학금 · 수업료 · 교과용도서대를 모두 납부해야 했다.

당시 특수교육진흥법에서는 특수교육대상자에 관하여 다음과 같이 규정하였다 [법률 제06742호, 002.12.5].

제2조 (정의)

2. "특수교육대상자"라 함은 제10조의 규정에 의하여 특수교육을 필요로 하는 사람으로 선정된 사람을 말한다.

제5조 (의무교육등)

①특수교육대상자에 대한 국민학교 및 중학교 과정의 교육은 이를 의무교육으로 하고, 유치원 및 고등학교 과정의 교육은 이를 무상으로 한다.

제10조 (특수교육대상자의 선정)

①다음 각호의 1에 해당하는 장애가 있는 사람 중 특수교육을 필요로 하는 사람으로 진단 · 평가된 사람을 특수교육대상자로 선정한다.

1. 시각장애
2. 청각장애
3. 정신지체
4. 지체부자유
5. 정서장애(자폐성을 포함한다)
6. 언어장애
7. 학습장애
8. 기타 교육인적자원부령이 정하는 장애

또한 특수교육진흥법시행령에서는 특수교육대상자의 무상교육에 관하여 다음과 같이 규정하였다[대통령령 제17426호, 2001.12.19].

제5조 (무상교육등의 범위)

법 제5조의 규정에 의하여 국가 또는 지방자치단체는 의무교육 및 무상교육의 실시에 필요한 입학금 · 수업료 및 교과용도서대를 부담 또는 보조한다.

나는 천안○○중학교로 전화를 하여 행정실장에게 박○○ 학생이 배치된 과정과 박○○ 학생은 장애를 지녔지만 특수교육대상자가 아니기 때문에 무상교육이 안 된다는 것을 설명하였다. 또한 학부모에게 자세한 설명을 드리고 그 동안 납부하지 않은 입학금 · 수업료 · 교과용도서대를 납부하여야 함을 안내하는 수밖에 없다고 하였다. 며칠 후에 행정실장에게서 전화가 왔다. 다행히 학부모가 이해를 하여 잘 처리되었다고 하였다. 학부모는 그 동안 학교에서 학생을 위하여 여러모로 도와주어서 학생이 학교를 다니는데 어려움이 없었으며 특히 담임 성생님이 학생을 잘 돌봐 주어서 학생이 학교를 가는데 즐거워했다는 것이다.

나는 이 학교 교직원과 담임교사, 그리고 학부모에게 진심으로 감사 드렸다. 반면에 학생이 입학할 당시 초등학교 6학년 담임과 천안○○중학교 박○○ 학생 1학년 담임교사가 학부모에게 당시 특수교육진흥법과 특수교육진흥법시행령을 자세히 설명하여 특수교육대상자로 선정되어 배치를 받아야 무상교육대상자가 될 수 있다는 것을 안내하였더라면 이러한 문제가 없었을 것을 하는 안타까운 생각이 들었다. 따라서 특수교육교원은 특수교육대상학생 교육뿐만 아니라 장애학생에 대한 복지, 고용, 법률에 대하여 자신의 역할에 사명감을 갖고 최선을 다해야 함을 다시 한 번 깨닫게 되었다.

이러한 일을 경험한 후부터 각종 연수에 강사로 위촉되어 강의를 하거나 직원연수 시 교직원들에게 특수교육대상학생에게 관련된 법률을 꼭 알고 필요에 따라 당사자나 보호자에게 안내하여 그들이 불이익을 받는 일이 없도록 하여야 함을 강조하였다.

특수학급교사와 교감 갈등 문제 해결

출근하여 차를 한잔 마시고 있는데 초등담당 장학사가 특수교육 담당 장학사 전화 받으라고 하였다.

"여보세요. 특수교육 담당 장학사 하상근입니다."

"장학사님, 안녕하세요? 저는 ○○○○초등학교 특수학급 담당 교사 안○○입니다. 장학사님께 드릴 말씀이 있어서 전화 드렸습니다."

"안녕하세요? 말씀하세요."

"지금 전화로 말씀드릴 수는 없고 퇴근 후에 충청남도천안교육청에 가서 말씀드릴게요. 퇴근 후에 시간 있으세요?"

"네, 오세요."

"알겠습니다. 퇴근 후에 찾아뵙겠습니다."

안○○ 교사가 퇴근 후에 충청남도천안교육청으로 찾아왔다. 안○○ 교사와 인사를 나누고 상담실에서 차를 한잔 나누었다. 그는 특수학급을 운영하면서 어려웠던 일을 이야기하기 시작하였다. 그 중에서도 가장 어려운 것은 특수학급과 통합학급 간의 시간표 운영과 특수학급 담당 교사는 시간제 운영을 하려고 하는데 학교에서는 대부분 학생을 전일제로 운영하라고 한다는 것이다.

학부모들도 통합학급에 가면 '왕따' 당한다고 전일제 특수학급을 원한다는 것이다. 특수교육교사 이야기를 듣는 순간 내가 처음 특수학급을 담당했을 때 겪었던 어려움이 생각났다.

특히 교감선생님이 학생이 등교하면 하교할 때까지 특수학급에서 공부하는 것을 더 원한다는 것이다. 이유는 통합학급에 가면 다른 학생들 수업을 방해해서 안 된다는 것이다. 나는 안○○ 교사 말을 듣고 이해가 안 갔다. 그 교감선생님은 일찍부터 천안에서 특수학급을 담당했고, 충남 특수교육을 위해 공헌도 많이 한 교감선생님이다. 그런데 왜 시간제 특수학급 운영을 못하게 하는 것일까?

상담이 끝나고 특수학급 담당 교사가 돌아갔다.

다음날 오전에 ○○○○초등학교 교감선생님에게 전화를 걸었다.

"안녕하세요? 충청남도천안교육청 특수교육 담당 장학사 하상근입니다. 그 동안 잘 지내셨지요?"

"안녕하세요? ○○○○초등학교 교감 김○○입니다. 장학사님 잘 알지요."

"그 동안 특수학급 지원을 잘 해주셔서 고맙습니다. 학교를 언제 한번 방문하였으면 하는데요."

"우리 학교에 무슨 일이 있나요?"

"무슨 문제가 있어서 그런 것은 아니고요. 특수학급 운영 시간표를 알아보려고 합니다."

"시간표를 어떻게 작성하여야 하는데요?"

"오래전에 충청남도교육청에서 만든 '1995년도 특수학급 운영의 실제'라는 장학자료를 보면 특수학급 시간표 작성에 관한 내용이 자세하게 나왔습니다. 요점은 특수교육 대상학생들이 주로 1∼2교시에 특수학급에 와서 수업을 하고 그 이후 시간은 안 오는데 개별화 교육을 하기 위해서는 매일 4～5교시까지 나누어서 특수학급에서 학습이 이루어지도록 시간표를 작성하여야 합니다. 만약에 특수학급 수업 시간이 1～2교시만 하게 되어 있으면 지금이라도 수정을 하시고 학기 중이라 수정이 어려우면 2학기에는 반드시 특수학급 시간표 작성 방법에 따라 시간표를 작성할 수 있도록 교감선생님이 지도해 주시기 바랍니다. 저는 장학지도를 나가면 제일 먼저 시간표를 살펴봅니다."

교감선생님은 내 이야기를 듣고는 알았다고 하며, 지금이라도 수정하도록 하겠다고 하였다.

"교감 선생님. 혹시 전일제로 운영되는 학생이 있나요?"

교감 선생님은 한 참 망설이다가,

"몇 명 있습니다. 그 학생들이 통합학급에 오면 다른 학생들 수업에 방해되어서 학부모들이 싫어해요. 그래서 전일제로 운영하고 있습니다."

"천안지역은 천안인애학교가 있기 때문에 전일제 특수교육대상자는 천안인애학교로 재배치하는 것이 좋겠습니다."

교감 선생님은 학부모와 상의해서 시간제로 운영하도록 하겠다고 하였다.

2주 후에 특수학급 담당 교사에게서 전화가 왔다.

"장학사님 고맙습니다. 우리 학교의 모든 문제가 잘 해결되었어요. 그리고 교감선생님도 특수학급에 관심을 갖고 적극적으로 도와주셔요. 어려운 문제가 있으면 말하라고 했어요. 정말로 고마워요. 이제 우리 학교에 대해서는 걱정 안하셔도 되어요."

전화를 받는 순간 나는 무거운 돌을 가슴에서 내려놓는 기분이었다. 사실은 교감선생님과 진화를 한 후 혹시라도 특수학급 담당 교사를 더 어렵게 하지는 않을까? 하는 마음이 들어 내내 걱정이 되었다. 교감선생님이 정말로 감사했다. 그 후 김○○ 교감선생님이 충청남도천안교육청에 왔을 때 차를 나누면서 특수학급에 관심을 갖고 잘 지원해 주심에 정중하게 감사한 마음을 전했다.

나는 교감으로 근무하다가 장학사로 전직하였기 때문에 장학사로 3년 이상 근무하면 교장으로 승진할 수 있는 상황에서 2년 만에 특수학교 교감으로 다시 발령을 받았다. 갑자기 발령을 받게 되어 나도 당황했고, 또한 지인들로부터도 내가 무슨 문제를 일으켜 교감으로 발령 받은 것은 아닌지 조심스럽게 물어오는 전화도 있었다. 그도 그럴 것이 충남에서는 교감으로 장학직에 갔다가 교장 연수 지명도 받지 못하고 교감으로 학교에 나오는 것은 내가 처음이었다. 내 뜻은 아니었지만 공주정명학교 교감으로 발령받고 근무하면서 자신의 뜻을 펴기 위해서는 그 뜻을 펼 수 있는 자리에 가야 한다는 것을 새삼 느꼈다. 그래야 만이 직장생활도 즐겁고 행복하게 근무할 수 있다.

나는 장학사를 하는 동안 자주 토요일, 일요일도 반납하고 근무를 하다가 문득 문득 '내가 지금 무엇을 하고 있는 거지? 이게 내가 원하던 장학사의 꿈은 아니었는데.' 하는 생각을 할 때가 많았다.

내가 선택한 길을 걸어가다가 한번쯤은 뒤를 돌아볼 필요가 있다. 만약, 그 길이 아니거든 과감히 길을 바꾸는 것도 결코 나쁘지 않다는 생각이다. 내가 정말로 하고 싶은 것, 다른 사람에게 피해를 주는 일이 아니라면 다른 사람 눈치 안보고 정말로 하고 싶은 것을 하면서 사는 것도 좋은 것 같다.

그 동안 장학사를 하면서 깨달은 것은 특수교육 정책에 대해 불만을 갖고 화를 내는 민원인이나 학부모에게 객관적인 사실을 열거해 논리적으로 설명하는 것은 화를 누그러뜨리는 데 별로 도움이 되지 않았다. 먼저 그들을 이해하고 존중하고 있다는 것을 보여주어야 한다. 즉 학부모들이 교육청을 찾아와 특수교육 정책에 문제점을 지적하면 그들이 말하는 것이 틀렸다고 지적하기 전에 그들의 말에 귀를 기울이고 그들의 입장을 이해하고 있음을 보여주면 대개는 그들 스스로 문제를 해결하였다.

라. 교장 시절

2004년 8월 25일 나는 노무현 대통령으로부터 수여된 특수학교장 임명장을 받았다. 개인적으로는 더없이 기쁜 순간이었고 일생의 영예였다. 33년간의 공직생활을 초등학교, 특수학교, 교육청에서 근무했던 나는 일반교육, 특수교육, 교육행정 전반에 대해 경험하였고 깊이 생각할 수 있었다. 특히 내가 희망하여 전직한 특수교육에 대하여 마음속에 품었던 소신을 펼칠 수 있는 기회가 찾아온 것이다. 나는 교장이 된 후 일곱 가지 원칙을 세웠다.

첫째, 사심을 갖지 말자.

둘째, 공정성과 투명성을 겸비한 학교장이 되자.

셋째, 주어진 업무에 문제의식을 가지고 항시 공부하는 학교장이 되자.

넷째, 학생 · 학부모 · 교직원들의 의견을 존중하고 학교 경영에 반영하자.

다섯째, 학생 · 교직원들에게 도움이 되는 일을 하자.

여섯째, 지난 일에 후회하지 않도록 최선을 다하며 성실하게 근무하자.

일곱째, 공직자로서 품위를 지키고 건강한 생활을 하자.

교장으로 근무하면서 발령받을 때 세운 일곱까지 원칙을 실천하기 위하여 다음과 같이 노력하였다.

함께 있으면 좋은 사람

교직원들이나 학부모들이 나를 보고 교장선생님보다 동네 아저씨 같다고 하면서 편안하다는 말을 자주하였다. 사람과 대화를 할 때는 되도록이면 웃으면서 하려고 노력했고, 나 역시 웃는 사람이 좋았다. 환한 웃음은 보고만 있어도 기분이 상쾌하다. 나는 가끔 의사는 참으로 어려운 직업이라는 생각을 한다. 의사를 찾아오는 사람들은 대부분 인상을 찌푸리거나 어두운 표정을 짓고 찾아오는데 이런 분들을 대하는 직업이니 얼마나 힘들겠는가?

교장실에서 업무를 처리하다 보면 학부모나 민원인이 화가 나서 교장실로 찾아오는 때가 있다. 그럴 때면 더욱 밝은 표정을 지으며 상대에게 실례가 되지 않도록 웃으면서 맞이했다. 그러면 민원인의 화난 얼굴은 조금씩 풀렸다. 그 다음 차를 한잔 대접하고 찾아온 이유를 들었다. 상대방의 이야기를 들을 때는 표정이나 간단한 언어로서 맞장구를 치면서 들었다.

아침에 출근하여 교직원을 만나면 남들이 인사하기 전에 내가 먼저 인사를 하였다. 교직원 중에는 웃으면서 '오늘은 내가 먼저 인사를 하려고 했는데 또 교장선생님보다 늦었네요.' 하는 교직원도 있었다. 물론 업무를 추진할 때는 엄격하지만 사석에서는 한 학교의 교직원으로서 동등한 위치에서 서로 간의 예의를 지켰다.

또한 직원협의 때 교직원들의 노고에 대한 칭찬도 잊지 않았다. 칭찬은 고래도 춤을 추게 하고, 인간의 잠재능력을 개발하고 신장시키는 역할을 한다는 말이 있다. 또한 교사들에게 교수 · 학습 활동 중에 학생들의 장점을 찾아 자주 칭찬하도록 하였다. 칭찬과 격려 속에서 성장한 학생들은 남에게 사랑을 베풀 줄 알며 그들의 꿈과 목표를 이룰 수 있기 때문이다.

학교 운영방향 및 추진은 내 개인 생각보다는 주로 교직원들과 토론을 통해 중론을 모아 선정하곤 하였다. 일이 중요할 때는 학교장도 반드시 참여하여 교직원들의 의견을 처음부터 끝까지 듣고 필요에 따라서는 내 의견도 절차에 따라 진술하였다. 어느 책에서 읽었던 '경청은 길게 지시는 짧게'라는 말을 늘 생각하면서 교장으로서 듣기가 거북한 교직원들의 의견도 끝까지 들어주니 그것만으로도 어려운 문제가 쉽게 해결 되었다.

나는 학교 교육가족들 각각의 목소리에 귀 기울이고 항상 그들의 복지를 생각하였다. 교육가족들이 무엇을 원하는지 정확히 알려고 노력했고, 그들의 요구 사항 중 학교장으로서 할 수 있는 것은 되도록 빨리 시행하였다. 그러나 이들의 다양한 목소리를 모두 수용하기란 결코 쉬운 일이 아니었다.

교장부터 학교에 방문하는 민원인이나 학부모들을 늘 편하게 맞이하고 도움을 드리는데 최선을 다하고, 교직원들에게도 힘들고 어렵지만 동참하도록 안내하였다. 그 방법으로 내가 좋아하는 용혜원의 시 '함께 있으면 좋은 사람 1'(용혜원, 2004, pp.20-21)을 교직원들에게 읽어보도록 권하였다. 나는 이 시를 충청남도 서산성봉학교 홈페이지에서 읽게 되었다. 어느 학부모가 자신을 편안하게 대해준 선생님을 만난 후 학교 홈페이지에 이 시를 올렸는데 이 시에 쓰인 말들이 학부모들과 민원인을 자주 만나게 되는 나에게는 매우 와 닿았다. 나는 이 시를 코팅하여 책상 위 유리판 밑에 넣고 수시로 읽었다. 그래서인지는 몰라도 학부모와 대화를 할 때는 그가 나와 대화를 하고 돌아갈 때 다시 만나고 싶은 사람으로 기억되기를 바라면서 대화를 하는 버릇이 생겼다.

함께 있으면 좋은 사람 1

그대를 만나던 날
느낌이 참 좋았습니다.

착한 눈빛, 해맑은 웃음
한 마디, 한 마디의 말에도
따뜻한 배려가 담겨 있어
잠시 동안 함께 있었는데
오래 사귄 친구처럼
마음이 편안했습니다.

내가 하는 말들을
웃는 얼굴로 잘 들어주고
어떤 격식이나 체면 차림 없이
있는 그대로 보여주는
솔직하고 담백함이
참으로 좋았습니다.

그대가 내 마음을 읽어주는 것 같아
둥지를 잃은 새가
새 보금자리를 찾은 것만 같았습니다.
짧은 만남이지만
기쁘고 즐거웠습니다.
오랜만에 마음을 함께
나누고 싶은 사람을 만났습니다.

사랑하는 사람에게
장미꽃 한 다발을 받은 것보다
더 행복했습니다.

그대는 함께 있으면 있을수록
더 좋은 사람입니다.

글/용혜원

특수학교장의 리더십

"자식들에게 좋은 것만을 주고 싶어 하는 것은 모든 부모들의 한결같은 마음이다"(양병무, 2008, p.80). 학생들에 대한 학교장이나 교직원들의 마음도 부모의 것과 다르지 않다. 나 역시 부모의 마음으로 학생들이 좋은 교육환경에서 공부하고 생활을 할 수 있도록 늘 고민하고 노력하였다.

내가 특수교육을 시작하면서부터 항시 마음속에 품었던 생각이 있었다. 그것은 학생들이 학교를 졸업하면 가정으로 돌아가지 않고 집을 떠나 자립생활을 하도록 하여야 한다는 것이다. 나는 교장이 되면서 이것을 본격적으로, 그리고 구체적으로 실천해나가고 싶었다. 그렇게 하기 위해서는 교육과정부터 여기에 적합하게 편성 · 운영하여야 했다. 학교 시설도 교육과정을 운영하는데 적합하게 설치하고 보완해야 할 곳이 많았다. 그리고 좋은 아이디어가 생각나거나 교직원이나 특수교육전문가에게 유용한 정보를 듣게 되면 곧바로 메모하고 적용할 방안을 연구하였다.

학교교육과정 운영을 위해서는 교직원 협의회를 매주 1회 개최하여 담당자들이 업무를 설명하고, 추진 과정을 발표하여 수정·보완하도록 하였다. 또 교직원 협의를 거쳐 결정한 업무는 특별한 문제가 없는 한 추진하도록 하였다.

현장학습 시 특수교육 보조인력이 부족할 때는 행정직원까지 지원하여 학생들에게 도움을 주도록 하였다. 교사들이 출장 갈 때는 시간 강사를 채용하여 학생의 수업 공백을 최소화하고 교사들의 수업에 어려움을 주지 않도록 예산을 지원하였다.

학교장의 결재는 충청남도교육청 규칙으로 정한 규정의 범위 내에서 실무자에게 최대한 권한과 임무를 주어 일을 추진하도록 하였다. 일단 위임을 하면 업무를 추진하는데 전결자에게 믿고 맡겼다. 교직원들이 끊임없이 창의적이고 도전적인 일을 할 수 있었던 비결이 여기에 있었던 것 같다. 그리고 이 때문에 우리 학교는 학교장이 업무 담당자에게 권한 위임을 많이 하는 것으로 꽤 유명해지기도 했다.

나는 교장직을 수행하면서 원칙은 반드시 지켜야 함을 강조하였다. 원칙을 지켜가면서 교직원들로부터 신뢰를 받을 수 있었으며, 나아가 학교에 문제가 발생하면 교직원 모두가 앞장서서 해결하는데 도움을 주었다. 그러나 불가피하게 원칙을 지키지 못했을 때에는 사유를 밝히고 그 일에 대한 책임을 져야한다는 것도 강조하였다. 때문에 교직원들이 학교생활을 즐겁게 하며 열심히 근무할 수 있었던 가장 큰 요인은 내가 교직원들에게 약속했던 것을 지켰기 때문이라는 평가를 받는다.

나는 누구를 의식하거나 입신을 위해 일하기보다는 학생을 위한 일이라면 소신을 굽힌 일이 없다. 특수교육대상학생의 교육이 잘 이루어지면 국민 모두가 두루 편안해질 것이라고 생각했다. 선진국을 살펴보면 장애 때문에 직장을 다닐 수가 없으면 국가에서 그 나라 공무원의 보수를 지급하는 나라도 있다. 내 생각에 우리나라로 보면 최하 9급 공무원 봉급은 지급하여야 한다고 본다. 장애학생 교육이 적절하게 이루어져 장애인들이 취업하면 복지 지원금도 절감되고 오히려 장애인들로부터 세금도 받을 수 있게 되니 얼마나 좋은 일인가? 나아가 장애인들도 자기가 할 수 있는 일을 하면서 누구의 도움을 받지 않고 비장애인들과 더불어 살아갈 수 있으니 얼마나 행복할 것인가?

학교 경영에는 대인관계도 매우 중요하다. 대인관계를 원만하게 하기 위해 인위적으로 접근하기보다는 순수하게 사람 대 사람으로 다가가면 오히려 더 쉽게 친해졌다. 나는 교장직을 수행하는 동안에 술을 먹지 못해 대인관계에서 어려움이 많았다. 특히 장학사로 근무할 때는 더욱 힘들었다. 이러한 단점도 있지만 때로는 그러한 단점이 장점이 되기도 하였다. 학교에 근무하면서 자신의 단점과 장점을 잘 파악하여 조화롭게 활용하는 것은 자기발전에 매우 중요하다고 생각한다.

학교생활이 행복하여 학생이 집에 가면 '오고 싶은 학교!' 이 얼마나 기분 좋은 말인가? 이와 같은 학교가 될 수 있도록 제반 여건을 만드는데 열정을 쏟았다. 교직원들에게 학생이 하교한 후는 자기가 하고 싶은 일에 시간을 사용하도록 하였다. 방과 후에 교수 · 학습활동에 대한 연구를 하여 다음날 학생 지도를 잘 하도록 부탁하는 것만이 중요한 것이 아니라 교수 · 학습활동 연구를 할 수 있도록 시간을 확보해주고 각자 알아서 하도록 믿어주는 것이 더 중요함을 알았다. 교직원들의 학교생활이 즐겁고 행복해야 학생들의 학교생활도 즐겁고 행복해진다.

학교장은 학교라는 조직의 지도자로서, 교육 활동을 장학하는 교육 경영자로서 교육의 운명을 좌우한다. 즉, 학교에서 생활하는 교사와 학생 그리고 그들을 둘러싼 학부모와 지역사회에 바람직하고 교육적인 풍토를 형성하는데 영향력을 발휘하는 위치에 있다. 따라서 패러다임의 변화 속에서 21세기를 주도해 갈 교육개혁자로서 특수교육 리더십은 특수학교장에게 필수의 과제이다.

나는 대구대학교 대학원 특수교육학과에서 리더십을 전공하였는데 특수학교 경영에 많은 도움이 되었다. 리더에게 요구되는 가장 중요한 역할은 자신이 직접 일을 하기보다는 교직원들이 자발적으로 일을 할 수 있게끔 환경과 분위기를 조성하고 지원하는 것이다. 일할 분위기가 되지 않으면 아무리 강요해도 절대 일을 하지 않으며 설사 일을 한다 해도 효과가 없다.

부드러운 원칙주의, 교직문화를 바꾼다

교장으로서 업무를 공정하게 추진하는 것은 쉬운 일이 아니었다. 갖가지 유혹을 뿌리치는 것은 그렇다손 치더라도 지인이나 지역사회 업자들로부터 청탁을 물리쳐야 하는 것은 무엇보다 힘든 일이었다. 한번 청탁을 들어주면 신뢰를 잃을 수밖에 없어 시종일관 원칙을 지켰다. 교장이 원칙을 지키지 않거나 교육적인 활동에서 벗어난 활동을 하면 교직원들은 교장을 욕하면서 똘똘 뭉친다. 학교장은 학교운영이 효율적으로 이루어질 때에도 끊임없이 뒤를 돌아보고 반성하여야 한다. 내가 정말 잘하고 있는 것인지, 나로 인해 피해를 보고 있는 사람은 없는지, 교직원들이 학생을 지도하는데 부족한 것은 없는지, 늘 고민하여야 한다.

부장협의나 교직원 협의 시 전달사항은 분명하게, 그리고 듣는 사람이 쉽고도 기분 좋게 들을 수 있도록 하였다. 늘 '부드러운 힘이 세상을 바꾼다.'는 마음을 갖고 학교경영을 하였다.

학교 제 규정이 다소 미비해도 사심 없이 업무를 처리하면 아무런 문제가 없다는 것도 나는 알게 되었다. 학교를 혁신적으로 경영하려면 최고경영자의 강한 의지와 전문가의 도움, 그리고 교직원들의 의식이 무엇보다 중요하다. 요즈음 학교 현장은 인간중심보다는 업무중심 특히 성과 중심 경쟁사회로 변하고 있다. 그러나 사람과 사람 사이의 관계를 위해서는 경쟁이 아닌 소통이 필요하다.

나는 교직원들로부터 경력이나 나이로 보아서는 보수적일 것 같은데 생각과 행동, 교직원과의 관계는 젊은 사람들 사고에 가깝다는 말을 자주 들었다. 그러나 당시 원칙을 존중하며 학교 각종 업무를 처리하여 이들이 혹여 서운하지는 않았는지 새삼 걱정이 된다. 만약 내가 서운하게 한 점이 있다면 지면을 통해 이해를 구하고 싶다.

말을 하기보다 듣자

교장으로 처음 부임하니 교직원들에게 부탁할 사항이 참으로 많았다. 그래서인지 교직원 협의회가 있는 날이면 내가 제일 말을 많이 하였다. 늘 시간이 부족할 정도였다. 그러다 보니 직원협의 시간에는 학교장 혼자 말을 하고 다른 사람들은 입을 열지 않았다. 시간이 지난 다음에 깨달았지만 학교장이 교직원이 말하는 것을 경청하지 않고 혼자서 말을 독점하면 직원협의 때에 그 누구도 입을 열지 않는다. 또한 교장이 많은 것을 부탁했음에도 크게 진전된 것은 없다. 이런 직원협의는 교장 한 사람만 주연이고 나머지는 조연 내지는 구경꾼이었던 것이다. 교직원들은 좋은 의견은 하나도 내놓지 못하고 그러면서도 직원협의에 대한 불만은 오히려 높아만 간다.

교직원들이 학교교육 목표에 자발적으로 참여하게 하려면 원활한 의사소통이 이루어져야 한다. 의사소통은 구성원들의 공감대를 이끌어내어 아무리 힘든 일이라도 가능하게 한다(양병무, 2008). 모든 사안은 회의와 토론을 통해 결정되기 때문에 비밀이 없다. 결정된 사항은 학교장도 쉽게 바꿀 수 없어야 한다. 의사소통이 원활한지 그렇지 않은지는 교직원협의회에서 의견을 충분히 내고 토론에 열심히 참여하는가를 보면 알 수 있다.

이후부터 나는 의사결정을 할 때 전체 교직원에 해당되는 내용은 직원협의회를 개최하여 의견을 수렴하고, 그렇지 않은 경우는 업무에 관련되는 부서와 초·중등 교무부장 및 행정실장, 교감의 의견을 충분히 듣고 결정하였다.

혼자만의 꿈은 개인의 꿈으로 그치지만, 여러 사람이 동시에 꾸는 꿈은 현실이 된다. 학교장은 학교의 비전을 밝히고 교직원은 자기 생각을 표현하고 방법도 고민하게 된다(한근태, 2007). 이렇게 해서 결정된 꿈은 꼭 이루어졌다. 학교 교육계획을 추진하는데도 학교장이 하라고 해서 하는 것보다 자신의 생각이 더해진 업무를 추진할 때 효과가 컸다.

교직원협의 하는 모습을 1개월 정도 관찰하니 협의회 횟수가 많고, 협의시간이 길며, 발표자의 사전 준비가 부족하여 발표내용을 명확하게 발표하지 못하는 경우가 많았다. 즉 회의는 잦았지만 정작 중요한 정보는 오가지 않았다. 더구나 회의가 늦게 끝나는 날이면 교직원들의 불만도 더러 있었다.

나는 효과적인 교직원협의회를 위해서 교무부장에게 다음과 같은 내용을 사전에 안내하였다.

첫째, 각 부서에서 의견을 발표할 때는 내용을 분명히 알 수 있도록 한다. 내용이 명확하지 않으면 끝나고 나서 사람들은 '할 일도 많은데 왜 이런 회의가 필요한 거지?'하면서 불만을 토로한다.

둘째, 발표할 내용을 발표자는 충분히 알고 발표를 위한 사전준비를 철저히 하도록 한다. 회의가 효과적이려면 회의 자체보다는 당사자들이 회의 전에 많은 것들을 준비하여야 한다.

셋째, 교무부장의 역할을 잘하도록 한다. 당일 진행되는 회의 과정과 발표들이 순서에 따라 발표할 수 있도록 하고, 토론할 내용은 분위기를 부드럽게 만들어 사람들의 말문을 열게 하도록 한다. 많은 사람들이 골고루 이야기를 할 수 있게 하고 주제에서 벗어나는 경우 적절한 제재도 가하도록 한다. 협의 시간 관리를 잘하여 퇴근시간을 넘기지 않도록 한다.

위와 같은 원칙을 정하여 직원협의회를 실시하니 점차 일정한 형식을 갖춘 상태에서 자유롭게 이야기하며 효과적으로 잘 이루어졌다.

학교 시설 · 환경이 적합하여야 교육이 적절하게 이루어진다

나는 학교 시설이 교육을 하는데 적합하여야 교육이 적절하게 이루어질 수 있다고 믿는다. 따라서 출근하면 시간 나는 대로 학교 곳곳을 누비며 교육과정을 적용하는데 적합한지, 부족한 시설은 없는지, 시설이 너무 낡아서 학생들이 사용하는데 위험성은 없는지 등을 살펴보았다.

교사, 교감 때 학교장이 바뀌면 현관 및 복도 환경 교체, 심지어는 운동장에 있는 나무까지 옮겨 심는 경우도 있었다. 대부분 이렇게 하는 교장은 당신이 있을 때 무엇인가 업적을 남기고 싶어 하는 경향이 높았다. 이런 활동이 너무 싫어서 전임교장이 해놓은 시설이나 환경에 큰 문제가 없거나 시사성이 떨어지지 않으면 그대로 사용하였다.

그러나 학교 교육과정만큼은 철저하게 살펴보고 분석하여 학생들에게 적합하지 않으면 수정 · 보완하여 적용하였다. 이렇게 학교 교육과정이 바뀌면 그와 관련되는 시설을 보완하거나 새로 만들어야 한다.

학교장이 하고자 하는 사업이 있을 때에는 일방적으로 추진하지 않고 우선 교직원들의 의견을 자세히 듣고 난 다음 교장의 의견을 제시했다. 이렇게 하니 교직원들이 소신껏 건의하고 본인의 의견이 채택된 직원은 앞장서서 사업에 참여하였다.

학교 교육과정을 적절하게 운영하려면 예산도 많이 필요했다. 학교 교육과정이 적절하게 편성되었더라도 예산이 뒷받침되지 않는다면 학년 초에 작성한 계획대로 운영할 수가 없기 때문이다. 따라서 예산을 확보하는데도 학교장은 많은 고민을 하여야 한다.

날이 갈수록 교원, 행정직원, 학부모, 학교운영위원, 학부모회 임원 등 각 주체들이 토론을 하면서 요구사항이 많아졌다. 각 주체들이 제시한 문제들을 찬찬히 들여다보니 학생들 교육을 위해서 대부분 당연한 요구들이었다.

천안인애학교로 부임한 후 학교정리 · 정돈을 위해 버린 쓰레기가 트럭으로 4대 분량이었다. 13여 년 동안 쌓인 낡은 기자재와 책, 못쓰게 된 사무기구 등을 정리하다 보니 산더미처럼 쌓인 쓰레기를 치우는 것만으로도 엄청난 작업이었다. 행정실장이 직접 나와 직원과 일꾼들을 지휘하며 정리하였다. 나도 함께 하려고 현장에 나갔으나 일하는 교직원들이 학교장이 있으면 일하는데 부담되고 재미가 없다고 극구 말려서 참여하지 못했다.

교직원들의 고생으로 학교 환경이 정리 · 정돈 되었고, 교육과정 운영에 필요한 시설을 수리 및 설치하니 학교가 새롭게 변하였다. 천안인애학교에 근무할 때 천안인애학교를 거쳐 간 교직원이나 졸업생 부모님들이 학교를 방문하여 '학교의 발전에 놀랐다. 너무 변해서 어디가 어디인지 모르겠다.'며 높은 점수를 줄 때면 괜히 어깨가 으쓱해졌다.

정신지체인 느리지만 조금씩 오랫동안 발달한다

모든 특수교육교원은 장애가 아무리 무겁고 심하다 할지라도 그들 나름대로 교육의 가능성이 있다고 생각하여야 한다.

나는 박경숙 원장이 쓴 '발행인 칼럼'을 읽고 장애학생도 열심히 지도하면 더 진보할 수 있다는 희망을 갖게 되었다. 박경숙 원장은 다음과 같이 언급하고 있다.

> 우리가 정신지체인의 문제에서 간과해서는 안 되는 것은 이들은 40세까지도 지적 능력이 발달한다는 점이다. 비장애인은 18세부터 25세 사이에 지적 능력의 발달이 정점에 이른다고 하나, 정신지체인의 지적 능력은 느리지만 조금씩 오랫동안 계속 발달한다. 이것은 독일 뮌헨에 있는 어느 정신지체인 작업시설소장의 말이기도 하고, 호주 퀸스랜드대학의 Latch On이라는 20세 이상의 정신지체인을 대상으로 하는 영어교육 프로그램에서도 입증된 사실이며, 무엇보다도 필자의 아들이 28세의 정신지체인(자폐성)인데, 최근 이전에 전혀 사용하지 않던 언어들(지금, 늦게, 빨리 등)을 구사하여 조금씩 발전하는 모습을 나타내는 것 등이 그 분명한 증거가 된다. 이러한 사실은 정신지체인들이야말로 계속 교육과 훈련을 가장 필요로 하는 집단이라는 결론을 도출하게 해준다. 그러므로 정신지체인들의 경우 학령기의 교육만이 아니라, 그 이후에도 교육과 훈련을 계속하여 재활할 수 있도록 지원해야만 한다.
>
> [국립특수교육원(2001). 현장특수교육. 9.10월호/통권 31호 p.57]

특장차 구입

내가 서산성봉학교 교장으로 첫 발령을 받고 학부모 임원회를 개최하였다. 이 자리에서 여러 가지 건의 사항이 나왔는데 그 중 시급하게 처리할 문제가 '특장차 구입' 이었다. 서산성봉학교는 충남에 있는 다른 특수학교보다 지체장애 학생이 많았다. 이 학생들은 학구 내 넓은 지역에 분포하여 거주하고 있었으나 안타깝게도 서산성봉학교에는 특장차가 1대 밖에 없었다. 특장차 1대로 서산성봉학교 학구 동서남북을 다 돌면서 지체장애 학생들의 등 · 하교를 지원하였다. 그래서 일찍 특장차에 타는 학생은 2시간 이상을 차 안에서 견뎌야만 했다. 지체장애학생이 아닌 경우도 최고 많이 타는 학생이 1시간 정도인데 몸이 불편한 학생이 2시간 정도 버스를 탄다는 것은 너무 가혹한 일이었다.

행정실장에게 특장차 1대가 얼마인지 가격을 조사하도록 하고 통학 담당자에게는 휠체어를 이용하는 학생 수와 이들이 거주하는 지역, 특장차 1대로 학생들이 등 · 하교 시 승차하는 시간, 현재 있는 1대로는 자리가 부족하여 부득이 일반학교버스를 이용하는 학생 수 등 특장차 구입에 필요한 제반 요구사항들을 작성하도록 하였다. 특장차 구입을 위해 작성한 기초자료를 부장들에게 배부하고 협의한 후 최종적으로 행정실장, 교감, 교장, 학부모회장이 참여하여 수정 · 보완하여 정리하였다.

다음날 행정실장과 함께 정리된 자료를 가지고 충청남도교육청 학교버스 담당부서를 방문하였다. 그리고 특장차 구입의 필요성을 설명하였다.

"비장애인도 등교 시 1시간 이상을 승차하면 어려운데 휠체어를 사용하는 학생들이 등 · 하교 시 각각 2시간, 하루에 4시간 이상 차를 타게 됩니다. 학생들이 너무 힘들어 합니다."

하였더니 담당자는,

"요즈음 모든 학교 통학 차량을 임대차로 변경하는 추세라 어렵습니다."

라며 난색을 표하였다. 이대로 물러설 수는 없었다. 조목조목 필요성을 덧붙였다.

"특장차는 임대하는 곳이 없습니다. 그렇다고 해서 휠체어를 타는 학생을 일반학교버스에 타도록 할 수는 없습니다. 혹시라도 버스를 운행하다가 안전사고가 나면 큰 부상을 입을 수가 있습니다."

"현재는 특장차 1대라 자리가 부족하여 할 수 없이 몇 명은 일반학교버스를 타고 통학하고 있습니다. 학교장은 학생들이 등 · 하교를 마칠 때까지 불안합니다."

담당자는 구체적인 설명을 듣고 난 후 처음에 강하게 부정했던 태도를 거두며 윗분들과 협의를 한 후 연락을 주겠다고 하였다. 다음날 학부모회장에게서 전화가 왔다.

"교장선생님 충청남도교육청에 갔던 일은 어떻게 되었나요?"

"담당자가 긍정적으로 수용하고 기다려 보라고 하였어요."

"학부모들이 교육감님을 만나서 요구하면 안 될까요?"

"그렇게 하면 안돼요. 조금 기다리면 잘 될 거예요."

라는 말로 다독여 주었다. 나도 하루가 급한데 학부모들은 더욱 마음이 급한 것 같았다. 그 동안은 어떻게 참았는지 모르겠다. 다행히도 얼마 후에 담당자에게서 특장차 구입 예산을 배부했다는 연락이 왔다.

특장차를 구입하여 운행하니 특장차 타는 학생들의 통학시간이 1시간 이내로 줄었다. 몇몇 학부모들은 그동안 학교에 여러 번 건의를 했는데 반응이 없어서 큰 기대를 하지 않았는데 교장선생님이 특장차를 구입해 주어서 고맙다고 전화를 해 주었다.

교원들은 모두가 학생들이 등교할 시간이 되면 학교버스 승 · 하차 장소로 나와 승 · 하차 지도를 하였다. 나도 교원들과 함께 매일 학생들을 마중 나갔다. 특장차에서 휠체어를 사용하는 학생들이 내리면서,

"교장선생님, 안녕하세요?"

하는 모습을 볼 때마다 충청남도교육청에 감사한 마음이 들었고 또한 학생들을 위해 무엇인가 해 준 것 같아서 마음이 흐뭇했다.

치료교육 교사도 1급 정교사 연수를 받을 수 있게 도와주세요

학생들이 하교하는 버스를 보내고 교장실에서 공문을 결재하고 있는데 치료교육을 담당한 교사들이 찾아왔다. 무슨 문제가 있는지 걱정부터 앞섰다. 교사들은 교장선생님께 드릴 말씀이 있어서 왔다고 하였다. 조금은 안심이 되었지만 그래도 여전히 걱정되었다. 사연은 이러했다.

"교장선생님. 저희들 교육경력이 5년이 넘었는데 1급 정교사 연수를 못 받았어요. 교장선생님께서 공주정명학교에서 중등교사들이 1급 정교사 자격을 받을 수 있게 도와 주셨다는 이야기를 들었어요. 우리들도 1급 정교사 자격연수를 받을 수 있게 도와주세요."

"왜 아직까지 연수를 못 받았나요?"

"3~4년 전에 치료교육교사 1급 정교사 자격연수를 실시하고 이후로는 1급 정교사 자격연수를 실시하지 않았어요. 저희도 왜 치료교육 1급 정교사 자격연수를 안하는지 모르겠어요."

"알았어요. 국립특수교육원으로 알아보지요."

나는 바로 국립특수교육원 연수과로 전화를 걸었다. 담당자는 2년 후에나 하겠다고 하였다. 왜 2년 후에 하려고 하느냐고 물었더니 연수받을 사람이 부족하다는 것이다. 일선 학교에 대상자를 조사해 보았느냐고 하였더니 아직 거기까지는 못했다고 하였다. 우리 학교에도 4명이 모두 연수대상자인데 실제로 조사하면 40명은 넘을 거라고 하였더니,

"그래요. 빠른 시일에 조사를 하고 인원이 되면 금년에 치료교육 1급 정교사 자격연수를 개설할게요. 교장선생님이 연락 주어서 고마워요."

몇 주 후에 치료교육 1급 정교사 연수대상자를 조사하는 공문이 왔다. 그해 나에게 도움을 요청하였던 치료교육교사들 4명 모두 연수대상자로 지명되어 연수를 받았다. 치료교육교사들은 연수를 받는 기간 중에도 몇 번이나 고맙다는 전화를 하였다.

치료교육교사들은 연수를 마친 후에도 찾아와서,

"연수를 함께 받은 많은 치료교육교사들이 교장선생님께 고맙다는 인사를 전해드리라고 했어요. 교장선생님 덕분에 1급 정교사가 되었네요. 감사드려요."

지금은 치료교육교사가 없어져 그 때 연수 받은 4명 모두가 특수교육교사로 전과하여 특수교육 현장에서 학급담임을 하면서 열심히 학생들을 지도하고 있다.

교수 · 학습활동을 위한 교재 발간 · 보급

서산성봉학교는 교통이 불편하고 천안을 기준으로 할 때 거리가 멀어서 경력교사는

제1부 교수 · 학습과정안 작성을 위한 기초
- 제1장 수업의 과정
  1. 수업과정의 일반모형
  2. 수업과정 단계별 활동
- 제2장 교수 · 학습과정안 구성
  1. 교수 · 학습과정안 관점
  2. 교수 · 학습과정안 요소별 관점

제2부 교수 · 학습과정안 작성의 실제
- 제1장 유치부
- 제2장 초등부
  1. 국어
  2. 사회
  3. 수학
  4. 과학
  5. 건강
  6. 예능(음악)
  7. 통합(재택)
  8. 치료(언어)
- 제3장 중등부
  1. 국어
  2. 수학
  3. 과학
  4. 예능(미술)
  5. 직업(조립)
  6. 직업(도예)
  7. 재량(직업)
  8. 재량(담임)

제3부 발달장애아동 학습지도
- 제1장 학습지도의 원리
- 제2장 학습지도의 실제
- 제3장 학습활동 요소별 지도 기술

참고문헌

근무를 기피한다. 그래서 3월 교원 인사철이 되면 경력교사보다는 대부분 신규교사로 배치가 되었다. 신규교사는 현장 경험이 없어 교수 · 학습활동에 어려움을 토로하며 실제로 학생 지도에도 문제점을 나타내고 있었다. 이들에게 교수 · 학습활동에 관련된 전문서적을 구입해서 연수하려고 찾아보았더니 이에 관련된 전문 서적이 있기는 하지만 대부분 이론 중심이라 현장에서 직접 활용하는데 크게 도움이 되지는 않을 것 같았다. 그래서 내가 그 동안 모아 둔 교수 · 학습활동 자료로 연수 교재를 발간하여 신규 교사들에게 배부하고 활용 방법에 관하여 연수를 하였다. 교재명은 '발달장애아동을 위한 과정 · 교과별 교수 · 학습과정안'이다. 교재 구성은 다음과 같이 하였으며, 교재의 분량은 A4용지 168쪽이었다.

'제2부 교수 · 학습과정안 작성의 실제'에 제시한 자료는 충청남도교육청에서 매년 실시한 특수교육교사 수업연구대회에 참여하여 입상한 우수한 교수 · 학습과정안을 수정 보완하여 수록하였다. 본 교재에 대한 신규교사들의 호응도는 높았다. 점차로 경력교사들도 교재를 요구하여 모든 교사들에게 배부하게 되었다. 교육실습생을 담당하였던 교사들이 실습생 지도에 유용하게 활용하였다고 말할 때에는 제작에 어려움이 많기는 했지만 '만들기를 잘 했구나!' 하는 생각이 들었다.

본 교재를 활용하여 연수하고 교육실습생지도에도 활용한 결과, 전년도에는 특수교육교사 수업연구대회에 1~2명이 참여했는데 당해 연도에는 20여명이 참여하여 충청남도교육청에서 교수·학습 연구활동을 열심히 한다고 모범적인 학교로 칭찬을 받았다.

서산시 장애인부모회와 연계 교육 실시

서산시장애인부모회에서 '바자회'에 관한 초청장이 왔다. 부모회장에게 전화를 하여 초청장 10매를 보내달라고 하였다. 부모회장이 직접 가지고 학교로 왔다. 초청장을 '바자회'에 참여하고 싶다는 교사들에게 나누어 주었다. 교무부장이 홍보를 잘하여 많은 교직원이 바자회에 와서 저녁식사를 하였다. 회장은 몇 번이고 감사하다고 인사를 하였다. 식사를 마치고 회장과 차를 한 잔 하는데 그 자리에서 학생들이 하교한 후 방과 후에 서산성봉학교 다목적실(강당)을 사용할 수 없느냐고 물었다. 그 이유를 물었더니 서산시장애인부모회 주관으로 장애학생 방과 후 특기·적성교육 사물놀이를 하는데 장소가 없어서 어려움이 있다는 것이다. 학교에 가서 교직원들과 협의하여 연락하겠다고 하였다.

다음날 직원협의에서 수요일만 안 되고 다른 날은 가능하다고 하였다. 서산시장애인부모회장에게 전화를 하였더니 어제 서산성봉학교 교직원들이 바자회에 와서 준비한 음식을 모두 팔아주어서 고맙다고 하였다. 서산성봉학교 다목적실 사용은 수요일만 제외하고 다른 날은 가능하다고 하였더니, 그 동안 장소 때문에 고생을 하였는데 이제 걱정을 안 해도 되겠다면서 감사하다고 하였다. 학교 쪽에서 보자면 그 동안에는 하교할 때 학생들이 학교버스를 타고 가야하기 때문에 방과 후 활동을 못했는데 장애인부모회에서 대신 학생들에게 특기·적성 교육을 해주니 감사할 따름이었다. 매주 금요일이 되면 학생들이 학교에 와서 활동할 수 있도록 준비해 주고 활동하는 모습이 아름다워 나도 자주 가 보았다. 그 후 학교 행사나 지역사회에 학생들이 참여할 때가 있으면 서산시장애인부모회에서 적극적으로 도움을 주었다.

이번 일로 '내가 베풀면 베푼 것보다 얻는 것은 더 많다.'는 것을 알게 되었다.

내가 학교를 떠난 후 학교와 서산시장애인부모회 관계는 더 발전적이지 못하고 서산시장애인부모회에서 학교를 방문하여 실시하던 방과 후 활동도 중단되었다고 하여 매우 안타까웠다.

진입로 포장

서산성봉학교는 1999년 구 명봉초등학교 폐교자리에 특수학교를 설립하여 2002년과 2004년도에 교사동 및 관리동을 증축한 학교다. 본교 통학버스의 주 통로인 진입로가 협소하고 콘크리트의 일부가 균열되어 버스가 통행할 때마다 안전을 심각하게 위협받고 있었지만 땅이 학교 소유가 아니라는 이유로 공사허가가 나지 않았다. 나는 진입로 포장을 위해 서산시청을 방문하여 협의를 하였다. 서산시청에서는 땅 소유주가 허락을 하면 포장을 해줄 수 있다는 답변을 하였다. 이에 나는 땅 소유주에게 '도로포장 공사를 허가하지 않아 발생하는 불상사에 대한 모든 책임은 공사를 허가하지 않은 땅 주인에게 있다.'는 내용을 문서로 작성하여 보냈다. 땅 주인은 공문을 받고 자기 땅을 일부 사용해도 된다는 승인서를 보내왔다. 땅 사용 승인서를 첨부하여 서산시청으로 도로포장 신청을 하였다. 도로포장 공사는 바로 시작되어 2004년 11월 30일에 완공되었다. 그 동안 도로포장을 하려고 전 교장선생님이 노력했어도 못했는데 교장선생님이 와서 바로 도로포장을 하였다고 학부모회 임원들이 학교를 방문하여 감사 인사를 전했다.

도로포장이 완성되었을 때 서산성봉학교 학부모회 임원과 함께 서산시청을 방문하여 감사 인사를 하였다. 그리고 다음과 같은 내용을 지방신문에 보도하도록 자료를 송부하였다.

> 서산시청 서산성봉학교 교육환경 개선사업 지원
>
> 서산시청에서는 교육환경개선사업의 일환으로 서산성봉학교 진입로(폭 3m, 길이 165m)에 대하여 아스콘포장을 실시하였다.
>
> 개교 당시(1999.3.1)부터 진입로가 협소하여 통학버스 통행에 항상 위험이 상존하고 있었으며, 2004년도에 들어와 콘크리트로 포장된 도로 일부가 균열되고 노면이 패여 보수가 시급한 실정이었으나 진입로에 사유지가 일부 포함되어 있어 소유자의 매도 거부로 인하여 진입로 확·포장이 불가능하였다.
>
> 2004년도에 학교 진입로 사유지의 토지주가 바뀌면서 적극적인 협의를 통해 토

지주의 토지사용승낙 등 원활한 협조와 서산시청의 적극적인 지원으로 2004년 11.30 아스콘포장을 실시하였으며 향후 사유지를 매입하여 폭 6m의 도로로 확장할 계획이다.

[서산성봉학교 보도자료, 2004.12.01]

학교 운동장 우레탄 설치

서산성봉학교 발령을 받고 학교를 순회해보니 교내 · 외 교육환경 정리가 필요한 곳이 많았다. 특별실 및 복도에 게시된 환경물을 전 교직원의 의견 수렴을 거쳐 재배치하였고, 아직 사용하지 않고 있는 특별실을 학생들이 교육과정을 이수하는데 사용할 수 있도록 보수하고 정리 · 정돈하였다. 특히 방치되고 있는 수치료실을 수리하여 각 학급이 주 1회 이상 사용하도록 하였다. 이러한 작업을 하던 도중 운동장에서 체육 수업이 거의 이루어지지 않는다는 것을 알 수 있었다. 체육담당 교사와 상담을 하여보니 운동장에 모래가 많아 휠체어가 들어갈 수 없으며, 학생들도 운동화를 신고 들어가면 모래가 운동화 속으로 들어와 체육수업을 하기가 어렵다고 하였다.

서산성봉학교는 서산서림복지원에서 거주하는 학생들이 100여명 정도 되어 휠체어를 사용하는 학생이 30여명이나 되었다. 이 아이들이 각 반에 1~2명 정도 배치되었기 때문에 담임교사가 체육수업을 하는데 어려움이 있어 주로 실내 체육관을 이용하고 있었다. 실내 체육관을 이용하는 것도 좋지만 우리 학생들도 때로는 운동장에서 체육수업을 하면 얼마나 좋을까 하는 안타까운 생각이 들었다. 또 우리 학생들이 일반학교에 다닌다면 운동장에서 체육수업을 해볼 수 있을 텐데 서산성봉학교에 다녀서 운동장 수업을 할 수 없는 것 같아 학교장으로서 학생들에게 미안한 마음이 들었다.

그 날 학생들을 하교시킨 후 교감, 행정실장 그리고 각 부장들과 협의를 하였다. 모두들 체육시간에 운동장 사용은 어렵고 해결책으로 실내 체육관을 사용하면 된다고 하였다. 왜 운동장에 모래가 그토록 많으냐고 물었더니 행정실장이,

"비가 오면 사람이 다닐 수 없을 정도로 운동장에 물이 고여서 물이 빨리 빠지라고 모래를 4톤 트럭으로 수없이 갖다 넣었어요."

하였다. 운동장 수업을 하도록 교사들에게 강제적으로 지시할 수도 없고, 어떻게 하면

학생들이 운동장에서 수업을 할 수 있을까? 고민하던 차에 국민체육진흥공단에서 각급 학교 운동장에 우레탄 시설을 해준다는 공문을 받게 되었다. 희망하는 모든 학교를 해주는 것이 아니고 충청남도교육청 추천을 받아 1년에 초 · 중 · 고 합쳐 3개교 정도 설치한다고 하였다.

나는 교감선생님과 행정실장 그리고 체육부장에게 우리 학교에서 설치할 수 있도록 신청서를 작성하도록 하였다. 신청서를 작성하기 위해서는 전년도에 설치한 학교를 방문하여 사전조사를 하여야 했다.

먼저 설치한 학교를 조사하여 전화로 사전에 연락하고 행정실장과 함께 학교를 방문하여 조언을 들었다. 이들은 대부분 학교 체육담당자가 신청을 한다고 해서 모두 그것이 받아들여지는 것은 아니라고 회의적인 답변을 하였다. 그래도 우리는 최선을 다하여 신청서를 작성하여 제출하고 결과를 기다렸다. 결과는 당선이었다. 며칠 동안 잠을 설칠 정도로 기분이 들떠 있었다. 당시 신청했던 내용을 요약하여 적어보면 다음과 같다.

서산성봉학교는 정신지체학교로서 1999년 3월에 개교한 학교다. 재학생은 28학급에 221명으로서 고등부 2학년까지 다니고 있다. 작년부터 체육 분야에 특기를 지닌 학생을 대상으로 특별활동시간과 방과 후를 이용하여 체육 분야에 특기를 지닌 학생을 대상으로 지도한 결과 2004년 충남장애인체육대회에 처음 출전하여 배드민턴 동상, 탁구 동상, 육상 100M 은상을 수상하였다.

서산성봉학교는 학교건물은 현대식으로 잘 세워졌지만 여러 가지 체육시설이나 운동시설 등 부대시설이 제대로 정비되어 있지 못하고 운동장이 모래로 조성되어 사람이 걸어 다닐 수가 없을 정도로 발이 빠져 체육시간, 중간놀이, 방과 후 활동을 하는데 안전사고가 자주 발생하는 등 어려움이 따르고 있다.

학생은 1/2정도 서림복지원(장애인시설)에 거주하며 그들은 중증장애이거나 지체를 동반하고 있어 휠체어를 사용하는 학생이 30여명이나 있어 운동장이 우레탄으로 조성되면 학생들이 활용하는데 효과적일 것이다.

특수교육의 목적은 장애학생들의 자아실현과 사회통합을 하도록 도와주는데 있다. 때문에 서산성봉학교 학생들은 격주로 일반학교를 방문하여 비장애학생들과 학습을 하고 반대로 일반학교 학생들이 서산성봉학교에 와서 통합교육을 받는데 이들은 운동장 수업을 거의 받지 못하는 실정이다. 따라서 운동장이 우레탄으로 조성된다면 일반학교 학생들과 통합교육을 하는데도 효과적일 것이다.

학교가 설립되어 여러 해가 지났는데도 지역사회 주민들은 서산성봉학교가 있는 것을 모르고 있는 실정이다. 따라서 운동장이 우레탄으로 설치되면 지역주민들의 생활체육활성화에 크게 이바지할 수 있을 것이며, 학교를 잘 이해할 수 있어 여러 가지 교육활동에 많은 도움을 줄 수 있을 것이다.

이에 서산성봉학교 교육가족은 한마음 한 뜻을 모아 간절한 마음으로 서산성봉학교에 우레탄이 꼭 설치되기를 바라며 신청합니다.

우레탄 설치용으로 배부된 금액은 3억원이었다. 운동장에 우레탄을 설치하기 전에 전국에 있는 특수학교 중 우레탄을 설치한 학교를 방문하여 현장을 답사하고, 우레탄 운동장의 장점과 단점을 알아보았다. 전체 운동장에 우레탄을 설치한 학교는 사용에 지장이 없었으나 운동장 중앙에 모래나 천연 잔디를 함께한 학교는 문제가 발생하였다. 모래가 우레탄 쪽으로 들어오면 장애학생들이 모래 때문에 미끄러지고 넘어져서 부상을 입는다는 것이다. 때문에 운동장 전체에 우레탄을 설치할 것을 권장하였다. 이에 서산성봉학교는 운동장 전체를 우레탄으로 설치하기로 결정하고 추진하였다.

설치된 시설은 200M 트랙(4레인), 농구장, 배드민턴장, 간이축구장 등 다목적구장으로 되었다. 운동장 우레탄 시설이 95% 정도 완성된 후에 나는 천안인애학교로 발령을 받아 자리를 옮겨서 학생들이 운동장에서 활동하는 모습은 보지 못하고 학교를 떠났다.

운동장이 완성된 후에 서산성봉학교에서 특수학교 교장회의가 있어서 견학할 기회가 있었다. 마침 중학교 학생들이 체육수업을 하고 있었다. 휠체어를 사용하는 학생들까지 재미있게 체육수업을 하는 것을 보니 우레탄 설치하기를 참 잘했구나 하는 생각이 들었다.

학교장 협의를 마치고 교내 순회를 하는데 서산성봉학교 교장선생님이,

"운동장을 우레탄으로 만들어 학생들이 많이 좋아합니다. 천안인애학교 하상근 교장선생님이 본교에 근무할 때 만드신 것입니다. 교장선생님 덕분에 우리 학생들이 행복한 생활을 하지요. 이뿐만이 아니어요. 경사로도 만들 수 있도록 예산을 확보하고 가셨어요."

하면서 나에 대하여 많은 칭찬을 해서 듣기가 민망하였다. 그러나 기분은 좋았다. 나는 마음속으로 모든 학생들이 체육활동을 즐겁게 하고 건강하게 자라 비장애인과 더불어 행복하게 생활하기를 기도하였다.

방송시설 겸비한 조회대 설치

서산성봉학교에는 운동장 방송시설과 조회대가 없었다. 학생들이 운동장을 거의 사용하지 못했기 때문에 없어도 별 불편을 느끼지 못했던 것이다. 그러나 운동장에 우레탄을 설치하고 보니 방송시설과 조회대 및 스탠드 보호대 설치가 시급해졌다.

행정실장에게 이것들을 설치하는데 필요한 예산이 얼마인지 알아보도록 하였다. 약 삼천만원이 필요했다. 충청남도 서산시청을 방문하여 시장에게 필요성을 구체적으로 설명하고 교육환경 개선 예산 지원을 부탁하였다. 시장은 당장 결정하기는 어렵고 긍정적으로 논의를 해볼 터이니 신청서를 내라고 하였다. 당시 제출했던 예산요구서를 요약하여 적어보면 다음과 같다.

> 서산성봉학교는 2005년 7월에 국민체육진흥공단으로부터 우레탄 체육시설 설치 사업비를 확보하여 설계용역 의뢰 중에 있습니다. 그 동안은 운동장에 모래가 많아 걷기가 어려워 운동장 수업을 하지 못했으나 우레탄이 설치되면 많은 학생들이 운동장을 사용하게 될 것입니다. 운동장을 사용하려면 방송시설이 필요하고 조회대도 설치하여야 운동장 조회를 할 수 있습니다. 또한 서산성봉학교는 운동장 전면에 스탠드 계단이 4개 층으로 되어 있고 계단 1층 높이가 50㎝, 폭 80㎝ 정도입니다. 서산성봉학교는 정신지체학교로써 중증장애학생 및 지체장애학생이 많아 휠체어를 타거나 워커사용 학생이 30명 이상 있어 안전에 문제가 있으므로 스탠드 보호대를 설치하여야 합니다.
>
> 이에 서산성봉학교 교육가족은 서산성봉학교에 방송시설을 겸비한 조회대가 꼭 설치되기를 바라며 이에 필요한 예산 3천만원을 신청합니다.
>
> [서산성봉학교-2684, 2005.07.27]

서산시청에서 방송시설을 겸비한 조회대 설치비용으로 3천만원이 배부되었다. 이 예산으로 방송시설과 조회대를 설치하고, 휠체어 및 워커사용자의 조회대 진입을 위한 완만한 경사로를 설치하였다. 또한 스탠드 보호대를 설치하여 혼자 이동하기 어려운 학생들을 위한 안전시설을 확보하였다. 일부 남은 예산으로 조회대 밑에 보관창고를 설치하여 간단한 운동기구를 보관하고 전기 및 방송용 기구를 설치 · 보관하여 야외 방송이 가능하도록 하였다.

나는 방송시설을 겸비한 조회대 설치가 90% 정도 설치되었을 즈음 천안인애학교로 발령받았다. 그래서 실제 사용하는 모습은 보지 못하고 학교를 떠나게 되었다.

경사로 설치

서산성봉학교는 정신지체학교로서 학생의 1/2정도는 서림복지원에 거주하고 있었다. 그들은 중증장애이거나 지체장애를 동반하고 있어 휠체어나 워커를 사용하는 학생이 30여명이나 되었다. 이들은 아래층에서 위층으로 올라가거나 위층에서 아래층으로 내려올 때 엘리베이터를 이용해야만 한다. 그런데 갑자기 엘리베이터가 고장이 나거나 전기가 중단될 때는 이동할 수가 없었다. 만약에 화재가 나기라도 한다면 인명 사고가 발생할 수 있었다.

장애학생을 위해서는 엘리베이터나 경사로를 설치하도록 법으로 규정하고 있다. 서산성봉학교는 동별로 엘리베이터가 설치되어서 법적으로는 문제가 없지만 실제 학교생활에서는 1년에 몇 번 위에서 지적한 문제가 발생하였다. 나는 1년 동안 학생들이 생활하면서 경사로가 없어서 일어났던 어려운 점을 자세하게 기록하여 충청남도교육청 시설과를 방문하였다. 담당자를 만나 학교에서 일어났던 상황을 자세히 설명하였다. 그리고 만약에 화재가 발생할 시에는 대형사고 및 인명사고가 발생할 수 있다는 것도 심각하게 설명하였다.

다음날 담당사무관에게서 전화가 왔다. 경사로를 설치하려면 장소가 있어야 하는데 설치할 장소가 있느냐는 확인 전화였다. 그러고 나서 며칠 후 담당자가 학교를 방문하였다. 현장조사를 하더니 서북쪽에 설치하면 가능하다고 하였다.

담당자는 경사로 설치에 필요한 예산을 첨부하여 설치 요구서를 보내라고 하였다. 2005년도에 신청하였는데 2006년도 내가 천안인애학교로 발령 난 후 3월에 3억원이 배부되었다고 행정실장으로부터 전화가 왔다. 경사로를 미처 설치하지 못하고 학교를 떠날 때 마음이 무거웠는데 이후에 경사로가 설치되어 무거운 짐을 내려놓은 듯 마음이 가볍고 기분이 좋았다.

이후 서산성봉학교에서 충청남도교육청지정연구발표를 할 때 학교를 방문하여 경사로를 걸어 보았다. 학교장이 동행하면서 후동에 있는 휠체어를 사용하는 학생들이 주로 경사로를 이용한다고 설명해 주었다. 휠체어 사용 학생들뿐만 아니라 혼자 걸을 수 있는 학생들도 때로는 경사로를 이용한다고 하였다. 가끔은 교직원들도 몸이 불편하거나 가벼운 운동이 필요한 경우 경사로를 이용한다고 하였고 덕분에 엘리베이터 이용이 적어서 전기료도 절약된다면서 교장선생님이 한바탕 웃어 보였다. 경사로로 걸어 보니 나조차도 계단으로 올라오는 것 보다 힘이 덜 들고 안전하였다.

인터넷신문 입상

통합교육은 교직원부터 모범을 보여야 한다. 나는 특수학교라서 일반학교에서 하는 교육을 안 해도 된다는 것을 매우 싫어했다. 오히려 의도적으로 일반학교에서 하는 행사나 여러 가지 활동을 하려고 노력했다.

인터넷신문은 충청남도교육청에서 추진하였던 역점 사업이다. 서산성봉학교도 여기에 동참하도록 정보부장과 교감선생님께 부탁을 하였다. 특수학교는 스스로 움직이지 않으면 일반학교에서 이루어지는 교육활동에 무딜 수밖에 없다. 그래서 스스로 고립되어 교육을 하게 되고 그에 따르는 부정적 효과는 고스란히 학생들에게 돌아간다. 외국의 사례를 보면 비장애인이 하는 활동에 장애인이 모두 참여하여 활동하고 있는 사례가 많다. 예를 들면 신문기자, 연예인, 가수, 운동선수 등 다양한 분야의 활동에 참여하고 있다. 우리도 충청남도교육청에서 추진하는 인터넷 신문 활동에 동참하면 학생들도 참여할 수 있고 보호자들은 '특수학교에서도 일반학교와 똑같이 모든 것을 하는구나!' 라는 자부심을 갖게 될 것이며, 동시에 학생들의 인터넷 활용 기술이 향상될 것이라는 생각이 들었다. 인터넷 신문 참여 방법으로는 학생과 교사들이 학교인터넷신문에 기사를 쓰고, 학부모도 기사와 아울러 학교에 건의사항 등이 있으면 쓰도록 하였다. 인터넷 신문 참여를 통하여 특히 긍정적인 변화가 나타난 것은 한글을 배우려고 노력하는 학생이 많아졌고 학부모들은 학교에 관심을 갖고 자녀교육에 대한 지원을 적극적으로 하게 되었다는 점이다.

1년 동안 인터넷신문을 운영한 결과 우수학교로 선정되어 교육감 표창까지 받게 되었다. 일반학교에서도 받기 어려운 인터넷신문 우수상을 특수학교인 우리 학교에서 받았다고 교직원들은 물론 학부모들까지도 모두 기뻐하였다. 나는 교육감 표창장을 받고 우리 학생들도 무엇이든 열심히 하면 할 수 있다는 자신감을 갖게 되었다.

교장실 넓히고 인테리어 다시 하지요

2006년 3월 1일 천안인애학교에 발령을 받았다. 제일 시급하다고 느낀 것은 학생들의 현재 수행수준이 낮고 중복장애 및 중증장애학생이 많아 편성된 학교 교육과정이 학생들에게 적용하는데 적절하지 못하다는 것이었다. 그리고 유치부부터 중고등부까지 직업전환교육을 위한 기초 · 기본교육과정이 미비함을 알 수 있었다. 학교 교육과정의 내용이 미비하니까 관련되는 학교시설이 없거나 있어도 사용하지 않고 있었다.

또한 학교 건물을 순회하는 동안에 후동 건물 벽의 균열이 눈에 띄었고, 운동장 하수구 덮개가 파손된 곳이 여러 군데 보였다. 식당 뒤에는 사육장이 있었던 곳인데 아직도 가축 배설물이 군데군데 남아 있어서 비가 오거나 바람이 불면 몹시 냄새가 났다. 운동장에 있는 철봉, 그네, 미끄럼틀, 시이소 등 놀이기구는 낡고 일부 용접한 곳이 떨어지고 녹이 슬어서 학생들이 사용하는데 위험한 곳이 많았다.

아침 부장 협의가 끝난 후, 교감과 행정실장이 교장실을 넓히고 집기도 좀 더 질이 좋은 것으로 교체하자고 건의하였다. 다른 학교를 다녀보니 우리학교 교장실이 너무 누추하게 느껴졌던 것 같다. 이에 나는 다음과 같이 답변하였다.

"나를 생각해 주어서 진심으로 감사하게 생각해요. 그러나 교장실은 나 혼자서 근무하는 곳이고 외부 손님도 어쩌다 한번 오는데 지금 있는 좌석으로도 충분합니다. 그리고 지금 사용하는 집기도 사용하는데 조금도 불편함이 없습니다. 오히려 오래된 것이라 고풍스럽습니다. 컴퓨터나 좀 바꾸어 주세요. 자주 다운이 되어 결재를 하는데 어려움이 있습니다. 대신 학생들이 사용하는 집기를 구입할 때는 가장 좋은 것으로 구입하도록 하세요. 학생들이 최고의 대우를 받는다고 느낄 때 자존감이 높아진다고 생각해요. 일류 대우를 받을 때 정말 일류가 될 수 있는 거잖아요. 우선 식당에 학생들이 사용하는 식탁을 바꾸어야 되겠어요. 사용하기 편리하고 보기 좋고 위생에도 좋은 친환경 제품으로 구입할 수 있도록 조사해 봐요."

하였더니 행정실장과 교감선생님은,

"교장실은 학부모나 내빈들이 드나드는 곳으로 다른 곳보다는 더 신경 써야 하는 곳인데 우리 학교는 교장실 집기가 제일 낡았어요."

하면서 여러 번 바꾸기를 권유하였다. 나는 그래도 지금 것이 좋으니 이 일은 없던 일로 하자고 마무리 지었다.

통학버스 운행 노선 보완

천안인애학교에 발령 받고 몇 주가 지난 3월 중순 경 학부모회장이 학부모 2명과 함께 교장실을 방문하였다.

"교장선생님은 학부모들 의견을 많이 수용한다고 해서 학생 등 · 하교할 때 학교버스타고 내리는 장소 때문에 건의하러 왔습니다."

"말씀하세요."

"초등학교 5학년 1반 김○○학생 관련인데요. 버스가 아파트 앞까지 들어올 수 있는데 들어오지 않아서 1㎞는 걸어와서 학교버스를 타고 와요. 그 학생 동생이 아직 어려서 어머니가 업고 데리고 오는데 비올 때는 비를 맞고 올 때가 많으시데요. 아버지는 아침 일찍 직장에 나가야하고요."

"학교버스 운전원에게 말씀을 하시지요."

"학교버스 운전원에게 말을 했는데 그러면 다른 학생들도 집 앞까지 들어와 달라고 하면 들어가야 돼서 안 된다고 말도 못하게 해요."

"건의하는 내용은 알았습니다. 오늘 바로 운전원과 현장을 다녀와서 연락드릴게요. 바쁘신데 이렇게 학교에 와서 말씀해 주어서 고맙습니다."

"역시 교장선생님은 소문대로 어려운 문제를 잘 해결해 주시네요. 감사합니다. 꼭 해주셔야 해요."

학부모들이 돌아 간 후 교장실에서 학교버스 운전원, 행정실장에게 학부모회장이 한 이야기를 하였더니 운전원은 차 돌릴 곳이 없어서 어렵다고 하였다. 나는 운전원, 행정실장과 승용차를 타고 학생이 학교버스를 타고 내리는 현장으로 갔다. 현장을 가보니 아파트 앞에서는 학교버스를 돌리기가 어렵지만 50m 정도 올라가면 회사가 있는데 회사 정문에서 돌리면 충분하였다.

"여기에서 돌리면 돌릴 수 있을 것 같은데요?"

"아침에 회사 직원들 출근하는 시간이라 회사정문 앞에서 돌리면 복잡할 것 같은데요. 회사에서 못하게 할 것 같아요."

"그럴 수도 있겠네요. 회사에 들어가서 상황을 알아보고 허락을 받읍시다."

회사에 들어가 사장을 만났다. 통학버스 운행관계를 설명하고 등교시간과 하교시간만 회사정문 앞에서 학교버스를 돌리게 해달라고 부탁을 하였다.

"장애학생을 위해서 하여야 하는 일인데 해드려야지요. 전화로 말씀하시지 이렇게 교장선생님이 직접 오셨어요?"

하면서 쾌히 허락을 하였다.

나는 회사를 나오면서 학교버스 운전원에게 내일부터는 여기까지 와서 학생을 태우고 오라고 하였다. 승용차를 타고 오는데 '그 동안 학생과 부모님이 얼마나 고생을 하였을까? 비오고 추운 날에는 더욱 고생이 심했을 텐데' 하는 생각이 들어 미안하고 죄송하였다. 또한 이러한 어려운 문제를 알려준 학부모회장이 고맙고 감사했다.

앞으로는 학생들이 등 · 하교 할 때 학교버스를 타고 함께 다녀보아야 되겠다고 생각했다. 학교에 들어와서 학부모회장과 학부모에게 내일부터 아파트 앞으로 나오라고 연락을 하였다. 모두들 고맙다고 하였다. 고맙다는 이야기를 들을 때 내 마음이 더욱 죄송해지는 것은 무엇 때문일까?

학부모 급식보조 해결

출근하여 교내를 순시하고 있는데 천안인애학교 학부모회장에게서 전화가 왔다.

"안녕하세요? 학부모회장이에요. 교장선생님 지금 어디에 계셔요?"

"안녕하세요. 교내 순회하고 있어요."

"교장선생님 만나서 드릴 말씀이 있어요."

"네. 제가 교장실로 갈게요. 교장실로 오세요."

나는 학교에 무슨 문제가 있구나! 하는 마음으로 재빨리 교장실로 갔다. 교장실 앞에는 학부모회장이 기다리고 있었다.

"안녕하세요? 들어오세요."

"교장선생님, 바쁘신데 제가 시간 빼앗는 것 아닌가 모르겠네요."

교장실에서 차를 한 잔 하면서 학부모회장이 하는 이야기를 들었다. 내용은 그 동안은 학부모 한 분씩 학교에 등교하여 점식시간 때 급식보조 역할을 하였는데 학교에 올 수 없는 학부모는 만원씩 내어 그 돈으로 일용직을 한 분 채용하여 급식보조원 역할을 하도록 하였다는 것이다. 그런데 왜 학부모들이 급식 보조를 의무적으로 해야 하는지 불만을 이야기하는 학부모들이 점차 늘어 가고 있다는 것이다. 학부모회장에게 오늘 중에 급식보조관계를 알아보고 학부모들이 원하는 대로 처리하겠다고 답하였다. 학부모회장은 어려운 부탁을 해서 죄송하고 또한 학부모 요구를 잘 이해해 주어서 고맙다고 하면서 돌아갔다. 나는 영양교사와 행정실장, 교감선생님을 교장실로 오라고 해서 자세한 이야기를 들었다. 학교급식보조는 몇 년 전부터 학부모회의에서 협의하여 결정된 대로 실행하고 있다고 하였다. 덧붙여 만약에 급식보조원이 없으면 급식실 인원이 부족하여 학생들 점심을 준비하는데 어려움이 많다고 하였다.

"학부모들이 여기에 대하여 문제를 제기했어요. 왜 우리가 의무적으로 급식보조원 역할을 하여야 하느냐고요? 내 생각도 학부모 의견과 같습니다. 학교에 급식보조원이 필요하면 학교예산에서 일용직 비용을 지원하세요. 학부모 급식보조원 활동은 9월 1일부터 하지 않도록 하세요."

나는 영양교사와 행정실장에게 단호하게 지시하였다. 결정된 사항을 바로 학부모회장에게 전화로 연락하였다. 학부모회장은 미안하고 고맙다고 하였다. 약속한 대로 9월 1일부터 일용직으로 급식보조원을 채용하여 운영하였다.

병원학교 설치

나는 특수교육에 관한 공부를 석사과정부터 하였다. 1988년도에 석사과정에 입학하여 강의를 듣는데 강의 시간에 교수님께서 앞으로는 학생들이 몸이 불편하여 학교에 올 수 없으면 교사가 찾아가서 수업을 할 때가 올 것이라고 하였다. 당시 나는 초등학교에서 근무하고 있었고 한 학급에는 학생이 40~50명 정도 되었다. 그때에는 학생 몇 명 때문에 어떻게 교사가 가정이나 병원까지 가서 지도할 수 있을까? 라는 생각을 하고 가볍게 듣고 잊어 버렸다.

그런데 2006년, 특수교육교사가 가정을 방문하여 학생들을 교육하고 있다. 그러나 충청남도에 있는 병원에 입원한 건강장애학생들의 교육은 제대로 이루어지지 못하고 있는 실정이었다. 따라서 충청남도교육청 특수교육 담당 장학사가 충남에서도 병원에 입원한 건강장애학생들을 위한 병원학교를 설치하려고 한다면서 천안인애학교에 설치하는 것이 좋겠다고 하였다. 병원학교를 설치하려고 하는 병원은 단국대학교병원이었다. 얼마나 좋은 일인가? 나는 천안인애학교 소속으로 설치하게 되어 고맙다고 하였다. 바로 설치를 하여야 하므로 추진 계획을 세우라고 하였다.

교무부장, 행정실장, 교장 셋이서 병원학교가 설치된 학교를 방문하여 교육시설과 운영 현황을 살펴보았다. 병원 실정에 따라 병원학교 크기는 정규교실 크기의 형태로 운영하는 학교도 있고, 정규교실 2/3정도 크기로 운영하는 학교도 있었다.

각 병원학교 운영 계획서를 받아와서 우리 학교 실정에 맞게 계획을 세웠다. 운영계획서 초안을 가지고 단국대학교병원 병원학교 담당자를 찾아갔다. 사회복지팀장이 담당하고 있었다. 담당의사는 소아과 과장이었다. 장소는 두 곳을 합치면 정규교실 크기였다. 병원학교 설치 목적과 운영 형태를 사회복지팀장과 소아과 과장에게 자세히 설명하였다.

병원학교는 3개월 이상의 만성질환으로 인해 장기입원 및 장기통원치료를 요하는 건강장애 학생으로 하여금 지속적인 교육서비스를 받을 수 있도록 하는데 목적을 두었습니다. 또한 병원학교에서의 수업을 인정받아 동 학년 진급을 수월하게 함으로써, 학생 및 부모의 심적 부담감을 줄여 치료에 전념할 수 있도록 하며 나아가 삶의 의욕을 증진시키도록 합니다. 이를 위하여 운영은 정신적, 신체적 질환으로 정상적인 학교교육이 어려운 장기 입원, 장기 치료 학생 중 교육이 가능한 학생을 대상으로 합니다. 파견교사가 단국대 병원학교에 상주하면서 지도하는 것을 원칙으로 하나 통합학급과의 통합교육 기회를 확대하여 또래학습, 담임교사에 의한 개별학습의 형태로도 운영합니다. 교육과정은 학생의 실태와 의사의 진단 결과에 따르며 학부모의 요구를 참고하여 교과, 치료교육활동, 재량활동, 특별활동 중에서 선택 운영하게 됩니다. 교수 · 학습활동이 어려운 중증장애학생은 부모교육을 통하여 간접적인 교육서비스를 제공하게 됩니다. 또한 병원학교에서의 출석일수를 산정하여 학적에 반영하도록 합니다. 나아가 학생의 흥미나 능력, 상태 등을 고려하여 즐거운 활동이 되도록 함으로써 재활 의지를 심어주고, 심리적 안정감을 갖도록 지원합니다.

지도방법은 1일 교육대상자는 1∼2명으로 하되 교육활동이나 질환의 경중에 따라 증감하여 지도합니다. 1회기 수업시간은 1～2시간, 주 2회 이상으로 하되 학생의 건강상태나 진료 시간에 따라 변동할 수도 있습니다. 개별화교육 계획을 수립하여 지도하며, 평가는 가능한 소속 학교에 출석하여 하는 것으로 하되 참여가 곤란한 경우 교사가 직접 방문 평가하거나, 직접 평가가 불가능할 경우 학교 단위의 평가 관련 위원회나 학업성적관리 규정 등을 통해 학내에서 결정하여 처리하도록 하게 됩니다.

병원학교 학사 관리는 병원학교에 배치된 학생은 소속 학급에 편성되어 취학 및 전반적인 학적관리를 소속 학급 담임교사가 담당, 처리할 수 있도록 병원학교교사는 지원합니다. 보호자의 요청으로 병원학교 배치 취소된 경우 모든 학적업무는 소속 학급 교사가 처리하도록 운영합니다. 학적은 학생의 소속 학교에 두고, 병원학교 출석여부를 소속 학교에 문서로 전달하여 학교 출석으로 처리하도록 합니다. 병원학교 소속 학교나 협약교육청 등의 관리 하에 수업확인증명서를 발급하면 소속 학교에서는 이를 출석으로 인정합니다. 학생당 1일 적정 교육시수는 의료진과 협의하여 조정하되 초등학생 1시간 이상, 중 · 고등학생은 2시간 이상을 1일 최소 수업시수로 하게 됩니다.

병원학교 시설은 모든 것을 최고 좋은 것으로 하여 학생들의 불편한 몸 때문에 공부하는데 어렵거나 불이익을 보지 않도록 설치하고자 합니다.

사회복지팀장과 소아과 과장은 내 설명을 듣고는 매우 만족하는 표정을 지으면서 '우리 단국대학교병원'에 병원학교를 설치해 주어서 감사하다는 인사를 하였다.

병원학교에 사용하는 각종 시설, 시 · 청각 기자재, 칠판 등은 최고 좋은 것으로 구입하였다. 또한 교수 · 학습 자료도 충분히 확보하여 운영하도록 하였다. 학생들은 병원에서 진료를 받고 병원학교에서 수업하여 출석으로 인정을 받았다. 단국대학교병원에 입원하는 학생들은 건강장애를 신청하여 병원학교에 들어오고 3개월 이내 입원하는 학생은 방과 후 활동에 참여하도록 하였다.

조용한 병실에서 하루 종일 누워서 생활하다가 방과 후 활동에 참여하게 되니 기분전환도 되고 움직이니까 건강치료에도 좋다고 학부모들도 만족하였다. 병원학교를 설치하고 운영한 후 각종 언론에서도 여러 번 보도가 되었다. 교육환경이 타 지역 병원학교보다 우수하다고 홍보되어 병원학교를 벤치마킹하려고 다녀간 교원들도 많았다.

사회복지팀장이 병원에서는 환자 6명이 입원할 수 있는 공간을 병원학교에 제공한 것이라고 하면서 한바탕 웃었다. 이 말 속에는 병원에서 이렇게 손해를 보면서 병원학교를 운영하도록 한다는 뜻이 담겨있다. 그렇게까지 손해를 보면서 병원학교를 운영하도록 허락해 주어서 감사하다는 말과 천안인애학교에서 무엇을 도와주면 좋겠느냐고 물었다. 그랬더니 그냥 이런 사실을 알아만 주면 감사하다고 하였다.

나는 병원학교 운영 보고회에 참석하였을 때 병원학교를 운영하는데 병원에서 매일 환자 6명 이상을 입원할 수 있는 공간을 포기하고 있으므로 병원학교를 운영하는 병원에게 병원평가에서 인센티브를 줄 수 있도록 보건복지부에 건의해 달라고 하였다. 내가 건의한 내용이 병원학교를 운영하는 병원평가에 반영되었는지 알 수는 없었다. 만약에 아직도 반영이 안 되었다면 늦었지만 지금이라도 꼭 반영되기를 기원한다.

충청남도교육청 지정 연구학교 운영

천안인애학교 연구주제는 '체험중심 전환교육을 통한 자립생활능력 신장'이었다. 장애인이 일상생활에서 장애를 느끼지 않고 생활하며 교육을 받고 취업하여 행복하게 살아가는 사회는 인류가 추구하는 진정한 사회의 모습이다.

특수교육의 목적은 특수교육대상학생이 자주적인 생활능력을 길러 생활안정과 사회참여에 기여하는데 있으며, 정신지체학생들의 교육 또한 사회생활에 적응하고 참여하여 직업을 갖고 여가생활을 즐기며 더불어 살아가도록 도와주는데 있다. 그러나 경도장애학생 전환교육의 실제에서는 매년 수많은 특수교육대상학생들이 학교를 졸업하고 교육의 울타리를 벗어나 사회로 진출하는데 이들을 위한 전환교육에는 많은 문제점이 있음을 지적하고 있으며, 졸업 후 성인으로서 사회적 역할을 적절하게 수행해 나갈 수 있도록 전환교육의 필요성을 제시하고 있다.

정신지체학생들의 사회로의 전환을 위해서는 학교교육을 바탕으로 실제적인 환경 내에서 직접적인 현장체험활동을 통해 이루어져야 함에도 불구하고 일상생활에 필요한 지식과 기술이 학교 내의 제한된 환경에서만 이루어지고 마는 경향이 있다. 또한 지적 · 정서적 · 사회적 발달 등이 지체되어 비장애학생들과의 또래활동에서 제외당하고, 맞벌이 가정이 많아 부모가 학생들과 함께 실생활 경험을 제공하지 못하거나, 제한된 환경에서만 실시하는 경향이 있어 정신지체학생들의 자립생활능력 발달에 도움을 주지 못하고 있다.

천안인애학교는 중증 · 중복장애 학생의 수가 증가하고 있으며 이들은 실생활에서의 체험활동 부족으로 사회로의 전환에 필요한 생활기술 능력이 지체되어 자립생활능력이 현저히 낮은 실정으로 이들의 사회적 자립을 위해서는 일반학교와 특수학교, 가정, 지역사회, 산업체 등과 연계한 전환교육이 절실히 요구되었다.

이에 천안인애학교에서는 학교 교육과정을 기본으로 한 신변자립 · 기본생활훈련, 지역사회 시설물 활용, 현장체험학습, 일반학교와의 통합교육, 부모와 함께하는 체험활동, 산업체와 연계한 직업교육 등 다양한 체험중심 전환교육을 통하여 자립생활능력을 신장시키고자 시범학교 운영을 추진하게 되었다.

'체험중심 전환교육을 통한 자립생활능력 신장'을 위한 시범학교 운영의 목적은 첫째, 전환교육을 위한 여건을 조성하며, 둘째, 체험중심 전환교육을 전개하며, 셋째, 다양한 체험을 통하여 자립생활능력을 신장시키고자 하였다.

'체험중심'이란 교과시간에 이루어지는 실습, 노작, 역할극, 시연 및 현장체험학습, 협력학교와의 통합교육, 지역사회 및 산업체와 연계한 현장실습, 학부모와 함께 하는 체험 등을 중심으로 하는 활동을 말한다.

'전환교육'이란 성인교육, 직업훈련, 통합된 취업활동지원과 성인서비스, 독립생활 또는 사회참여를 포함한 학교에서 사회로의 전환을 촉진시키고자 하는 교육을 말한다(조인수, 2000). 전환교육 촉진을 위하여 유 · 초등부에서는 기본생활중심 기능훈련, 중 · 고등부에서는 사회적응훈련 및 작업 기초훈련, 전공과에서는 직장적응 및 직업체험활동을 통한 직업수행훈련을 실시하는 것을 말한다.

자립생활능력은 남에게 의지하지 않고 스스로 살아갈 수 있는 능력으로 정신지체학생들의 발달과정과 단계별 특성을 고려한 신변자립, 기본생활, 지역사회적응 및 시설물 이용, 여가생활, 작업 기초생활, 직장적응 및 직업수행 등의 능력을 말한다.

체험중심 전환교육 활동을 전개한 결과 다음과 같은 결론을 얻을 수 있었다.

전환교육 여건 조성에서는 첫째, 전환교육에 대한 사전 이해 교육 및 연수를 통해 교사, 학생, 학부모의 장애 이해 폭을 넓힐 수 있었다. 둘째, 협력 교수팀 간의 협의회를 통해 통합교육 여건을 조성하고 실천의지를 높일 수 있었다. 셋째, 지역사회 기관 및 산업체와의 협력체제 구축을 통해 학습의 장을 확대하고, 지역사회적응능력과 직업생활능력 신장을 위한 기본 여건을 마련하였다.

체험중심 전환교육 전개에서는 첫째, 학교 교육과정 분석을 통한 전환교육 활동 영역을 구안하고, 지도 요소 추출 및 전환교육 교수·학습 자료를 개발하여 개별화 전환교육을 실시한 바, 개인생활, 사회생활, 여가생활, 직업생활에 필요한 기초능력이 향상되었다. 둘째, 체험중심 전환교육 수업모형을 개발하고, 그에 따른 개별화 전환교육계획을 수립하여 체험중심 전환교육을 실시한 바, 유·초등부, 중학부, 고등부, 전공과 각 과정별로 개인생활, 사회생활, 여가생활, 직업생활 모든 부분에서 긍정적으로 크게 변화되었다. 셋째, 협력학교와 통합교육을 통해 협력학교 교사 및 비장애학생의 장애 인식을 개선시키고, 장애학생과 비장애학생 간 견해차를 좁혀 교우관계 형성 및 공동체의식을 함양하였으며, 장애학생의 대인관계 및 사회적 기술 능력이 신장되었다.

다양한 체험활동을 통한 자립생활능력 신장에서는 첫째, 학부모와 함께 하는 체험활동을 통하여 학교에서 습득한 것을 가정에서 적용시키고, 가정에서 습득한 것을 학교와 사회에서 적용시키도록 함으로써 기본생활습관 및 기능, 사회시설 이용능력과 여가시간 활용능력이 신장되었다. 둘째, 지역사회와 연계한 다양한 체험활동을 통해 지역사회 적응 능력이 향상되었으며 전공과 졸업생 총 47명이 취업(2001년~2007년 현재)하여 직장생활을 하고 있다. 또한 현재 9명이 산업체 현장실습장에서 기능을 연마하고 있다. 셋째, 교내외 행사와 연계한 체험활동을 통해 행사 참여 시 지켜야 할 예절, 단체 활동에서 지켜야 할 규칙과 질서의식이 신장되었고, 직업기능과 체력 향상을 통해 자립생활인으로서의 기본 자질과 능력이 향상되었다.

이후 나는 학교 교육과정을 수정·보완하여 편성하고 운영하였으며, 특히 우리 학생들이 학교를 졸업하고 사회에 나가 비장애인과 더불어 스스로 살아갈 수 있도록 학교시설을 설치·보완하고 현장학습을 강화 하는 등 '전환교육을 통한 자립생활능력 신장'에 최선을 다하였다.

장애인 교사와 함께 근무하면 행복하다

2006년 3월 1일 천안인애학교로 발령을 받고 충청남도교육청 지정 연구학교를 운영하였다. 연구학교를 운영하려면 교직원의 역할이 중요하기 때문에 교직원 업무분장표를 살펴보았다. 특히 연구부 담당자를 살펴보고 있는데 문○○ 교사가 교장실로 찾아

왔다.

"교장선생님, 함께 근무하게 되어 참 좋아요."

"나도 문선생님을 만나게 되어서 반가워요."

나는 문선생님과 천안인애학교 개교 때 같이 근무하였으며, 또한 특수교육에 관련된 일을 함께한 적이 있어서 그를 잘 알고 있었다. 그는 특수교육에 누구보다도 열심히 하며 능력도 인정받는 교사이다. 특히 교수 · 학습활동에 뛰어난 능력이 있어 여러 기관에서 교사 연수를 할 때면 그를 강사로 위촉하였다.

"교장선생님, 제가 연구부장을 맡았는데 연구학교 운영을 잘 추진할 수 있을지 몹시 걱정이 돼요."

"걱정하지 마세요. 나는 문선생님을 잘 알고 있어요. 연구학교 업무를 추진하다가 어려운 점이 있으면 언제든지 말씀하세요."

나는 연구학교 담당자 협의회를 할 때는 협의 대상자에 학교장이 없어도 의도적으로 문선생님과 함께 참여했다. 당시 충청남도교육청에는 엘리베이터나 경사로가 없어서 문선생님 혼자 다니기에는 무척 힘이 들었다. 따라서 계단을 오르고 내릴 때 나는 문선생님의 손을 잡고 다녔다. 내가 손을 잡으려고 하니까 처음에는 미안해 했는데 차츰 고마워하면서 자연스러워졌다. 문선생님은 내가 생각한 대로 교사들의 적극적인 협력을 받아 연구학교를 적절하게 추진하였다. 문선생님은 연구학교 운영을 마치고도 어려움이 있을 때면 나에게 자주 전화를 하였다. 나는 그 때마다 아무리 바빠도 문선생님의 어려움이나 고민에 도움을 주려고 노력하였다.

문선생님은 지금 전문직 시험에 합격하여 ○○교육지원청에서 특수교육 담당 장학사를 하고 있다. 내가 아산성심학교 원로교사로 근무할 때 교수 · 학습활동 컨설팅을 하러 학교를 방문하였다. 나는 문장학사와 한참 동안 함께 근무했던 시절로 돌아가 이야기하였다. 문장학사도 이제는 특수교육 전문가로서의 모습이 묻어났으며 그 모습을 보는 내 기분도 무척 좋았다.

요즈음은 학교에서 기간제 교사를 많이 채용한다. 내가 천안인애학교 교장으로 근무할 때도 매년 10명 이상 기간제 교사를 채용하였다. 나는 학교에 기간제 교사를 채용할 때는 임용공고부터 임용시험까지 모든 것을 학교인사위원회에서 추진하도록 하였다. 당시 학교인사위원회 위원장은 박○○ 교감선생님이었다.

언제인가 중등 기간제 교사를 모집하는데 지체장애 교사가 지원하였다. 그 교사는 대학교에서 직업교육을 전공하고 특수학교 교사 자격증을 취득하였다. 나는 속으로 지체장애 교사가 합격하기를 바랐다. 기간제 교사 임용 담당자가 지원자들의 임용절차를 마치고 결재를 올렸다. 임용추진 결과를 살펴보니 지체장애 교사가 임용예정 인원에 들어 있었다. 임용된 후 얼마 후에 들리는 소식에 의하면 지체장애 교사를 채용하는데 반대 의견도 있었다는 것이다. 이유는 지체장애 때문에 직업교육을 하는데 문제가 있을 것 같고 또한 문제행동을 일으키는 학생을 지도하는데도 어려움이 있을 것으로 생각되었다는 것이다. 그러나 평상시 장애인 채용에 우리부터 앞장서야 한다는 내 철학을 알고 임용하는데 문제가 없어 합격시켰다는 것이다. 나는 여러 가지 어려움이 있을 것을 걱정하면서도 그를 합격시킨 당시 교원인사위원들에게 감사하게 생각했다. 그는 기간제 교사로 합격한 후 열심히 학생들을 지도하고 맡은 업무에 충실하였다.

내가 천안인애학교를 떠난 후 다음해 20여명의 기간제 교사를 채용하였는데 그는 기간제 교사 임용에서 탈락되었다. 그 소식을 듣는 순간 학교 사정은 있었겠지만 안타까움이 밀려오는 것은 어쩔 수 없었다.

나는 2007년 2월 1일 충청남도교육청 장애인교원채용심의위원회 위원으로 위촉되어 중등특수교육교사 채용 심의위원으로 참석하였다. 채용 심의 대상자는 시각장애 교사였다. 심의위원은 특수교육 전문가, 일반학교 교장, 학부모 대표, 충청남도교육청 장학관, 특수학교 교장 등이었다. 심의가 시작되어 장애인교원채용 담당자가 심의 대상자에 대한 자료 설명이 있었다. 심의 대상자는 대학교 생활도 충실하였고, 실습도 모범적으로 하였으며 특히 실습담당 교사가 칭찬을 많이 하였다고 소개하였다. 그러나 심의하는 과정에 채용에 대해서는 찬성만 있는 것이 아니라 반대하는 위원도 있었다. 반대하는 이유는 비장애인 교사가 지도할 때에도 문제행동을 일으키고 지시에 잘 따르지 않는데 시각장애인 교사는 더욱 어렵지 않겠느냐 하는 것이었다.

나는 당사자에게 무엇을 도와주면 교사활동을 할 수 있는지 알아보았으면 좋겠다고 담당자에게 의견을 제시하였다. 담당자는 이미 그 문제가 걱정이 되어 질문하였더니 개인용 컴퓨터만 준비해 달라고 했다는 것이었다. 나는 심의위원들에게 내 의견을 말하였다.

"심의위원들께서 당사자가 교사로 임용되어 근무할 때 미리 어려운 점을 걱정해 주는 것은 좋은 일인데 본인도 우리가 문제점으로 생각하는 것은 알고 있을 것으로 생각합니다. 그래도 자신이 할 수 있으니까 실습도 마치고 특수학교 교사 자격증을 취득하여 임용고사에 응시하였습니다. 그는 교사로 근무할 때 필요한 것은 개인용 컴퓨터라고 하였는데 지금 현장에서는 비장애인교사에게도 개인용 컴퓨터는 모두 배정하고 있으므로 그것도 별 어려움은 없는 듯합니다. 임용된 후 교원으로 근무하다가 본인이 어려워서 할 수 없으면 사표를 낼 수 있으므로 우리가 걱정할 일은 아니라고 생각합니다. 저는 채용하는 것이 좋다고 생각합니다. 본 업무를 담당하고 있는 분께 한 가지 부탁을 드리고자 합니다. 지금 위원님들이 걱정하는 내용은 현장에서 있을 수 있는 일입니다. 이 문제를 해결하기 위해서는 장애인 교사를 도와주는 특수교육 보조인력을 1명 배치해 주어야 합니다."

내 의견을 듣고는 채용하는 쪽으로 결정되어 시각장애인 교사는 임용되었다. 2007년 교원인사발령이 나기 일주일 전에 충청남도교육청 인사담당 장학사에게서 전화가 왔다.

"충청남도교육청 인사담당 장학사 김○○입니다. 교장선생님께 상의할 일이 있어서 전화 드렸습니다."

"말씀하세요."

"사전에 각 특수학교로 전화하여 교장선생님들 의견을 들었더니 시각장애 교사 근무에 하상근 교장선생님 학교가 적합하다고 말씀하시더군요. 교장선생님은 어떻게 생각하세요?"

"네, 우리학교로 보내주세요. 단 특수교육 보조인력은 꼭 보내주셔야 합니다."

"알겠습니다. 허락해 주셔서 감사합니다."

김○○ 선생님은 천안인애학교로 발령 받아 큰 어려움 없이 근무를 하였다. 음악을 담당하였는데 가끔은 기타로 음악 수업을 하니 학생들이 무척 좋아하였다. 업무도 잘 처리하였다. 학생들이 하교한 후에는 교사들에게 기타와 안마도 가르쳐 주어 교사들도 매우 좋아하였다.

나는 각 교실 순회를 하다가 혹시 교직생활을 하는데 어려움은 없는지 가끔 김ㅇㅇ 선생님 교실에 들러 대화를 나누었다. 김ㅇㅇ선생님은 학교생활에 만족하였다. 만족하는 김ㅇㅇ선생님을 만날 때마다 내 마음도 편안했다. 사실 김ㅇㅇ선생님이 학교생활에 적응하지 못하고 중간에 그만 두면 어쩌나 하는 걱정도 있었다. 나는 김ㅇㅇ선생님이 학교생활에 잘 적응하는 것을 보고 '장애는 사회가 만든다.'는 것을 다시 한 번 실감하였다.

충청남도교육청에서 시각장애인 교원을 위하여 특수교육 보조인력을 채용하여 배치 한 것을 타시 · 도에서 알고 지금은 대부분 시 · 도에서 장애인교원을 위하여 특수교육 보조인력을 채용하여 배치하고 있다. 이 얼마나 감사한 일인가? 바로 이것이 장애인들에게 적합한 복지정책이 아닐까 생각한다.

교육실습생 지도하기

교육실습은 사범대학, 교육대학교, 교직과정을 이수한 학생들이 실제 근무할 현장에서 하는 실질적인 연습을 말한다. 사범대학이나 교직과정을 이수한 학생들의 경우는 중등학교에서, 교육대학교의 학생들은 초등학교에서, 사범대학 및 사범학부 특수교육과의 학생들은 특수학교나 특수학급에서 실습을 하게 된다.

교육실습은 교사로서의 적성 및 능력을 직접 경험해 보고 스스로 학문적 지식수준과 교사로서의 인성을 검토하고 반성하는 기회가 된다. 또한 교사양성 과정에서 배운 교육 이론과 방법을 교육 현장에 적용하고 부족한 점을 지도하고 도와주기 위해 예비 교사들에게 의도적으로 제공되는 일련의 과정이다. 이것은 교사 교육 프로그램 중에서 가장 핵심적인 과정이다. 이러한 교육실습의 목적은 학생의 학습을 도와주는 학습 지도자로서의 경험체계를 확립하고, 학생을 개별적으로 연구하는 사례 연구자로서의 경험을 쌓으며, 좋은 학습 환경을 마련하는 학습 관리자로서의 기능을 습득하고, 직장에서의 인간관계를 바람직하게 맺는 방법을 배우는데 있다.

나는 교사가 되기 위하여 겪은 과정 중 가장 중요한 때는 4주 교육실습이라고 생각한다. 학급경영, 생활지도, 환경정리, 교수 · 학습과정안 작성, 교수 · 학습활동 등 실습 중에 실습담임 교사에게 배운 것을 교직생활을 하면서 거의 비슷하게 적용하였다. 따라서 교장으로 발령 받게 되면 4주 교육실습을 알차게 할 수 있도록 도와주어야 되겠다는 것이 나의 평소 생각이었다.

교장으로 승진하여 근무하였던 서산성봉학교, 천안인애학교는 학교 관리를 교직원 퇴근 후와 일요일, 공휴일에는 전적으로 세콤에 의존하고 있었다. 그러다보니 퇴근시간 후에 학교에 남아서 근무하다 가려면 어려움이 많아 교직원들이 퇴근 후에도 자유롭게 근무할 수 있도록 당직자를 배치해 달라고 건의하였다. 나도 학급담임 할 때 학생이 하교하기 전에는 각종 업무 처리를 할 수가 없었다. 어쩌다 공문서 처리가 급할 때에는 학생지도가 소홀해질 수밖에 없었다.

나는 교원들에게 모든 업무는 학생들이 하교한 후에 처리하라고 부탁하였다. 만약에 담당자의 업무처리가 늦어서 교육청에서 독촉 전화가 오면 학교장이 학생들이 하교한 후에 업무처리를 하라고 해서 늦었다고 하라고 안내하였다.

이렇게 하다 보니 학교관리를 위하여 당직자 배치와 세콤을 병행하여 운영할 수밖에 없었다. 당직자 배치를 한 후부터는 남아서 공부하고 연구하며 업무처리를 하는 교직원들이 많아졌다. 교육실습생들은 4주 동안 토요일과 일요일도 반납하고 또한 평일에도 평균 10시까지 남아서 자료를 준비하고, 연구하며, 주어진 과제를 처리하였다. 여학생들은 남자친구까지 동원해 함께 자료를 정리하고, 대충하라는 얘기를 한쪽 귀로 흘려버리는 등 프로다운 모습을 볼 때 후배들이 자랑스러웠고 당직자 배치하기를 잘했다는 생각이 들었다.

우리 학교에서 교육실습에 중점을 둔 것은 교수 · 학습과정안 작성, 개별화교육 계획 작성, 사례지도, 교무업무, 교수 · 학습활동 5개 영역이다. 이중에서도 교수 · 학습 과정안 작성 및 교수 · 학습활동은 내가 연수교재를 발간하여 직접 연수하였다. 그리고 연수 교재는 실습이 끝날 때까지 연구하도록 하였다. 기타 학교에서 이루어지는 각종 업무는 각 부장들이 본교 학생들이 하교한 후에 연수하였다. 교육실습을 마치면 5개 영역은 각자 유인물과 워드로 작성하여 제출하게 한 후 분야별로 정리하여 USB에 저장해서 학생들에게 실습기념으로 배부하였다.

글을 쓰면서 지난날을 생각해보니 내가 교장으로 근무한 학교에서는 교육실습생들이 꽤 어려웠을 것이다. 4주 동안 쉴 틈 없이 실습 생활을 하도록 하였으니 말이다. 이와 같이 지도하는 교사들은 실습부장과 실습담임들이지만 사실은 학교장이 그렇게 하도록 지시하고, 지도하고, 점검하였기 때문이었다. 이상한 것은 이렇게 힘들게 하였는데도 매년 교육실습을 희망하는 학생들이 학교에서 지도할 수 있는 정원보다 넘쳤다. 따라서 이들을 위하여 우리학교에서는 신년도에 지도할 수 있는 정원을 미리 예측하고 충남에 있는 대학교 특수교육학과에 정원을 미리 통보하여 신청서를 받았다. 그래야만이 우리학교에서 선정되지 않는 학생은 다른 학교에서 교육실습을 받을 수 있기 때문이다.

연말에 가끔은 교원 임용고사에 합격한 교사들이 교장선생님 학교에서 배운 교수 · 학습과정안 작성 및 교수 · 학습활동 때문에 합격했다고 감사의 전화를 받는 때도 있었다. 그때마다 우리 학교에서 추진한 교육실습이 학생들을 고생만 시키지는 않았다고 생각하였고 보람도 느꼈다.

특수아 교수 · 학습방법 발간 배부

본 교재는 교육실습생 지도교사가 효율적으로 교육실습생을 지도하는데 조금이나마 도움이 되었으면 하는 바람에서 발간하여 배부하였다. 처음에는 기존에 발간된 도서를 구입하여 배부하려고 하였으나 대부분 이론 면에 치우쳤고 또한 현장에서 실제로 적용되었던 교수 · 학습과정안이 부족하여 내가 직접 집필하였다. 본 교재의 제1부에서는 교수 · 학습과정안 작성을 위한 기초로서 교수 · 학습과정안을 다루었다. 제2부에서는 교수 · 학습과정안 작성의 실제로서 유치원, 초등학교, 중 · 고등학교에서 적용되었던 교수 · 학습과정안을 제시하였다. 여기에 제시한 교수 · 학습과정안은 충청남도 교육청 특수교육 담당관에서 추진한 특수교육교사 수업연구대회에서 입상한 것이다. 유치원은 생활영역, 초 · 중 · 고등학교는 전 교과를 제시하였다. 제3부에서는 발달장애학생의 학습지도 방법으로서 학습지도의 원리, 학습지도의 실제, 학습활동 요소별 지도 기술을 제시하였다.

교수 · 학습과정안은 각 특수학교의 상황에 따라 다양하게 작성하여 적용되지만 본 교재에서 제시한 기본 형식과 작성 기술은 어느 특수학교에 적용해도 무난할 것으로 판단된다.

교육실습을 마친 교육실습생들의 소감은 '실습 첫 주는 소문대로 어렵게 하는구나. 괜히 이 학교를 희망했다.'하는 후회도 했었다. 그렇지만 시간이 지날수록 잘 왔다는 생각이 들고, 4주 동안 어떻게 시간이 지나갔는지 모를 정도로 학생지도와 수업준비로 분주하였다. 그 어느 학교보다도 많은 것을 배울 수 있었다며 앞으로 교사가 되어 현장에서 다시 학생들을 만나고 싶다는 바람과 다짐을 전했다.

교육실습생을 지도한 교사들은 교육실습에서 가장 중요한 것이 교수 · 학습과정안 작성 및 교수 · 학습활동인데 교장선생님께서 이에 관련된 교재를 직접 집필하여 주어서 우리도 덕분에 많은 것을 알게 되었고, 교육실습생을 지도하는데도 많은 도움이 되었다고 하였다. 이렇게 교육실습생들을 위하여 손수 교장선생님이 교재까지 집필해 주는 학교는 아직 없으며 교육실습생들에게 우리학교 고마운 줄 알아야 한다고 하여 모두들 한바탕 웃었다.

급식실 수리 및 식탁 구입

매일 아침 7시에 출근하여 아침과 점심식사를 학교에서 학생들과 함께 하였다. 아침식사를 학교에서 한 이유는 기숙사 운영에 문제가 없는지 살펴보기 위해서였다. 즉 식사를 하면서 기숙사에 입사한 학생들의 건상상태는 괜찮은지, 밤에 학생들이 잠은 잘 잤는지, 문제행동을 일으킨 학생은 없었는지 등을 관찰하고 생활지도원들에게 소식을 들었다. 또 점심시간을 함께 한 이유는 반찬은 짠지, 싱거운지, 매운지, 식재료는 신선한지 등, 학생들이 식사하기에 충분히 안전하고 맛있는 상태인가를 살피기 위해서였다.

그런데 식사를 할 때마다 학생들한테 미안한 마음이 들었다. 학교가 개교한 지 13년이 되었기 때문에 식당 바닥은 군데군데 벗겨졌고 음식물에 찌들어 보기가 흉했다. 벽면과 천정도 변색되어 미관상 좋지 않았다. 식탁도 마모된 부분이 많았고, 일부는 식탁과 의자가 흔들거려서 안전에도 문제가 있었다.

이와 같은 급식실 환경을 개선하고자 초 · 중등교무부장, 학생복지부장, 영양교사, 행정실장, 교감, 교장이 협의회를 개최하였다. 교장이 급식실 상황을 설명하고 이를 개선하기 위해서는 예산이 필요한데 어떻게 마련하여야 할지 각자 의견을 발표하도록 하였다. 1차 협의 결과는 영양교사가 급식실 환경 개선에 필요한 물품과 공사계획서를 작성한 후 행정실장과 협의하여 예산을 세우기로 하였다. 2차 협의에서는 필요한 물품과 공사 내용을 점검하여 일부 수정하였다. 급식실 환경 개선에 필요한 예산은 약 7천만원이 필요했다. 문제는 7천만원을 어떻게 마련할 것인가? 하는 것이었다. 학교운영비 중에서 7천만원을 사용하면 학생들 교육과정 운영에 어려움이 있어서 학교예산으로는 할 수 없는 사업이었다. 예산 확보 방안은 1차로 행정실장이 충청남도교육청에 신청하고, 2차로는 천안시청에 교육환경개선비를 신청하기로 하였다. 나와 행정실장이 충청남도교육청 예산 담당자를 찾아가서 상담하였으나 금년에는 도저히 지원할 수가 없다는 답을 들었다. 그래서 2차 방안으로 천안시청에 요청을 하기로 하였다. 나와 교감, 행정실장이 천안시청을 방문하여 지원요청을 하였더니 천안시청으로 직접 요구하는 것이 아니고 충청남도천안교육청으로 요구하면 충청남도천안교육청에서 선정하여 천안시청으로 추천한다고 하였다. 충청남도천안교육청 교육장님을 만나 학교 급식실 상황을 설명하였다. 교육장님은 충청남도천안교육청 시설담당이 천안인애학교에 가서 실태조사를 하여 상황을 파악한 다음 추천하겠다고 하였다. 다음날 충청남도천안교육청 시설과 담당이 학교를 방문하였다. 내가 직접 시설과 담당자를 현장에 안내하여 현장을 보도록 하고 그 동안 준비한 사업계획서를 설명하였다. 담당자는 내 설명을 듣고는,

"급식실 환경이 이렇게 낙후되었는데 그 동안 왜 개선요구를 하지 않았는지 답답하네요. 더구나 장애인 학교에서. 이번에 꼭 추천하도록 노력하겠습니다."

하였다. 추천 하겠다는 소리를 듣는 순간 답답한 가슴이 뻥 뚫리는 것 같았다. 얼마 후 천안시청으로부터 급식실 환경 개선비로 5천만원이 배정되었다. 학교 급식실 공사는 방학 중에 하여야 되므로 바로 입찰을 거쳐 물품을 구입하고 공사를 시작하였다. 물품 구입과 공사는 행정실장이 주관하여 하되 영양교사와 협의하면서 하도록 하였다. 여름방학 개학을 일주일 앞두고 공사가 완료되었다. 공사비는 5천 7백만원이 들었다. 7백만원은 충청남도교육청 특수교육 담당 장학사에게서 학교 환경개선비로 지원받았다.

개학하고 점심을 먹는데 한 학생이 식사를 하다가 갑자기 다른 학생에게로 달려갔다. 식사하던 교직원들은 깜짝 놀라서 그 학생을 바라보는가 하면 잡으려고 쫓아가는

교사도 있었다.

"선생님, 재가요 숟가락으로 식탁을 두드려요. 그러면 부서지잖아요."

하는 것이 아닌가. 나는 그 학생이 하는 말을 듣고 가슴이 뭉클했다. 이렇게 좋아하는 것을 미리 못해 준 것이 너무 미안했다. 뿐만 아니라 교직원들도 식사를 하면서,

"교장선생님, 급식실에 오면 기분이 너무 좋아요. 호텔에 온 것 같아요. 아마 우리나라에서 우리 학교 급식실 환경이 제일 좋을 거예요."

나는 늘 우리 생활에서 제일 깨끗하여야 할 곳은 식사하는 곳과 화장실이라고 생각하였다. 천안인애가족 모두가 이렇게 좋아하는 것을 보니 그 동안 예산 마련 때문에 고생했던 기억이 씻은 듯 사라졌다.

교직원들 방과 후 시간 효율적 활용

특수교육교원들은 마치 일을 하기 위해 태어난 사람들 같다. 할 일이 있으면 퇴근 시간 늦추는 것은 다반사고 토요일, 일요일도 등교하여 일을 처리한다. 평일은 학생들 때문에 할 수가 없어서 더욱 그런 것 같다.

교사들이 학교에서 학생들과 생활하는 시간은 매일 오전 9시부터 오후 5시까지이다. 특히 정신지체 학교는 수업시간보다는 쉬는 시간과 점심시간에 학생들과 함께 하는 것이 더 어렵다. 수업 중에는 학습 자료를 가지고 활동하지만 쉬는 시간에는 본의 아니게 보육활동 중심으로 학생을 돌봐야 한다. 교실에서 뛰는 학생, 다투는 학생, 장난치는 학생, 교실 밖으로 나가려고 소리 지르는 학생 등 여러 형태여서 어려움이 많다. 점심시간은 학생들 옆에 앉아서 식사지도를 하여야 한다. 장애가 심한 학생은 교사 바로 옆에 앉히고 학생 한 수저 먹도록 하고, 그다음에 교사 한 수저 먹고를 반복하여야 한다. 교사가 잠시 다른 학생을 돌보면 바로 밥을 헤쳐서 먹을 수가 없게 된다. 학생 식사 지도를 하면서 점심을 먹으면 정신이 없다. 학생들을 3시 40분에 통학버스를 태워 보내고 교실에 오면 파김치가 되어 움직이기조차 싫어 진다. 그러한 생활에서 아무리 어렵더라도 내일 수업을 위하여 학습준비는 하여야 한다. 4시부터 퇴근할 때까지가 나만의 여유를 갖고 무엇인가 할 수 있는 시간이다.

나는 이와 같은 경험을 하였기 때문에 교장이 되었을 때 교직원 협의를 최대한 억제

하고 학생들이 하교하면 교사들에게 내일을 위하여 준비할 수 있는 시간을 갖도록 하였다. 교사들이 방과 후에 하는 것은 학습준비, 각종 업무 등도 있지만 가장 중요한 것은 마음의 여유를 갖고 심신을 쉬는 시간을 갖는 것이다. 하루 종일 학생들 때문에 탈진한 몸을 재충전하여야 다음날 학생들을 잘 도와 줄 수 있기 때문이다.

방과 후 교사들에게 자유 시간을 갖도록 하니 교사들이 매우 좋아하였다. 퇴근할 때 밝은 얼굴로 퇴근하는 모습을 보니 다음 날 즐거운 기분으로 학교에 출근하여 그 기분으로 학생들을 지도할 것이 눈에 선하게 보였다.

특수교육 보조인력 근무환경 개선 노력

특수교육 보조인력을 처음 채용할 당시는 계약직이 아니고 일용직이었다. 일용직일 때 학교장으로서 가장 어려웠던 점은 방학 때 봉급이 없다는 것이다. 이 때문에 방학이 되면 교원들은 좋아했으나 특수교육 보조인력들은 싫어 하였다. 또한 봉급도 지금보다 적었다. 이와 같은 현실 때문에 특수교육 보조인력으로 임용되었다가도 며칠 나오다 그만 두는 경우가 많았다. 때문에 모든 피해는 학생들에게 돌아갔다. 나는 이와 같은 현실을 특수교육 관련 협의회가 있을 때마다 몇 번이고 건의하였다. 또한 충청남도교육청에 특수교육 보조인력이 일용직이므로 인해 일어나는 문제점과 학교회계직으로 전환하여야 할 필요성을 세밀하게 기술하여 여러 번 건의하였다.

이상과 같은 건의 때문인지는 모르겠지만 특수교육 보조인력들의 신분이 일용직에서 학교회계직으로 전환되어 당시보다 봉급도 많아지고 처우도 개선되었다. 특히 방학에도 봉급이 지급되어 특수교육 보조인력들이 어느 정도 만족하는 것 같다. 이제는 특수교육 보조인력으로 임용되고 나면 이직율도 거의 없고 오히려 희망하는 사람이 늘어나서 임용되기가 매우 어렵다는 사실이 이를 증명한다.

당시 학교에서 근무한 특수교육 보조인력들이 좋아하는 것을 보고 나 역시 큰 보람을 느꼈다. 세상에는 정성을 들이고 노력하면 안 되는 일이란 없다는 것을 다시 한 번 느꼈다. 특수교육 보조인력의 어려운 환경을 이해하고 흔쾌히 도와준 충청남도교육청 담당자들의 고마움을 잊지 못한다.

또한 특수교육 보조인력들의 사기를 높이는 일은 예산으로 해결되는 경우도 있겠지만 다른 교직원들의 이해와 배려로 일할 수 있는 분위기를 만들어서 해결할 수 있는 문제도 있었다. 교육 현장에서는 봉급 문제도 중요하지만 인간관계도 중요하므로 교감(장)은 이에 관심을 갖고 리더십을 발휘하여 특수교육 보조인력들이 학교생활을 즐겁게 할 수 있도록 하여야 한다.

임대 통학버스 학교버스로 교체

천안인애학교에서는 학생통학을 위하여 학교버스 4대, 임대버스 3대, 총 7대의 차량을 운행하였다. 학교 차량 4대 중 1대를 충청남도교육청관리지침에 의거하여 사용 가능 연수보다 1년 연장 사용하는 바람에 2006년 9월 27일자에는 7대 중 4대를 임대차로 운행해야 할 상황이었다. 본교에 발령 받고 6개월이 지났는데 그동안 임대차량을 운행한 결과 다음과 같은 문제점이 나타났다.

첫째, 임대차량 운전자의 경우 특수학교 학생들의 특성을 잘 이해하지 못하고 운행 중 응급환자가 발생하거나 문제행동이 일어났을 때 대처능력이 떨어졌다. 또 회사의 사정에 의해 임대차량 운전원이 자주 교체되었고 이럴 때마다 학생들이 적응하지 못하여 불안해 하였다. 때때로 임대차량이 시간을 잘 지키지 않아 학부모가 학생을 인수·인계할 때에 문제가 발생하기도 하였다.

둘째, 특수학교는 그 특성상 교내에서 이루어지는 교육활동 외에도 현장경험 및 사회적응을 위한 교외 학습을 자주 실시하여야 한다. 임대차량이 증가될 시 현장학습 때마다 임차비를 추가 지급해야 하는 등 학교버스를 운행할 때보다 비용이 많이 소요되었다.

셋째, 학부모·도교육위원·도의원이 학교를 방문할 때마다 통학차량을 임대차로 운영하는데 발생하는 문제점을 지적하였다. 특히 학부모들은 학교자체차량 운행을 강하게 요구하였다.

나는 우선 운전원에게 2006년 9월 27일자로 폐차 대상인 학교버스를 종합점검 받도록 하고 운행에 문제가 있는 경우 고치도록 지시하였다. 다행히 크게 수리할 곳이 없었다. 사용 기간을 1년 더 연장할 수 있는지 알아보고 연장할 수 있으면 1년 연장 사용가능 증명서를 발급받아 오라고 하였다. 운전원은 1년 연장 사용가능 증명서를 받아 왔다. 바로 폐차 대상인 학교버스에 이 증명서를 첨부하여 충청남도교육청에 제출하였다. 1주일 후에 학교버스 1년 연장 사용을 승인한다는 공문이 왔다. 그래서 임대차를 사용하도록 배부된 예산은 즉시 반환하였다.

다음으로 학교 통학차량 구입 예산서를 작성하고 임대차량을 운행 시 문제점을 구체적으로 기술하여 충청남도교육청 학교차량 운영 담당과를 방문하였다. 담당자는 학교통학차량 구입 때문에 방문하였다고 하니 내 설명은 들으려고 하지도 않고 학교통학차량 사용기간이 만료되면 임대차를 운영한다는 충청남도교육청 방침만을 말하였다. 덧붙여 임대차량이 운영비가 적게 든다고 그 이유를 설명해 주었다. 나는 설명이라도 듣고 결정은 충청남도교육청 방침에 따라 처리하라고 하였더니 설명할 기회를 주었다. 학교통학차량 구입의 필요성에서 특수학교를 강조하면서 학생들 안전에 문제가 있고, 운전원들이 학생들을 대할 때 비장애학생들과 같이 대하여 학부모들의 불만이 크며, 차량구입할 때는 예산이 많이 필요하지만 특수학교에서는 현장학습을 자주 가기 때문에 장기적으로 보면 차량 구입이 훨씬 경제적이라는 것을 설명하였다.

담당자는 설명을 다 듣고 나서 과장님과 협의를 한 후 연락을 하겠다고 자료를 제출하고 가라고 하였다. 학교 통학차량을 요구하는 것에 대하여 긍정적으로 생각하는 것 같았다. 그러나 서류를 제출하고 여러 날이 지났는데도 소식이 없었다. 학부모회장과 학교운영위원장이 전화로 통학버스 신청한 것에 대하여 어떻게 되었느냐고 자주 물었다. 나는 그들에게 충청남도교육청에서도 긍정적으로 생각하고 있으니 좀 더 기다리자고 하였다.

그 후 2007년 여름방학이 끝날 무렵 충청남도교육청에서 학교버스 구입 예산서를 보내라는 공문이 왔다. 행정실장을 중심으로 하여 운전원 7명과 함께 학교버스 구입팀을 조직하여 현장조사를 한 후 구입할 학교버스 5대에 필요한 예산을 작성하여 충청남도교육청에 제출하였다.

교직원들은 내가 신청한 자료를 보고 학교 통학버스를 줄이고 임차해서 사용한다는 충청남도교육청의 방침이 있기 때문에 한꺼번에 5대를 사주기는 어려울 것이고 잘 되어야 2대 정도는 가능할 것이라고 하였다. 그것도 특수학교이기 때문에 특별히 2대 정도는 주지 않겠느냐 하는 것이었다. 그러나 예상과는 달리 학교에서 요구한 학교버스

5대의 예산이 고스란히 반영되어 배부되었다. 나는 공문을 받고 몇 번이고 확인하였다. 여러 번 보아도 5대가 맞았다. 직원 협의 때 이 소식을 교직원들에게 알리고 이 모든 것이 우리가 한마음 한뜻으로 천안인애교육을 위해 열심히 노력한 결과라고 감사함을 전하고 치하하였다. 교직원들도 모두 '대박이다'하면서 힘차게 박수를 쳤다. 그날은 정말이지 하루 종일 기분이 좋았다.

학교버스를 구입하여 운행하니 위에서 지적했던 문제가 없어졌으며 특히 학생들이 등·하교 할 때 운전원들이 잘 도와주어서 학부모들이 걱정을 덜게 되었다는 이야기를 자주 듣게 되었다.

구입한 버스는 천안인애학교에서 운행하다가 아산성심학교가 개교하면서 천안인애학교 학생들의 전학과 함께 1대를 아산성심학교로 관리전환하였다.

컴퓨터실 개선

충청남도교육청 특수교육 담당관에서는 매년 특수교육대상학생을 대상으로 정보화 경연대회를 실시한다. 그 동안은 천안인애학교 학생들도 분야별로 참여하였지만 한두 명 정도 은상이나 동상을 받는 것에 만족해야만 했다.

2009년도에 정보부장이 학교근무 만기가 되어 다른 학교로 전근을 갔다. 나는 새로 임명된 정보부장에게 효과적인 학생들의 정보화교육 방법에 대하여 연구해 보라는 과제를 주었다.

정보부장은 과제를 받고 2주 정도 지나서 해결 방안을 가지고 교장실에 왔다. 해결 방안은 다음과 같았다.

첫째, 컴퓨터실 환경을 대폭 바꾸어야 한다.

둘째, 사용기간이 오래된 컴퓨터는 교체하여야 한다.

셋째, 정보부장이 컴퓨터실에 상주하면서 쉬는 시간이나 방과 후에도 학생들이 자유롭게 사용할 수 있도록 컴퓨터실을 개방하여야 한다.

넷째, 초등학교 4학년 이상, 주 1회 이상, 담임교사와 동행하여 정보화 교육을 받을 수 있도록 고정 시간표를 작성하여 운영한다.

다섯째, 컴퓨터 활용 능력이 있거나 좋아하는 학생을 정보화 대회 분야별로 선발하여 지도교사가 개별지도를 하도록 한다.

이상의 방안을 가지고 교감, 행정실장, 부장협의를 실시하였다. 방안 하나하나에 대하여 실천이 가능한지 협의하였다. 둘째 방안은 금년도 예산에 10대를 구입할 수 있어서 우선 10대를 구입하도록 하고 나머지 필요한 컴퓨터는 예산 확보를 위해 노력하기로 하였다. 셋째부터 다섯째까지는 원안대로 추진하도록 하였다. 문제는 컴퓨터실 환경을 대폭 바꾸어야 하는 안이었는데, 금년도에는 사용할 예산이 없었다. 이 문제는 학교장과 행정실장이 노력하여 해결하도록 하였다. 컴퓨터실 환경에 필요한 예산은 2천5백만원이었다. 나와 행정실장이 충청남도교육청 담당과를 방문하여 교육정보실 환경 개선 작업의 필요성을 설명하였더니 담당자가 1천 5백만원을 지원해 준다고 하였다. 나머지 예산은 천안시청 교육환경 개선비에서 5백만원, 천안인애학교 직업교육부, 전공과, 교육정보부 예산에서 5백만원을 충당하였다. 직업교육부, 전공과, 교육정보부에서 추경하여 사용한 5백만원은 추후 정보화대회 관련 공모에 당선되어 받은 지원금을 돌려주어 교육과정을 운영하는데 어려움이 없었다.

컴퓨터실 환경은 중앙에 공동 학습장을 만들고, 학생들이 사용하는 컴퓨터는 교실 둘레에 배치하여 교사가 한 눈에 볼 수 있도록 하였다. 학생들도 자유롭게 앉을 수 있고 지도 교사도 학생들을 개별적으로 지도하는데 이동하기가 편리하여 효과적이었다.

컴퓨터실 시설이 완공된 후에 컴퓨터 교육을 소홀히 했던 교사들도 컴퓨터실이 깨끗하게 정돈되었고 학생지도하기도 편리하니까 적극적으로 지도하였다. 또 각종 정보화대회에 참여하여 많은 학생들이 입상을 하는 쾌거를 올리기도 하였다. 학부모들이 학교를 방문했을 때 자녀가 컴퓨터를 하는 모습을 보고는 '우리 애도 컴퓨터를 할 수 있구나!' 하면서 깜짝 놀라고 자녀를 대견스럽게 생각했다.

또한 디지털 시민의식 배양을 위한 2010년도 청소년 정보윤리교육 운영학교 공모에 천안인애학교가 당선되어 100만원의 지원금을 받아 학생들의 정보화 교육을 지원하였다. 다음은 당시의 사건이 신문에 보도된 기사이다.

제3회 충남 특수교육대상학생 정보화대회
— 천안인애학교, 참가학생 전원 수상

천안인애학교(교장 하상근)는 지난 16일 충남도 교육연구정보원에서 개최된 제3회 충남 특수교육대상학생 정보화대회(주관 충남도교육청)에 학생 4명이 참가해 전원 수상의 영예를 안았다.

천안인애학교에 따르면 초등부 5학년 장○○ 학생과 중학부 1학년 민○○ 학생이 한글타자검정 부문과 워드프로세서 부문에서 각각 금상, 중학부 2학년 정○○ 학생과 고등부 2학년 이○○ 학생이 워드프로세서 부문에서 각각 은상을 수상했다.

특수교육대상학생의 정보화능력 신장을 통한 정보격차를 해소하고 정보화시대에 맞는 장애학생의 건전한 여가생활 개발을 통한 삶의 질을 제고하고자 개최된 이번 정보화대회에 지난해에 이어 그동안 학교에서 배우고 익힌 컴퓨터 실력을 마음껏 발휘, 참가 학생 모두에게 뜻 깊은 경험이 됐다.

학교 관계자는 "그동안 정보화대회를 위해 열심히 준비해 훌륭한 성적을 거둔 학생들과 성심껏 지도해 주신 선생님들의 노고에 뜨거운 박수를 보낸다."고 말했다.

[충남일보, 2010.06.25]

주차장 설치

천안인애학교에 발령을 받았을 때 제일 먼저 눈에 띈 것은 교직원들의 승용차가 학교 박 큰 도로 옆에 주차되어 있는 것이었다. 교문 안에 주차된 것도 주차장이 아닌 화단 주변이나 현관 앞에 있어서 사람이 다니기가 어려울 정도였다. 행정실장에게 정확한 사실을 알아보니 주차장이 터무니없이 부족하다는 것이다. 우선 주차장을 확보하기 전까지는 운동장의 일부와 교문 앞에 위치한 회사에 허가를 받아 회사 부지의 일부를 주차장으로 사용하도록 하였다.

교내에 주차장 할 곳을 찾아본 결과 후동 식당 옆에 설치한 사육장과 조립식 창고를 철거하고 그 곳에 주차장을 설치하는 것이 좋겠다는 생각이 들었다. 그때 당시 사육장은 사용하지 않고 쓰레기만 가득했었다. 또 다른 장소로는 기숙사 주변이 흙으로 되어 있어서 보도블록으로 덮으면 기숙사 주변도 깨끗해지고, 낮에는 주차장으로 사용하면 되겠다는 생각이 들었다.

교직원협의 때 주차 공간 확보 방안을 제시하고 더 좋은 방안이 있으면 의견을 제시하라고 하니까 모두들 지금 방안이 적합하다고 하였다. 우선 여기에 필요한 예산 확보가 문제였다. 충청남도교육청 예산담당과를 방문하여 학교 실정을 설명하고 예산을 요구하였다. 담당자는 우리가 직접 현장을 방문해서 조사를 하고 공사를 한다고 하였다. 그 후 담당자가 학교를 방문한 후 우선 식당 뒤 사육장과 조립식 건물을 철거하여 주차장을 만들고, 기숙사 주변을 보도블록으로 덮는 것은 연말에 남는 예산이 있으면 하고 없으면 다음 연도에 예산을 편성하여 공사를 한다고 하였다. 사육장 시설을 철거하고 주차장을 만드니 식사할 때 냄새가 없어졌다. 그 동안 비올 때는 식사하기가 어려울 정도로 역겨운 냄새가 심했다. 그리고 교문밖에 세운 승용차가 5분의 1로 줄었다.

연말이 가까워지자 담당자가 공사업자와 함께 학교를 방문하였다. 현장 조사를 마치고 공사기간 때문에 협의를 하였다. 그 때 나는 먼저 바닥을 시멘트로 포장하고 그 위에다 보도블록을 덮어 달라고 하였더니 업자는 그렇게 하여야 주차장으로 사용하는데 문제가 없다고 하였다.

"교장선생님이 거기까지 생각하시고 주차장 때문에 고민 많이 하셨네요. 문제는 예산이 추가로 더 들어가야 합니다."

라고 하면서 내가 부탁한 대로 추진하겠다고 하였다. 나는 바닥 공사를 하는 동안에 자주 현장을 지켜보았다. 특히 시멘트 포장을 할 때 철근을 충분하게 넣고 있는지 살펴보고 부족한 곳은 더 넣도록 하였다. 공사를 하는 인부들이 내가 참견을 하니 더러는 짜증을 내기도 하였다. 그 때마다 인부들에게 미안하다고 하고 커피를 대접하였다.

기숙사 주변을 보도블록으로 덮으니 주변도 깨끗해졌고 승용차도 여러 대를 주차할 수 있게 되었다. 그 동안 주차장 때문에 고생이 많았는데 주차장이 완공되니 교직원들이 매우 좋아했다. 아침에 주차 때문에 고생하지 않아도 되니 내 마음도 한결 편안해졌고 즐거웠다. 교문 앞 도로에 주차한 차가 한 대도 없고, 교내 주차장에 질서 있게 주차한 모습을 보니 교문을 들어설 때마다 기분이 좋았다.

교직원들이 즐거운 마음으로 하루가 시작되어야 학생들 지도하는데도 즐겁게 할 것이라고 생각되어 주차장을 설치했는데 몇몇 교사가 아침에 출근할 때면 주차할 곳 때문에 늘 걱정이 되었는데 이제는 그런 걱정 없이 출근하니까 너무 좋다고 하는 소리가 나에게까지 들려 왔다. 이런 것이 교직원 복지가 아닌가 하는 생각이 들었다.

냉 · 난방기구 교체 및 설치

2006년 3월 1일자로 천안인애학교에 발령을 받고 3개월이 지났다. 6월 중순 어느 날 각 교실 복도를 순회하는 도중 고등학교 3학년 복도를 지나는데 교실에 있는 학생 몇 명이 윗옷을 벗고 있었다. 나는 교실로 들어가 담임교사에게 이유를 물었다. 담임교사는 덥다고 윗옷을 자꾸 벗는다는 것이다. 나는 그때서야 교실에 냉방시설이 안된 것을 알았다. 냉방 시설이라야 교실 양쪽 벽면에 부착된 벽걸이 선풍기 두 대가 전부였다. 각 교실을 다녀가며 확인을 하였다. 더러는 에어컨이 설치된 곳도 있었다. 나는 참으로 이해가 안 갔다. 어떻게 벽걸이 선풍기 2대로 여름을 보낸단 말인가? 교장실로 와서 교감선생님께 각 교실과 특별실, 관리실 등에 에어컨이 없는 곳과 수리가 필요한 곳을 조사하도록 하였다. 조사를 하면서 난방 기구도 대부분 망가져 교체해야 할 상황이라는 것을 알게 되었다. 난방 기구까지 교체하려면 적어도 4억 5천만원 정도가 필요했다.

다음날 예산서를 가지고 충청남도교육청을 방문하였다. 담당자는 나를 보고,

"교장선생님, 또 무엇이 필요한가요?"

학교상황을 설명하고 예산서를 주었다. 담당자는 어이가 없다는 듯 웃고는,

"이렇게 많은 예산이 어디 있어요. 학교 사정은 알겠지만 내년에 예산을 확보하는 방향으로 할 수밖에 없습니다. 금년에는 도저히 할 수가 없어요."

나도 교사 시절에 6년간 학교 회계를 담당했던 때가 있어서 올해 필요한 예산은 지난해에 편성해야 사용할 수 있는 것을 알고 있었다. 따라서 내년에라도 필요한 예산을 받으려면 올해 일찍 요구서를 제출하여야 편성할 수 있기 때문에 지금 요구서를 제출하려는 것이었다. 담당자와 이야기하는 것을 듣고 있던 과장님이,

"천안인애학교 본동 건물이 조립식으로 지었지요?"

"맞아요. 조립식이라 옆 반에서 조그만 소리로 이야기를 해도 다 들려요. 특히 음악 수업은 할 수가 없어요. 그리고 건축한 지 13년이나 지나서 조립한 칸막이가 흔들려 전선이 벗겨져서 비가 오면 전기 합선이 발생하는 경우도 있어요. 조립식을 제거하고 정상 건물로 고쳐주세요."

"알겠습니다. 내년도 교육환경 개선비를 우선 천안인애학교에 배정하도록 해 보겠습

니다. 냉 · 난방기구 문제도 그 때 함께 하도록 할게요. 올해는 어려워도 좀 참으세요. 우리가 미리 알아서 해주었어야 하는데 지금이라도 상황을 알려주어서 감사합니다."

"꼭 좀 부탁합니다."

충청남도교육청을 나서는데 왠지 꼭 해줄 것만 같아서 기분이 좋았다. 그해 11월부터 공사가 시작되어 다음해 2월 중순에 완공되었다. 학생들보다도 교사들이 더 좋아했다. 매년 3월 정기 인사철이 되면 많은 교사들이 내신을 내어 학교를 떠났다고 했다. 학교를 옮기는 이유는 냉 · 난방 시설이 안 되어 여름철에는 덥고 겨울철에는 추워서 견디기가 어려웠다는 것이다. 교사들이 견디기가 어려워서 다른 학교로 전근을 갈 정도인데 학생들은 표현도 못하고 얼마나 고생을 하였을까? 학생들에게 미안한 생각이 내 머리를 떠나지 않았다. 다행히 지금이라도 냉 · 난방 시설이 갖추어졌으니 올 여름과 겨울부터는 더위와 추위 때문에 학생들이 고생을 하지 않게 되었다.

연료비 절약을 위한 도시가스 설치

난방 기구는 수리하거나 새로 구입하여 걱정이 없었으나 기름보일러를 사용하다보니 연료비가 많이 들었다. 난방기구가 설치되었어도 연료비 때문에 사용하기 어려웠다. 장애학생들은 추우면 면역력이 떨어져 감기에 걸리는 경우가 많다. 특히 천안인애학교는 서북쪽에 위치하였기 때문에 2월 말까지도 얼음이 녹지 않았고 특히 아침에는 매섭게 추웠다. 이에 연료비가 좀 싼 도시가스를 사용할 수 있도록 시설을 갖추어야 했다. 약 3500만원 정도 예산이 필요했는데 충청남도교육청에서 교육환경 개선비로 지원해 주었다. 도시가스가 들어오도록 설치를 하고 보니 이번에는 보일러를 가스보일러로 교체하여야 했다. 가스보일러 값이 8500만원 정도 필요했다. 또 충청남도교육청을 방문하여 가스보일러 설치비용을 청구하였다.

몇 주 후에 예산이 내려와 가스보일러로 교체하였다. 누구보다도 행정실장이 제일 좋아했다. 예산이 절반 정도로 줄었다는 것이다. 기름보일러를 사용할 때에는 거의 작동시키지 못했는데 가스보일러는 날씨가 추워지면서 자주 사용할 수 있게 되었다.

급식실에 근무하는 직원들이 천안에서 도시가스를 사용하는 학교는 우리학교 뿐일 것이라면서 기숙사 학생들 때문에 아침에 일찍 와서 식사준비를 하려면 매우 추웠는데 도시가스를 사용하니까 추운 것도 모르겠고 급식 준비하는 것도 쉬워졌다고 하였다.

겨울철 아침에 교실을 순회할 때 날씨는 춥지만 교실은 따뜻하니까 학생들이 행복해하는 것을 볼 수 있어서 나 역시 기분이 좋고 행복했다.

생활체험실 설치

정신지체학생들은 학습을 하여 익힌 것도 똑같은 환경이 아니면 일반화가 이루어지지 않는다. 특히 유치원부터 전공과까지 특수학교에서 생활하고 학교교육을 마친 학생들은 더더욱 그러하다. 이들을 위해서 학교에서는 학생들이 학교를 졸업하고 사회에 나아가 생활하게 될 환경과 똑같은 곳에서 현장체험학습을 하여야 한다. 교실에서 학습한 내용을 일상생활에 적응할 수 있도록 현장체험학습을 자주 실시하는데 담당자에게 활동 내용을 들어보니 학생들은 대부분 현장을 견학하고 오는 정도에 그쳤다. 견학이라도 하는 것이 다녀오지 않는 것보다는 도움이 되겠지만 어느 정도 효과가 있을지는 의문이 갔다.

현장체험학습이 효과적으로 이루어지기 위해서는 현장에서 실제로 체험을 해 보아야 한다. 예를 들어 마트에 갔으면 학생들이 물건을 사고, 물건 값도 지불하고, 영수증도 받아보도록 하여야 한다. 그러나 우리 학생들이 마트에서 물건을 사고 돈을 지불하는 수업을 현장에서 하게 된다면 관리자가 손님들 물건 사는데 방해 된다고 못하게 할 것이고, 다음부터는 천안인애학교가 현장학습을 간다고 하면 허락하지 않을 것이 뻔했다. 나는 사업자의 입장이 이해가 되었다. 그들은 영업을 하여 돈을 벌어야 한다. 그렇게 하기 위해서는 손님들에게 불쾌감을 주지 말아야 하고 물건을 고르거나 구입하는데 방해가 되지 않아야 한다.

따라서 학교에서 충분한 경험을 쌓고 실제로 물건을 구입할 수 있을 때 마트로 물건을 사러 가야 한다. 그러면 마트사람들도 우리 학생들을 좋아할 것이다. 학교에 학생들이 현장체험학습을 할 수 있는 시설이 필요한 이유가 그것이다. 교사들도 전혀 물건 구입했던 경험이 없는 학생들을 데리고 마트에 가면 올 때까지 힘들어 한다.

나는 유 · 초 · 중학교 학생들이 현장체험학습을 할 수 있는 시설이 절대적으로 필요함을 느꼈다. 그렇지만 매년 전공과 학생들 20여명이 졸업하면 4~5명 정도만 취업을 하고 나머지 학생들은 집으로 가는 것을 보고 학생들 취업이 우선이라는 생각을 하고 직업교육 시설 확보에 주력하였다.

효과적인 직업 전환교육을 위해서는 전공과에서 전환교육을 시작하면 늦은 감이 있다. 유치원에서부터 기초 · 기본에 관련되는 생활기술 훈련을 지속적으로 하여야 하고, 이와 같은 생활기술을 통해 직업전환교육의 효과를 높일 수 있다. 직장에 가서 적응하지 못하고 돌아오는 학생들을 살펴보면 직장에서 요구하는 직업기술보다는 일상생활 기술 능력이 부족하여 돌아오는 경우가 많았다. 따라서 유치원부터 일상생활 기술 체험활동교육을 실시하는 것이 절대적으로 필요하였다.

이제는 전공과 직업교육 시설이 기본은 갖추어졌으므로 유치원부터 중학교 학생들에게 요구되는 현장체험학습실을 갖추어야 했다. 나는 공주정명학교에서 현장체험학습실을 설치하여 활용했던 경험을 갖고 있어서 다시 하면 그 때보다 더 잘할 수 있을 것 같았다.

2010년도 11월에 충청남도교육청 교육감님께서 천안인애학교를 방문할 계획이 있다고 충청남도교육청 특수교육 담당 장학사에게서 연락이 왔다. 천안인애학교를 위해서 정말로 좋은 기회였다. 직업교육부장과 현장체험학습 담당자에게 천안인애학교에 현장체험학습실 구축이 필요한 이유와 그에 관한 계획서를 작성하라고 하였다. 이틀을 고민하여 현장체험학습실 운영 계획서를 완성하여 가져왔다. 교무부장과 연구부장, 생활실운영부장에게 수정 · 보완하라고 한 후 예산 문제는 행정실장과 의논하여 수정 · 보완 하라고 하였다.

마지막으로 부장들과 협의하여 현장체험학습실 운영 계획서를 완성하였다. 예정대로 교육감님께서 천안인애학교를 방문하였다. 교육감 방문일에 참석할 학부모님께도 사전에 현장체험학습실 운영 계획서를 한부씩 보내드렸다.

교육감이 본교를 방문하여 천안인애가족과 함께하는 시간을 가졌을 때 건의 사항으로 학교장이 현장체험학습실을 교내에 설치하여야 함을 설명하고 여기에 필요한 예산을 지원해달라고 하였다. 학교장 요구에 이어서 학부모회장이 꼭 필요한 시설이니 교육감님께서 해주실 것으로 믿는다는 말을 보태었다. 교육감은,

"천안인애가족 모두가 원하고 또한 장애학생 교육에 필요한 것이니 설치하여야 되

겠지요."

하면서 그 자리에서 5천만원을 지원하겠다고 약속하였다. 교육감께서 약속한 5천만원이 배부되어 그해 겨울방학 동안에 공사를 완공하였다. 현장체험학습실은 효행실, 우체국, 은행, 식당, 슈퍼마켓 · 문구점으로 구성되었다. 다음해 3월부터 학생들이 현장체험학습실에서 학습을 하였다. 현장체험학습실 이용은 사회교과나 재량활동 · 특별활동시간을 이용하여 운영하였으며 시연이나 역할 학습의 장으로도 활용하였다. 담임교사들은 최소 1주일 전에 현장체험학습실 이용계획을 세우며 체험학습에 필요한 자료는 담당 부서와 협의하여 준비하도록 하였다. 특수교육 보조인력이 필요한 학급은 담당 부서나 동학년과 협의하여 지원을 받도록 하였다.

현장체험학습실 이용은 학생들도 재미있어 하고, 교사들도 현장학습 가기 전 사전 준비학습 차원에서 실시하고 현장에 나가니 힘이 덜 든다고 하였다. 특히 학생들이 직접 참여하여 체험학습을 할 수 있어서 교육하는 교사들도 현장체험학습을 마치고 돌아올 때는 마음이 한결 가볍고 기분도 좋다고 하였다.

현장체험학습실 설치로 인해 사회경험의 기회가 부족한 장애 학생들이 사전에 현장과 똑같은 환경에서 다양한 학습활동을 할 수 있어 교육적 효과를 높일 수 있었다. 그리고 시간적, 경제적, 신체적으로 현장체험학습에 어려움이 있는 학생들은 실제 상황과 유사한 학습의 장에서 경험을 할 수 있어서 효과적이었다. 또한 현장체험학습에 대비하여 철저한 사전 교육을 실시함으로써 발생 가능한 안전사고를 미연에 방지할 수 있었고 현장에서 겪는 교사들의 어려움이 반으로 줄었다.

장애학생들은 스스로 어려움을 참고 견디는 능력이 부족하다. 이러한 학생들에게 현장체험학습은 어려운 일을 경험하고 이겨내도록 하는데도 매우 중요한 역할을 한다. 특수교육교사들이 학생들과 함께 현장에 나가 학습하는 것이 어렵기는 하지만 정신지체학생들에게는 현장체험학습이 꼭 이루어져야 하는 학습활동이다.

교장실 공기청정기 필요한 교실에 이동

출근하여 공문 결재를 하고 있는데 노크 소리가 들렸다. 중학교 2학년 3반 담임교사였다.

"교장선생님 안녕하세요? 드릴 말씀이 있어서 왔어요."

나는 가슴이 철렁했다.

"무슨 일 있어요?"

"무슨 문제가 있는 것은 아니고요. 우리 반 학부모가 공기청정기를 대여해서 교실에 놓고 싶다고 전화가 왔어요."

"왜 공기 청청기가 필요하지요?"

"학생이 피부 알레르기가 심한데요. 병원에 다녀도 낫지 않고 심하게 긁어서 몸에 상처가 났어요. 의사가 공기청정기를 놓아보라고 했대요. 공기에 문제가 있는 것 같다고요."

나는 보건 교사를 교장실로 불렀다.

"보건 선생님. 교실 공기 검사했지요?"

"네, 왜 그러세요?"

"학생이 학교 공기가 안 좋아서 피부 알레르기가 낫지 않는다고 했다기에 물어보는 것이에요. 혹시 한 번 더 할 수 있을까요?"

"네, 충청남도천안교육청에 부탁하면 할 수 있어요."

"충청남도천안교육청에 의뢰해서 다시 검사해보세요. 그리고 결과가 나오면 가지고 교장실로 오세요. 혹시라도 학교 공기에 문제가 있으면 빨리 조치를 하여야 돼요. 학생들 건강이 중요하니까요. 담임선생님은 결과가 나오면 다시 의논하도록 하지요. 학부모님께 그 때까지만 기다려 달라고 해주세요."

일주일 후에 검사 결과가 나왔다. 각 교실 및 특별실 공기에 전혀 문제가 없는 것으로 나왔다. 담임교사에게 학부모님께 학교 교실 공기에 문제가 없다고 연락하라고 하였다. 그런데 부모님은 학교 공기에 문제가 없다는 사실을 알고도 교실에 공기청정기를 놓고 싶어 한다고 하였다.

학부모의 불안한 마음을 없애 주어야 하겠기에 교장실 공기청정기를 학생 교실로 옮겨 주었다. 학부모가 고맙다고 전화를 하였다. 학생 건강 상태를 자주 살펴보니까 점차로 좋아지고 있었다. 공기청정기 때문에 학생의 건강 상태가 호전되었는지는 모르겠지만, 어찌 되었든 학생의 건강이 좋아지니까 공기청정기를 옮긴 것은 잘한 일이라고 생각되었다.

후동 엘리베이터 설치

천안인애학교로 발령 받고 교실을 순회하는데 후동에 엘리베이터가 없어서 휠체어를 이용하는 학생들이 본동에서 엘리베이터를 타고 올라와서 후동으로 이동하는 것을 보았다. 특수학교인데 엘리베이터가 본동에만 있어서 학생들이 활동하기에 매우 불편하였다.

행정실장을 교장실로 오도록 하여 엘리베이터가 후동에는 왜 없는지를 물었다. 행정실장은 휠체어를 이용하는 학생이 많지도 않고, 본동에 엘리베이터가 있어서 후동에는 설치하지 않았다고 하였다. 학교에서 설치해 달라고 요구는 했느냐고 물었더니 누구도 요구하는 사람이 없었다고 하면서 교장선생님이 처음 이야기하는 것이라고 하였다.

후동을 사용하는 학생들 중 휠체어를 사용하는 학생은 2명이었지만 그 학생들이 교실로 이동할 때마다 어려움을 겪고 있고, 휠체어는 사용하지 않지만 계단을 이용하기에 불편한 학생들이 여러 명 있으므로 후동에도 엘리베이터를 설치해 달라는 요구서를 충청남도교육청에 제출하라고 하였다. 엘리베이터를 이용하여야 할 학생은 꼭 휠체어를 사용하는 학생들뿐만이 아니다. 학생들이 다치거나 몸이 아프면 계단을 이용하기 힘들어 한다. 이러한 학생들을 위해서라도 후동 엘리베이터는 꼭 필요하다는 요구서를 충청남도교육청에 제출했다.

천안인애학교에서 제출한 요구서를 받고 충청남도교육청 담당자에게서 전화가 왔다. 나는 요구서에 기재한 내용 이상으로 상세히 설명하고 꼭 엘리베이터가 필요하다고 답변하였다.

담당자는 건물 신축할 때 설치할 것이지 왜 지금 요구하느냐며 난처해하였다. 나는 건물 지을 당시엔 내가 없었고 금년 3월 1일자로 본교에 왔다고 했다.

"왜 교장선생님이 가는 학교는 시설물이나 버스 등이 문제가 있어 예산을 요구하는지 저희도 어렵네요. 교장선생님 말씀을 들으면 꼭 해드려야 하구요. 천안인애학교 엘리베이터 설치 문제는 적극적으로 검토하겠습니다."

"미안합니다. 그러나 후동 엘리베이터는 꼭 필요하니 설치해 주세요."

며칠 후에 담당자와 사무관이 현장조사를 나왔다. 여기 저기 살펴보고는

"정말 엘리베이터가 필요하네요. 설치할 장소도 있고요. 빠른 시일에 예산을 마련하여 설치하도록 하겠습니다. 역시 교장선생님은 특수교육 전문가시네요. 다른 사람은 이런 이야기를 한 적이 없었어요. 지금이라도 이야기해주셔서 감사해요. 우리도 학생들에게 필요하면 우선 해주려고 노력해요. 더구나 천안인애학교 학생들은 장애학생들이잖아요."

"고맙습니다. 요즈음은 충청남도에 있는 특수학교 및 특수학급에 특수교육 시설이 잘 갖추어졌다고 전국 특수학교 교장선생님들이 부러워해요. 나도 그런 이야기를 들을 때마다 기분이 좋습니다."

나는 엘리베이터를 설치하기로 하였다는 소식을 듣고 행정실장과 함께 다른 특수학교와 관공서 등을 방문하면서 효율적인 엘리베이터 디자인을 조사해 보았다. 각 기관마다 엘리베이터 천정, 벽면, 색깔 등이 조금씩 달랐다. 각 엘리베이터 사진을 놓고 교직원들과 협의하여 우리 학교에 적합한 모양으로 정하여 담당자에게 주었다. 그랬더니 담당자는 시설하는 분과 협의하여 그대로 추진해 주었다. 나는 이들이 교직원들의 의견을 수렴하여 조금이라도 불편하지 않도록 해 주려고 하는 마음이 매우 고맙고 감사했다. 그해 여름방학에 엘리베이터를 설치하여 휠체어를 사용하는 학생들은 물론 많은 학생들이 편하게 사용하고 있다. 천안인애학교 엘리베이터 설치 담당자에게 진심으로 감사한 마음을 전한다.

본동 조립식 벽돌 콘크리트로 리모델링하기

천안인애학교는 1993년 3월 1일에 개교한 학교로 2007년 올해로 14년 된 학교이다. 나는 천안인애학교 개교 때부터 교사로 5년 동안 근무하였다. 나는 당시 학생들이 수업을 하다가 주의 집중이 안 되거나 지루해 하면 풍금을 연주하면서 분위기를 바꾸어 새로운 기분으로 수업에 참여하도록 하였다. 그런데 문제는 풍금을 연주하면 조립식 건물이라 옆 반 수업에 방해가 되는 것이었다. 또 비가 오면 문을 열고 닫을 때 건물이 흔들려 전선이 벗겨져 누전이 되곤 했다. 새 건물일 때도 이랬는데 지금은 14년이나 지났으니 사용하는데 더욱 문제가 많았다.

충청남도교육청에 천안인애학교 조립식 건물의 문제점을 자세하게 기술하여 정식 건물로 개선해달라고 신청하였다. 신청서를 받고 담당자가 학교를 방문했다. 학기 중에는 학생들 수업 때문에 할 수 없고 겨울방학 중에 개선하겠다고 하였다.

벽면뿐만 아니라 교실 바닥까지 뜯어내고 공사를 하였다. 겨울방학 동안에 공사를 완공하여야 새학기 수업을 할 수 있기 때문에 학교장이 꼭 참석하지 않아도 될 출장이면 교감선생님을 대신 가도록 하고 나는 학교에 출근하여 공사 현장을 살펴보았다.

다행히 시멘트 공사가 아니고 석고 벽돌로 공사를 하였다. 공사는 계획대로 진행되었다. 추운 날에는 난로를 켜고 공사를 하였다. 학교장이 현장에서 보고 있을 때와 없을 때, 공사 진행이 다른 것 같았다. 2월 5일 경에 공사가 완료되었다. 완성된 교실을 다닐 때 기분은 말할 수 없이 좋았다. 이 교실에서 우리 학생들이 수업할 것을 생각하니 마치 내가 학생이 된 것마냥 행복했다.

드디어 겨울방학을 마치고 개학을 하였다. 교실 개축을 학생들도 좋아했지만 선생님들이 더 좋아했다. 그해 교사들은 희망 학년과 학급을 교실을 고려하여 신청하는 것 같았다. 수업 중에 담임교사에게 이야기하고 개축한 교실을 순회하였다. 옆 반에서 수업하는 소리가 거의 들리지 않을 정도로 방음이 잘 되었다. 선생님들도 개축된 교실에 만족하였다.

본동 재래식 화장실 현대식으로 교체

본동 조립식 벽돌 콘크리트 리모델링할 때 담당자를 자주 만났다.

"교장선생님 고생이 많습니다. 이제 공사 때문에 현장에 안 오셔도 됩니다."

"감사합니다. 주사님도 고생이 많습니다. 주사님 또 어려운 부탁을 해야 되겠네요."

나는 담당주사를 재래식 화장실로 데리고 왔다.

"요즈음 학생들은 대부분 아파트에 사는데 가정에도 이런 화장실 거의 사용하지 않아요. 그래서 학생들이 학교에서는 화장실에 안 가려고 해요. 그러다 보니까 바닥에다 대변을 누는 학생도 있어요. 현대식 화장실로 고칠 수 있을까요?"

"이제 건물은 잘 정비되었는데 화장실이 문제군요. 그렇지 않아도 내년에 화장실 현대화 사업이 있어요. 저희가 예산을 살펴보고 현대식 화장실로 설치하도록 할게요. 천안인애학교 때문에 우리 교육청 돈이 없어요."
하면서 담당자는 한바탕 웃었다. 며칠 후 공사 현장에서 담당자는 화장실 사업을 하기로 했다고 알려 주었다.

"공사는 언제 하면 될까요? 학기 중에는 안 되겠지요?"

"고맙습니다. 여름방학에 시작하면서 했으면 하는데요."

"알겠어요. 그렇게 하는 것으로 알고 추진할게요."

"이번 현대식 화장실 사업을 할 때 장애인 화장실을 층마다 1실씩 만들어 주세요."

"알겠습니다. 시공자가 결정되면 업자에게 직접 설명해 주세요."

"고맙습니다. 잘 부탁합니다."

모든 일이 내 뜻대로 잘 되어 갔다. 이 모든 것이 천안인애교육가족이 학생들을 위해 열심히 노력했기 때문인 것 같았다. 학생들에게 필요한 시설이 모두 갖추어져 깨끗한 현대식 건물에서 생활할 것을 생각하니 출근할 때마다 더욱 즐겁고 행복했다.

나래관(다목적실) 설치

요즈음 학생들은 몸을 움직여 노는 것보다는 앉아서 게임하기를 좋아하고 또 그런 활동을 많이 한다. 음식도 햄버거나 피자와 같은 인스턴트식품을 좋아하고 이런 것을 밥 대신 먹는 학생도 많다. 정신지체학생들도 대부분 먹는 것을 좋아하며, 특히 움직이는 것을 싫어하는 경향이 있다.

내가 공주정명학교에 근무할 때의 일이다. 운동장에 교실 증축 공사를 1년 정도 하였는데 이 공사 때문에 학생들이 운동장에서 놀이를 할 수가 없었다. 공교롭게도 학교 주변 등산로도 공사를 하여 안전사고 때문에 다닐 수가 없었다. 때문에 기숙사에 있는 학생들은 하교 후 기숙사를 중심으로 그 주변에서만 활동을 하였다. 이런 생활이 거의 1년 정도 이루어지다 보니 학생들의 체중이 눈에 띌 정도로 늘었다. 이에 많은 교직원들이 학생들 건강을 걱정하였다. 그 때 학생들에게 운동이 얼마나 중요한지를 알게 되었다.

천안인애학교는 운동장이 천연 잔디로 되어 있어서 봄, 가을과 야외 활동에 지장이 없는 날에는 학생들이 운동장에서 활동을 하였다. 그러나 날씨가 덥거나 추울 때, 비가 오거나 바람이 불어서 야외활동을 할 수 없을 때에는 교실에서 활동할 수밖에 없었다. 학생들이 밖에 나가지 못하고 하루 종일 교실에서 있는 모습을 볼 때마다 공주정명학교에서 경험했던 일이 떠올랐다.

'실내에서 활동할 수 있는 다목적실을 만들어야 될 텐데.' 하는 생각이 머리에서 떠나지 않았다. 매일 이렇게 고민만 하고 있을 때가 아니었다. 하루라도 빨리 다목적실을 만들어야 학생들이 이용할 수 있을 것이 아닌가? 체육부장과 치료교육 교사에게 다목적실이 없어서 교수 · 학습활동을 하지 못하거나 소극적 · 비효율적인 경우가 있는지 조사해 보라고 하였다. 조사 결과를 보니 체육활동에서는 46%, 치료교육활동에서는 27%가 다목적실에서 활동이 이루어져야 하는데 못하고 있었다.

이상의 내용을 구체적으로 A4용지 13매 정도 작성하여 빠른 시일 내에 다목적실을 설치해달라는 신청서를 갖고 충청남도교육청 시설과를 방문하였다. 시설과 담당자에게 기재한 내용 중심으로 자세히 설명하고 꼭 다목적실을 지어달라고 요청하였다. 한 달 후에 천안인애학교 다목적실을 증축한다는 공문이 왔다.

그러나 다목적실을 설치하기까지에는 다소의 어려움이 있었다. 다목적실 증축 부지 선정에 있어서 충청남도교육청 담당자와 학교에서 생각하고 있는 장소가 달랐던 것이다. 충청남도교육청 담당자는 운동장을 1/3은 점유하여 다목적실을 지으려고 했다. 나는 이에 적극적으로 반대했다. 담당자의 생각은 다목적실에서 체육활동을 하면 되지 운동장이 왜 필요하냐는 것이다. 나는 다목적실에서 할 활동이 있고 운동장은 그 나름대로 그곳에서 할 활동이 따로 있다고 설명하면서 조사한 체육교육과정 내용을 보여주고 운동장의 일부를 없애서는 안 된다고 강하게 반대하였다. 그러면 어디에 하겠느냐고 물었다. 평상시 생각했던 장소와 위치를 설명했다.

"교장선생님 생각대로 하면 좋은데 교장 사택을 철거해야 하는데 교장 사택이 없어도 괜찮겠어요?"

"사택은 철거해도 괜찮아요."

"알았어요. 사택 철거는 우리과 소관이 아니므로 학교에서 관련부서에 신청해서 빨리 철거하도록 해주세요. 사택이 철거되어야 공사를 시작할 수 있습니다."

행정실장에게 교장 사택 철거 신청서를 내도록하였다. 2주 후에 교장 사택 철거 허락이 나왔고 다목적실 장소는 계획대로 확정되었다.

시설업체가 결정되어 설계도면 초안을 갖고 학교를 방문하였다. 우리가 사용하는데 어려움이 없는지, 또 보완할 곳은 없는지, 추가할 것은 없는지 등을 알아보기 위하여 방문한 것이었다. 협의하는 과정에서 건축 면적은 어느 정도 되는지 물었더니 571.31㎡라고 하였다. 나는 이해가 되지 않아 머뭇거리고 있었는데 내 표정을 보고는,

"쉽게 말씀드리면 6인제 배구할 정도의 크기입니다."

하였다. 나는 그 정도 크기로는 안 되고 9인제 배구는 할 수 있어야 한다고 하였다. 그러나 건축예산이 그 정도까지는 안 된다는 것이었다. 나머지 설명을 다 듣고 나니 또 하나의 문제가 있었다. 지하 1층을 만들어 체육기자재와 학교 창고로 사용하려고 했는데 역시 그것도 불가능하다고 했다. 설계사에게 지하 1층과 9인제 배구할 정도의 크기로 지으려면 예산이 얼마나 더 필요한지 물었다. 지금 배정된 예산이 9억 5천인데 교장선생님께서 요구하는 대로 지으려면 다시 예산을 책정해야 한다는 것이다. 충청남도교육청 담당자는,

"일반학교도 9억 5천만원씩 배부하여 짓고 있습니다. 충청남도교육청에 돈이 없어요."

하면서 웃었다. 학교를 방문한 다음날 설계사에게서 전화가 왔다.

"안녕하세요. 설계사 최○○입니다. 교장선생님이 요구한 대로 지으려면 3억이 더 필요합니다."

"감사합니다. 내가 어떻게 해서라도 예산을 마련할 테니 요구하는 대로 설계도를 만들어 주세요."

다음날 충청남도교육청 특수교육 담당관을 방문하여 다목적실 예산 3억을 추가로 보조해 달라고 하였다.

"교장선생님 말씀은 맞는데 예산이 없어요. 알아보기는 할게요. 교육환경 개선비로 학교에 예산을 배부하면 귀찮다고 하는 교장선생님도 있어요. 우리는 그 예산을 마련하기 위하여 다른 부서에서 듣기 싫은 소리를 들으며 최선을 다하는데 그래도 교장선생님이 있어서 힘이 납니다. 학생을 위하여 열심히 노력하는 교장선생님 모습이 보기가 좋아요."

장학사의 말을 듣고 나니 희망이 보였다.

며칠 후 행정실장이 기쁜 소식이 있다면서 추가로 3억이 배정된 공문을 가지고 교장실로 들어왔다. 바로 특수교육 담당 장학사에게 전화를 하였다.

"장학사님 고맙습니다. 장학사님 덕분에 학생들이 좋은 다목적실에서 공부할 수 있게 되었습니다."

"우리 교육청에서 모두 마련한 것이 아니고 교육과학기술부에서 1억 5천만원을 지원해 주었어요. 교장선생님 학교라고 하니까 특수교육과에서도 알았다고 하면서 지원해 주었어요."

나는 참으로 행복한 교장이라는 생각이 들었다. 모든 일이 너무도 잘 진행되었다. 우리학교의 학생들과 학부모님들 그리고 지역주민들까지 그토록 바라던 나래관이 연면적 856.97㎡로 지하 1층, 지상 1층으로 완공되어 마침내 당당한 모습으로 역사적인 발걸음을 시작하게 되었다.

'나래관' 이라는 이름은 '날개를 활짝 펴고 날아올라' 라는 뜻을 담고 있다. 우리 학생들이 학교생활을 마치고 사회에 나아가 비장애인과 더불어 행복을 누리며 살아가기를 바라는 의미로 교직원을 대상으로 공모하여 지은 이름이다.

그리하여 나래관에서는 실내 체육활동, 치료교육활동, 특기 · 적성교육활동, 학습발표회, 각종 공연 및 행사 등이 이루어지면서 우리 학생들에게는 더없이 소중한 장소가 되었다. 천안인애교육가족은 학생들이 사회에 나아가 스스로 살아갈 수 있게 날개를 달아주는 장소가 되도록 최선을 다하였다.

롤러스케이트장 설치

정신지체학생들은 건강을 위해 신체활동을 많이 하여야 한다. 학교를 순회하다 보면 가끔 롤러스케이트를 신고 교실 주변을 돌고 있는 학생들을 볼 수 있었다. 체육시간에 활동도 하고, 방과 후 활동으로 롤러스케이트를 타는 학생들도 있었다. 그들을 볼 때마다 안전사고가 날까봐 불안하였다. 그렇지만 학생들이 좋아하니 못하게 할 수도 없었다.

어느 날 나래관(강당)에서 학생들이 활동하는 모습을 보고 싶어서 방문하였더니 한 학급은 안쪽에서 공놀이를 하고, 둘레로 몇 몇 학생들이 롤러스케이트를 타며 돌고 있었다. 지도하는 선생님에게 안전사고가 날 것 같아 멈추게 하였다. 지도 선생님은 강당에서 롤러스케이트를 타는 학교도 있는데 왜 못 타게 하느냐고 속상해 하였다.

다른 반 체육수업을 하는데 부딪치면 안전사고가 발생할 수 있으니 하지 말라고 설득하였다. 그 일이 있은 후 학생들은 주로 교실 둘레 돌기를 하였는데 간혹 복도에서 롤러스케이트를 타는 학생도 있었다.

그 날 이 후 나는 롤러스케이트장을 만들 만한 곳을 찾으러 교내를 여기저기 돌아 다녔다. 교내 곳곳을 살펴본 결과 본동과 후동 사이가 적합할 것으로 생각되었다. 그래서 교감, 행정실장, 각 부장들과 협의를 거쳐 내가 생각하는 곳이 적합한지 의견을 들어보았다. 일부 의견 중 화단이 없어지는 점이 아쉽다는 의견도 있었다. 그러나 대부분 롤러스케이트장을 만들 곳은 그 곳밖에 없다고 하였다. 예산은 1천 6백 50만원이 필요하였다. 이 돈을 어떻게 마련하여야 하나 고민하던 차에 천안시 서북구청장이 교감선생님 동기분이라는 것을 알았다.

롤러스케이트장 설치 계획서를 만들어서 서북구청을 방문하였다. 서북구청장은 이제 나도 내년에 정년퇴직을 하여야 하는데 장애학생들을 위하여 조금이라도 도움을 줄 수 있는 일이니 교육환경 개선비에서 지원해 주겠다고 쾌히 승낙하였다. 예산은 성거읍사무소로 보내서 성거읍사무소에서 공사를 하게 된다고 하였다.

"앞으로 모든 일은 성거읍사무소와 협의해서 추진하세요."

나는 학생들을 위하여 어렵게 추진하는 사업이라 공사를 마친 후 학생들이 사용하는데 불편함이 없어야 하겠기에 롤러스케이트장이 설치된 곳을 여러 군데 방문하여 견학하고, 어떻게 만들어야 하는지 알아보았다. 며칠 후 성거읍사무소 담당자가 학교를 방문하여 바로 사업을 시작하게 될 것이라고 하였다. 일주일 후 읍사무소에서 사업자와 동행하여 현장조사를 나왔다. 교장실에서 인사를 가볍게 나누고 차를 한 잔 하면서 업자에게 롤러스케이트장 설치했던 경험이 있느냐고 물었다. 업자는 자기가 설치한 곳을 여러 군데 소개하였다. 현장 조사를 마친 후 공사가 시작되었다. 롤러스케이트장이 완성되니 미관상으로도 좋고, 특히 학생들이 매우 만족하였다.

그러나 롤러스케이트장 사용 중 학생 관리에 어려움이 따랐다. 롤러스케이트를 타다가 갑자기 다른 곳으로 나가는 학생이 생기는 것이다. 학생들이 다른 곳으로 가지 못하도록 울타리를 만들어야 하는데 어떻게 하면 미관을 해치지 않고 안전하게 설치할 수 있을까? 고민하던 차에 도로공사를 하던 곳에 세워둔 안전대가 생각났다. '바로 이거다.' 생각하고 인터넷에서 찾아보니 내가 보았던 안전대보다 더 높고 질이 좋은 것도 있었다.

직원협의를 거쳐 인터넷에서 찾아본 것으로 설치하기로 결정하였다. 값은 개당 10만원이었다. 둘레 전체를 다 하려면 100개, 즉 1000만원의 예산이 필요했다. 학교에 예산도 없고 해결 방법이 없어서 할 수 없이 또 충청남도교육청을 방문하였다. 천안서북구청에서 설치비를 지원받아 롤러스케이트장을 설치하였는데 안전대가 없어 활동에 위험이 따르고 어려움이 많아 안전대를 설치하여야 하며 이에 필요한 예산을 지원해 달라고 요구하였다. 담당 장학사는 웃으면서,

"천안인애학교 때문에 충청남도교육청 예산이 바닥났어요. 그러나 학생을 위하여 교장선생님께서 이렇게 열심히 노력하시니 도와드려야지요. 그리고 타 기관에서도 지원을 했는데 우리도 지원해야지요. 빠른 시일에 지원하도록 노력하겠습니다."

충청남도교육청으로부터 1000만원 예산을 받아 안전대를 설치하였다. 롤러스케이트장은 교장실 바로 옆에 있어서 학생들이 사용하는 모습을 쉽게 볼 수 있었다. 언제인가부터 세 발 자전거 타는 학생들과 서로 어우러져 사용하고 있는 모습이 보였다. 방과 후 담당 교사에게 롤러스케이트나 자전거 타는 학생들이 함께 사용하지 않도록 시간표를 조정하여 운영하도록 하였다.

롤러스케이트장 개장 후 며칠 지나니 전공부장이 교장실로 찾아왔다. 전공과 학생들이 졸업 후 각종 마트로 취업을 희망하는데 마트 관리자는 카터차를 운반할 수 있어야 취업을 할 수 있다고 했다는 것이다. 그래서 학생들이 롤러스케이트장에서 카터차 운반 연습을 할 수 있도록 도와달라는 것이다.

"지금은 어디에서 연습합니까?"

"교실 주변 운동장이나 교실에서 하고 있습니다. 그런데 어려움이 있습니다. 한 번에 카터차 15개를 운반할 수 있어야 하는데 마땅한 장소가 없습니다."

"알았습니다. 방과 후 담당 부장과 협의하여 자전거 타기, 롤러스케이트 타기와 겹치

지 않게 시간표를 작성한 후 사용하기 바랍니다."

처음 만들 때는 롤러스케이트장으로 사용하려고 만들었는데 지금은 롤러스케이트장, 자전거 타는 곳, 카터차 연습장으로 요긴하게 쓰이고 있다. 학생들이 하교한 후에는 교직원들도 롤러스케이트를 타며 건강관리를 하고 있다.

나는 롤러스케이트장을 설치한 후 교사와 학생들이 열심히 사용하는 것을 보고 교육과정을 효율적으로 운영하기 위해서는 기본적인 시설이 먼저 마련되어 있어야 함을 다시 한 번 깨달았다.

학생 종합운동 놀이시설 설치

다목적실(나래관) 설치 때문에 부득이 운동장에 있는 종합놀이시설을 옮겨야 했다. 종합놀이시설 설치 전문가를 학교에 방문하도록 하여 옮겨달라고 하였다. 그는 운동장에 있는 각종 놀이기구를 살펴보고는 나무가 부패해서 옮기면 모두 망가진다고 하였다. 그래서 설치된 놀이기구, 철봉, 그네, 미끄럼틀, 시소 등도 안전 점검을 하도록 하였다. 모두 수리 및 보수, 일부는 교체 등을 하여야 안전하게 사용할 수 있다는 진단이 나왔다.

놀이시설 설치 전문가가 평가한 자료를 갖고 체육부장이 주관하여 직원협의를 개최하였다. 직원협의 결과 앞으로는 실내 놀이나 체육활동은 나래관에서 하고, 운동장 수업은 천연 잔디밭에서 하도록 하였다. 또한 분산된 놀이시설 및 운동기구는 한곳으로 모으고 종합놀이시설 교체, 트램폴린을 추가하여 설치하고, 나머지 놀이시설 및 운동기구는 전문가 의견대로 수리하거나 보수하고, 일부는 교체하기로 하였다.

체육부장에게 운동기구 설치가 잘 된 학교를 방문하여 견학하고 천안인애학교에 적합한 배치도를 만들어 보라고 하였다. 체육부장은 방과 후에 체육부 소속 직원들과 함께 여러 학교를 방문한 후 배치도를 작성하였다. 초안으로 작성한 배치도를 가지고 교직원 협의를 몇 차례 거친 후 놀이시설 배치도를 완성하였다.

우리가 결정한 놀이시설 배치도에 따라 운동시설 안전규정에 맞게 설치하려면 비용이 얼마나 필요한지 행정실장에게 예산을 산출하도록 하였다. 5천만원이 필요하였다. 학교운영비로는 할 수가 없어 충청남도교육청 특수교육 담당 장학사를 찾아가 필요성을 설명하고 예산을 지원하도록 요구하였다. 특수교육 담당 장학사는 최선을 다하여 지원하도록 하겠다고 약속하였다.

몇 주 후 신청한 예산 5천만원이 배부되었다. 공개 입찰을 거쳐 업자를 선정한 후 업자와 협의하여 배치도를 일부 수정 · 보완한 후 공사를 추진하였다.

당시에는 학생 운동시설 설치규정이 개정되어 설치하기 전에 승인을 받고 설치한 후에도 안전규정에 적합하게 설치되었는지 승인을 받도록 되어 있어서 공사 전에 승인절차에 따라 승인을 받고 공사를 시작하였다.

이제 학생들의 놀이 및 운동을 위하여 필요한 시설은 모두 갖추었다. 운동장은 천연잔디로 되었고, 운동장 한 쪽에 종합운동 놀이시설이 설치되었으며, 실내체육활동을 위해 나래관이 세워졌다.

교사들은 그 동안 하지 못했던 실외 체육 수업을 활기차게 하였고, 학생들도 종합놀이기구에서 즐겁게 놀았다. 이러한 모습을 볼 때마다 내 마음은 흐뭇했다. 학부모들도 학교를 방문해서 자녀들이 운동장에서 뛰어놀고, 놀이기구를 타면서 즐겁게 노는 모습을 볼 때마다 자신들도 행복해진다고 하였다.

운동장둘레 하수구 정리

학교가 설립된 후 운동장 하수구 보수를 한 번도 하지 않은 것 같이 하수구 덮개가 군데군데 망가져 있고, 여기저기 수리할 곳이 눈에 띄었다. 하수구 덮개는 지금은 스텐으로 만들지만 개교 당시 만든 것은 시멘트라서 오랜 세월이 지나면서 비와 눈에 의해 부식되어 있었다. 하수구도 군데군데 메워져 물 빠짐도 안 되고 그러다 보니 학생들의 안전이 걱정되었다. 그래서 하수구 실태를 상세히 기록하고 사진을 첨부하여 운동장 하수구 보수 신청을 하였다.

충청남도교육청에서 지금은 예산이 없고 11월 이후에 각 부서에 조사하여 예산을 마련하여 보수를 하겠다는 답변을 받았다. 그해 11월에 운동장 둘레 덮개를 전부 스텐으로 교체하였다. 운동장에 물 빠짐도 좋아졌고 운동장의 천연잔디와 스텐덮개가 조화를 이루어 깨끗하게 정리되어 보였다. 특히 학생들의 안전에 전혀 문제가 없어서 한시름 놓였다.

참 아름다운 집 특수학급 설치

교무부장과 교감이 학부모를 모시고 교장실로 들어왔다. '참 아름다운 집'을 운영하는 원장님이라고 소개를 하였다.

"안녕하세요? 천안인애학교 교장 하상근입니다."

"안녕하세요? 참 아름다운 집 원장 이ㅇㅇ입니다."

"참 아름다운 집에는 어떤 분들이 생활하나요?"

"장애학생들과 저희 아내와 제가 생활하고 있습니다."

"네, 수고가 많으시네요. 무엇 때문에 오셨나요?"

"참 아름다운 집에 장애어린이가 여러 명 있는데요. 그 중에 학생이 5명 있습니다. 이들이 현재 학교에 나가지 못하고 충청남도천안교육청에서 나오는 순회교사에게 수업을 받고 있습니다. 충청남도천안교육청과 거리가 멀어서 자주는 못나오고 일주일에 2~3번 정도 나옵니다. 문제는 내년부터는 교사가 나오기 어렵다고 해서 천안인애학교로 전학을 하여야 할 것 같습니다. 학생들이 전학을 하면 학교 버스가 어디까지 올 수 있는지 궁금해서 의논하러 왔습니다."

나는 천안지역 곳곳을 잘 알고 있는 교감선생님에게 버스가 어디까지 갈 수 있는지 물었다.

"참 아름다운 집에 들어가는 길이 고갯길이면서 여러 군데 굽어서 학교버스가 들어가기도 어렵고, 또 아침에 거기까지 다녀오려면 시간이 많이 걸려서 운행은 어렵습니다."

교감선생님 이야기를 듣고는 현장을 다녀와야 되겠다는 생각이 들었다.

"원장님 말씀은 알았습니다. 오후에 현장을 다녀와서 전화 드리겠습니다."

하였더니 원장님은,

"고맙습니다. 꼭 우리 학생들이 학교에 다닐 수 있도록 해 주시기 바랍니다."

하고는 돌아갔다.

오후에 행정실장, 교감과 함께 현장을 방문하였다. 현장을 가보니 비탈진 산길이 험했고 시간도 왕복 30분 이상 걸렸다. 특히 겨울철에는 버스운행이 어려울 것 같았다.

학교 사정 때문에 학생들의 교육을 방치할 수는 없어서 고민 끝에 교사가 고생은 하겠지만 파견학급을 설치하여 운영하여야 되겠다는 생각이 들었다. 직원협의 때 '참 아름다운 집' 학생 교육에 대하여 협의하였는데 결국은 파견학급 설치로 결정되었다.

나는 '참 아름다운 집'에 파견학급 설치의 필요성을 정리하여 자료를 가지고 충청남도교육청 특수교육 담당 장학사를 방문하였다. 장학사는 설명을 듣고는 내년에 꼭 설치·인가를 하겠다고 하면서 미리 이렇게 와서 협의를 해주어 예산과 교원을 확보할 수 있게 되어 고맙다고 하였다.

다음해 '참 아름다운 집'에 특수학급을 한 학급 설치를 하니 학생들도 좋아하고 원장님도 몇 번이고 고맙다고 인사를 하였다. 문제는 누가 파견학급을 담당하려고 할 것인가? 걱정이 되었다. 내가 교사라도 쉽게 결정하지는 못할 것 같았다. 그런데 뜻밖에도 여선생님이 파견학급 담당을 희망하는 것이 아닌가? 정말로 감사하고 고마웠다. '특수교육을 하는 교사는 내가 생각하지 못하는 장애학생을 사랑하는 남다른 마음이 있구나' 하는 생각을 하게 되었다.

나는 학기 초에 지도교사의 어려움을 조금이라도 덜어주려고 '참 아름다운 집' 운영상황을 파악하고자 일주일에 한두 번 씩 방문하였다. 원장님은 학교장이 이렇게 관심을 갖고 지원해 주어서 감사하다고 하였다.

'참 아름다운 집'을 방문한 후 학생들 학습 자료와 기자재가 필요한 경우 예산도 지원하였다. 그리고 한 달에 한두 번은 본교에 와서 다른 학생들과 어울리는 시간도 갖고, 학교 행사가 있을 때는 참여하도록 하였다.

나는 원장님과 가깝게 되면서 '참 아름다운 집' 에 들어가는 입구 길을 넓히고 주변을 정리하여 학생들이 활동할 수 있는 공간을 확보했으면 좋겠다는 의견을 내놓기도 하였다.

지금은 파견학급 설치 때보다 학생들이 활동할 수 있는 공간도 많이 확보되었고, 교육환경도 학생들이 교수 · 학습활동을 하는데 적합하도록 개선되었다.

기숙사 1박 2일 운영

2008년 3월 1일자로 아산성심학교가 개교하면서 천안인애학교 재학생이 100명 정도 그곳으로 전학을 갔다. 전학 간 학생은 대부분 기숙사에 입사하여 생활했던 학생들이다. 기숙사 생활실 14개 중 8개실이 비게 되었다. 나는 이 공간을 가정생활 체험실로 운영하면 좋겠다는 생각이 들었다. 일상생활 기술 중에 세수하기, 이 닦기, 집안 정리 정돈하기, 가전제품 사용하기 등 가정에서 하는 일을 실제로 체험하면서 기술을 익힐 장소가 필요하였기 때문이다. 내가 학급 담임을 할 때 교실에서 가정생활 체험 모의 활동을 하면서 화장실에서 할 수 있는 이 닦기, 세수하기 정도는 지도하였지만 지도효과는 미미하였다. 당시 일상생활 기술을 지도할 장소가 없어서 지도를 못했던 경험이 생생하게 떠올랐다.

그래서 기숙사로 사용하던 각 실을 리모델링 공사를 하고, 가정생활을 체험하는데 필요한 가전제품도 전 교원들의 의견을 수렴하여 구입하였다. 벽지, 장판도 교체하고 거실에 TV도 45인치로 교체하였다. 모든 것을 최고급품으로 하여 리모델링 공사를 마무리하니 아늑하고 보기도 좋았다. 각 실이 완공된 후 가정생활체험실 담당 교사가 담임교사들에게 가정생활체험실 활용 방법에 대하여 현장에서 연수를 하였다. 연수 시간에 선생님들은,

"우리 집보다 좋다. 학생들 참으로 좋아 하겠다. TV 화면도 크고 잘 보이네."

하면서 매우 만족해하였다. 가정체험학습실 사용은 수업 중에는 시간표에 의하여 사용하고 사용하지 않는 시간에는 교실에서 학습하다가 가정체험학습이 필요할 경우 수시로 이용할 수 있도록 하였다.

또한 1년에 하루는 집을 떠나 가정생활체험실에서 담임교사와 각 반 학생들이 함께 잠을 자면서 가정에서 할 일을 체험하도록 하였다. 이날을 학교에서는 '1박 2일'이라는 이름으로 정하였다. 1박 2일 프로그램은 하교 후 오후 3시부터 5시까지는 태권도, 합기도, 사물놀이, 난타, 에어로빅, 치료레크리에이션 등을 요일별로 정하여 실시하였다. 지도교사는 외부강사를 채용하여 담당하도록 하였다. 저녁식사부터 담임교사가 지도하였다. 담임교사가 지도하는 내용은 바르게 식사하기, 양치질하기, 이부자리 펴고 개기, 가전제품 사용하기 등이었다.

가정체험학습을 1년간 실시하고 학부모들에게 의견수렴을 하였다. 대부분 학부모들이 매우 만족하였다. 어느 학부모는 가족 모임이나 친목회를 자녀가 '1박 2일' 하는 날로 정하기도 한다고 하면서 1년에 3회 정도로 늘였으면 좋겠다고 하였다.

교사들에게 의견을 수렴한 결과 학생들과 함께 하루를 학교에서 자면서 생활하니 학생들의 실태를 정확히 파악할 수 있었고 학생들의 가정생활기술 능력도 파악할 수 있어서 개별적으로 지도하는데 많은 도움이 되었다고 하였다.

학부모 의견과 교사 의견을 수렴한 결과를 발표하니 선생님들은 우리가 어렵지만 가정생활체험학습을 실시함으로써 학생들 생활기술 능력도 신장되고 학부모들의 요구도 계속되니 1년에 2회 정도 하는 것이 좋겠다고 하였다. 나는 교사들의 마음이 무척 고마웠다. 어떠한 인센티브도 없이 학생들을 위하여 1년에 2번을 학생들과 학교에서 숙박을 하면서 지도한다는 마음을 갖는 것은 특수교육교사가 아니고는 어려운 일이라는 생각이 들었다.

특수교육교사는 교사직을 직업으로만 생각해서는 교직생활을 하는데 너무 힘이 든다. 특수교육교사는 우선 봉사정신이 있어야 하고 우리 학생들을 좋아해야 한다. 그다음에 교사로서의 역할을 수행하여야 한다. 나는 천안인애학교 교직원은 이 모든 것을 다 갖추었다고 누구 앞에서도 자신 있게 말한다.

특기 · 적성교육을 위한 상설 특별활동반 운영

정신지체학생들은 학교를 졸업하면 비장애인과 더불어 살아가야 한다. 그러기 위해서는 직업도 있어야 하고, 나름대로 취미생활이나 친구들과 어울릴 수 있는 놀이도 할 수 있어야 하며, 필요에 따라서는 비장애인들이 하는 오락도 할 수 있어야 한다. 특수교육기관에 근무경험이 없는 사람들은 정신지체학생들이 직장을 어떻게 다니며, 그들이 무슨 취미 생활을 할 수 있느냐고 회의적으로 생각하는 경향이 있다. 그러나 이런 생각은 잘못된 것이다. 사람은 누구나 그들 나름대로 하고 싶은 것이 있고 또 그것을 하며 살아가야 행복하다. 모든 것을 다른 사람이 도와주고 좋은 옷 입고 좋은 집에서 맛있는 것을 먹고 산다고 해서 행복한 것은 아니다. 어린애들도 그들 허락 없이 부모가 무조건 해주는 것은 싫어한다. 아무리 중증장애학생이더라도 서투르지만 자기 스스로 하는 것을 좋아하고 행복해 한다.

나는 정신지체학생들과 교사 때부터 지금까지 함께 생활해 왔기 때문에 그들이 학교를 떠나면 어디에서 어떻게 살아갈 것인지 고민을 해 왔다. 바로 그 때문에 그들을 위해서 학교교육이 어떻게 이루어져야 하는지 잘 알고 있다.

요즈음 우리나라에서도 장애학생 진로 · 직업교육에 관하여 관심이 높아졌고 정부에서도 장애인의 복지는 취업하는 것이라고 하며 이들의 취업률을 높이기 위해서 적극적으로 지원하며 노력하고 있다.

그 동안 정신지체학생들의 취업을 위한 교육은 주로 중소기업이나 개인사업장에 취업하는 쪽으로 이루어져 왔다. 그러나 이제는 정신지체학생들의 취업의 방향도 다르게 생각하여야 할 때가 왔다. 즉 그들이 할 수 있는, 그들이 좋아하는, 그들의 특기 · 적성에 맞는 것을 신장시켜 사회에 나아가 살아갈 수 있도록 지원하여야 한다.

언제인가 박사과정 동문들과 평택에 있는 청각장애학교인 에바다학교를 방문한 적이 있었다. 교장선생님께서 학교를 직접 안내해 주시는데 그때 탁구부 학생들이 열심히 연습하고 있는 것을 보았다. 교장선생님은 학생들을 소개하면서 국가대표로 선발되어 올림픽에서 금메달을 받아 평생 연금을 받게 된 학생도 있다고 자랑하였다. 그리고 올림픽에서 메달을 받지 못한 학생들도 사회에 나가 코치활동을 하고 있는 졸업생들도 있다고 하였다. 나는 교장선생님 설명을 듣는 순간 내가 생각했던 것이 바로 이런 것이라고 마음속으로 외치면서 천안인애학교에서 하는 특기 · 적성 교육에 대한 확신을 가졌다.

천안인애학교에서는 학생들이 사회에 나가면 취미생활도 하고 직업생활을 하는데 도움이 될 수 있도록 특별활동부를 다양하게 조직하여 운영하고 있다. 즉 치어리더부, 성악부, 피아노부, 난타부, 육상부, 축구부, 태권도부, 합기도부, 사물놀이부, 에어로빅부, 포환부, 원반부, 실내조정부, 롤러스케이트부, 컴퓨터부, 한지공예부, 도자기부를 편성하여 상설 운영하고 있다. 그리고 오락이나 놀이 활동을 고등부나 전공과 교육과정 편성에 넣어 학생들에게 영화 관람하기, 노래방에서 노래 부르기, 볼링장에서 볼링하기, 연극보기 등을 하도록 하였다.

학생들에게 특별활동부에서 실시하는 영역과 관련된 경연대회가 있으면 참여하도록 권유하여 많은 학생들이 입상을 하였다. 한지공예는 매년 6월에 천안시민회관에서 '천안공예협회 한지공예 한우리 천안교실' 주최로 열리는데 천안인애학교 한지공예부도 함께 발표회에 참여했다. 학생들이 발표회를 하였거나 참여한 행사를 언론에서 소개한 내용을 일부 기술하면 다음과 같다.

한 겨울밤 수놓은 축제의 장

정신지체 특수교육대상자의 교육을 담당하는 충남 특수교육의 요람인 천안인애학교(교장 하상근)는 지난 14일 저녁 7시부터 10까지 제1회 방과 후 학교 운영 결과 발표회가 열렸다.

내실 있는 방과 후 학교의 운영으로 첫 발표회를 하게 된 천안인애학교는 인애관(기숙사) 가족을 초청하여 그동안 갈고 닦은 학생들의 재능과 끼를 보여주며 화합의 장을 마련하였다.

직산 합기도 연무 정무관 강○○ 관장님 이하 여러 학생들이 봉사활동으로 3년째 매주 목요일 지도해 주신 합기도와 올해 매주 월요일과 수요일 봉사활동을 나와 태권도를 지도해 주신 단국대학교 이○○ 선생님 이하 대학생들, 근무를 마치고 멀리 계룡시에서 오셔서 레크리에이션을 지도해주신 이○○ 디딤돌 사무국장님, 그리고 본교 지도교사들과 생활지도원들의 헌신적인 노력으로 오늘의 자리가 마련되었다.

학생들은 방과 후 활동에서 배운 멋진 실력의 태권도와 합기도, 기악합주와 수화공연에 이어 율동, 스포츠댄스, 핸드벨 연주, 독창, 개그분야에 이르기까지 다양하고 참신한 프로그램으로 이루어져 보는 이들로 하여금 감탄을 자아냈다.

그동안 배운 솜씨를 무대에서 멋있게 학생들의 표정을 보며 즐겁게 가르치고, 신나게 배우는 학교의 모습을 볼 수 있었으며, 학생들은 보다 자신감을 기를 수 있게 되었고, 사회로 나아가기 위해 힘찬 발걸음을 내딛었다.

[천안닷컴 뉴스, 2006.12.15]

천안인애학교, '제3회 공예잔치' 진행

천안인애학교(교장 하상근)가 지난 4일부터 천안시민회관 제3전시실에서 '제3회 초여름이 전해주는 공예전'을 열고 있다.

오는 8일까지 계속되는 이번 공예전에는 천안인애학교 중·고등부, 전공과 학생들이 심혈을 기울여 만든 천연비누, 도자기, 한지공예, 리본공예 등 30∼40점의 다양한 공예 작품이 선을 보였다. 또한 공예전문가들의 작품들도 함께 전시되어 관람객들을 유혹하고 있다.

이와 관련 천안인애학교 관계자는 '천안공예협회와 함께 천안인애학교 학생들의 작품을 전시하게 된 것을 매우 기쁘게 생각 한다'며 '서툰 손놀림으로 하나의 작품을 완성하기 위해 많은 시간과 노력이 필요했던 만큼 더 값진 작품을 선보인 것'이라고 전했다.

한편 이번 공예전은 천안공예협회, 한지공예 한우리 천안교실이 주최하고 (사)한국예원문화협회, 연진 시스템이 후원하였다.

[충남장애인신문, 2010.06.07]

으꿍따꿍! 신나는 타악음악여행

2010년 12월 3일 오전 10시부터 문화체육관광부, 충청남도, 천안시가 주최하고 베아또아트 컴퍼니가 주관하며 천안인애학교(교장 하상근)가 후원하여'으꿍따꿍! 신나는 타악음악여행'음악회를 열었다.

천안인애학교 학생들은 무지개반(초등부 그룹)에 초등학교 6학년 장○○ 외 13명이 출연했고, 은하수반(고등부 그룹)에 고등학교 3학년 정○○ 외 12명이 출연하였다. 무지개반에서는 리듬악기로'리듬악기 노래, 잠자리' 2곡을 연주하였으며, 은하수반은 난타로'DREAM! 두드림1, The Thunderer March, 엄마돼지 아기돼지, I Will Follow Him' 3곡을 공연하였다.

그 동안 본교 학생들이 여러 가지 타악기를 직접 두들기고, 소리치며, 율동하는 등 현장음악체험활동을 통하여 장애 청소년들의 잠재력 역량을 계발하고, 협동심 및 자아실현을 유도하고, 사회적 자신감을 고취시키고자 많은 노력을 해 왔다.

우리 학생들이 평소 갖고 있는 무한한 잠재력과 창의력, 기량을 마음껏 발휘하여 모두가 그 분야에서 1인자가 되어주기를 바라며 여기에 필요한 리듬악기와 난타를 최고품으로 구입해주고 또한 지도 교사도 외부강사로 이 분야에 권위자를 모셨다.

필자는'으꿍따꿍! 신나는 타악음악여행'음악회를 보고 그 동안 심혈을 기울여 지도해 주신 여러 선생님들의 노고에 진심으로 감사를 드렸으며, 우리나라 미래의 주인이 될 우리학생들이 지니고 있는 저마다의 특기를 볼 수 있었고 앞으로 노력하면 모두 다 훌륭한 음악가가 될 수 있다는 가능성을 보았다. 그 동안 어려움을 참고 이겨낸 학생들에게도 칭찬과 힘찬 박수를 보냈다.

[천안인애학교 나래관 공연 팜플렛, 2010.12.03]

천안인애학교 축구부, 육상부 창단

천안인애학교(교장 하상근)는 지난 21일 정신지체학생들로 구성된 축구부 및 육상부 창단식을 가졌다.

대한장애인 체육회의 지원을 받아 창단된 천안인애학교의 축구부와 육상부는 한○○ 외 15명, 송○○ 외 6명으로 각각 구성되었다.

초등부 학생부터 전공과 학생까지 전 학년으로 구성된 운동부 학생들은 비장애학생에 비하여 경기에 대한 세부적인 이해나 기술은 부족하지만 방과 후 교육활동과 특별활동으로 운동장에서 힘차게 뛰는 것만으로도 즐거워하며 열심히 연습하고 있다.

천안인애학교 축구부 및 육상부 선수들은 오는 27일부터 3일간 열리는 울산광역시 교육청 주관 전국장애학생체육대회에 출전하며, 그 동안 훈련으로 흘린 땀의 소중한 결실을 기대하고 있다.

천안인애학교는 이번 운동부 창단을 통하여 심신의 어려움을 겪고 있는 모든 학생들에게 도전에 대한 가능성과 성실히 노력하는 아름다운 자세를 가질 수 있도록 분위기가 조성될 것으로 기대하고 있다.

[천안신문, 2006.09.25]

2006년 3월 1일 천안인애학교에 발령 받고 학교 교육과정 편성 · 운영, 생활체험실 설치 운영, 교육환경 개선, 충청남도교육청 지정 연구학교 운영, 특별활동 운영 등을 실시한 결과 다음과 같이 다양한 분야에서 학교표창을 받았다.

- 2007학년도에는 학교평가를 실시한 결과 최우수학교로 선정되었으며(2007.10.15), 방과 후 학교 우수기관으로 선정되어 교육감 표창을 받았다(2007.12.14).
- 2008학년도에는 100대 교육과정 선정 평가에서 '전환교육 중심의 학교교육과정을 적용한 자립생활능력 신장'으로 우수학교로 선정되었으며(2008.12.03), 하반기에는 방과 후 학교 우수기관으로 선정되어 교육감 표창을 받았다(2008.12.15).
- 2009학년도에는 단위학교 교육과정 운영의 질적 수준을 높여 학교경쟁력을 강화하고 공교육의 신뢰도를 제고하기 위하여 실시한 학교 교육과정 자율화 우수학교 선정 평가에서 우수한 성적을 거두어 교육감 표창패를 받았다(2009.12.30).
- 2010학년도에는 방과 후 학교 프로그램 공모에 '신나는 난타교실'을 응모하여 특기분야에 우수프로그램으로 선정되어 4백만원의 지원금을 받아 특기적성프로그램 운영에 지원하였으며(2010.05.17), 제2주기 학교평가 계획에 의한 특수학교 학교평가 결과 우수학교로 선정되었고(2010.10.11), 대한민국 좋은 학교 박람회에 참가하여 동 행사의 성공적 개최에 기여한 공으로 교육과학기술부장관 표창장을 받았다(2011.01.31).
- 2011학년도에는 체육교육과정의 충실한 운영과 우수선수 육성에 전력한 결과 제5회 전국장애체육대회에서 탁월한 실적을 거양하여 학교체육활성화와 충남학교체육발전에 기여한 공으로 교육감 표창장을 받았으며(2011.09.23), 100대 학교 교육과정 심사 결과 교실 수업 및 평가방법 개선 등 교육과정의 질적 수준 제고에 기여한 공으로 교육감 표창장을 받았고(2011.10.17), 지역 맞춤형 특화 교육으로 공감하는 학교 문화를 조성하고 매력 있는 학교와 감성형 스마트 인재 육성에 기여

한 공으로 교육감 표창패를 받았다(2011.11.03).

TJB교육대상 상금 학교발전기금 기탁

정신지체학생들은 일상생활을 하다가 다치는 경우가 많다. 걸어가다 넘어져서 다치고, 친구들과 놀이를 하다가 다치고, 체육시간에 교수 · 학습활동을 하다가 다치고, 현장학습 가서 다치고, 간단하게 등산하다 다치고, 화가 나면 아무 친구나 떠밀어서 다치 등 하루에도 여러 학생에게서 크고 작은 사고가 일어난다. 또한 감기나 질병에 걸려 아픈 학생도 많았다. 이러한 학생들을 학교에서 치료하려면 공식적인 회계 절차에 의하여 학교운영비에서 치료비를 지불하여야 하는데 학교회계에서 지불하기에 적절하지 않은 상황이 자주 발생한다. 그런데 학생들 중에는 가정형편이 어려워 감기나 가벼운 질병이 있어도 병원에 가지 못하는 학생들도 있다.

위와 같은 경우 학교운영비로 지불하기가 어려움이 있어 여기에 사용되는 비용은 지인들이 학교발전기금으로 보낼 때 학생복지비로 편성하여 지급하였다. 그런데 요즈음은 학교발전기금을 보내주는 지인들이 거의 없어 학생들이 아프면 치료비가 부족하여 어려움이 많았다.

2007년 12월 21일 TJB문화재단에서 실시한 'TJB교육대상 유아특수교육부문교육상'에 내가 선정되어 상패와 부상으로 상금을 받았다. 나는 받은 상금 200만원을 학교발전기금 학생복비지로 사용할 수 있도록 기탁하였다.

학생들이 병원에 가면 진료비가 2000원~3000원 정도 든다. 이 돈으로 당분간 학생들 진료비를 걱정하지 않아도 될 것 같아 마음이 든든하였다.

중부방송 강사료 학교발전기금으로 기탁

오전 10시경에 (주)티브로드 홀딩스 중부방송 기자한테서 전화가 왔다.

"감사합니다. 천안인애학교 교장 하상근입니다."

"안녕하세요. 중부방송 기자○○○입니다. 학교를 방문하여 교장선생님께 의논할 일이 있는데요. 오늘 방문해도 될까요?

"네. 오세요. 그런데 학교에 무슨 일이 있나요."

“아니에요. 제가 도움을 받고자 찾아뵈려고 합니다.”

처음 전화 받을 때는 별의별 생각이 다 들었다. 교장으로서 학교 운영을 하다보면 방송국이나 언론사에서 전화가 오면 가슴이 철렁한다. 기자는 오면서 전화를 했는지 전화를 끊고 30분 정도밖에 지나지 않았는데 교장실로 들어 왔다.

“교장선생님, 중부방송에 출연하여 특강 좀 해 주셨으면 합니다. 아침 5시부터 6시 사이 20분 정도 방송이 나갑니다.”

“내용은 무엇으로 하나요?”

“특수교육에 관련된 내용이면 됩니다. 주제는 교장선생님이 정하셔서 원고를 작성하면 됩니다. 녹화는 학교에서 할 것입니다. 교장실도 좋구요.”

일주일 후 녹화를 마친 후 강의료를 이야기하기에 학교발전기금으로 주셨으면 좋겠다고 하였더니 기자도 우리 방송국도 보람된 일을 하게 되어 그렇게 하면 좋겠다고 하였다.

나는 학교발전기금을 받으면서 학생복지비로 사용하겠다고 하였더니 사용처는 학교에서 결정하는 것이라고 하였다. 녹화를 마치고 기자가 돌아간 후 행정실에 확인해 보니 1백 50만원을 기탁하였다고 한다. 이 발전기금도 학생들 병원진료 및 치료비로 요긴하게 사용하였다.

신종인플루엔자 학생 돕기

2009년은 신종인플루엔자가 전국적으로 확산되어 모든 국민이 긴장을 하고 신종플루에 걸리지 않기 위하여 예방을 하는데 최선을 다하였다. 방송에서는 병허약자나 노인 등 면역성이 떨어지는 사람이 신종플루에 걸리면 사망률이 높다고 자주 보도하였다.

정신지체학생들은 건강에 관심이 적어 신종플루 예방에도 보호자나 교사가 도와주지 않으면 무관심하였다. 나는 매일 신종플루에 관련된 공문, 방송, 신문 등을 수시로 살펴보면서 학생들이 이 어려운 고비를 잘 넘길 수 있도록 신종플루 예방에 최선을 다하였다.

교문 출입 시 사람은 물론 차량까지도 소독을 하도록 하였고 현관과 출입구에 손 소독기를 설치하여 학생들이 등교할 때에는 반드시 손을 소독하고 들어올 수 있도록 교직원을 배치, 지도하였다. 학생들이 등교한 후에는 반드시 담임교사가 학생건강 상태를 살펴보고 이상이 느껴지면 바로 병원으로 가서 진찰을 받도록 하였다. 또한 학교생활 중에도 이상 징후가 보이면 바로 병원에 가서 진찰을 받도록 하였다. 진료비는 발전기금 중 학생 복지비를 사용하였다.

이렇게 철저하게 신종플루 예방을 위해 노력했는데 월요일에 출근하니까 고등학교 이ㅇㅇ학생이 신종플루 의심환자로 일요일에 순청향병원에 입원하였다고 연락이 왔다는 것이다. 바로 순천향병원에 전화를 하여 학생 상태를 알아보니까 몸에 열이 높고 심하여 응급실에 입원하였다는 것이다. 보건교사와 순천향병원 응급실을 방문하였다. 면회시간이 정해져서 학생을 만날 수가 없었다. 어머니가 보호자실에 있다가 학교장이 온 것을 알고 나왔다.

"안녕하세요. 천안인애학교 교장 하상근입니다. 얼마나 걱정이 되십니까? 학생 건강 상태는 어느 정도 입니까?"

"교장선생님 바쁘실 텐데 이렇게 오셔서 감사합니다. ㅇㅇ이가 토요일 아침부터 아프다고 하더니 저녁에 열이 많이 나서 병원으로 왔는데 의사선생님이 신종플루환자로 의심된다고 하면서 응급실로 옮겼습니다. 지금은 심해서 산소호흡기를 부착하여 숨을 쉬고 있습니다."

나는 학생을 보고 싶었지만 저녁식사 전에나 면회가 가능하다고 하였다. 어쩔 수 없이 학교로 다시 돌아왔다. 교장실에 있는데 일이 손에 잡히지 않았다. 수시로 부모님에게 전화를 하였지만 특별한 소식은 들을 수가 없었다. 학생들이 하교하고 면회시간이 가까워져 담임교사, 행정실장, 교감과 함께 병원을 방문하였다. 우리는 흰 가운과 모자를 쓰고 응급실로 들어갔다. ㅇㅇ학생을 보는 순간 나도 모르게 눈물이 나왔다. ㅇㅇ학생은 산소호흡기로 숨을 쉬고 있었다. 아무리 불러도 반응이 없었다. 참으로 안타까운 모습이었다. ㅇㅇ학생은 체구가 커서 걷는 것도 어려워하였다. 그렇지만 하루에도 몇 번씩이나 만날 때마다 인사를 하는 예의바른 학생이다. 매일 퇴근 때는 병원을 방문하여 학생의 상태를 살펴보았다. 내가 할 수 있는 일은 빠른 쾌유를 비는 마음속의 기도뿐이었다.

3일이 지난 후 병원 의사에게서 ㅇㅇ이가 호전되기가 힘들 것 같다는 소식을 들었다. 그날 충청남도 교육감님께서도 병원을 방문하여 부모님을 위로하였다.

"정말로 깨어날 수 없단 말인가!"

나는 인간의 힘이 너무도 미약함에 가슴이 아팠다.

○○이는 매일매일 호전되는 모습은 없었지만 더는 악화되지 않고 잘 견뎌냈다. 일주일이 지난 후 부모님에게서 연락이 왔다. ○○이가 호전되어 산소 호흡기를 떼고 일반병실로 옮겼다는 것이다. 어제 병원을 방문했을 때만 해도 호전되는 모습이 보이지 않았는데 하루 만에 산소 호흡기를 떼다니, 나는 그 소식을 듣는 순간 나도 모르게 소리 질렀다.

"○○아, 잘 견디어 냈다. 이제는 됐다. 빨리 나아 학교에 와라. 모든 선생님들과 친구들이 너를 기다리고 있단다."

나는 바로 병원으로 갔다. ○○이가 일반병실에서 나를 쳐다보며 웃었다. 나는 고생했다는 말과 함께 등을 가볍게 두드려 주었다.

다음 날 지인을 통해 들은 이야기인데 보호자가 병원치료비 중간 결산을 하여야 하는데 치료비가 없다는 것이다. 그래서 하는 수 없이 통원치료를 하려고 한다는 것이다. 학생들이 하교한 후 직원협의를 거쳐 학교발전기금 중 학생복지기금에서 금일봉을 ○○학생 치료비로 지출하기로 하였다. 그날 퇴근 시간에 병원을 방문하여 부모님께 교직원의 마음과 함께 금일봉을 전달하였다. 그리고 학생치료가 완전히 끝난 후에 의사선생님 의견을 듣고 퇴원하라고 부탁했다. 그 후 여러 곳에서 성금이 도착하여 학생이 완쾌할 때까지 병원에서 치료를 받을 수 있었다. ○○학생은 완쾌하여 다음 년도에 전공과에 입학하여 2년을 마치고 졸업하였다.

지금도 그 때 일을 생각하면 한편으로는 학생이 잘못되었으면 어떡하나 하는 마음이 들어 떨리고, 한편으로는 교직원들의 정성 때문에 완쾌되었다는 생각이 들어 의사 선생님과 교직원들께 지면을 통해 감사한 마음을 전한다. 그리고 내가 기부한 학교발전기금이 '○○학생을 위해 정말로 좋은 일을 했구나!' 하는 마음도 들어 기분이 좋았다.

이일로 인하여 천안인애학교는 신종인플루엔자 예방관리 사업을 성실히 수행함으로써 학생 및 교직원의 건강보호증진에 기여한 우수학교로 선정되어 2010년 8월 30일 충청남도교육감으로부터 표창패를 받았다.

진로 · 직업교육에 앞장서는 천안인애학교

학교장 직을 수행하면서 마음 속 깊이 제일 이루고 싶은 것은 학생들이 졸업하면 가정으로 돌아가 머무르지 않고 가정을 떠나 혼자서 직장생활을 할 수 있도록 하는 것이었다. 그러나 현실은 특수교육대상학생들 중에 오직 소수만이 학교를 졸업한 후 취업하거나 집을 떠나 생활할 수 있어 안타까움이 많았다. 부모들은 전공과 졸업때가 되면 즐거움보다는 앞으로 닥치게 될 새로운 문제로 큰 고민에 빠졌다.

학교란 지식을 쌓는 곳이기도 하지만 인격을 닦는 곳이기도 하다. 정신지체학생들은 지식도 익혀야 하지만 그보다 더 중요한 것은 남과 더불어 사는 법, 합리적으로 세상일을 판단하고 해결하는 법 등을 배워 사회에 나아가 직업을 갖고 자기 스스로 살아가는 법을 배워야 한다. 많은 특수학교들이 열심히 하고는 있지만 그 효과는 노력에 미치지 못하여 늘 안타까웠다.

특수교육교원은 학생들이 졸업하면 어디서 직업을 구할 수 있나, 만일 일자리를 즉시 구하지 못하면 기다리는 시간동안 무엇을 해야 하나, 부모와 함께 계속해서 살게 된다면 부모님들은 어떻게 직장 생활을 할 수 있을까? 등에 관하여 함께 고민하고 해결할 수 있도록 도움을 주어야 한다. 또한 진로 · 직업교육에 관하여 부모가 도움이 필요하다고 느낄 때는 언제든지 도움을 요청하라고 격려해주고 상담해 주어야 한다.

이와 같은 특수교육 현장에서 일어나는 문제점을 해결하고자 나는 교육과학기술부 · 국립특수교육원 · 특수학교 직업교육 담당자 등의 조언을 받아 장애학생들의 진로 · 직업교육환경을 조성하고 프로그램을 개발하여 운영하는데 최선을 다하였다.

직업교육실 설치

2006년 3월 1일자로 천안인애학교에 발령 받고 교감과 행정실장으로부터 학교 실태를 보고 받았다. 그해 학교 후동 증축 계획이 있었다. 그 이유를 물었더니 직업교육실이 부족하기 때문이라고 한다. 학생들이 하교한 후 직업교육 부장과 전공과를 담당한 교사, 전공과 부장, 행정실장, 교감과 직업교육실 증축에 대하여 협의를 하였다. 먼저 고등부와 전공과 및 직업교육 계획에 관하여 질문과 토론 및 협의를 하였다.

직업교육실 증축은 꼭 필요하였다. 문제는 현재 증축하려는 설계가 진로 · 직업교육 교육과정과 연계성이 부족하고 전공과 및 고등부 교육과정, 직업교육 계획과도 연계성이 부족하였다. 또 문제가 되는 것은 고등부, 전공과, 직업교육계획의 내용이 천안 · 아산지역 각 기업체 분석이 이루어지지 않은 상태서 작성된 것이었다.

교감 선생님을 팀장으로 하여 천안 · 아산지역 기업체 실태를 분석하고 우리 학생들이 취업 가능한 업종이 무엇인지 선정하여 여기에 적합하게 고등부, 전공과, 직업교육계획을 수정 · 보완하도록 하였다. 실태 분석을 하여 진로 · 직업교육 교육과정을 수정 · 보완하여 초안을 완성하는데 한 달이 걸렸다. 이를 토대로 현장 조사를 하여 몇 번이고 수정 · 보완하여 4월 말에 진로 · 직업교육 교육과정을 완성하였다.

진로 · 직업교육 교육과정에 맞게 직업교육실 설계를 변경하여야 했다. 충청남도교육청을 방문하여 건축 담당자와 협의를 하였다. 그랬더니 건축 담당자는 난색을 표했다. 이미 설계가 끝나서 어렵다고 하였다.

나는 건축 담당자에게 진로 · 직업교육 교육과정을 보여주며 우리가 설계한 대로 증축해 주어야 효율적으로 사용할 수 있지, 그렇지 않으면 사용하는데 어려워 효율성이 없다고 하였더니, 건축 담당자도 곧 이해를 하고는 자료를 가지고 과장님에게 설명을 하였다. 과장님이 설명을 듣고 나서 이렇게 교실 크기를 다양하게 해 달라고 하는 경우는 처음이라고 하면서 수정해 보도록 하겠다고 하였다. 충청남도교육청을 나서면서 건축 담당자들이 고맙기도 했고 설계가 이미 끝난 것을 수정해 달라고 한 것에 대해 미안한 생각도 들었다.

천안인애학교 직업교육실은 정규교실, 정규교실 3분의 1, 1과 2분의 1, 2배되는 교실 등 실별 특성에 맞춰 다양하게 증축되었다. 본교 직업교육교사는 물론, 외부에서 방문한 직업교육 교사들도 어떻게 이렇게 효율적인 교실을 준비하였느냐고 칭찬을 아끼지 않았다. 본교를 방문한 교직원 중에는 나보고 건축을 전공했느냐고 묻기도 했고 대학에서 직업교육을 전공했느냐고 묻는 사람도 있었다. 그러나 나는 초등교육과 특수교육을 전공했지 건축 분야는 그 근처에도 가보지 못했다. 분명한 것은 우리 학생들에게 적합한 직업교육을 하기 위해서는 교육할 장소가 있어야 하고, 교육할 장소를 마련할 때는 진로 · 직업교육 교육과정에 적합하게 만들어야 한다는 생각을 갖고 노력하고 연구했을 뿐이다. 나 역시 건축이 전공이 아니기 때문에 정규교실을 다양한 크기로 디자인할 때에는 두렵기도 하고 걱정도 되었다. 그러나 지금은 참 잘한 일이라고 자부심을 갖는다. 그리고 전공과가 설치된 학교에서 본교 직업교육실을 참고하려고 방문하는 교사들에게 직업교육을 적절하게 하기 위해서 증축을 하거나 신축할 때는 진로 · 직업교육 교육과정 운영을 고려하여 설계하여야 함을 권유하고 있다.

사소한 예로 세탁실을 꾸미는데 손빨래를 하기 위한 빨래판 위치를 학생들에게 맞추기 위하여 만들어 놓고는 두 번이나 고쳤다. 고칠 때 작업하는 인부들에게서 듣기 싫은 불평도 들었지만 실제 학생들이 사용할 때 현장을 방문해 보니 고치기를 잘했구나 하는 생각이 들었다.

직업교육 3D체험실 설치 운영

인간은 하나의 개인으로 살아가는 것이 아니라 한 사회의 구성원으로 다른 사람과 더불어 살아가는 존재로서 누구나 독립적으로 맡은 일을 수행해야 한다. 여기서 일이란 직업과 관계된 것으로서 사람들은 직업을 통해 생계유지를 할 뿐만 아니라 자아실현과 함께 삶의 보람과 긍지를 가질 수 있다. 이 점은 장애인도 예외가 될 수 없다. 장애인에게 적절한 직업재활서비스를 제공하고 직업 생활이 가능하게 함으로써 사회구성원의 일원으로서 당당하게 사회활동에 참여하게 하는 것은 사회통합의 측면에서도 바람직한 일이라고 할 수 있다(안중일, 2008).

특수교육의 궁극적인 목적은 장애학생의 자립이며, 삶의 질 제고이다. 직업교육은 특수교육의 목적을 달성하는 중요한 수단의 하나로서 일반 교육에서의 직업교육에 비해 그 의미가 더욱 크다고 할 수 있다.

최근 정신지체 학생들의 전환교육이 강조되면서, 2008년 개정된 특수학교 교육과정과 2009년 진로 · 직업교육 내실화 방안에서는 진로 · 직업교육을 강화하고 있다. 그 주요 내용으로는 특수학급의 '통합형 직업교육 거점학교' 지정 · 운영, 전공과 확충 및 운영 내실화, 특수학교 '학교기업형 훈련실' 설치 확대 등이 있다. 그리고 개정된 특수교육 교육과정은 실과 교과를 신설하여 초등학교 5학년부터 전환교육이나 직업 훈련을 적용하여 최근의 특수교육 경향을 적극적으로 반영하고 있다.

직업교육의 활로를 모색하고자 설치되기 시작한 전공과는 교육과학기술부나 고용노동부 모두 장애학생의 취업을 위한 전문기술교육 실시 혹은 직업훈련과정이라고 명시하고 있음에도 불구하고 전공과에 대한 인식이 담당교사, 학부모, 관련 기관에 따라 서로 상이하고, 교육과정 운영, 교재 선정, 교사 배치 등이 별도의 지침 없이 운영되고 있어 전공과 자체의 정체성에 대한 혼란이 계속되고 있으며 취업률도 낮아지고 있다(교육인적자원부, 2007). 이처럼 취업이 부진한 이유는 여러 가지 원인이 복합적으로 작용한다고 할 수 있지만 재학 중 적절한 직업교육이 이루어지지 못한 데에도 그 원인을 찾을 수 있다. 실제로 많은 교사들은 특수학교 직업교육이 학교 내에서만 이루어지는 것보다는 산업체와 연계하여 현장실습을 하는 것이 바람직하다고 생각한다(안중일, 2008).

그러나 우리나라 특수교육현장에서의 지역사회 훈련프로그램이 대부분 견학이나 일회성 또는 단기적으로 실시되는 경우가 많다. 특수학교 전공과에 재학하고 있는 정신지체학생들도 이러한 실제생활과 연계된 직업훈련프로그램을 받을 기회가 적어서 실제 현장에서 실시하는 교육과 실습이 매우 필요한 실정이다.

정신지체 특수학교 전공과에서 운영하는 현장실습은 산업체에서 뿐만 아니라 학교 내, 복지관이나 재활시설, 보호 작업장, 산업체 등 다양한 장소에서 여러 형태로 이루어지고 있다. 그중 산업체에서 실시하는 현장실습은 비장애인으로 구성된 환경에서 직업교육이 이루어져야 한다는 통합화의 원리에 부합하고(박희찬, 1994), 전공과는 학생들이 지역사회로 나아가기 위한 마지막 단계로서 지역사회 현장실습 중심의 직업교육이 중점적으로 실시되어야 할 시기이다.

한국청소년정책연구원 김희진 부연구위원과 안선영 연구위원에 의하면 재학 중 아르바이트 경험이 있는 청소년들은 그렇지 않은 경우보다 진로와 직업에 대한 태도 가운데 준비성과 독립성, 진로준비 행동, 진로 · 직업 역량이 훨씬 더 높은 것으로 분석하였다(연합뉴스, 2013.04.20).

이에 정신지체학생들은 더더욱 현장직업 경험이 요구되므로 장애학생 직업교육을 실시하는 기관에서는 현장실습을 할 수 있도록 직업교육에 필요한 시설을 갖추고 현장경험을 하도록 하여야 한다. 그러나 정신지체학교 전공과 학생들의 직업교육 현장실습에 대한 필요성과 절실함에도 불구하고 현장 직업교육을 계획하고 실시할 수 있는 대상산업체를 선정하는데 많은 어려움을 겪고 있다. 따라서 이를 대체할 수 있는 현장 실습을 할 수 있는 시설과 프로그램에 대한 연구가 필요하다.

천안인애학교에서는 국립특수교육원에서 2011년 개발하여 보급한 '3D기반 체험형 장애학생 가상현실 직업훈련 프로그램'을 통하여 전공과 학생들의 현장직업훈련을 실시하기에 앞서 학교에서 보다 현장에 가까운 환경을 간접적으로 체험함으로써 학생들의 직업 적응력 향상에 도움을 주고자 3D기반 가상직업훈련실을 설치 · 운영하였다.

3D기반 체험형 장애학생 가상현실 직업훈련 프로그램은 2011년 국립특수교육원에서 장애인에게 일자리를 제공하여 복지를 증진시키고자 하는 정부의 장애인 정책과, 발달장애학생이 첨단과학기술을 활용한 반복 직업 훈련을 통해 취업 현장에 적용이 가능한 직장생활적응 기능과 작업수행기능을 최대한 개발할 수 있는 프로그램 개발의 요구에 따라 개발되었다. 이 프로그램을 천안인애학교에 설치되어 있는 컴퓨터를 이용해 구축한 가상공간 내에서 시각 · 청각 · 촉각 등 인간의 오감을 활용한 상호작용을 통하여 실제와 같이 몰입하도록 하였다.

'3D기반 체험형 장애학생 가상현실 직업훈련 프로그램'이 처음 개발되어 많은 어려움과 프로그램의 오류가 있었지만 정신지체 학생들에게 직업에 대한 관심, 직장 적응력, 직무능력 등을 높이는데 효과적이었다. 특히 전공과 학생들에게 현장실습을 실시할 산업체를 찾는 데 많은 어려움이 따르는 현실에서 산업체 현장실습을 대체하고 현장실습에 나가기 전에 미리 체험해 봄으로써 산업체 현장실습의 효과를 높이고, 정신지체 학생의 직업 적응력을 향상시키는 데에는 특히 많은 도움이 되었다.

나는 학생들이 학교를 졸업하면 가정에서 머무르지 않고 직장에 다닐 수 있도록 도와주기 위하여 각 기업체를 방문하여 우리 학생들에 대하여 설명하고 부탁하였다. 각 기업체를 방문할 때 기업체 간부 및 인사담당자와 직접 만나 그들의 이야기를 듣는 것이야말로 매우 중요한 일이었으며, 또한 이들의 의견을 직업교육 교육과정 편성 · 운영에 적극적으로 반영하였더니 학생들의 취업에 매우 효과적이었다.

학교기업형 직업훈련실 설치

천안인애학교에서는 학생들이 졸업 후 직업을 갖고 비장애인과 더불어 생활할 수 있게 하기 위하여 유치원부터 고등학교까지는 직업교육에 요구되는 전환교육을 실시하고 전공과 과정에서는 직업교육을 강화하고 있다. 하지만 현실적으로 전공과를 마친 후 취업하기도 어렵고, 취업한 학생들도 직장에 적응하지 못하고 가정으로 돌아가는 사례가 많았다. 이러한 원인은 다양하겠지만 가장 큰 원인은 취업한 업체와 유사한 경험 및 체계적인 직업교육이 미흡하다는 사실이었다. 전문계 고등학교 등에서는 졸업하기 전에 실습을 마치고 취업한다. 장애학생들은 더더욱 실습이 필요한 실정인데 현재 장애학생들이 기업체에 가서 실습하기는 매우 어려운 상황이다.

현장중심 실습과정을 실시하여 사전에 직무를 경험하도록 하고, 기업체에서 요구하는 맞춤형 직업기능교육이 이루어지도록 하는 장애학생의 현장중심 직업교육을 위해 고민하던 차에 교육과학기술부에서 '2010년 장애학생 진로 · 직업교육 내실화 사업'의 공모에 응모하여 특수학교 '학교기업형 직업훈련실 설치학교'로 천안인애학교가 선정되었다. 전국 150개 특수학교 중 7개교를 선정하였는데 그 중에 선정되었다.

하늘은 스스로 돕는 자를 돕는다. 나는 천안인애학교 학교기업을 설치하면서 깨달았다. 사람도 스스로 돕는 자를 돕는 것 같다. 역시 하려고 들면 안 될 게 없다는 확신을 갖게 되었다.

'학교기업형 직업훈련실'은 교육부의 특별교부금과 충청남도교육청의 대응투자비 등 총 20억원을 지원받아 연면적 1018.82㎡ 의 3층 건물로 1년의 공사기간을 거쳐 완공되었고, '해미래'라는 브랜드로 상표를 출원하여 '해미래관'으로 이름 붙였다.

'해미래관'은 공예실, 스마트교육실, 원예실, 도예실, 목공실, 맞춤형 외주작업, 사전 · 사후 지도실 등 9개의 학교기업형 직업훈련실을 갖추고 있으며, 해미래 아울렛 및 국립특수교육원에 상설판매장을 설치하는 등 장애학생 생산품 판로를 개척하고 있다. 또한 '창의 · 열정 · 어울림'을 기업 이념으로 하여 장애학생들이 직접 제품을 생산하고 판매함으로써 장애학생들의 안정적인 고용 창출을 위한 맞춤 진로 · 직업 교육을 실시하고 있다.

앞으로 학교기업 '해미래'는 지역 여건 및 학생 소질을 고려한 직종 개발을 통해 다양한 현장실습 및 취업기회를 확대하고, 장애학생들의 직업적응능력을 신장시켜, 맞춤고용 창출을 통해 장애학생들이 졸업 후 떳떳한 직업인으로 자립할 수 있도록 취업률을 제고해 나갈 것이다.

나는 학교기업을 만든 다음 후임자에게 개관식을 넘겨주고 천안인애학교를 떠났다. 떠나면서 학생들에게 부탁의 메시지를 보냈다.

"학생 여러분, 학교기업에서 열심히 기술을 익히고 직장 경험을 하여 학교를 졸업한 후에 모두 원하는 직장에 입사하여 행복한 생활을 하세요. 이 모든 것은 학교기업 현장에서 이루어집니다."

지금도 천안인애학교 학교기업이 가끔 생각날 때가 있다. 그때 함께 일했던 교직원들 그리고 천안인애학교 학부모들에 대해 무한한 고마움을 간직하고 있다. 천안인애학교를 지날 때면 그 숙원사업을 해결할 때의 보람 때문에 감개무량하다.

나는 자신이 하는 일에 실패한 사람들은 능력이 없어서가 아니라 그런 일을 할 수 있도록 학생의 능력을 평가하여 거기에 맞는 적절한 교육이 이루어지지 않았기 때문이라고 늘 생각하였다. 또한 그 동안 진로 · 직업교육 교육과정이 운영되는 것을 보고 특수학교 진로 · 직업교육의 개선점도 많이 볼 수 있었다. 즉 학교에서 직업교육을 하는데 학생들에게 크게 도움이 되지 않는다면 교육과정부터 개선하여야 한다는 것이다.

취업하는데 정말로 중요한 것들은 왜 학교에서 가르쳐주지 않는 것일까? 하는 생각이 들었다. 또 '시켜서 하는 직업교육', '기계적인 직업교육'이 아니라 왜 해야 하고 무엇을 해야 하는지, 즉 '스스로 하고 싶어서 하는 직업교육'을 하여야 된다고 생각했다. 이를 위해서 학생들이 직업교육을 하는 데 도움이 되는 시설이라면 나는 할 수 있는 한 최선을 다하여 설치하였다. 비장애학생이 할 수 있는 일이라면 우리 학생들도 할 수 있다고 생각했다. 안 될 것이라고 미리 걱정하지 않고, 계획을 세워 추진하면 비록 발전이 늦지만 언젠가는 목적지에 닿을 수 있을 것이라고 생각했다.

천안인애학교 진로 · 직업교육 실시하는 것을 지켜 본 각 언론에서 기사화한 내용을 보면 다음과 같다.

천안인애학교 '직업교육체험센터' 개설

"특수교육대상학생들에게 체계적인 직업교육을 이끌겠습니다."

충남 천안인애학교(교장 하상근)는 특수교육대상 학생 개개인의 특성에 맞게 직업교육이 가능한 '직업교육체험센터'를 개설했다고 1일 밝혔다.

장애를 지닌 중.고등학생 개개인의 특성에 맞는 실습환경과 직업 프로그램을 제공하는 직업교육체험센터는 ◇톡톡 튀는 직업교육 ◇꿈이 크는 2시간 ◇내 인생 디자인하기 ◇내일이 싹트는 교실 ◇얘들아, 회사 가자(직장체험캠프) ◇산업체 직업 훈련실 등의 6개 주제로 편성됐다.

직업탐색 기회를 제공하기 위한 '내 인생 디자인하기'와 '꿈이 크는 2시간'은 학생들의 직업기능을 향상시키기 위해 도예 · 공예 · 조립, 생활원예, 홈패션 등의 프로그램으로 구성됐다.

충남지역 특수학급학생들을 대상으로 한 '내일이 싹트는 교실'은 학생들이 전공심화과정 체험 및 다양한 직업훈련프로그램을 직접 체험하는 직업 적응력을 개발한다.

'얘들아, 회사 가자'는 직업훈련 대상학생 중 취업이 가능한 학생에 대한 심화교육프로그램으로 졸업 후 성공적인 직장인으로서의 삶을 대비할 수 있는 능력을 증진 시키는 프로그램이다.

천안인애학교 하상근 교장은 "특성 있는 실습장과 효과적인 프로그램 운영으로 특수교육대상학생들의 체계적인 직업교육을 제공하겠다."고 밝혔다.

[천안 뉴시스, 2008.04.01]

정신지체인 특수교육 '천안 인애학교' 가보니…

"교장은 사장님… 교사는 부장님" 호칭 연습
교실도 사무실처럼 꾸며 맞춤 직업교육

정신지체 2급 장애인인 한ㅇㅇ씨(20)는 올 3월 충남 천안시 성거읍에 있는 한 주유소에 취직했다. 자동 세차기로 세차를 끝낸 차량의 물기를 마른 걸레로 닦아내는 게 그가 맡은 일이다. 이 주유소의 박ㅇㅇ 소장은 "정신지체 학생이 일반인보다 오히려 성실한 것 같다."면서 "조만간 주유기로 기름을 넣는 방법도 가르칠 계획"이라고 말했다. 아직 학생인 한씨는 이곳에서 하루 여섯 시간씩 일하며 월 70만원의 적지 않은 급여를 받고 있다. 정신지체인인 한씨가 직업을 가질 수 있게 된 것은 그가 다니고 있는 천안인애학교에서 실제 취업에 도움이 되는 교육을 받았기 때문이다. 정신지체인만을 위한 이 학교의 전공과(특수학교에 설치된 고등학교 과정 이후의 전문기술 습득 교육 과정)는 지난해 하반기부터 세차, 세탁, 조립, 생산포장, 원예 등 정신지체인들의 취업이 가능한 업종 위주로 '맞춤 교육'을 실시해 톡톡히 효과를 보고 있다.

세차 등 취업될만한 과목

김○○ 전공과 교사는 "22명의 전공과 졸업 예정자 중 한씨를 비롯한 3명은 이미 취업에 성공했으며 7명 정도가 인근 업체들과 상반기 중 취업이 약속돼 있는 상태"라고 설명했다. 전공과가 설치된 35개 특수학교 졸업생의 취업률이 38%(2006년 3월 기준)에 불과하고 정신지체인들의 취업률은 그보다도 훨씬 낮다는 점을 감안하면 50%에 가까운 이 학교의 전공과 취업률은 높은 편이다. 천안인애학교에 전공과가 처음 설치된 것은 2001년이지만 지난해까지는 다른 학교들과 마찬가지로 실제 취업과 동떨어진 수업을 한다는 지적을 받았었다.

가사, 목공, 공예, 도예 등 정신지체인들이 감당하기에 버겁고 취업도 힘든 과목으로 구성돼 있었기 때문이다. 하지만 지난해부터 학교 측의 노력으로 실용적인 과목 위주로 수업을 개편했다. 우선 교사들이 천안 · 아산 등 인근 4개 지역에 위치한 업체들을 수소문해 정신지체인들이 취업할 수 있을 만한 업종을 조사했다. 이를 바탕으로 세탁 · 세차 과목 등을 신설했고 인근 공장, 주유소 등과 수업 연계를 위한 협약을 맺기도 했다. 교내 운동장에 세차장을 설치하고 교실에는 세탁기 및 건조기 등을 들여놔 실습 위주의 교육이 가능하도록 했다. 많은 정신지체인들이 취업 후 사회생활 적응에 실패해 다시 집으로 돌아간다는 점을 고려, 미리 회사 생활을 체험할 수 있게 하는 프로그램도 개발했다. 이력서 작성, 면접 보는 방법 등을 가르치는 것은 물론 교실을 회사 사무실처럼 꾸며 출근카드 작성하기, 작업복 갈아입기 등의 교육을 시행한 것이다.

전공과 학생들에 한해 교장을 '사장님'으로, 교사들을 '부장 · 과장님'으로 명칭을 바꿔 부르도록 한 것도 이러한 노력의 일환이다. 곽○○ 전공과 운영부장은 "전공과를 실질 취업에 적합한 '맞춤 교육' 형태로 운영하자 인근 업체들도 많은 관심을 보이고 있다"면서 "앞으로 산업체 내에 우리 학교 학생들을 위한 직업 훈련실을 만드는 방안도 검토 중"이라고 밝혔다.

사회적응력 키우는데 중점

실제로 자동차용 스피커 등을 제작하는 ㈜한독음향은 5월 중 천안인애학교와 협약식을 맺고 전공과 학생들을 회사에서 직접 교육시킨 뒤 직원으로 채용할 계획이다. 올해 일반 학교에 다니던 정신지체인 6명이 천안인애학교로 전학 오는 등 학생들의 반응도 좋다.

전공과 1학년에 재학 중인 송○○씨(23 · 여)는 "중 · 고교 때 배운 것보다 지금이 더 재밌다"면서 "조립업체에 취직해 월급도 많이 받고 싶다."고 말했다.

하상근 교장은 "특수 교육의 목적이 장애인들이 스스로 살아갈 수 있게 돕는 것이기 때문에 취업 위주의 교육에 초점을 맞췄다."면서 "기업체에 취직시키는 수준에서 벗어나 앞으로는 정신지체인들이 직접 창업할 수 있도록 교육의 질을 끌어올릴 계획"이라고 강조했다.

[한국경제, 2007.04.19]

장애 학생들 일하는 재미에 '풍덩'

천안인애학교(교장 하상근)는 지난 26일부터 다음 달 6일까지 2주 동안 제5회 직장체험캠프를 진행하고 있다.

장애학생들의 직업교육 체험 프로그램의 일환으로 마련된 이번 체험캠프는 '얘들아! 회사에 가자'라는 주제로 천안 관내 특수학급 학생, 천안인애학교 고등부 및 전공과 학생 18명이 참여한다.

이들은 자율통근, 직장예절, 근태관리 등을 통해 직장생활에 필요한 기본적인 소양교육을 받으며 협력업체를 통해 공급되는 작업재료를 조립 · 완성하는 공동 작업에 나서는 등 현장중심의 작업환경 체험을 벌인다.

또 캠프 중 하루는 장애로 인해 제한된 사회공간 활동 확대와 새로운 경험의 기회를 제공하기 위해 63빌딩의 씨월드, 3D영화, 왁스뮤지엄, 전망대와 스카이 아트 배우기 등 다양한 문화체험행사를 진행한다.

학교 관계자는 "이번 캠프에는 2회 이상 캠프에 참석하는 학생들이 늘고 있어 직장체험캠프에 대한 학생들과 학부모들의 관심과 만족도가 높음을 알 수 있다"면서 "앞으로도 더 나은 프로그램을 진행, 천안 장애학생들의 직업 교육체험센터로써 중추적인 역할을 해 나갈 것"이라고 말했다.

[대전일보, 2010.07.29]

천안인애학교 좋은 학교 박람회에 참가

천안인애학교(교장 하상근)가 특수학교로는 유일하게 '2010 대한민국 좋은 학교 박람회' 참가 학교로 선정되는 영예를 안았다.

최근 교육과학기술부는 학교 다양화 정책에 따라 생긴 다양한 유형의 학교를 소개하고, 진학상담을 하기 위해 마련된 이번 박람회의 참가학교로 전국 150개교를 선정, 발표했다.

교육과학기술부, 서울특별시교육청, KBS가 주최하는 이번 박람회는 오는 10월 8일부터 10일까지 서울 여의도 KBS 야외관장에서 열린다.

천안인애학교는 전국장애학생기능경진대회를 비롯한 각종 기능경진대회에서 우수한 성적을 거두고 있다. 또한 직업교육체험센터, 현장중심의 전공과 운영 및 학교기업형 직업훈련실 설치 등 차별화된 직업교육현장으로 자리매김 하고 있다.

이와 관련 천안인애학교는 '박람회에 참가해 본교에서 실시하고 있는 다양한 직업교육 프로그램들을 비롯한 정보 제공, 특수교육의 위상 및 교사들의 자긍심을 높이는 계기가 될 것'이라고 기대했다.

[충남장애인신문, 2010.08.02]

위 기사는 2006년 내가 교장으로 취임한 후 이룬 일들의 일부다. 천안인애학교 직업교육 실천 내용이 알려지면서 전국의 특수학교는 물론 특수교육 관계자들까지 천안인애학교로 선진지 견학을 왔다. 심지어 미국, 일본, 말레이시아 등의 특수교육관계자들도 천안인애학교를 방문하였다.

나는 크게는 특수학교에서의 직업교육에 대한 희망은 곧 한국의 장애학생 희망으로 이어질 것으로 믿고 노력하였다. 즉 특수학교에서 진로 · 직업교육이 변하면 한국의 장애학생 직업교육도 변하게 될 것이라고 믿었다.

그 동안 천안인애학교 진로 · 직업교육은 어느 특수학교에서도 설치하지 않은 최신의 교육시설, 학부에서 직업교육을 전공하였거나 직업교육에 관심이 많은 현장 교사들, 그리고 집중적이고 실제적인 교육과정으로 학부모들로부터 큰 호응과 사랑을 받았다. 많은 부모들이 천안인애학교를 통해 자녀의 삶에 대한 부모님들의 생각이 바뀌었다고 말하는 데에 주저하지 않았다. 우리 학생들의 인생을 바꾸는 교육이 천안인애학교 진로 · 직업교육을 통해 이루어지고 있는 것 같았다.

왜 천안인애학교가 진로 · 직업교육 선진학교로 주목받는가? 사실 많은 특수학교가 천안인애학교보다 일찍, 그리고 열심히 진로 · 직업교육을 실시해 왔다. 하지만 그 차이는 학생들에게 도움이 되는 실질적인 진로 · 직업교육 교육과정 운영과 진로 · 직업교육을 위한 시설확충에 있었다.

천안인애학교는 직업교육실 설치 운영, 직업교육 3D체험실 설치 운영, 직업교육체험센터 운영, 학교기업형 직업훈련실 설치 운영 등을 실시한 결과 다음과 같이 학교 표창을 받고 지원금을 받아 진로 · 직업교육을 실천하는데 사용하였다.

- 2007 전국장애학생직업기능경진대회에서 천안인애학교 학생이 목공, 다과요리, 십자수, 앵글조립, 전기배선, 종이공작에서 각각 금상을 수상(금상 6명 수상)하여 충청남도교육청에서 최우수학교로 선정되었다(2007.12.11).
- 2008 제1회 충남장애학생직업기능경진대회에 참가하여 '도예 금상, 목공 금상, 비즈공예 금 · 은상, 십자수 금 · 은상, 앵글조립 동상, 재봉 금상, 전기배선 은상, 종이공작 금 · 동상을 수상하여 충청남도교육청에서 최우수학교로 선정되었다(2008.11.11).

• 2010 충청남도교육청 진로체험활동 프로그램 공모에서 우수프로그램으로 선정되어 지원금 2백만원을 받아 학생 진로체험활동에 지원하였다(2010.06.28).
• 2010 충남 진로체험프로그램 운영 우수학교로 선정되어 지원금 1천 2백만원을 받아 진로체험프로그램 운영에 지원하였다(2010.09.20).

나는 2014년 2월 말로 정년퇴직을 하지만 장애학생 진로 · 직업교육에 대한 앞으로의 나의 바람은 특수학교를 졸업한 학생들이 직장에 취업하거나 또는 '행복타운'이 설립되어 그들이 가정으로 돌아가지 않고 행복하게 살아갈 수 있기를 바라는 것이다. 이를 위해서 특수학교에서 쌓은 경험과 대학원에서 익힌 지식을 바탕으로 내가 필요한 곳이거나 나를 부르는 곳이라면 어디든지 달려가 도움을 주고 싶다.

특수교육 관련 개인 및 각 기관 학교 방문

천안인애학교의 학교 경영 혁신은 다른 특수학교 및 특수교육연구기관들의 모범사례가 되어 선진지 견학의 발길이 끊이지 않았다. 특히 교육과학기술부 및 충청남도교육청에서는 천안인애학교가 시설, 교육과정 편성 · 운영, 직업교육, 전공과 운영 등에 우수하게 운영한다고 홍보하여 특수교육 관련 각 기관 및 개인이 천안인애학교를 수시로 방문하였다. 나아가 일본, 미국, 말레이시아 등 외국 특수교육기관에서도 특수교육 관계자나 특수교육전문가들이 천안인애학교를 방문하여 칭찬을 아끼지 않았다.

제주특별자치도에서는 도교육청 및 지역교육청 장학사와 일반직이 함께 15명이나 왔다. 이들의 본교방문 관심은 전공과 설치 및 운영에 관한 것이다. 다음 년도에 전공과를 처음 설치하려고 교육과학기술부로부터 전공과 시설과 운영이 우수한 천안인애학교를 소개 받아 방문하였다고 하였다.

이들은 전공과 각 실을 둘러보고 무슨 예산으로 전공과 실을 이렇게 잘 설치했느냐고 오히려 천안인애학교 시설을 보고 나니까 희망보다는 어렵겠다는 마음만 가득하다고 하였다. 나는 전공과를 안내하면서 도교육청 일반직원들도 함께 왔으니 많은 지원을 해 주어야 전공과 학생들이 교육할 수 있는 시설을 마련할 수 있다고 강조하였다.

일본문부성에서 방문한 특수교육 전문가는 관심이 매우 높았다. 각 실마다 사진을 찍고, 질문도 많이 하였다. 전공과에 입학하는 학생은 어떤 과정을 거쳐 들어오느냐고 하였다. 또한 지원자가 어느 정도 합격하느냐고도 질문하였다. 연령이 전공과 입학하는데 문제가 되지 않는다면 우리 학교에 원서를 내는 학생은 모두 입학할 수 있다고 답하였다.

이번에는 내가 일본에서는 전공과 선발을 어떻게 하느냐고 질문하였더니 일본에서는 직업교육이 가능한 학생만 선발한다고 하였고, 장애가 심하여 전공과에 입학할 수 없는 학생은 복지타운 시설에 입교하여 행복한 생활을 하고 있다고 하였다. 우리나라도 빠른 시일에 직업교육이 어려운 학생은 전공과에 오지 말고 복지타운에 가서 그들이 하고 싶은 일과 오락 등을 하면서 생활할 수 있으면 좋겠다고 생각했다.

미국 특수교육 전문가는 나에게 '천안인애학교를 통해 본 한국 진로 · 직업교육의 발전과 천안인애학교의 모든 교육 내용에 깊은 감명을 받았다'며 고마운 마음을 연신 표현했다.

○○○○학교에서는 교감을 포함한 교원과 전공과 학생이 함께 방문하였다. 모두들 각 실마다 가서는 질문도 하고 기록도 열심히 하였다. 교감선생님은 교사들에게 무엇인가 자주 이야기하고 사진 촬영을 하도록 하였다.

역시 ○○○○학교 교감선생님도 예산이 어디서 나서 이렇게 현대식 시설을 하였느냐고 물었다. 무슨 사업을 하던 예산이 뒷받침 되어야 할 수 있다. 충남은 특수교육 담당 장학사의 노력으로 어느 시 · 도 보다 현장에서 필요하다고 하면 요구하는 예산을 거의 지원하였다.

학교방문을 마치고 간 학교에서 직원협의 시간에 천안인애학교 시설과 교육과정 운영을 예로 들며 교사들에게 열심히 하도록 조언도 하고, 꾸지람도 하였다고 들려왔다. 나는 그 학교 교사들에게 미안했다. 앞으로 방문 오는 학교 관리자들은 교사들에게 꾸지람을 할 것이 아니라 학교에 필요한 교육시설을 하기 위하여 예산 확보에 노력을 하였으면 하는 바람을 가져본다.

충남교육연수원에서는 초등학교장 자격연수를 받고 있는 연수생 80명이 방문하였다. 내가 학교 소개를 하고 학교홍보 자료를 보여주는데 모두들 표정이 매우 진지하고 열심이었다. 각 교실 순회를 하는 데 전공과 교실에 도착하니 질문이 쏟아졌다.

"교장선생님 학생들이 이런 것도 만들 수 있어요?"

"승용차는 어떻게 들어왔어요?"

"학생들이 졸업하면 취업은 얼마나 해요?"

등 학생과 교육과정 운영에 관하여 많은 질문이 쏟아졌다.

연수생들의 생각은 정신지체학생 특히 특수학교에서 교육받고 있는 학생들은 아무것도 하지 못하거나 문제행동만 일으킬 것으로 알고 있었다. 그래서 이 학생들이 일반학교에 배치되면 매우 어려울 것으로만 생각하고 있었다. 나는 연수생들에게 교원들이 그들을 어떻게 이해하고 그들에게 어떻게 대해주느냐에 따라 정신지체학생들의 수행능력이 달라질 수 있다고 설명하였다. 그러니 앞으로 교장선생님으로 승진하면 이들을 바르게 이해하고 이들이 할 수 있는, 이들에게 꼭 필요한 시설은 해주기 바란다고 부탁하였다.

천안인애학교는 교직원이 108명이나 되는 큰 학교다. 학교 경영을 알차게 하려면 교직원들이 함께 하는 분위기를 조성해야 했다. 이를 위해서는 학교장부터 교직원들에게 겸손하고 교장이라는 직위에 따른 권위보다는 인간으로서의 권위를 얻어야 했다. 나는 교직원들에게 늘 감사하게 생각하고, 학교 업무에 관하여 지시를 하더라도 되도록이면 부드럽게 표현하였다. 그러나 가끔 업무가 제대로 추진되지 않을 때에는 교직원에게 부드럽게 지시하기가 어려운 경우도 있었다.

훌륭한 임금은 임금의 말이 법이던 때에도 겸손하게 신하들을 대했다고 한다. 그래야 신하들이 바른 말을 할 수 있기 때문이다. 교직원이 많으니 거의 매일 사소한 일에서부터 큰일까지 한두 가지씩 문제가 꼭 일어났다. 이를 원만하게 해결하기 위해서는 일어난 문제가 학교장에게 사실대로 빠르게 전달되어야 한다.

타인을 자신과 같이 존중하고 대접받고 싶은 대로 남을 대접할 때 사람들은 마음의 문을 열어 자발적으로 협력한다. 이러한 문화는 교직원 문화에서도 똑 같다. 영향력을 가진 사람일수록 자신은 봉사자라는 생각을 해야 한다. 또한 타인에 대한 이해와 배려, 인내와 사랑을 바탕으로 학교생활을 하려고 노력하여야 한다. 학교장은 자기를 높이는 사람은 낮아지고 자기를 낮추는 사람은 높아진다는 진리를 일상생활에서 가끔은 떠올려 보아야 한다.

특수교육교사 때 경험했던 학생과의 어려움, 학부모와의 갈등 등은 학교장 직을 수행하면서 소중한 자산이 되었다. 그 때의 경험으로 학생과 학부모들의 마음을 이해하고 지원할 수 있었기 때문이다.

학교를 방문한 사람들이 천안인애학교의 학교 경영은 최고 수준이라고 자주 칭찬하였다. 그들은 학생 · 학부모들에 대한 서비스 측면에서나 교무 · 행정조직의 구성 및 배치, 교육과정 편성 · 운영, 특기 적성 교육, 정보화 수준에서 모두 칭찬을 하였다.

나는 칭찬을 들을 때 마다 아직 학교 경영이 최고 수준이라고 생각하지 않고 더 잘하라는 뜻으로 받아들이고 다짐하면서 더욱 열심히 하였다.

오색빛깔 맞춤 생활체험실을 통한 인성교육
— 바른생활 탄탄! 바른 인성 탄탄! —

정신지체학생들은 사회경험기회 부족으로 현장과 똑같이 설치된 생활체험실을 통하여 바른 생활 습관을 형성하도록 지도하는 것이 필요하다. 이러한 시설이 마련되어야 교사는 장애학생의 개개인의 능력과 생활지도 요구사항에 따라 단계별로 경험을 통하여 지도할 수 있기 때문이다. 이들을 위한 시설은 지역사회 환경과 최대한 유사한 생활체험실을 설치하여 학교에서 다양한 현장 생활지도 및 인성지도의 장을 마련해 주어야 한다.

충청남도교육청에서는 칭찬, 질서, 공경, 봉사, 나라사랑하기의 5가지 덕목을 중심으로 인성교육을 추진하였다. 5가지 덕목 교육은 정신지체학생들에게는 더욱 필요한 영역이다. 따라서 천안인애교육가족 모두가 전교생을 대상으로 교육활동 속에 녹아든 인성교육을 하고자 계획을 세워 추진하였다. 장애학생의 효과적인 교육을 위해 교육과정과 연계하여 생활 및 현장 중심의 인성지도가 되도록 하였다. 수시로 바른생활 습관 형성과 인성 함양에 노력한 우수학생 표창 및 홍보를 통해 인성교육을 강화하였고, 학교 안에서 생활체험실을 통해 얻은 바른생활습관 형성과 인성, 태도 등을 가정과 지역사회와 연계하여 일반화할 수 있도록 노력하였다.

천안인애학교에서는 인성교육이 학교에 설치된 시설과 교육과정 속에서 이루어지도록 다음과 같이 다섯 영역으로 나누어 실천하였다.

【인애마트】와 함께하는 칭찬운동

학교 안에 인애마트를 설치하여 물건을 고르고 돈을 지불하며 영수증을 받는 체험학습을 하도록 하였다. 인애마트 체험에서 사야 할 물건 지시 또는 말로 표현하였을 때, 물건을 적절하게 골라 쇼핑카트에 담았을 때, 물건 값을 바르게 지불하였을 때, 쇼핑카트를 제자리에 놓았을 때, 질서를 지켰을 때 등의 활동을 익혔으며 각각의 요소를 달성할 때마다 지도교사는 학생들에게 즉각 적이고 구체적으로 칭찬하였다. 학습목표를 달성할 때 마다 지도교사가 즉각적으로 행하는 칭찬은 학생들에게 수업시간을 즐거움과 활기차게 만들었다.

또한 교사뿐만 아니라 학생들 상호간에도 학습활동에서 각각 요소를 달성했을 때 칭찬하도록 하였다. 나아가 칭찬은 일상생활 속에 자연스럽게 녹아들도록 하였으며 칭찬을 할 때에는 구체적, 즉시적으로 하도록 하였다.

학생들은 칭찬을 통하여 기쁨과 자신감이 고취되고 친구와 선생님, 가족 등 인간관계의 친밀감과 단체 생활의 적응력이 향상 되었다. 칭찬은 학생과 교사 모두에게 기쁨을 주고 서로간의 친밀감을 더욱 높이게 되었으며 장애학생 스스로 자신을 귀하게 여기고 또한 학습과 인성교육에 긍정적인 영향을 가져왔다.

【인애식당】과 함께하는 질서운동

식당체험 인애식당에서의 질서 지키기 활동을 통하여 일상생활에서의 질서 지키기가 정착되도록 하였다. 인애식당 체험활동 순서는 음식을 주문하고, 음식 값을 지불하며, 식사 후 주변 정리를 하는 전 과정을 경험하고 각 요소의 목표를 달성할 때마다 교사와 친구들이 칭찬을 하도록 하였다. 다음으로 학생들이 매일 이용하는 급식실에서 질서 지키기를 생활화 하도록 하였다. 또한 일반화를 위하여 지역사회 현장학습 시 지속적인 질서 지키기 지도를 통해 기본생활 습관이 정착되도록 하였다.

반 별로 차례대로 줄을 서서 순서를 기다리도록 지도하여 이러한 모습은 다른 반 학생들에게도 영향을 주어 서로의 모습을 보고 질서를 지키게 되는 결과를 가져왔다. 생활체험실 인애식당에서 체험한 질서 지키기를 바탕으로 무질서 해 질 수 있는 급식실 생활이 질서 있고 안정되어 쾌적한 가운데 식사를 할 수 있게 되었다. 질서를 지키는 행동은 나와 다른 사람 모두에게 유익하다는 것을 깨달을 수 있도록 앞으로도 계속해서 지도해야 하겠다.

【인애농협】과 함께하는 지역사랑·나라사랑

인애농협에서의 은행체험 활동은 학생들이 질서를 지키기며 순서표를 뽑고, 순서번호에 따라 예금하고, 돈을 인출하면서 은행에서 하는 일을 알아가도록 한다. 인애농협에서의 입금과 출금을 할 수 있으면 다음으로 지역사회에 있는 농협에 가서 실제로 입금과 출금을 하도록 하였다.

점차 농협뿐만 아니라 여러 지역은행을 이용함으로써 금융기관 이용예절 지키기 및 생활화를 통하여 우리 지역의 공공기관의 중요성과 소중함을 알고 이를 확대하여 내가 속한 우리 지역사회, 우리나라의 소중함을 알도록 하였다.

【인애우체국】과 함께하는 봉사의 날개달기

인애우체국에서는 번호표를 뽑고 순서를 기다리는 활동부터 예금하기, 우편물 포장하기, 소포붙이기 활동을 통해 실제적인 우체국 환경에서 학생들이 우체국에서 하는 일을 경험하도록 하였다.

특히 인애우체국에서는 소포붙이기를 중점적으로 체험하도록 하였다. 소포를 붙이기 위해서는 비닐 끈과 라면박스 등을 많이 사용하였다. 물건을 포장하고, 운반하고, 작업과정에서 나오는 쓰레기 분리수거하고 청소하기 등 정리정돈을 하여야 한다. 이와 같이 인애우체국을 이용하면서 사용하고 난 물건을 정리 정돈하고 깨끗이 청소하는 일을 학생들이 체험하도록 하여 봉사활동이 몸에 익히도록 하였다.

다음으로 지역사회에 있는 우체국에 가서 집배원들이 하는 일을 보조하면서 우편물을 분류하고, 소포를 운반하는 체험을 하도록 하였다.

점차 친구 도와주기, 학교 현관 및 복도 청소하기, 화분에 물주기 등 작은 봉사활동하기를 하고 나아가 학교 봉사단 운영으로 확대 하였다.

또한 교육과정 내에서 봉사활동을 하며 '나도 다른 사람을 위해 할 수 있다.' 는 자신감을 가졌으며, 다른 사람과 협동하는 과정에서 공동체 의식이 함양되었다. 봉사단 및 학급 내 친구들을 돕는 활동을 통해 봉사의 생활화가 형성되었다.

【인애예절실】과 함께하는 예절과 공경의 생활화

교과, 재량활동, 특별활동 시간에 예절실을 이용하여 웃어른께 대하는 태도와 전통예절 등을 배우고 익혀 예절의식을 함양하도록 하였다. 웃어른께 공경하는 마음을 표현하는 효경의 달을 운영하여 공경을 생활화하도록 하여 아름다운 품성을 갖도록 하였다. 예절실에 비치된 다양한 교육 자료를 활용하여 학생의 능력에 맞는 교육방법으로 접근함으로써 가정, 학교, 사회, 전통문화 예절을 익히게 되었으며 효경의 달을 운영하여 공경의 생활화가 이루어졌다.

생활체험실에서의 학습은 실제의 환경과 유사한 환경에서 활동이 이루어지므로 일반화를 하는데 크게 효과가 있었다. 뿐만 아니라 교사와 또래 학습자로부터도 칭찬을 받아서 학생들은 자신감이 향상되고 학습의 장은 신바람 나서 즐거운 학교 문화 조성에 큰 기여를 하였다.

생활체험실 봉사학습을 통하여 장애를 가지고 있지만 봉사의 기쁨과 의미를 몸으로 느낄 수 있었고 내가 생활하는 공간을 깨끗이 함으로써 나의 작은 실천이 나 자신뿐만 아니라 다른 사람까지도 도울 수 있다는 것을 알게 되었다.

이상과 같은 실천으로 2011년 12월 19일, 2011 바른인성교육 실천사례 연구대회에서 현장 교육에 기여한 공로가 크므로 충청남도교육감 상을 받았다.

4. 언론에 비친 모습

"다시 태어나도 이 길을……."
— 우리 시대의 참 스승들

제자가 없는 선생님이 있다.

누구보다 헌신적으로 교육하고 봉사하지만 스승의 날에 찾아오는 제자들이 없는 선생님이 있다. 정신지체아 특수학교인 천안인애학교 교사로 봉직하고 있는 하상근 교사.

스승의 날 이 교사에게 카네이션을 달아주거나 정성이 담뿍 담긴 편지를 보내오는 제자는 그리 많지 않다. 가르치는 학생들이 거의 대부분 IQ(지능지수) 25∼50정도의 정신지체아들이기 때문이다.

"힘들지 않습니다."

1993년 천안인애학교 개교와 함께 1백 90여명의 정신지체 및 중복장애학생을 가르쳐 온 하교사는 초등학교 교사의 길을 걷다가 특수학교 교사로 전직하였다. 비장애학생들을 가르치는 것보다 훨씬 보람 있을 것이라고 생각되었기 때문에 특수교육을 선택한 것이라고 하면서 그 선택이 옳았다고 하였다.

"점심을 먹다가 맛이 있으면 입 속에 넣었던 음식을 저에게 줄 정도로 아이들이 더없이 착하고 사랑이 많지요. 스승의 날 찾아오는 제자는 없어도 일반학교로 옮기고 싶은 생각은 전혀 없습니다."

하교사는 10명의 정신지체학생들을 가르치고 있다. 천안인애학교는 초·중등과정으로 나누어 있지만 학생들의 지능지수가 낮기 때문에 그 같은 구분은 별다른 의미가 없으며 교사들에게는 봉사와 사랑이 절대적으로 요구되는 학생들이다.

화장실에 제대로 가지 못하는 학생들이 적지 않으며 1년 내내 가르쳐도 "엄마"라는 말 한마디 제대로 하지 못하는 아동도 있어서 사명감 없이는 버틸 수가 없다.

스승의 날 하교사가 바라는 것은 카네이션이 아니다.

"학생 지도를 위해 도움을 줄 수 있는 보조교사가 있었으면 합니다. 학생 수가 많아 혼자 힘만으로는 한 학급을 지도하기가 너무 벅차요."

[대전일보, 1997.05.15]

천안역 1일 명예역무원 체험

천안인애학교(교장 하상근)는 지난 18일 천안역에서 전공과 학생을 대상으로 "천안역 1일 명예역무원 체험"을 실시했다.

철도공사 충남지사와 함께 마련한 이번 행사에서 전공과 학생들은 지역사회 공공시설인 천안역을 중심으로 이용객 맞이하기, 승차장 안내, 노약자 짐 들어드리기 등 철도공사 1일 역무원의 역할을 수행했다. 또한 천안역내 매표소, 관리센터 등 역을 운영하는 다양한 시설을 견학했다.

특히 계단을 수 없이 오르내리면서도 밝은 얼굴로 두 시간여 진행되는 체험행사를 수행한 학생들에게 도움을 받은 시민들이 칭찬과 격려가 이어졌다.

이와 관련 천안인애학교는 "성공적인 사회구성원으로서의 삶을 준비하고, 장애학생들의 재활의 용기와 미래에 대한 꿈을 펼칠 수 있는 기회를 제공하고자 행사를 마련했다."면서 "학생들이 사회적응력 신장은 물론 사회구성원으로서의 성공적인 생활을 기대 한다."고 말했다.

또한 "철도공사 충남지사와 정기적인 프로그램 운영을 계획하고 있다."면서 "KTX 체험 여행, 철도 박물관 견학, 예절 교육 강사 초청 등 다양한 협력 사업을 추진할 것"이라고 덧붙였다.

[충남장애인신문, 2008.04.21]

특수교육대상자 직업교육체험프로그램 '호응'

천안인애학교(교장 하상근) 직업교육체험센터에서는 2008학년도 충남 특수교육대상자들을 위하여 다양한 직업교육체험프로그램을 운영하고 큰 호응을 얻고 있다.

프로그램 중 9일부터 시작된 『내 인생 디자인하기』 프로그램에 조치원고 5명, 예산전자공고 3명의 특수학급 재학생들이 참여하고 있으며 『꿈이 크는 2시간』 프로그램에 본교 고등부 학생 20명을 대상으로 실시되고 있다.

이 두 프로그램은 특수교육대상학생들의 직업적 자질 향상과 원활한 전환교육을 이루기 위하여 고안된 직업교육체험센터의 몇 가지 프로그램 중 일부로 지역 내 장애학생들에게 새로운 전환교육장으로서 역할을 하고 있다.

『꿈이 크는 2시간』은 2주간 진행되는 프로그램으로 다양하고 재미있는 7개(도예, 홈패션, 리본공예, 한지비즈공예, 생활원예, 천연비누 만들기, 조립) 체험과정을 방과 후 3시부터 5시까지 체험할 수 있도록 구성되었다. 이 프로그램의 명칭과 같이 학생들은 2주간의 체험을 통해 자신의 소질과 적성을 찾아 꿈을 키우게 된다.

『내 인생 디자인하기』 프로그램은 4월 이후 두 번째 이루어지는 프로그램으로 충남도내 고등학교 특수학급 학생들이 1주일간 본교 전공과 과정을 체험할 수 있는 프로그램이다. 이 프로그램을 통해서 학생들은 특수학급에서 경험해보지 못한 직업교육을 받게 된다. 산업체 현장과 유사한 환경 속에서 직장에서 요구되는 취업을 위한 기본 기능을 습득할 것이며, 공동작업, 세차 · 주유, 세탁과 같은 구체적인 작업 기능까지 두루 배울 수 있게 된다. 참여 학생들의 반응을 보면 『내 인생 디자인하기』에 참여한 한 특수학급 학생은 "다양한 친구들을 만나고, 평소에 하지 못했던 일을 할 수 있어서 무척 재미있다."고 말했다.

관계자는 "직접 체험하면서 익히는 직업교육을 실천하는 천안인애학교는 늘 생동감 있는 교육으로 효과적인 교육적 결과를 만들어내기 위해 계속해서 달려 나가고 있다." 면서 "천안인애학교의 직업교육체험센터가 앞으로도 장기간 특수교육직업교육에서 벅찬 감동을 주는 주체가 되길 기대한다."고 전했다.

[중앙매일신문, 2008.06.16]

천안인애학교 학생, “법원에 다녀왔어요”

천안인애학교(교장 하상근) 학생들이 법원에서 법의 중요성과 법 사랑의 필요성을 체험했다. 대전지방법원 천안지원(지원장 이승훈)은 지난달 25일 학생, 교직원 등 190여명을 초청해 법원 관계자들과 함께 법정을 견학하며 법의 중요성을 깨우치는 기회를 제공했다.

이날 학생들은 1·3호 법정에서 실제로 진행되는 형사재판을 참관하며 법집행의 과정을 살펴본 후, 재판을 하는 목적과 필요성에 대한 판사의 친절한 설명과 함께 학생들의 질의 응답시간도 가졌다.

특히 큰소리로 떠들며 시끄럽게 행동하던 학생들은 실제 형사재판이 진행된 법정에 들어가자 엄숙하고 근엄한 분위기 속에서 조용히 방청하는 모습을 보여 실제 현장에서의 체험학습에 대한 중요성을 실감했다. 여기에 4호 법정에서 증인석과 원고인석, 피고인석을 직접 앉아 모의법정을 체험하고 법복을 입고 재판부 자리에 앉아 기념촬영을 했다.

천안인애학교 관계자는 “슈퍼마켓이나 노래방 등에서 현장실습을 한 적은 있지만 사회적으로 중요한 법원, 병원 등은 안전 등의 우려 때문에 방문할 엄두조차 내지 못했다.”며 “우리 학생들이 일반 시민들 속에서 동화되고 사회에 친숙해질 수 있는 계기가 된 것 같다.”고 고마워했다.

[충남장애인신문, 2009.07.06]

뉴스메이커 선정 「2009 대특별기획」 『2009 한국을 이끄는 혁신리더』

장애인에 대한 또 다른 시선

장애를 극복하고 사회에 적응하는 자활인 양성

충남 천안에 위치하고 있는 천안인애학교(교장 하상근)는 지난 1993년 3월 1일 개교한 이래 '공립 정신지체 특수학교'로서 유치부, 초등부, 중학부, 고등부, 전공과 과정을 운영하고, 2009년 4월 말 기준으로 38학급 216명의 학생이 재학하고 있다. 또한 건강장애로 정상적인 학교 교육이 어려운 장기입원, 장기치료 학생을 위한 병원학교를 단국대학교 병원에 설치해 지속적인 교육 서비스를 제공하고 있다. 이 학교의 하상근 교장은 "이곳에서는 장애학생과 비장애학생이 서로를 자신의 친구로 받아들이고 동등한 또래로 수용하도록 인근 초등학교, 중학교, 고등학교와 통합 교육을 실시하고 있다."며 장애학생에 대한 일반인들의 시선을 바꾸기 위해 노력하고 있다.

천안인애학교는 '사랑과 정성으로 꿈을 심어주는 학교'라는 교육지표를 정석대로 실천하고자 하상근 교장 외 교직원들의 경영의지가 남다르다. 총 6가지의 경영 중점을 설정해 학생들의 미래를 위해 지속적인 노력을 아끼지 않는 가운데 그 6가지 중점을 살펴보면 생활 및 현장중심의 전환교육 내용 선정지도, 자립생활능력 신장을 위한 자기체험활동 강화, 교직원의 인화를 통한 즐거운 학교 문화 실현, 부장 중심의 자율적인 학교 운영, 교육 수요자 중심의 학교 운영, 신바람 나게 가르칠 수 있는 교육 지원행정 강화이다. 나아가 학생들이 학교를 졸업한 후 자아실현을 비롯해 사회에 제대로 통합해 스스로 살아갈 수 있도록 적극적으로 지원하고 있다.

사회 적응 능력을 키우는 다양한 프로그램 펼쳐

이 학교의 주요 특색사업을 살펴보면 우선 단국대학교 병원학교의 운영을 들 수 있다. 단국대학교 병원학교는 충청남도교육청과 단국대학교 병원과의 협약으로 지난 2006년 4월 개설해 4년째를 맞이하고 있는데 이곳의 학급명은 '행복한 배움터'로서 본교 교사 1명과 특수교육 보조인력 1명이 파견돼 유 · 초 · 중 · 고등학교 과정 6명의 학생을 복식학급 형태로 지도하고 있다. 특히 이곳은 3개월 이상 지속적인 의료적 지원이 필요한 건강장애학생으로 하여금 꾸준한 교육서비스를 받아 수업 결손을 보충해주고 학교생활에 잘 적응하도록 하며 나아가 삶의 의욕을 증진시키는데 그 목적을 두고 있다. 대상 학생들은 건강 상태에 따라 하루 1~2시간의 교과 교육과 방과 후 교육활동으로 종이접기, 점핑클레이, 독서활동 등에 참여하고 있다. 두 번째로는 테마형 체험중심 수준별 전환교육을 들 수 있다. 이것은 실생활에서의 체험활동 부족으로 사회로의 전환에 필요한 생활기술능력과 자립생활능력이 현저히 낮은 수준에 있는 학생들이 사회로 전환을 위해 실제상황과 유사한 모의환경 내에서 직접적인 현장체험활동을 실시함으로써 사회적응능력 및 사회생활기술을 신장시키기 위한 교육프로그램이다. 유·초등부는 기능적 일상생활 중심 교육활동, 중학부는 직업준비중심 교육활동, 고등부는 기능 및 작업 기초교육활동, 전공과는 작업 중심의 교육활동을 전개하고 있다. 특히 고등부 이상의 학생들을 중심으로 진행되는 직업교육체험센터는 이곳 학생들뿐만 아니라 고등학교 특수학급에 재학 중인 학생들에게 직업인으로서의 자질향상과 직업기능을 향상시키는 데 도움을 주기 위해 설치·운영되고 있다. 특히 '얘들아! 회사 가자'는 산업체와 유사한 환경에서 직장생활을 미리 체험할 수 있는 캠프 프로그램으로 인기가 높다. 여기서는 관내·외 직업훈련 대상 학생 중 취업이 가능한 25명의 학생을 선발해 심화교육 프로그램을 진행하고 있으며 하계, 동계 방학 중 3주간 실시하고 있다.

국가적 지원, 사회적 인식 변환 무엇보다 필요해

이렇게 장애학생들은 고급의 프로그램을 통해 학습활동을 하지만 입학금, 수업료, 교과용 도서대금, 학교급식비, 기숙사비, 통학비를 걱정할 필요가 없다. 뿐만 아니라 방과 후 학교 및 종일반을 개설해 운영하고 있으며 방과 후 학교에 참여하지 않는 학생들 중 비영리기관이나 단체, 치료기관 등에서 수강하는 학생들에게는 학교에서 자유수강권을 발급해 학생들이 원하는 곳에서 방과 후에 교육활동을 할 수 있도록 '바우처제도'를 실시하고 있다. 이 밖에도 이동이나 신변처리가 어려운 학생들을 위해 특수교육 보조인력을 채용해 학생들이 적절한 교육을 받을 수 있도록 지원하고 있다. 이러한 학교의 적극적인 지원을 통해 본교 졸업생들은 대형마트, 주유소, 기업체 등 지역사회의 여러 산업체에 취업해 열심히 지역사회의 구성원으로 성공적인 직업 생활을 당당하게 하고 있다. 이렇게 성공적으로 취업 전선에 뛰어든 학생들이 있는 반면 장애가 심해 취업을 하지 못하는 학생들도 있어 하 교장의 마음을 아프게 하기도 하고, 특히 고등부 졸업 후 취업이 되지 않아 바로 전공과로 진학했지만 전공과 졸업 후에도 취업을 하지 못해 눈물을 흘리며 다시 가정으로 돌아가는 학생들을 보며 하 교장 역시 눈물을 흘린다. "고등부를 졸업하면 직업교육이 되지 않는 학생들을 위해 국가적 차원에서 시설을 마련해 이들이 자립생활을 할 수 있도록 지원해야 한다."며 국가의 지원을 절실히 요구하는 하 교장은 "국가적 지원도 중요하지만 장애를 차별이 아닌 차이로 생각하고 각자의 개성을 이해하고 존중해주는 것이 더 중요하다."고 힘주어 말한다. 장애인과 비장애인이 함께 더불어 행복하게 살아가기 위해 장애가 일부 사람들만 국한된 일이 아닌 누구에게나 일어날 수 있는 일임을 인식해야 한다는 것. "인류가 추구하는 사회는 장애인이 일상생활에서 장애를 느끼지 않고 비장애인과 함께 교육을 받고 취업해 여가생활을 즐기며 행복하게 살아가는 사회이다."

한 번도 본교 학생들을 장애라는 틀 안에서 본 적이 없다고 말하는 하상근 교장은 장애인들의 인격을 존중하고 장애인과 함께 더불어 살아가는 성숙된 사회가 하루빨리 오기를 바라고 있다. '사랑과 정성으로 꿈을 심어주는 천안인애교육'이라는 교육지표가 이곳에 국한된 지표가 아닌 전국의 학교에서 추구하는 지표가 되길 필자도 희망해 본다.

[NEWSMAKER, 통권 제9호(7월호). pp.100-101]

믿음 · 사랑 주는 특수교육-천안인애학교

현장 중심 직업교육… "자립의 꿈 키워요"

충남 천안시 서북부지역에 사랑과 정성으로 꿈을 심어주는 특수학교가 있다. 1993년 3월 1일 개교한 공립 정신지체 특수학교인 천안인애학교(교장 하상근)다. 유치부, 초등부, 중학부, 고등부, 전공과 과정을 운영하고 있다. 올초 기준(3월1일) 총 39학급 224명의 학생이 재학하고 있다.

꿈을 심어준다는 것은 재활을 통한 자립생활이다. 자립이 바로 꿈이기 때문이다. 천안인애학교에서는 어떤 형태의 전문 특수교육들이 이뤄지고 있을까.

현장 중심의 전공과 운영

천안인애학교 전공과는 2001년 2학급으로 시작했다. 현재는 1학년 3학급(27명), 2학년 3학급(26명) 등 총 6학급 53명으로 늘어났다. 1학년은 서비스반, 세탁반, 생활도

예반으로 전공이 나뉘며, 2학년 전공은 생활원예반, 생산포장반, 세차주유반 등이다. 학생들은 전공과목을 14시간, 다른 학급의 전공과목 8시간을 부전공으로 이수하며, 전공기초에 해당되는 조립과 직업준비를 13시간 이수한다.

수업시간에는 작업과제별 직무분석을 통해 학생들의 특성과 능력에 맞게 작업을 배치하고 현장에서 요구하는 작업 기능들을 습득하는데 주력하고 있다. 이를 위해 각 전공 교실은 최대한 작업현장과 유사한 환경으로 구성한 맞춤형 직업훈련실로 운영된다.

학생들은 각 직업훈련실 수업을 통해 구체적인 작업 기능들을 습득하고, 매주 1회 운영되는 전일 출근일에는 공동작업능력을 기른다.

특히 전일 출근일에는 학년별로 일주일에 한 번 ㈜에나인더스트리와 태경공업사로부터 외주를 받아 조립을 한다. 조립작업은 실제 직업 현장처럼 출근체크, 작업시간, 휴식시간, 정리정돈, 퇴근체크의 전 과정이 재구성돼 이뤄진다. 학교의 시종시간과 무관하게 2시간 연속작업 후 10분 휴식의 형태로 운영된다. 이 작업은 학생들이 산업 현장에 나갔을 때 현장 분위기에 쉽게 적응할 수 있도록 하기 위해서다.

전공과에서는 학생들이 사업체에서 직장적응훈련을 하거나 취업했을 때를 대비, 학생들의 체력을 향상시키기 위한 노력을 하고 있다. 직업준비시간을 활용해 새천년 건강체조를 비롯해 매주 월요일 아침 1교시에 실시되는 전공과 조회 시간에도 국민체조 및 스트레칭과 오래달리기로 체력을 단련한다.

또 아침 조회 시간마다 다목적 강당인 나래관에 울려 퍼지는 '우리는 직업인! 전공과 파이팅!' 구호처럼 학생들은 체력이나 작업 기능이 향상되는 직업인의 면모를 갖추게 된다. 이 가운데 작업 능력이 좋은 취업 가능 학생은 사업체와 연계한 현장실습을 한다. 4주간 현장실습을 마친 후 취업이 확정되면 졸업까지 직장 적응 훈련 학생으로 관리돼 전화 및 현장 방문 지도도 실시된다.

졸업 후에는 지속적인 추수지도를 통해 고용 안정 및 성공적인 직장생활을 돕는다. 이런 현장중심의 교육과정 운영을 통해 이달 현재 제조업 10명, 마트 2명, 주유소 2명, 음식점 1명, 보호작업장 35명 총 50명의 학생이 취업했다.

직업교육체험센터 운영

중학부에서는 직업준비에 중점을 둔 5개의 직업교과(공예, 원예, 조립, 정보처리, 가사) 수업이 이뤄진다. 고등부는 기능 및 작업의 기초를 교육하기 위한 6개의 교과(원예, 조립, 가사, 목공, 공예, 기초서비스)로 운영된다.

또 사회생활의 원만한 적응을 위해 직업교육을 중심으로 직업생활기능 및 자립생활기능 습득을 통해 지역사회통합에 필요한 기본적인 태도와 직업기능을 길러 사회구성원으로서 역할을 수행할 수 있도록 다양한 프로그램들도 실시하고 있다.

우리 전공과 체험하기

고등부 3학년 재학생을 대상으로 전공과 1학년의 전공교과(서비스, 세탁, 생활도예) 교육과정을 하루 4시간에 걸쳐 체험하는 프로그램으로 연중 3회 실시된다.

학생들은 1회에 한 교과씩, 총 3회에 걸쳐 전공과 1학년의 3개 전공 교과의 주요 활동내용을 체험하게 된다. 이 프로그램은 고등부 3학년 학생들에게 전공과 1학년 수업을 미리 체험할 수 있도록 해 전공과에 대한 흥미를 높이고 전공과 진학 시 전공 선택의 기회를 제공하기 위함이다.

'꿈이 크는 2시간'

고등부 재학생 및 관내 고등학교 특수학급 재학생들을 대상으로 재미있고 다양한 직업체험 과목(홈패션, 도예, 조립, 한지공예, 리본공예, 생활원예, 천연비누 제작, 목공)을 개설, 방과 후 2시간 동안 심화된 직업교육체험을 운영한다. 참가를 원하는 학생들은 신청서를 제출한 뒤 면접 및 기능평가를 거쳐 선발되며, 2주간 자신이 원하는 과목을 체험할 수 있다.

미리 가는 천안인애전공과

지역 내 고등학교 특수학급 학생들을 위한 프로그램이다. 직업교육 활성화가 어려운 지역 내 특수학급 학생들에게 직업 교육의 폭을 넓혀주고, 천안인애학교의 전공과 과정을 체험할 수 있는 기회를 주는 것이다. 참가학교의 학생들은 1주일간 일정에 따라 천안인애학교 전공과의 모든 수업에 참여하게 된다. 주로 전공과목, 부전공 과목 수업을 통해 직업적 기능을 익히고 직업준비, 조립, 공동 작업을 통해 취업을 위한 기초 기능을 익힌다.

"얘들아, 회사 가자!"

직장체험캠프로 취업 가능 학생에 대한 심화교육프로그램이다. 원서 접수, 면접, 기능평가 등 모의취업과정 체험을 통해 취업에 필요한 실질적인 직업준비교육을 경험할 수 있게 한다. 또 산업현장과 동일한 생산라인과 환경 구성 및 시간 운영 등 현장중심의 직장 체험 기회를 제공해 작업 기능과 직장적응력 신장 등을 도모한다.

이 프로그램은 방학 중 약 3주간 실시되며 캠프가 끝나면 캠프 기간 중 발생한 수익금을 학생들의 근태관리규정에 따라 급여로 지급한다. 학생들에게 성취도 및 자신감을 심어주겠다는 취지로 실시한다.

이 네 가지 프로그램은 천안인애학교 재학생뿐만 아니라 지역 내 특수학급 학생들의 직업적 자질 향상과 원활한 전환교육을 위한 것이다. 학교 측은 이들 프로그램을 향후 지속적으로 실시할 계획이다.

학교도 이 프로그램들을 통해 가시적인 성과를 냈다. 2007년 전국 장애학생 직업기능경진대회에서 금 3개, 은 4개, 동 1개로 4연패라는 쾌거를 이뤘다. 2008년 제1회 충남 장애인직업기능경진대회에서는 금 6개, 은 2개, 동 2개의 성적을, 지난해 중부권 지적 장애인기능경진대회에서는 재봉분야에서 금메달을 획득하기도 했다.

학교기업형 직업훈련실 설치

지난달 장애학생 진로·직업교육 내실화를 위해 '학교기업형 직업훈련실 설치 대상 학교'로 선정됐다.

충청남도교육청이 장애학생들의 특수교육 환경 개선을 위해 추가 지원하는 예산은 66억원. 이 가운데 31억원이 투입돼 지상 3층 건물이 신축된다. 학교는 이를 위해 지난 2월 학교 인근 부지 3033㎡를 매입했다. 2011년 초 건물이 완공돼 같은 해 3월부터 학교기업형 직업훈련실이 운영된다. 따라서 내년부터 다양한 인적·물적 인프라를 활용하기 위한 작업이 본격화된다.

앞서 지난 4월 학교기업형 직업훈련실 운영위원회가 조직됐으며, 제1기 학교기업 선정 학교들을 탐방하고 자료를 수집하고 있다. 카페, 맞춤형 외주 사업장, 생활 원예실, 세차장, 상설판매장 설치 등이 주요 사업내용이다.

학교 측은 다양한 경로를 통한 의견수렴, 지역여건 및 사업체현황 분석 등을 실시해 올 2분기에 사업내용을 확정한다는 방침이다. 이후 2012년 시범운영을 거쳐 2013년에는 학교 기업으로 전환할 계획이다. 학교가 중점을 두고 있는 것은 현장실습의 장 마련, 사업체와 연계한 현장중심의 직업훈련 및 취업과의 연계, 이를 통한 이윤창출이라는 학교기업형 직업훈련실의 취지에 따라 천안인애학교만의 특성화된 학교기업형 직업훈련실을 추진하겠다는 것이다.

[대전일보, 2010.05.26]

천안인애학교, "제1회 서울특별시장기 전국 장애인 육상 경기대회" 입상

6월 29일부터 30일까지 이틀간 열린 제1회 서울특별시장기 전국 장애인 육상 경기대회에 천안인애학교(교장 하상근) 육상부 선수들이 참가하여 우수한 성적을 거두었다.

이번 대회는 서울특별시, 서울특별시장애인체육회, 대한장애인육상연맹에서 주최하고 서울특별시장애인육상연맹의 주관으로 잠실 종합운동장 내 주경기장에서 개최되었다.

전공과에 재학 중인 박○○ 학생은 육상트랙 100m, 200m, 400m 경기에서 1위로 압도적인 경기력을 선보이며 금메달을 거머쥐었고, 고등부에 재학 중인 이○○ 학생은 육상트랙 100m, 200m 경기에서 각각 은메달을 400m 경기에서 동메달을 획득하였다.

자신의 신체적 장애를 극복하고, 매 순간 강한 의지로 최선을 다해 경기에 임하면서 그 동안 구슬땀을 흘리며 갈고 닦은 기량을 마음껏 발휘하여 값진 결과를 얻어낸 육상부 선수들에게 뜨거운 박수를 보내며 앞으로도 더욱 멋진 활약을 기대해 본다.

[e.멋진 충남교육, 2010.06.30]

천안인애학교, 직장체험캠프 참여

천안인애학교(교장 하상근)는 여름방학을 이용해 지난 26일부터 2주간 18명의 학생들이 통학버스가 아닌 시내버스를 이용해 자율통근을 하면서 산업현장과 동일한 생산라인 환경에서 이루어지는 현장중심의 직장체험캠프에 참여하고 있다.

이번 캠프는 본교 학생들뿐만 아니라 관내 특수학급 학생들이 함께 참여하고 있으며 협력업체를 통해 공급되는 작업재료를 조립·완성하는 공동 작업을 주로 실시하고 있다. 또한 직장예절, 근태관리를 비롯한 직장생활에 필요한 기본적인 소양교육을 실시해 직장적응력을 신장하는 등 현장중심의 작업환경을 미리 체험하고 있다.

캠프 중 1일은 장애로 인해 제한된 사회 활동 공간을 확대하고 다양하고 새로운 경험을 통해 여가 생활의 기회를 제공하고자 '문화체험여행'이라는 프로그램을 운영하고 있다.

금 학년도 직장체험캠프에서는 63빌딩의 '씨월드, 3D영화, 왁스뮤지엄, 전망대와 스카이 아트'를 둘러보며 자립생활 적응기능 습득은 물론 사회 통합을 위한 자신감과 적극적인 태도를 길러 사회적응 능력을 신장하고자 한다.

올해로 5회를 맞이하는 직장체험캠프는 취업에 대한 의욕 고취와 졸업 후 성공적인 직장인으로서의 삶을 대비할 수 있는 능력 증진에 대한 높은 기대 효과로 2회 이상 캠프에 참석하는 학생들이 늘고 있다.

이번 직장체험캠프는 학생들과 학부모들의 높은 관심과 호응에 힘입어 앞으로도 더 나은 프로그램으로 천안 장애학생들의 직업 교육체험센터로써 중추적인 역할을 해나갈 것이다.

[충남일보, 2010.07.28]

천안인애학교, 전국장애학생 음악콩쿠르 수상

천안인애학교(교장 하상근)가 9월 30일 대전 KAIST 대강당에서 개최된 '제3회 전국 장애학생 음악콩쿠르'에서 사물놀이 부문 금상과 피아노 부문 동상 수상의 쾌거를 올렸다.

시각장애, 발달장애, 지체장애 세 부문으로 나뉘어 진행된 이번 대회는 특히 개인별 서양음악(성악, 피아노, 관현악)과 한국음악(성악, 기악) 경연뿐만 아니라 특수학교와 장애인 시설, 장애인 음악단체 등의 단체별 관현악 합주와 사물놀이 경연도 함께 펼쳐져 그 열기가 더욱 뜨거웠다.

천안인애학교 노○○ 학생(고등부 재학)은 이날 대회에서 피아노 발달장애 부문에서 동상을 수상하였으며, 김○○ 외 13명의 학생들은 사물놀이 부문에서 그 동안 갈고 닦은 기량을 마음껏 뽐내며 금상 수상의 영광을 안았다.

하상근 천안인애학교장은 이와 관련 "그동안 장애라는 편견에 굴하지 않고 연습을 거듭하며 부단히 노력하여 값진 성과를 얻어낸 학생들과 성심껏 지도해 준 지도교사들에게 뜨거운 박수를 보낸다."며 "앞으로도 끊임없는 노력과 열정으로 장애를 극복하여 당당한 사회인으로 거듭나는 천안인애학교 학생들이 되기를 기대한다."고 감격을 표했다.

[충남장애인신문, 2010.10.04]

천안인애학교, 제주도 문화체험 여행

2박 3일간, 감귤머핀 만들기 등 다양한 체험

천안인애학교(교장 하상근) 전공과 학생들이 지난 10월 14일부터 16일까지 2박 3일간의 일정으로 제주도 문화체험여행을 다녀왔다.

문화체험여행은 장애로 인해 제한된 사회 활동 공간을 확대하고, 자립생활 적응기능 습득은 물론, 사회 통합을 위한 자신감과 적극적 태도를 기르기 위한 것. 아울러 학생들은 아름다운 자연 환경과 위대한 문화유산들을 직접 체험함으로써 국민으로서의 자긍심을 갖고, 자연에 대한 소중함을 느낄 수 있는 기회를 갖게 되었다.

학생들은 자연사 박물관, 산굼부리, 풍차해안도로, 정방폭포, 성읍민속마을, 절물 자연휴양림 등을 둘러보며 제주도의 아름다운 자연 환경 및 문화를 체험하고, 테지움, 유리의 성 등 테마파크에서는 예쁘고 신기한 전시물들 앞에서 친구들과 추억을 사진으로 남겼다.

또 서귀포 감귤박물관에서 감귤머핀 만들기 체험을 하였고, 해피타운 및 퍼시픽랜드에서는 평소에 보기 어려운 놀랍고도 짜릿한 기예쇼와 귀여운 동물들의 공연들을 관람하며 즐거운 시간을 보냈다.

제주도에서 일정을 마치고 제주공항에 들어선 천안인애학교 학생들을 향한 제주공항 직원 및 대한항공의 특수고객서비스 담당 황기득씨의 친절하고 신속한 서비스를 통해 일정을 안전하게 마무리 할 수 있게 되어 이번 제주도문화체험여행의 또 다른 추억이 되었다.

문화체험여행에 참여한 한 학생은 "직접 만든 감귤머핀이 너무 맛있었고 바닷가에서 친구들과 함께 바다를 볼 수 있어서 정말 좋았다."며 "내년이면 졸업하는데 친구들과의 마지막 여행이다."며 아쉬움을 표현하기도 했다.

[충남장애인신문, 2010.10.25]

천안인애학교 3D직업훈련 프로그램

지난 9월 22일부터 25일까지 경기도 고양시 일산 킨텍스에서 '2011 대한민국 좋은 학교 박람회'가 열렸다. 교육과학기술부 주최로 열린 이번 좋은 학교 박람회는 16개 시・도교육청에서 유치원부터 고등학교, 특수학교를 아울러 170개 학교가 참가했다.

특수학교 참여 학교 수는 지난해 1개에서 금년에 4개로 확대하여 참여의 폭을 넓혔고, 특수교육정책을 한눈에 확인할 수 있는 정책관도 구성하였다. 이중 눈길을 끄는 것이 교육과학기술부 국립특수교육원이 개발해 올 3월에 국내 최초로 천안인애학교(교장 하상근)에 시범적으로 설치한 가상체험관의 3D직업훈련 부스였다. 직업교육을 알차고 효율적으로 하기 위해 개발한 3D직업훈련 프로그램은 올 3월에 국내 최초로 설치, 전공과 1, 2학년 학생들을 대상으로 운영하고 있다. 3D직업훈련은 발달장애 학생들이 직업적응행동기능을 강화하기 위해 마련된 3D 기반의 체험형 가상현실 직업훈련 공간으로 사전 현장학습 → 현장체험 → 현장실습 중 사전 현장학습의 효과를 볼 수 있다. 우체국보조원, 사서보조원, 생산관련노무자, 카페보조원, 마트물류보조원 등 5개 과정을 교육할 수 있는 시스템인데 직관적인 가상직업 체험을 통해 직업에 대한 흥미와 자신감을 기를 수 있음은 물론, 직장예절, 정리정돈 및 도구를 조심스럽게 다루고 정리하는 습관을 체험할 수 있어 직업에 대한 현장 적응력을 길러 취업의 기회를 높이고 있다. 즉 현장의 전체적인 업무 흐름을 파악하고 익힐 수 있도록 설계된 가상직업체험실을 통해 학생들이 잠재된 직업능력을 계발하고 현장력 있는 진로교육을 제공하고 있다.

3D 입체영상이라 사실적이고, 실제로 체험하는 느낌을 받아 교육이 효과적이며 쉽게 적응할 수 있다. 또 ○, × 문제풀이 게임형식으로 제작되어 재미있고 즐겁게 참여할 수 있다. 부스에서 안내를 맡은 천안인애학교 관계자는 “게임형식이라 아이들이 흥미를 갖고 재미있게 교육에 참여 한다.”며, “게임에 이겼을 때는 박수를 치며 환호하는 등 적극적으로 호응하는 모습을 볼 수 있다.”고 했다.

한편 천안인애학교에는 은행(인애농협), 슈퍼마켓(인애마트). 식당(인애식당)으로 구성된 생활체험실도 마련되어 있다. 생활체험실은 사회 경험의 기회가 부족한 장애학생들에게 실제 상황과 유사한 환경을 체험해볼 수 있도록 하기 위한 것이다. 다양한 모의 체험학습을 통해 기능적 문제해결 능력과 현장 체험학습의 효과를 높이고 있다. 학생들은 ‘인애농협(은행, 우체국)’에서 예금하기, 송금하기, 공과금 납부하기를 체험하고, ‘인애식당(식당)’에서는 음식의 종류와 가격 알기, 음식 값 계산하기, 음식 구입하여 먹기 등을 익히며, ‘인애마트(슈퍼마켓)’에서는 물건 종류 알기, 물건의 가격 알기, 물건 값 계산하기, 필요한 물건 구입하기 등을 배운다.

교육과학기술부 국립특수교육원 김태준 연구사는 “현재 천안인애학교가 시범학교로 운영 중이지만 효과가 좋으면 다른 특수학교에도 보급할 예정이라”고 했다.

[장애인 문화복지 전문 월간지 “꿈꾸는 사람들” 문화나눔, 2011.10 VOL.4. pp.28~29]

천안인애학교, 댄스경연대회서 대상 차지

천안인애학교 여우별팀이 지난 9일 국립중앙박물관 대강당에서 열린 '제7회 전국발달장애인댄스경연대회'에서 대상을 차지했다. 이번 경연대회에는 예선을 거쳐 본선에 오른 천안인애학교 여우별, 공주정명학교 누리봄, 사랑의복지관 용감한 7총사 등 10개 팀이 화려한 무대를 선보였다. 이에 따라 대상은 멋진 치어리딩을 선보인 천안인애학교에 돌아갔다. 금상은 활발한 율동과 소품으로 시선을 사로잡은 다운복지관이 차지했다. 또한 은상은 뮤지컬 그리스를 재구성한 은평대영학교, 동상은 남양주시장애인복지관과 대구남양학교가 수상했다. 이 밖에 나머지 팀들은 아차상, 누리상, 참신상, 인기상, 협력상을 받았다.

한편 식전공연에서는 다운복지관의 댄스동아리 '몸짓', 미스터피자 '드림팀'의 도우쇼, 국립발레단의 '플레시몹' 공연이 펼쳐졌다. 본선경연 후에는 '나인뮤지스'와 '제국의아이들'이 축하공연이 이어졌다.

[에이블뉴스, 2012.07.10]

→ 나오는 말

좋은 인연이란 무엇일까? 시작이 좋아야 하는 게 아니라 끝이 좋아야 정말 좋은 인연이다. 시작은 나와 상관없이 시작되었어도 인연을 어떻게 마무리하는가는 나 자신에게 달렸기 때문이다. 따라서 원로교사로 아산성심학교에 발령받아 퇴직할 때까지 최선을 다하여 근무하였다.

나는 원로교사로서 특수학교에서 마지막을 보내면서 선생님들이 학생들을 대하는 것을 볼 때마다 '진정한 특수교육교사들의 모습이란 이런 것이다.'라는 생각을 다시 한 번 되새겼다. 부모 같은 마음으로 학생을 사랑하고, 아가페 같은 마음으로 제자를 사랑하며, 나이팅게일 같은 마음으로 학생을 사랑하는 것이야말로 진정한 특수교육교원의 마음이 아니고 무엇이겠는가?

또한 일 년간 원로교사를 하면서 학생들과 교육현장에서 직접 생활하고 나니 특수교육교사들의 어려움을 다시 한 번 알게 되었다. 그리고 학부모들이 가정에서 학생들 때문에 얼마나 어려움을 겪을 것인가도 생각하게 되었다.

아산성심학교에서 근무하는 동안 교장선생님을 비롯하여 모든 교직원들은 물심양면으로 나를 도와주었다. 그러나 교감, 장학사, 교장을 거치면서 수업을 하지 않은 지가 14년이 넘어서 현장에서 학생들을 직접 가르치기란 매우 어려웠다. 교수 · 학습 활동 중에 어려움이 따를 때는 나 스스로에게 '과거에 나는 교수 · 학습을 잘 한다고 칭찬도 들었어. 나는 잘 할 수 있어.'를 속으로 몇 번이고 외쳤다. 또한 교장직을 까맣게 잊고 생활하다가도 가끔은 교직원들이 '교장선생님!'하고 부르면 당황스러웠다. 그들이 깍듯하게 나를 교장으로 대접하는 바람에, 내가 교장이었던 것이 상기되었다. 교직원들이 때로는 내 호칭 때문에 우물쭈물 하는 일도 있었다. 그럴 때면 나는,

"하상근 선생님! 이라고 불러요. 그래야 내가 편합니다."
라고 웃으면서 말했다.

내 삶을 가까이서 보고 접한 사람들은 '특수교육교원으로서 힘들고 어려움도 많았겠지만 보람된 삶을 살아왔다.'고 말한다. 나는 그 어느 것보다 교사 · 교감 · 장학사 때는 일에 욕심을 부렸고, 교장으로 근무할 때는 학생들이 학교생활을 즐겁게 하고 교사들이 학교에서 근무하는데 어렵지 않도록 하려고 시설과 교수 · 학습 자료 지원에 열심이었다. 학교시설 설치 및 보완 때문에 예산이 필요하면 지역교육지원청 및 충청남도교육청은 물론 시청과 도청까지 찾아가 예산을 확보하였다. 이러한 나를 보고 함께 근무했던 교직원들이 '우리학교 영업사원'이라는 별명도 붙여 주었다. 그 덕분인지 나는 동기들보다 승진도 빨랐고 장학사도 해보았다.

누구나 자신의 장래를 결정지을 때는 갈등을 겪는다. 나 또한 마찬가지였다. 특수교육을 하고 싶기도 하고, 막상 하려니 두렵기도 하였다. 그때마다 가족들은 몹시 걱정하였다. 나는 나 자신을 믿고 가족들을 설득하였다. 지금은 가족 모두가 잘했다고 한다. 이제는 특수교육대상 학생들과 함께 생활하면서 말할 수 없는 기쁨과 행복을 누릴 수 있게 된 것에 감사한다.

나는 고집스런 원칙론자다. 돌이켜 보면 지난 교직 인생 40여 년 동안 스스로 세웠던 원칙을 허물지 않고 살아가려고 부단히 노력했다. 특히 특수교육을 하는데 머리로 하지 않고 마음과 몸으로 실천하려고 했다. 정년퇴직을 앞둔 지금에 와서도 여전히 나름의 원칙대로 살아가고 있으니 어쩌면 융통성 없는 사람일지도 모른다. 지금에 와서 돌이켜보면 내가 융통성이 없어도 너무 없었던 것은 아닐까? 하고 반성할 때가 있다.

교직원들의 업무 태도는 학교장의 근무 행태에 따라 좌우되기도 한다. 내가 원칙과 청렴을 중요시했던 것은 내가 몸담고 있는 교직사회에서 교직원들을 잘 이끌고 일을 보다 잘 처리하게 하기 위해서였다. 교장으로서 한번 약점을 보이고 흠집이 나면 퇴직을 하는 그날까지 평생 끌려가는 학교경영을 펼 수밖에 없다는 것을 늘 염두에 두고 교장직을 수행하였다. 또한 살아오면서 정직과 성실이 다른 어떤 가치보다 더 앞선다는 사실을 의심해본 적이 없다. 정직과 성실은 굳이 드러내려 하지 않아도 사람들이 먼저 알아보기 때문이다.

업무에 있어서도 내가 했던 일들은 두 번 다시 뒤돌아보지 않을 만큼 최선을 다하며 근무해 왔다. 내게 맡겨진 업무에 충실하고 잠시도 쉬지 않고 전념했던 이유는 학생들이 교육과정을 충실히 익혀 학교를 졸업한 후 혼자서 자기가 하고 싶은 일을 하면서 행복하게 살아갈 수 있도록 도와주려는 데에 있었다. 이러한 노력은 교직원과 학부모들에게도 전해진 것 같다.

나는 특수학교 운영에 해박했던 것은 아니다. 학교 운영에 대하여 교직원들과 협의와 토론을 거듭하다보니 학교 운영의 문제점 개선과 운영 방안을 발전시킬 수 있는 방법을 터득할 수 있었다. 그리고 대학원 박사과정에서 특수교육리더십을 전공하면서 많은 것을 배울 수 있었다. 특히 교감 선생님과 행정실장 및 초 · 중등 교무부장을 비롯한 여러 부장들의 도움을 지금도 고맙게 생각한다.

나는 개인적으로 평생 교원노릇 해온 것을 자랑으로 생각하고 또 만족한다. 정년을 앞두고 다시 생각해봐도 세상에서 내가 할 수 있는 일 가운데 교원처럼 좋은 일은 없을 것 같다. 그래서 나는 다시 태어나도 교원이 되고 싶다.

특수학교에서 근무하던 동료와 장학자료를 같이 하던 동료들이 생각난다. 나는 특수교육을 하면서 만났던 선 · 후배 및 동료들과의 인연을 매우 소중하게 생각한다. 때로는 일을 놓고 논쟁도 많이 했지만, 그것은 일을 잘하기 위한 것이었지 개인적인 감정 표출은 아니었다. 지금도 정년퇴직을 앞두고 몇몇 동료들과는 서로의 안부를 챙기고 있다.

평소의 인간관계 때문이었는지 교사, 교감, 장학사, 교장 업무를 수행하는 동안 교직원들과 큰 탈은 없었다. 이제 며칠 있으면 40여 년간의 교직생활을 마치려고 하니 어쩐지 마음이 쓸쓸해진다. 이제 내가 진정으로 사랑했던 고향을 떠나려고 한다. 낯익은 얼굴들, 가까웠던 사람들의 모습이 주마등처럼 지나간다.

이 한권의 책으로 내 뒤를 이어가고 있는 수많은 특수교육교원들에게 경험담을 피력할 수 있게 되어 기쁜 반면에 또한 두려움도 있다. 조금이라도 도움이 되었으면 하는 마음에서 집필하였으니 잘못된 내용이 있으면 너그러이 이해해 주기 바란다.

모진 세월 지나가고……

아~ 편안하다.

모든 것을 다 내려놓으니,

이렇게 홀가분하고 편안한 것을……

❖ 참고문헌

강영우(2008). 우리가 오르지 못할 산은 없다. 서울: 생명의말씀사.

교육과학기술부(2009). 장애학생 진로 · 직업교육 내실화 방안. 교육과학기술부.

교육과학기술부(2010). 특수학교 설립 · 운영체제 개선 방안(안). 교육과학기술부.

교육인적자원부(2007). 2007 특수교육실태보고서. 교육인적자원부.

국립특수교육원(2001). 현장특수교육, 9.10월호/통권 31호. p.57.

김국태(2003). 초등학교 쓰기 교재 구성의 원리. 학습자중심교과교육연구. 3.

김병하(2012). 특수교육 담론 · 에세이. 경북: 한국특수교육문제연구소.

박희찬(1994). 장애인 직업. 서울 : 도서출판 인간과 복지.

선묵혜자(2013). 그대는 그대가 가야 할 길을 알고 있는가. 서울: 아침단청.

심덕보(1994). 수업분석의 실제. 서울: 예원문화사.

안중일(2008). 정신지체 특수학교 전공과의 산업체 현장실습 현황 및 활성화 방안. 석사학위 논문. 공주대학교 특수교육대학원.

양병무(2008). 숙대를 혁신으로 이끈 이경숙의 섬김리더십. 경기: 북이십일 21세기북스

용혜원(2004). 함께 있으면 좋은 사람 1. 서울: 책만드는집.

유재화, 김석준(2012). 재미있게 말하는 사람이 성공한다. 경기: 책이 있는 마을.

이기숙(2004). 유아교육과정. 서울: 교문사.

이민규(2007). 끌리는 사람은 1%가 다르다. 서울: 더난출판.

조인수(2000). 장애인의 전환교육. 대구: 대구대학교 출판부.

최치영(2008). 인정받는 사람의 조건. 서울: 랜덤하우스코리아.

충청남도교육청(2012). 2012년 특수교육 주요 사업 계획서. 충청남도교육청.

클레이튼 M. 크리스텐스, 제임스 올워스, 캐런 딜론 지음, 이진원 옮김 · 이호욱 감수(2012). 당신의 인생을 어떻게 평가할 것인가. 서울: (주)알에이치코리아.

하상근(1989). 교육가능 정신지체아동의 대인문제해결사고의 특징. 대구대학교 교육대학원 석사학위논문.

하상근(2009). 특수학교장의 직무수행능력 설정과 평가. 대구대학교 대학원 박사학위논문.

한근태(2007). 조직을 죽이고 살리는 리더의 언어. 서울: 올림.

[부록 1]

소망

하상근

너희들을
처음 보던 날
내 가슴에 소망 하나 있었음을
뜨는 별처럼 보게 되었다.

너희들이
내게 오고
내가
너희들 곁에 다가서던 날
너희들은 별자리가 되어
내 하늘로 모여들었다.

때때로
무너지는 가슴
그 속에서 아우성치는
우리들 몫의 슬픈 절망.

너희들 곁을
조용히 떠나는 건
쉬운 일.

그러나
떠나지 않는다.

너희들이 잡아당기는 힘만큼
내 소망이
예전보다 더 깊어졌음이리라.

[부록 2] 동경(東冏) 하상근 박사의 발자취

▣ 학력
- 선도중학교 졸업(1968.1.16)
- 온양고등학교 졸업(1971.1.11)
- 공주교육대학 졸업(1973.2.15)
- 한국방송통신대학교 졸업(행정학 전공)(1985.2.28)
- 한국방송통신대학교 졸업(유아교육 전공)(2006.2.22)
- 대구대학교 교육대학원(특수교육 전공, 교육학 석사)(1990.2.24)
- 대구대학교 대학원 (특수교육리더십 전공, 문학박사)(2010.2.19)

▣ 경력
- 1973.6.1~1988.2.28 초등학교 교사
- 1988.3.1~1993.2.28 초등학교 특수학급 담당
- 1993.3.1~1998.2.28 천안인애학교(특수학교) 교사
- 1998.3.1~2000.2.28 공주정명학교(특수학교) 교사
- 2000.3.1~2000.8.31 서산성봉학교(특수학교) 교감
- 2000.9.1~2001.8.31 충청남도예산교육청 장학사(특수교육담당)
- 2001.9.1~2002.8.31 충청남도천안교육청 장학사(특수교육담당)
- 2002.9.1~2004.8.31 공주정명학교(특수학교) 교감
- 2004.9.1~2006.2.28 서산성봉학교(특수학교) 교장
- 2006.3.1~2012.8.31 천안인애학교(특수학교) 교장
- 2012.9.1.~2014.2.28. 아산성심학교(특수학교) 원로교사

▣ 기타

1. 직무연수

- 특수아동의 진단 및 교육지도(한국정신박약아연구회), (30시간), 1985.8.2
- 새교육과정 영역별 지도 방안(한국정신박약아연구회), (30시간), 1986.1.10
- 정신박약학교 교육과정의 영역별 지도 방안(한국정신박약아연구회), (30시간), 1987.1.9
- 개별화교육 프로그램의 개발과 활용방안(한국정신박약아연구회), (30시간), 1987.7.31
- 특수아동 지도방법의 탐색(한국정신박약아연구회), (30시간), 1988.1.8
- 현대 특수교육의 동향(한국정신박약아연구회), (30시간), 1988.7.29
- IEP의 구성과 활용 방법(한국정신박약아연구회), (30시간), 1989.1.13
- 특수교육대상자 판별연수(대구대학교특수학교(급)교원연수원), (60시간), 1989.1.21
- 판별도구의 효율적인 활용 방안(한국정신박약아연구회), (30시간), 1989.7.28
- 새 교육과정의 방향(한국정신박약아연구회), (30시간), 1990.1.12
- 정신지체학교 새 교육과정의 영역별 지도방안(한국정신박약아연구회), (30시간), 1990.8.3

· 말더듬 치료 직무연수(한국언어치료학회), (34시간), 1992.1.11
· 한국어 음성학 직무연수(대한음성학회), (20시간), 1992.7.29
· 음성학과 조음장애 직무연수(한국정신박약아연구회), (60시간), 1992.8.7
· 언어치료의 일반적 지식 직무연수(한국언어치료학회), (60시간), 1993.1.21
· 발달장애아 언어치료 직무연수(한국언어치료학회), (60시간), 1993.8.17
· 특수학교(급) 유 · 초등교사 직무연수(국립특수교육원), (60시간), 1996.8.9
· 특수학교(급) 유 · 초등교사 직무연수(국립특수교육원), (60시간), 1998.1.16
· 수화교실 기초반 과정 수료(한국농아인협회천안시지부), (60시간), 1998.10.2
· 특수학교(급) 유 · 초등교사 직무연수(국립특수교육원), (60시간), 1998.12.31
· 진로상담과정 일반연수 [(사)한국심성교육개발원], (62시간), 1999.10.31
· 특수교육장학(전문직 및 특수학교교감) 직무연수(국립특수교육원), (60시간), 2000.6.23
· 교육전문직임용예정자직무연수(충청남도교육연수원), (93시간), 2000.8.11
· 성교육/성상담전문과정 원격직무연수[(주)크레듀부설원격교육연수원], (60시간), 2003.8.24
· 학교평가 및 컨설팅 전문가 양성 기본과정 연수(한국교육개발원), (15시간), 2011.6.21
· 특수교육 컨설팅 장학 직무연수(충청남도초등특수교육연구회), (15시간), 2011.8.2
· 특수교육대상학생의 사회과 교수학습 지도(국립특수교육원), (30시간), 2013.5.24
· 특수교육대상학생의 과학과 교수학습 지도(국립특수교육원), (30시간), 2013.7.19
· 장애학생의 진로 · 직업교육(국립특수교육원), (30시간), 2013.10.18

2. 자격연수

· 특수학교 교감 자격 연수(충청남도교원연수원), (190시간), 1999.7.10
· 특수학교 교장 자격 연수(한국교원대학교종합교육연수원), (182시간), 2003.10.10

3. 자격증

· 국민학교 1급정교사(충청남도교육위원회교육감), 1979.9.24
· 유치원 1급정교사(충청남도교육감), 1994.4.20
· 특수학교(초) 1급정교사(정신지체)(충청남도교육감), 1995.3.29
· 특수학교 교감(충청남도교육감), 1999.7.28
· 초등학교 교감(충청남도교육감), 2000.10.2
· 특수학교 교장(충청남도교육감), 2003.10.31
· 초등학교 교장(충청남도교육감), 2003.11.10
· 언어치료사 자격증(한국언어치료학회), 1994.2.21
· 연구활동인정서(충청남도교육연구원장), 1998.2.28

4. 특수교육 관련 위원회 활동

· 특수학급(교) 교사 공개전형 시험 출제위원(충청남도교육청), 1991.11.1
· 특수교육대상자 진단·평가위원(충청남도온양교육청), 1992.4.3

- 특수교육운영위원회 위원(충청남도교육청), 1995.1.13
- 특수교육 기초연구와 자료 개발 · 적용 · 평가 연구원(국립특수교육원), 1995.5
- 정신지체학교 고등부 기능적 생활중심 지도 프로그램 개발연구위원(국립특수교육원), 1996.2
- 현장연구원(국립특수교육원), 1998.2.24
- 특수학교 1종 교과용도서 연구위원(대구대학교 학교교육재구조화 및 완전통합교육연구소), 1998.11.1
- 특수교사 수업연구대회(본선) 심사위원(충청남도교육청), 2001~2004
- 초등교사 수업연구대회(본선) 심사위원(대전광역시교육청), 2002.9.27
- 연수모니터 요원(충청남도교육연수원), 2003
- 제4기 사이버현장교원자문팀 자문위원(교육인적자원부장관), 2003.9.1
- 교육전문직 공개전형(제15회) 시험 출제위원(충청남도교육청), 2004
- 충청남도천안교육청 통합(일반 · 특수교육)형 단설유치원 설계자문위원(충청남도천안교육청), 2004.2.6
- 충청남도장애인부모회자문위원(충청남도장애인부모회), 2004.7.1
- 교육과정심의회 위원(교육인적자원부), 2004.9.15
- 중등특수교사 공개전형 면접 · 실기 평가위원(충청남도교육청), 2005
- 서산시장애인복지관 운영위원(서산시청), 2005.2.14
- 충남특수교육연합회장(충남특수교육연합회), 2005.3.1
- 특수교육운영위원회 위원(충청남도서산교육청), 2005.4.8
- 2006 충청남도교육청지방교육혁신종합평가 기획분석위원(충청남도교육청), 2006.5.8
- 충청남도 장애인체육회 이사(충청남도청), 2007.1.17
- 장애인교원채용심의위원회 위원(충청남도교육청), 2007.2.1
- 충청남도교육청 특수교육발전협의회 위원(충청남도교육청), 2007.2.23
- 정신지체인 복지 일자리 고용창출 재활보조사 양성교육 운영위원(나사렛대학교), 2007.7.10
- 2007년도 수업장학컨설턴트(충청남도천안교육청), 2007
- 2007학년도 수업연구대회(특수) 보고서 심사위원(충청남도논산교육청), 2007.8.24
- 특수교육위원회 위원(한국교원단체총연합회), 2008.3.1
- 특수교육 발전 종합계획 TF팀 위원(충청남도교육청), 2008
- 충남장애인체육회 중장기 발전계획 자문위원(순천향대학교), 2008
- 교원양성위원회 위원(백석대학교), 2008.3.3
- 교원양성위원회 위원(나사렛대학교), 2008.5.6
- 2008학년도 수업연구대회(특수) 보고서 심사위원(충청남도금산교육청), 2008.7.29
- 아산성심학교 개교 업무 TF팀 운영 팀장(충청남도교육청), 2008.8.29
- 장애인식 개선을 위한 전문가 위원(충청남도교육연구정보원), 2008.12.10
- 충남사이버스쿨 교장 위촉(충청남도교육청), 2009.3.1
- 2009 특수학급 교육과정 운영 계획 평가위원(충청남도연기교육청), 2009.4.28
- 충남교육지표 개발 위원(충청남도교육청), 2009.5.7
- 제1회 '작은 손짓으로 함께 여는 세상' 수화경연대회 심사위원(충청남도천안교육청), 2009.5.28
- 2009 특수교육 수업연구대회 멘토링 강사(충청남도연기교육청), 2009.7.15

- 2009 충남초등특수교원 수업연구대회 심사위원(충청남도청양교육청), 2009.9.28
- 교육자료 심사위원(한국교원단체총연합회), 2009.10.18
- 2009년 장애학생 진로 · 직업교육 내실화 T/F 위원(교육과학기술부), 2009.10.23
- 2009학년도 바른인성교육 실천사례 보고서 심사위원(충청남도예산교육청), 2009.11.20
- 한국특수교육교과교육학회 이사(한국특수교육교과교육학회), 2010.1.3
- 2010년도 지역장학요원(특수) 수업컨설팅 위원(충청남도천안교육청), 2010.5.23
- 2010 특수교육 주요사업 컨설팅 위원(충청남도천안교육청), 2010.6.4
- 2010년도 제43회 충청남도교육자료전 작품 심사위원(충청남도교육연구정보원), 2010.6.21
- 2010 특수교육 주요 사업 검토위원(충청남도교육청), 2010.8.5
- 제7회 천안시사회복지축제 "Happy Festival" 100인의 홍보대사(천안시사회복지협의회), 2010.8.12
- 2010 특수교육수업연구대회 심사 위원(충청남도아산교육지원청), 2010.9.17
- 2011년도 전국 특수교육연구대회 최종보고서 심사위원(한국특수교육총연합회), 2010.12.15
- 2011 공립 특수(초등)교사 임용후보자 공개 전형(제3차 시험) 출제위원(충청남도교육청), 2011.1.11
- 특수교육 기본 교육과정 교과서 보완자료 개발기관 선정 심사위원(국립특수교육원), 2011.3.9
- 특수교육 기본 교육과정 교과서 보완자료 실과 심의위원(국립특수교육원), 2011.4.1
- 2011학년도 우수 특수학급 교육과정 심사 위원(충청남도아산교육지원청), 2011.4.7
- 2011년 학교평가 자체지표 개발위원(충청남도교육청), 2011.4.25
- 2011년도 학교평가 T/F팀 위원(충청남도교육연구정보원), 2011.5.20
- 교육정책국 소관 주요 교육 정책 진단/분석 T/F팀 위원(충청남도교육청), 2011.6.1
- 학교평가 컨설팅 위원(충청남도교육청), 2011.6.20
- 제2회 전국 특수학교(급) 진로 · 직업교육 우수사례 발표대회 심사위원(국립특수교육원), 2011.9.27
- 학력향상형 창의경영학교 중앙컨설팅단(특수교육 영역) 위원(충청남도교육청), 2011.11.17
- 2012 충남 특수교육 교육과정 편성 · 운영 지침 수립 추진 위원(충청남도교육청), 2011.12.6
- 상시모니터링 특수교육 전문가 위원(국립특수교육원), 2011.12.13
- 장애학생 진로 · 직업교육지원센터 설치 · 운영 추진 위원(국립특수교육원), 2012.1.19
- 2013학년도 특수학교교사 임용후보자선정경쟁시험 출제위원(국립특수교육원), 2013.6.27

5. 교원 직무연수 강사

- 유치원 신규임용예정교사 직무연수(충청남도교원연수원), 1996.2.28
- 특수학교 교사 신규임용예정자 직무연수(충청남도교원연수원), 1997
- 보건교사 직무연수(충청남도교원연수원), 1997.6.17
- 정신지체학교 중등교사 과정 일반연수(국립특수교육원), 1997
- 지역교육청 특수교육 담당 장학사 및 특수학교 교감 직무연수(충청남도교육청), 1998.2.12
- 특수학교 교사 신규임용예정자 직무연수(충청남도교원연수원), 1998.2.13
- 초등학교 교감 특수교육 직무연수(충청남도교원연수원), 1998
- 초등 특수교육 일반연수(충청남도교원연수원), 1998.10.22
- 열린교육 연구회 직무연수(충청남도아산교육청), 1998

- 제7차 특수학교 교육과정 직무연수(충청남도교육청), 1999
- 제7차 특수학교교육과정 연수(충청남도교육청), 2000.1.28
- 초등 영어심화(2기) 직무연수(충청남도교육연수원), 2002.12.28
- 초등학급경영 (1기)직무연수(충청남도교육연수원), 2003.1.6
- 초・중등보건업무 겸직교사 직무연수(충청남도교육연수원), 2003.2.6
- 초등신규 복직교사 직무연수(충청남도교육연수원), 2003.2.17
- 중등도서관리자 직무연수, 2003.4.8
- 중등도서관리자 직무연수, 2003.4.11
- 초등 특기・적성(한지공예)직무연수(충청남도교육연수원), 2003.4.19
- 중등도서관리자 직무연수, 2003.4.30
- 초등 교감 직무연수(충청남도교육연수원), 2003.5.17
- 교육재정 실무 교육훈련(1기) 직무연수(충청남도교육연수원), 2003.5.26
- 특수교사 직무연수(충청남도교육연수원), 2003.5.26
- 교육행정 실무 교육훈련(2기) 직무연수(충청남도교육연수원), 2003.6.14
- 초등학급경영 (2기)직무연수(충청남도교육연수원), 2003.7.28
- 중등 재량・특별활동 직무연수(충청남도교육연수원), 2003.7.29
- 중등 논술심층면접 직무연수(충청남도교육연수원), 2003.8.2
- 초・중등보건겸직교사 (2기)직무연수(충청남도교육연수원), 2003.8.6
- 중등 공통사회 심화과정 직무연수(충청남도교육연수원), 2003.8.14
- 중등 여교사전문성 함양 직무연수(충청남도교육연수원), 2003.8.16
- 중등 한문 부전공 과목연수(충청남도교육연수원), 2003.12.15
- 학교급식 위생과정 교육훈련(충청남도교육연수원), 2004.1.26
- 중등 인성교육 직무연수(충청남도교육연수원), 2004.8.10
- 초등 특수아 미술치료 연수(충남초등특수교육연구회), 2005.1.14
- 수업 혁신을 위한 수학과 직무연수(호서대부설중등교원연수원), 2006.8.2
- 2006년 특수교육직무연수(충남중등특수교육연구회), 2006.8.4
- 특수교원 연수(충청남도연기교육청), 2007.6.29
- 2007 중등 특수교사 직무연수(충남중등특수교육연구회), 2007.7.23
- 초등 신규・복직 임용예정자 직무연수(충청남도교육연수원), 2007
- 특수교원 연수(충청남도논산교육청), 2007.8.27
- 2008 시책과목 원격강의(충청남도교육연수원), 2008.12.20
- 2009 통합교육 활성화를 위한 교원 연수(충청남도연기교육청), 2009.6.17
- 특수교사 직무연수(충청남도교육연수원), 2009.7.28
- 2009학년도 충청남도초등특수교육연구회 워크숍(충남초등특수교육연구회), 2009.9.25
- 특수교육의 최근 경향과 통합교육(경상북도교육청), 2009.11.5
- 통합형 직업교육 거점학교 관리자 및 담당교사 직무연수(국립특수교육원), 2010.7.7
- 2010 특수교육 수업설계와 수업분석(충남초등특수교육연구회), 2010.7.26

• 특수학급 교사 직업교육 직무연수(국립특수교육원), 2010.8.4
• 2011학년도 국립특수교육원 직무연수 제2기 분임지도요원(국립특수교육원), 2011.4.8

6. 교원 자격연수 강사

• 초등학교 1(2)급 정교사 자격연수(충청남도교원연수원), 1998.7.28
• 초등학교 1급정교사 자격연수(충청남도교원연수원), 1999
• 특수학교 1급정교사 자격연수(충청남도교원연수원), 1999
• 특수학교 1급정교사 자격연수(충청남도교원연수원), 1999.12.25
• 초등학교 1급정교사 자격연수(충청남도교원연수원), 2001
• 초등 특수학교 1급정교사 자격연수(충청남도교원연수원), 2001.1.12
• 초등 특수학교 1급정교사 자격연수(충청남도교원연수원), 2002.12.16
• 특수학교 1급정교사 자격연수(충청남도교원연수원), 2003.1.21
• 중등 국어 1급 정교사 자격연수(충청남도교원연수원), 2003.8.9
• 중등 교감(1기) 자격연수(충청남도교원연수원), 2003.12.24
• 특수학교(초등) 1급정교사 자격연수(국립특수교육원), 2004.7.27
• 중등 교감 자격연수(대전교육연수원), 2005.7.18
• 초등 교감 자격연수(충청남도교원연수원), 2007.7.20
• 초등 교감 자격연수(충청남도교원연수원), 2008.7.17
• 제4차 중등 • 특수 교장 자격 연수(한국교원대학교), 2008.9.10
• 특수교원 1급정교사 자격연수(충청남도교원연수원), 2008
• 특수학교 초등 1급정교사 자격연수(충청남도교원연수원), 2008
• 초등 특수 1급 정교사 자격연수(충청남도교원연수원), 2009.1.9
• 제5차 중등 • 특수 교장 자격 연수(한국교원대학교), 2009.10.13
• 제4차 중등 • 특수 교장 자격 연수(한국교원대학교), 2010.7.19
• 초등 특수 1급 정교사 자격연수(충청남도교원연수원), 2011.1.21
• 초등 특수 1급 정교사 자격연수(충청남도교원연수원), 2012.1.26

7. 특강

• 공주교육대학 4학년 교육실습생 연수(천안봉명초등학교), 2002.6.27
• 특수교사 실무 안내 특강(순천향대학교), 2005
• 치료특수교육과 현장실습을 위한 안내 특강(나사렛대학교), 2005
• 특수교사 실무 안내 특강(백석대학교), 2006
• 특수교사 실무 안내 특강(순천향대학교), 2007
• 특수교사 실무 안내 특강(백석대학교), 2008
• 실습교사 안내 특강(순천향대학교), 2008
• 모의면접 프로그램 개발(나사렛대학교), 2008
• 수업분석(나사렛대학교), 2008

- 교수학습활동의 실제(나사렛대학교), 2009
- 학교기업 설치학교 직업교육(공주대학교), 2010
- 특수교육 교육과정론(나사렛대학교), 2011.10.25
- 특수교사의 역할(백석대학교), 2011.12.18

8. 학부모 연수 강사

- 2004학년도 특수교육연찬회(충청남도아산교육청), 2004.6.8
- 2004년도 특수교육연찬회(충청남도공주교육청), 2004.7.7
- 2004학년도 특수교육연찬회(충청남도홍성교육청), 2004.7.15
- 2004학년도 특수교육연찬회(충청남도연기교육청), 2004.7.29
- 2005년 특수교육연찬회(충청남도서산교육청), 2005.6.8
- 통합교육 효율화를 위한 특수교육의 이해(충청남도태안교육청), 2005.6.17
- 특수교육 연찬회(충청남도청양교육청), 2005.7.15
- 해미면 여성아카데미 순회교육(서산시청), 2005.11.17
- 고북면 여성아카데미 순회교육(서산시청), 2005.11.17
- 2006년도 통합교육의 내실 및 활성화 방안(충청남도공주교육청), 2006.7.14
- 2006학년도 특수교육연찬회(충청남도부여교육청), 2006.8.30
- 2007년도 통합교육 혁신 연수회(충청남도연기교육청), 2007.6.29
- 2007 특수교육연찬회(충청남도논산교육청), 2007.8.27

9. 특수교육 보조인력 직무연수 강사

- 특수교육 보조인력 연수(한국법무평생교육원), 1기~32기 연수생 강의
- 2007 장애아돌봄도우미 양성교육(여성가족부 중앙 건강가정지원센터), 2007
- 특수교육 보조인력 심화과정 직무연수(대전교육연수원), 2007.7.23
- 2008년 장애통합교육보조원 연수(충청지역 자활센터 7개 기관), 2008

10. 대학교 겸임교수

- "특수교육과 4학년 제2학기 2학점" 교육행정 및 교육경영(천안대학교), 2002
- "특수교육과 4학년 제2학기 2학점" 교육행정 및 교육경영(천안대학교), 2003
- "특수교육과 4학년 제1학기 3학점" 특수교육정책 및 행정(나사렛대학교), 2008
- "특수교육과 3학년 제1학기 3학점" 개별화교육프로그램(순천향대학교), 2010
- "2010학년도 하계 계절학기 3학점" 통합교육 이론과 실제(나사렛대학교), 2010
- "특수교육과 2학년 제2학기 3학점" 초등국어・사회・도덕 교과교재 및 연구법(순천향대학교), 2010
- "특수교육과 3학년 제1학기 3학점" 교직실무(순천향대학교), 2011
- "특수교육과 2학년 제2학기 3학점" 초등국어・사회・도덕 교과교재 및 연구법(순천향대학교), 2011
- "특수교육과 3학년 제1학기 3학점" 교직실무(순천향대학교), 2012
- "특수교육과 3학년 제2학기 3학점" 특수초등실과(백석대학교), 2013

· "특수교육과 4학년 제2학기 3학점" 국어 교과교재연구 및 지도법(백석대학교), 2013
· "특수교육과 2013학년도 계절학기 3학점" 국어 교과교재연구 및 지도법(백석대학교), 2013
· "특수교육과 2013학년도 계절학기 2학점" 초등특수교과교육론(나사렛대학교), 2013

11. 대학원 겸임교수

· 교육대학원 특수교육과 제2학기 2학점" 특수아교수학습법(나사렛대학교), 2008
· "교육대학원 특수교육과 제4학기 2학점" 현장연구(나사렛대학교), 2009
· "교육대학원 특수교육전공 제4학기 2학점" 교과교재연구 및 지도법(순천향대학교), 2010
· "교육대학원 제1학기" 정서 및 행동장애아교육 2학점(순천향대학교), 2011
· "교육대학원 특수교육전공 제4학기" 교과교재연구 및 지도법 2학점(순천향대학교), 2011
· "교육대학원 제3학기" 교과교육론 2학점(순천향대학교), 2012
· "일반대학원 박사과정 제3, 4학기" 특수교육 법론 및 직업교육 2학점(순천향대학교), 2012

12. 학술대회 발표

· "21세기 특수교사의 자질과 역할" 2006년도 학술대회(순천향대학교 특수아동교육연구소), 2006.10.31
· 특수교육교사 정체성 확립을 위한 자격 기준 및 수업능력 평가 기준(한국특수교육학회), 2008.5.24
· "특수학교장의 직무수행능력 기준 개발을 위한 기초연구", 2009년 학술발표대회(한국지적장애교육학회), 2009.5.9
· 특수학교 기본 교육과정 대상 학생의 학업성취도 평가와 실제(한국특수교육교과교육학회), 2010.7.24
· 특수학교 설립 · 운영체제 개선 방안(국립특수교육원), 2011.3.31

13. 장학자료 집필

· 하상근외 5인(1995). '95 특수교육장학자료 특수학급 운영자료. 충청남도교육청.
· 하상근외 5인(1996). '96 특수교육장학자료 개별화 교육. 충청남도교육청.
· 하상근외 5인(1996). 정신지체학교 고등부 기능적 생활중심 지도자료 4 사회생활. 국립특수교육원.
· 하상근외 5인(1996). '96특별연구교사연구보고서. 충청남도교육연구원.
· 하상근외 5인(1997). '97 특수교육장학자료 수학과 개별화 학습 자료(Ⅰ). 충청남도교육청.
· 하상근외 5인(1997). '97 특수교육장학자료 수학과 개별화 학습 자료(II). 충청남도교육청.
· 하상근외 5인(1998). 열린 교수 · 학습 방법의 실제. 충청남도교육연구원.
· 하상근외 5인(1998). '98 특수교육장학자료 국어과 개별화 학습자료. 충청남도교육청.
· 하상근외 5인(1999). '99 특수교육장학자료 특수교육 성과와 전망. 충청남도교육청.
· 하상근외 5인(2000). '00 특수교육장학자료 치료교육. 충청남도교육청.
· 하상근외 5인(2001). '01 특수교육장학자료 함께 실천하는 통합교육. 충청남도교육청.
· 하상근외 5인(2002). '02 특수교육장학자료 자주적 생활능력 프로그램. 충청남도교육청.
· 하상근외 5인(2004). '04 특수교육장학자료 학습 · 행동 · 사회생활 지도 가이드북. 충청남도교육청.
· 하상근외 5인(2004). '04 특수교육장학자료 특수교육 길라잡이. 충청남도교육청.
· 하상근외 5인(2005). '05 통합학급 교사를 위한 특수교육 가이드북. 충청남도교육청.
· 하상근외 5인(2006). 충남교육사, "제11장 특수교육", 충청남도교육청.

· 하상근(2006). 발달장애아동을 위한 과정 · 교과별 학습지도안. 서산성봉학교.
· 하상근(2007). 장애 이해 · 전환교육자료 함께 나누고 싶은 이야기. 천안인애학교.
· 하상근(2007). 장애 이해 교육자료 더 넓고 더 가까운 세상 만들기. 천안인애학교.
· 하상근 지도(2008). 특수교육대상학생의 성교육을 위한 소중한 성 건강한 몸. 충청남도교육청.
· 하상근외 공동연구(2009). 특수교육 수업 길라잡이. 충남초등특수교육연구회.
· 하상근외 공동연구(2010). 특수교육 수업 비타민. 충남초등특수교육연구회.
· 하상근외 5인(2012). 2012학년도 충청남도 특수교육 교육과정 편성 · 운영 지침. 충청남도교육청.

14. 계간지 · 언론 기고

· 하상근(1988). "밝아 올 내일을 기대하며", 온양장학 제3호. 충청남도온양교육청. pp.36~37.
· 하상근(1990). "정신지체아의 기억과 학습방법", 온양장학 제24호. 충청남도온양교육청. pp.373~375.
· 하상근(1990). "장애자에 대한 바람직한 태도". 온양 · 아산신문. 1990.7.4
· 하상근(1992). "특수학급 운영 사례", 온양장학 제36호. 충청남도온양교육청. pp.651~653.
· 하상근(1995). "정신지체학교 인지교수 · 학습지도계획안", 현장특수교육연구제2권1호(통권2호). 국립특수교육원. pp.80~89.
· 하상근(1996). "특수교육 행 · 재정지원에 대하여", 현장특수교육연구제3권3호(통권8호). 국립특수교육원.pp.156~159.
· 하상근(1996). "국어(언어)과 열린교육 학습안", 사랑으로 크는 아이. 충남초등특수교육연구회. pp.123~129.
· 하상근(1997). "생활기능 향상을 위한 가정학습 지도", 사랑으로 크는 아이(II). 충남초등특수교육연구회. pp.91~98.
· 하상근(2000). "장애 · 비장애학생의 통합교육을 위한 장학 지도 방안", 연수활동자료집. 충청남도교육연수원. pp.82~88.
· 하상근(2002). "특수교육대상자의 통합교육 활성화 방안", 충남교육 제140호. 충청남도교육과학연구원. pp.136~139.
· 하상근(2002). "따스한 마음을 건네는 사회를 꿈꾸며", 정명 제5호. 공주정명학교. p.3.
· 하상근(2003). "특수교육대상자의 통합교육 강의를 마치고", 배움마중물 창간호. 충청남도교육연수원. pp.62~63.
· 하상근(2003). "보건 교사 교수 · 학습 방법 지도", 학교 경영 탐구(초등 · 특수). 한국교원대학교 종합교육연수원. pp.176~177.
· 하상근(2003). "정명 6호를 펴내면서", 정명 제5호. 공주정명학교. p.3.
· 하상근(2007). "체험중심 전환교육을 통한 자립생활능력 신장", 충남교육 제158호(여름호). 충청남도교육과학연구원. pp.46~51.
· 하상근(2007). "바람직한 특수교육", 한빛소리 통권 128호. 한빛회. pp.4~5.
· 하상근(2008). 특별인터뷰. 충남장애인신문. 2008.4.14
· 하상근(2008). "충남장애인신문 창간 6주년, '더불어 사는 행복한 사회' 환경 조성을", 충남장애인신문. 2008.10.5
· 하상근(2008). " 송년사, 사회 일꾼으로서 우뚝 서길 희망", 충남장애인신문. 2008.12.22
· 하상근(2010). "믿음 · 사랑주는 유아 · 특수교육, 학생 · 학부모 · 교사 당당한 사회일꾼 만들기", 대전일보. 2010.5.26

15. 교과서 집필

· 하상근외 공동연구(2000). 기본교육과정 사회(1 · 2 · 3). 교육부.
· 하상근외 5인(2009). 기본교육과정 수학(1 · 2 · 3). 교육과학기술부.
· 하상근외 5인(2009). 기본교육과정 교사용지도서 수학. 교육과학기술부.
· 하상근외 공동연구(2010). 특수학교 선택교육과정 직업(포장조립운반과 전자조립). 교육과학기술부.
· 하상근외 공동연구(2010). 특수학교 선택교육과정 교사용지도서 직업(포장조립운반과 전자조립). 교육과학기술부.
· 하상근외 공동심의(2011). 특수학교 기본 교육과정 실과 교과서 보완 자료. 국립특수교육원.

16. 사례발표

- "특수학급 운영 우수사례 발표" 초등특수학교(급) 교사 연수(충청남도교육청), 1991.7.24
- "특수학교 운영 우수사례 발표" 초등특수학교(급) 교사 연수(충청남도교육청), 1994.7.26

17. 현장연구

- 제31회 전국현장교육연구대회 3등급 입상(대한교육연합회장), 1987.11.6
- 제32회 전국현장교육연구대회 3등급 입상(대한교육연합회장), 1988.11.4
- 제33회 전국현장교육연구대회 2등급 입상(대한교육연합회장), 1989.11.20
- 제35회 현장교육 연구대회 3등급 입상(충청남도교원단체연합회장), 1991.8.31
- 제36회 현장교육 연구대회 2등급 입상(충청남도교원단체연합회장), 1992.8.31
- 1993학년도 1교원 1현장연구대회 2등급 입상(충청남도교육감), 1993.9.8
- 1995학년도 1교원 1현장연구대회 2등급 입상(충청남도교육감), 1995.8.28
- 제40회 전국현장교육연구대회 3등급 입상(한국교원단체총연합회장), 1996.5.9
- 제41회 전국현장교육연구대회 3등급 입상(한국교원단체총연합회장), 1997.5.9

18. 특별연구교사

- 1996학년도 특별연구교사 연구발표 2등급(충청남도교육감), 1998.2.18

19. 사례연구

- 충청남도교육청 제4회 인성교육 실천사례연구 1등급 입상(충청남도교육청), 1998.10.30

20. 표창장

- 제6회 수학경시대회 지도 우수교사 표창(온양시교육장), 1987.7.14
- 특수교육 수업개선표창(충청남도교육감), 1988.12.15
- 모범수강자 표창(대구대학교 총장), 1989.1.21
- 특별교육공로표창(충청남도교원단체연합회장), 1990.5.15
- 교직의 전문성과 학생 교육에 공헌 표창(온양시 · 아산군 교원연합회장), 1991.6.5
- 특수교육의 기여와 복지에 헌신 표창(대구대학교 총장), 1993.8.19
- 특수교육발전 기여 표창(교육부장관), 1996.12.27
- 교육공로 표창(한국교원단체총연합회장), 2005.5.15
- 장애학생의 직업 교육에 헌신 표창(교육과학기술부장관), 2007.12.21
- 특별공로 표창(충청남도교원단체총연합회장), 2008.5.14
- 장애인을 위한 학교체육 활성화에 기여 표창(충청남도지사), 2011.6.2

21. 감사장 · 공로패

- 특수교육 발전기여 공로패(한국정신박약아교육연구회장), 1990.8.3
- 교권신장에 공헌 감사장(충청남도교원단체연합회장), 1992.3.10

• 특수학급 어린이 지도 공헌 공로패(온양천도초특수학급자모일동), 1993.2.25

22. 수상

• 제12기 특수학교 교사 직무연수 성적우수상(국립특수교육원장), 1998.1.16
• 제4기 특수학교 교감 직무연수 성적우수상(국립특수교육원장), 2000.6.23
• 외래교수 우수강의 교수상(천안대학교 총장), 2004.2.23
• 제9회 TJB 문화재단 교육대상(TJB 문화재단 이사장), 2007.12.21
• 2009 한국을 이끄는 혁신리더 대상(NEWSMAKER), 2009.7
• 2011 바른인성교육 실천사례 장려상(충청남도교육감), 2011.12.19

특수교육 현장에서 말하고 · 글로 쓰고 · 실천하기

하상근 지음

발 행 일 | 2014년 2월 25일

지 은 이 | 하상근
발 행 인 | 李憲錫
발 행 처 | 오늘의문학사
출판등록 | 제55호(1993년 6월 23일)
주 소 | 대전광역시 동구 삼성1동 125-6 한밭오피스텔 401호
전화번호 | (042)624-2980
팩시밀리 | (042)628-2983
홈페이지 | http://www.lito77.co.kr(홈페이지)
전자우편 | hs2980@hanmail.net

공 급 처 | 한국출판협동조합
주문전화 | (070)7119-1741~2
팩시밀리 | (031)944-8234~6

ISBN 978-89-5669-597-6 93370
값 15,000원

* 잘못된 책은 바꾸어 드립니다.
* 지은이와 협의하여 인지는 생략합니다.
* 이 책은 전자책(교보문고)으로도 제작되었습니다.